詳説
障害者雇用促進法・障害者総合支援法

多様性社会の就労ルールをひもとく

永野 仁美・長谷川珠子
富永 晃一・石﨑由希子 著

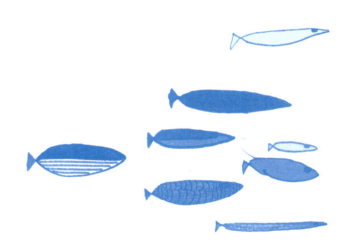

弘文堂

はしがき

　障害者権利条約の批准に向けて行われた障害者雇用促進法の改正から10年以上が経ち、雇用分野における障害者差別禁止および合理的配慮提供義務の施行からも間もなく10年を迎えようとしている。この間、障害者の雇用・就労に関連する法制度には数々の改正が加えられ、障害者が働く環境は、インクルーシブな雇用・就労を目指す様々な施策により変わりつつある。

　本書は、こうした状況の中で、改めて、障害者が働くことに関連する法令について解説を行おうとするものである。障害者が働くことを支える法律として、まず思い浮かぶのは、障害者雇用促進法であろう。しかし、障害者が働くことを支える法律は、障害者雇用促進法にとどまらない。障害者が働くことに関わる様々な法令について、1冊の本を手に取ることで読者が概要を把握できることを目指して、本書は執筆されている。

　第1部では、障害者の雇用・就労に関連する法制度が日本においてどのように進展してきたのかを第2次世界大戦以降を対象として確認している。第2部から第4部まででは、障害者の語を冠する様々な法令を解説している。まず、障害者が労働市場で働くことに関して中心的な役割を果たしている障害者雇用促進法を取り上げ（第2部）、続いて、労働市場で働くことを目指す障害者に訓練の機会を提供したり、労働市場で働くことが困難な障害者に福祉的就労の場を提供する仕組みを定める障害者総合支援法を取り上げている（第3部）。そして、障害者が働くことを理念の面から支える障害者権利条約（第4部第1章）や障害者基本法（第4部第2章）、雇用以外の場面における差別を禁止する障害者差別解消法（第4部第3章）、障害者を雇用している使用者や障害者福祉サービス従事者による虐待を防止するための障害者虐待防止法（第4部第4章）についても解説することとし、最後に、障害者が就労によって経済的な基盤を確立できるようにすることを目指す障害者優先調達推進法（第4部第5章）について解説している。

一方、障害者が働くに際しては、障害者の語を冠しているわけではない労働関係法令の知識も重要となってくる。また、障害者の生活保障に関わる社会保障制度について知っておくことも大事である。そこで、第5部において、障害者によって利用される可能性の高い就労支援法制（第5部第1章）や、雇用されて働く障害者に適用される労働法の基本的なルール（第5部第2章）、障害者に関連する所得保障の仕組み（第5部第3章）についても解説を行うこととした。

　働くことを希望する障害者のニーズは多様である。それを前提として、労働市場で働く障害者、労働市場での就労を目指す障害者、労働市場での就労は困難であるが福祉的就労の場で就労することを希望する障害者等のそれぞれに対し、日本においてどのような法制度が設けられているのか。その全体像を示すことによって、本書が、障害者が働くということへの一助となれば、幸いである。

　なお、本書は、『詳説 障害者雇用促進法──新たな平等社会の実現に向けて』（2016年初版、2018年増補補正版）を引き継ぐものである。また、『現場からみる障害者の雇用と就労──法と実務をつなぐ』（2021年）に続く、障害者の雇用・就労をテーマとする書籍でもある。障害者が働くことに関わる法制度を広く取り上げ、現行法制度の解説を行うことを目的とした本書は、多くの方に助けられて執筆した前二書と比較すると、研究書としての側面は弱い。障害者の雇用・就労に関する法制度の課題や今後の法制度のあり方の検討については、ぜひ次回作を期待してほしい。

　本書の執筆にあたっては、今回も、弘文堂の登健太郎さんに大変助けていただいた。ここで心からのお礼を申し上げたい。

　　2024年12月

著者一同

contents

はじめに　i
凡例　xi

第1部　障害者に関連する法制度のあゆみ　1

第1章　第2次世界大戦〜1950年代：傷痍軍人から身体障害者へ……………2
　Ⅰ　身体障害者福祉法の制定（1949（昭和24）年）……………2
　Ⅱ　精神衛生法の制定（1950（昭和25）年）……………3

第2章　1960年代：身体障害者雇用促進法と精神薄弱者福祉法の制定……………4
　Ⅰ　身体障害者雇用促進法の制定（1960（昭和35）年）……………4
　Ⅱ　精神薄弱者福祉法の制定（1960（昭和35）年）……………5

第3章　1970年代：雇用義務制度の確立と福祉工場の設立……………6
　Ⅰ　心身障害者対策基本法の制定（1970（昭和45）年）……………6
　Ⅱ　促進法の改正（1976（昭和51）年）……………7
　Ⅲ　障害種別ごとの福祉的就労施策……………8

第4章　1980年代：対象となる障害者の拡大……………9
　Ⅰ　促進法の改正……………9
　　1　1984（昭和59）年改正：身体障害の範囲の拡大（9）
　　2　1987（昭和62）年改正：対象となる障害者の拡大（10）
　Ⅱ　精神保健法の制定（1987（昭和62）年）……………10

第5章　1990年代：障害者基本法の制定……………11
　Ⅰ　障害者基本法の制定（1993（平成5）年）……………11
　Ⅱ　精神保健福祉法の制定（1995（平成7）年）……………12
　Ⅲ　促進法の改正……………12
　　1　1992（平成4）年改正：重度短時間障害者への対応（12）
　　2　1997（平成9）年改正：知的障害者の雇用義務化（12）
　Ⅳ　障害種別ごとの福祉工場と授産施設の設置……………13

第6章　2000年代：多様な働き方への対応・障害者自立支援法の制定……………14
　Ⅰ　障害者基本法の改正（2004（平成16）年）……………14
　Ⅱ　促進法の改正……………15
　　1　2002（平成14）年改正：グループ適用の導入（15）
　　2　2005（平成17）年改正：精神障害者の雇用率への算定（15）
　　3　2008（平成20）年改正：短時間労働者のハーフカウント（16）
　Ⅲ　障害者自立支援法の制定（2005（平成17）年）……………16
　　1　背景（社会福祉基礎構造改革等）（16）

　　　　2　障害者自立支援法の制定（17）
　　　　3　福祉的就労施策の再編成（17）
　　Ⅳ　発達障害者支援法の制定（2004（平成16）年）……………18
　　Ⅴ　バリアフリー法の制定（2006（平成18）年）……………19

第7章　2010年代：障害者差別禁止・合理的配慮規定の導入 ……………20
　　Ⅰ　障害者権利条約の批准に向けた国内法の整備 ……………20
　　Ⅱ　障害者基本法の改正（2011（平成23）年）……………21
　　Ⅲ　障害者差別解消法の制定（2013（平成25）年）……………21
　　Ⅳ　促進法の改正 ……………22
　　　　1　2013（平成25）年改正：差別禁止・合理的配慮規定の導入、精神障害者の雇用義務化（22）
　　　　2　2019（令和元）年改正：国・地方公共団体の責務の強化（23）
　　Ⅴ　障害者自立支援法から障害者総合支援法へ ……………24
　　　　1　自立支援法の改正（2010（平成22）年）（24）
　　　　2　総合支援法の制定（2012（平成24）年）（25）
　　　　3　総合支援法の改正（2016（平成28）年）（25）
　　　　4　指定基準と報酬算定基準の見直し等（26）
　　Ⅵ　障害者虐待防止法の制定（2011（平成23）年）……………27
　　Ⅶ　障害者優先調達推進法の制定（2012（平成24）年）……………27
　　Ⅷ　難病法の制定（2014（平成26）年）……………27
　　Ⅸ　発達障害者支援法の改正（2016（平成28）年）……………28

第8章　2020年代：雇用と福祉のさらなる連携強化 ……………29
　　Ⅰ　差別解消法の改正（2021（令和3）年）……………29
　　Ⅱ　総合支援法・促進法等の一括改正法 ……………30
　　　　1　雇用と福祉の連携強化に向けた検討会（30）
　　　　2　総合支援法・促進法等の一括改正法の趣旨（30）
　　Ⅲ　促進法の改正（2022（令和4）年）……………31
　　Ⅳ　総合支援法の改正（2022（令和4）年）……………32
　　🌱 コラム…1 ▶▶「障害者」の定義はどのように変化してきたか ……………33

第2部　障害者雇用促進法　37

第1章　総則 ……………38
　　Ⅰ　目的（1条）……………38
　　Ⅱ　定義 ……………39
　　　　1　障害者の定義（39）
　　　　2　各障害者の定義（41）
　　🌱 コラム…2 ▶▶ 障害者雇用政策の対象となる障害者の範囲 ……………45
　　Ⅲ　基本的理念等（3条・4条）……………46
　　Ⅳ　責務 ……………47
　　　　1　事業主の責務（5条）（47）

2　国および地方公共団体の責務（6条）(48)
　Ⅴ　障害者雇用対策基本方針等 ……………49
　　　1　障害者雇用対策基本方針（7条）(49)
　　　2　障害者活躍推進計画作成指針（7条の2）(49)
　　　3　障害者活躍推進計画の作成等（7条の3）(50)

第2章　職業リハビリテーション ……………51

　Ⅰ　沿　　革 ……………51
　Ⅱ　職業リハビリテーションの原則 ……………53
　Ⅲ　公共職業安定所（ハローワーク）……………54
　　　1　概　　要(54)
　　　2　業務内容(54)
　Ⅳ　障害者職業センター ……………59
　　　1　概　　要(59)
　　　2　業務内容(60)
　　　3　関係機関等との連携(62)
　Ⅴ　職場適応援助者（ジョブコーチ）……………63
　　　1　概　　要(63)
　　　2　業務内容(64)
　　　3　助成金(64)
　Ⅵ　障害者就業・生活支援センター ……………64
　　　1　概　　要(64)
　　　2　業務内容(65)
　　　3　関係機関等との連携(65)
　　　4　指定・監督等(66)
　Ⅶ　職業能力開発促進法に基づく職業訓練 ……………67
　　　1　概　　要(67)
　　　2　一般校での職業訓練(67)
　　　3　障害者職業能力開発校での職業訓練(68)
　　　4　障害者の多様なニーズに対応した委託訓練(69)
　Ⅷ　地方公共団体による職業リハビリテーション ……………69

第3章　差別禁止と合理的配慮 ……………70

　Ⅰ　差別禁止と合理的配慮の位置づけ ……………70
　　　1　立法の経緯(70)
　　　2　障害者差別の禁止と合理的配慮提供義務の特徴(71)
　　　3　違反の場合の救済(72)
　Ⅱ　差別禁止（34条・35条）……………74
　　　1　障害者差別禁止の概観、共通事項(74)
　　　2　採用差別（34条）(79)
　　　3　採用後の差別の禁止（35条）(84)
　　　4　差別の例外(87)
　Ⅲ　合理的配慮（36条の2・36条の3）……………89
　　　1　合理的配慮の概観、共通事項(89)
　　　2　採用時の合理的配慮（36条の2）(90)
　　　3　採用後の合理的配慮（36条の3）(92)

            4 合理的配慮の提供義務の範囲(96)
    Ⅳ 差別禁止・合理的配慮に関する関係裁判例 ……………97
            1 採用(98)
            2 休職(98)
            3 懲戒、解雇などの不利益取扱い(99)
            4 昇進、昇格(101)
            5 配転、配置、業務指示、転籍等(102)
            6 その他(104)
    Ⅴ 苦情処理・紛争解決援助制度 ……………104
            1 事業主の自主的解決(36条の4・74条の4)(105)
            2 都道府県労働局長による紛争解決援助(74条の6)(105)
            3 紛争調整委員会(障害者雇用調停会議)による調停(74条の7)(106)
    コラム…3 ▶▶ 紛争解決のための種々の制度 ……………106

第4章 雇用義務制度 ……………109
    Ⅰ 法定雇用率 ……………109
            1 法定雇用率の変遷(110)
            2 法定雇用率の計算方法(110)
            3 除外率制度(111)
    Ⅱ 雇用義務制度の対象 ……………112
            1 対象事業主(112)
    コラム…4 ▶▶ 促進法上の特殊法人 ……………113
            2 対象障害者(113)
    Ⅲ 特例子会社制度等 ……………114
            1 特例子会社制度(114)
            2 認定手続(116)
            3 その他の算定特例(116)
    Ⅳ 納付金制度 ……………121
            1 納付金の納付義務(121)
            2 調整金/報奨金(122)
    コラム…5 ▶▶ 在宅就業障害者を支援する仕組み ……………123
            3 各種助成(124)
            4 納付金関係業務を行う機関(125)
    コラム…6 ▶▶ 雇用保険二事業からの助成金 ……………126
    Ⅴ 実効性確保のための措置 ……………127
            1 報告義務(128)
            2 雇入れに関する計画・企業名公表(128)
            3 障害者雇用推進者の選任等(128)
            4 中小事業主に対する認定制度(もにす認定制度)(129)

第3部 障害者総合支援法　131

第1章 総則 ……………132
    Ⅰ 目的(1条) ……………132
    Ⅱ 基本理念(1条の2) ……………133

Ⅲ　責務（2条・3条）……………133
　　　　　1　市町村の責務（2条1項）（134）
　　　　　2　都道府県の責務（2条2項）（134）
　　　　　3　国の責務（2条3項）（135）
　　　　　4　国民の責務（3条）（135）
　　　Ⅳ　定義……………135
　　　　　1　障害者の定義（135）
　　　　　2　各障害者の定義（136）
　　　Ⅴ　給付の種類と体系……………142
　第2章　支給決定の仕組み……………145
　　　Ⅰ　概　　要……………145
　　　Ⅱ　市町村への申請……………147
　　　Ⅲ　認定調査……………148
　　　　　1　概況調査（148）
　　　　　2　障害支援区分認定調査（149）
　　　　　3　特記事項（149）
　　　　　4　医師意見書の取得（150）
　　　　　5　障害支援区分の判定（150）
　　　Ⅳ　支給決定……………151
　　　Ⅴ　サービスの提供……………152
　第3章　給付内容：訓練等給付を中心に……………153
　　　Ⅰ　就労支援……………153
　　　　　1　就労選択支援（5条13項）（154）
　　　　　2　就労移行支援（5条14項）（157）
　　　　　3　就労継続支援（5条15項）（160）
　　　🌱　コラム…7　▶▶労働者とは？……………165
　　　　　4　就労定着支援（5条16項）（168）
　　　　　5　報酬体系（170）
　　　Ⅱ　生活支援・居住支援……………176
　　　　　1　生活介護（介護給付）（5条7項）（177）
　　　　　2　自立訓練（5条12項）（177）
　　　　　3　自立生活援助（5条17項）（178）
　　　　　4　共同生活援助（グループホーム）（5条18項）（179）
　　　　　5　地域移行支援（5条21項）（180）
　　　　　6　地域定着支援（5条22項）（180）
　第4章　障害福祉サービスの適切な提供……………181
　　　Ⅰ　事業に対する規制……………181
　　　　　1　社会福祉法による規制（181）
　　　　　2　総合支援法による規制（185）
　　　　　3　指定を受けた事業者の義務（187）
　　　　　4　人員・設備・運営に関する基準（指定基準）（188）
　　　Ⅱ　福祉サービスの適切な利用……………192
　　　　　1　情報の提供（193）

   　　2　福祉サービスの質の向上のための措置（194）
   　　3　福祉サービスの利用援助（195）

第4部　障害者関連諸法　197

第1章　障害者権利条約 ……………198
   Ⅰ　権利条約の背景等 ……………198
   　　1　障害者の人権に関する国際的な運動（198）
   　　2　日本の対応（199）
   Ⅱ　権利条約の内容 ……………199
   　　1　目的・一般原則（200）
   　　2　障害者（200）
   　　3　差別禁止・合理的配慮（201）
   　　4　個別の権利（201）
   　　5　モニタリング（203）
   Ⅲ　労働および雇用に関する権利委員会の一般的意見 ……………204
   　　1　働く権利とエイブリズム（204）
   　　2　シェルタード・ワークショップ（205）
   Ⅳ　権利委員会による日本への総括所見 ……………206
   　　1　懸念事項（207）
   　　2　勧　　告（207）
   　　3　一般的意見（第8号）と日本への総括所見（208）

第2章　障害者基本法 ……………210
   Ⅰ　沿　　革 ……………210
   Ⅱ　目的・性格（1条） ……………211
   Ⅲ　定義（2条） ……………211
   Ⅳ　地域社会における共生（3条） ……………212
   Ⅴ　障害者差別の禁止（4条） ……………213
   　　1　差別の禁止（1項）（213）
   　　2　合理的配慮（2項）（213）
   Ⅵ　責務等（5〜9条） ……………214
   Ⅶ　施策の基本方針、障害者基本計画 ……………214
   Ⅷ　基本的施策 ……………214
   Ⅸ　障害者政策委員会 ……………215

第3章　障害者差別解消法 ……………217
   Ⅰ　沿　　革 ……………217
   Ⅱ　目的・性格（1条） ……………218
   Ⅲ　定義（2条） ……………218
   　　1　障害者（218）
   　　2　行政機関、事業者（219）
   　　3　責務等（3〜5条）（220）
   　　4　基本方針（6条）（221）

5　障害者差別の禁止・合理的配慮の提供義務（7～8条）(221)
　　　6　対応要領・対応指針、報告、助言・指導・勧告等（9～13条）(227)
　　　7　障害を理由とする差別を解消するための支援措置 (228)
　🌱 コラム…8 ▶▶ 性的少数者理解増進法（LGBT理解増進法）…………230

第4章 障害者虐待防止法 …………232
　Ⅰ　沿革・概要 …………232
　Ⅱ　目的（1条）…………233
　Ⅲ　定義（2条）…………234
　　　1　障害者 (234)
　　　2　虐待の行為者 (234)
　　　3　虐待の行為類型 (234)
　Ⅳ　虐待防止のための施策 …………236
　　　1　障害者虐待の禁止等 (236)
　　　2　使用者による障害者虐待 (236)
　　　3　障害者虐待防止センター等 (238)
　🌱 コラム…9 ▶▶ ハラスメント…………238

第5章 障害者優先調達推進法 …………241
　Ⅰ　目的・沿革 …………241
　Ⅱ　対象となる障害者就労施設等 …………242
　Ⅲ　国・地方公共団体等の責務および調達の推進 …………243
　　　1　国・独立行政法人等の責務 (243)
　　　2　地方公共団体・地方独立行政法人の責務 (244)
　　　3　国・地方公共団体等の調達実績 (244)
　Ⅳ　公契約における障害者の就業を促進するための措置等 …………244
　Ⅴ　障害者就労施設等による情報提供等 …………245

第5部　その他の関連諸法　247

第1章 就労支援法制 …………248
　Ⅰ　求職者支援法 …………248
　　　1　概　　要 (248)
　　　2　対象者 (249)
　　　3　支援内容 (249)
　　　4　関係機関等との連携 (250)
　🌱 コラム…10 ▶▶ 就労に困難を抱える若者のための支援 …………251
　Ⅱ　生活困窮者自立支援法 …………252
　　　1　概　　要 (252)
　　　2　基本理念 (252)
　　　3　対象者 (253)
　　　4　支援内容 (254)
　　　5　関係機関等との連携 (258)
　Ⅲ　生活保護法 …………259

目次 ―― ix

         1　概　　要（259）
         2　支援内容（261）
         3　関係機関等との連携（263）
　🌱 コラム…11 ▶▶ 重層的かつ一体的な支援に向けて……………265
第2章 労働関係法制……………267
　Ⅰ　採用過程における規律……………267
         1　労働条件の明示・理解促進（267）
         2　採用過程における個人情報の収集（268）
　Ⅱ　処遇に係る規律……………272
         1　最低賃金法（272）
         2　正規・非正規の処遇格差是正規制（273）
　Ⅲ　働き方・休み方に関する規律……………275
         1　労働時間・休日（275）
         2　休憩・休暇・休業（276）
         3　テレワーク（279）
         4　人事異動（280）
         5　ハラスメント（282）
　Ⅳ　労働災害に対する補償と予防……………282
         1　労働者災害補償保険（282）
         2　労災民訴（285）
         3　労働災害の予防と快適な職場環境（288）
　Ⅴ　労働契約の終了に対する規律……………290
         1　概　　要（290）
         2　障害者の解雇に係る規律（291）
         3　関係裁判例（292）
　🌱 コラム…12 ▶▶ 雇用保険による失業時の所得保障と教育訓練支援……………298
第3章 所得保障法制……………303
　Ⅰ　障害年金（障害を支給事由とする年金）……………303
         1　公的年金（304）
　🌱 コラム…13 ▶▶ 学生無年金障害者訴訟が生んだ特別障害給付金……………308
         2　労災年金（309）
　Ⅱ　特別障害者手当……………311
         1　支給対象（311）
         2　著しい重度の障害（312）
         3　支給額（313）
　Ⅲ　生活保護……………313
         1　生活保護の目的・原理（314）
         2　生活保護の種類（314）
　🌱 コラム…14 ▶▶ 介護保険・障害福祉サービスと生活保護の関係……………315
         3　障害に対する配慮（316）

　事項索引　319
　判例索引　322

凡　例

【法令・ガイドライン等】

育介法	育児介護休業法（育児休業、介護休業等育児又は家族介護を行う労働者の福祉に関する法律）
虐待防止法	障害者虐待防止法（障害者虐待の防止、障害者の擁護者に対する支援等に関する法律）
求職者支援法	職業訓練の実施等による特定求職者の就職の支援に関する法律
均等法	男女雇用機会均等法
権利条約	障害者権利条約（障害者の権利に関する条約）
国賠法	国家賠償法
個人情報保護法	個人情報の保護に関する法律
個別紛争解決促進法	個別労働関係紛争の解決の促進に関する法律
差別解消法	障害者差別解消法（障害を理由とする差別の解消の推進等に関する法律）
職安法	職業安定法
生困法	生活困窮者自立支援法
精神保健福祉法	精神保健及び精神障害者福祉に関する法律
性的少数者理解増進法	LGBT理解促進法（性的指向及びジェンダーアイデンティティの多様性に関する国民の理解の増進に関する法律）
総合支援法	障害者総合支援法（障害者の日常生活及び社会生活を総合的に支援するための法律）
促進法	障害者雇用促進法（障害者の雇用の促進等に関する法律）
短時間有期雇用法	短時間労働者及び有期雇用労働者の雇用管理の改善等に関する法律
能開法	職業能力開発促進法
労基法	労働基準法
労契法	労働契約法
労災保険法	労働者災害補償保険法
労働施策総合推進法	労働施策の総合的な推進並びに労働者の雇用の安定及び職業生活の充実等に関する法律
優先調達推進法	国等による障害者就労施設等からの物品等の調達の推進等に関する法律
若者雇用促進法	青少年の雇用の促進等に関する法律
指定基準	障害者の日常生活及び社会生活を総合的に支援するための法律に基

	づく指定障害福祉サービス事業等の人員、設備及び運営に関する基準（2006（平成18）年厚生労働省令171号）
促進法施行通達	障害者の雇用の促進等に関する法律の一部を改正する法律の施行について（平成27年6月16日職発0616第1号）。
差別禁止指針	障害者に対する差別の禁止に関する規定に定める事項に関し、事業主が適切に対処するための指針（2015（平成27）年厚生労働省告示116号）
合理的配慮指針	雇用の分野における障害者と障害者でない者との均等な機会若しくは待遇の確保又は障害者である労働者の有する能力の有効な発揮の支障となっている事情を改善するために事業主が講ずべき措置に関する指針（2015（平成27）年厚生労働省告示117号）
Q＆A	内閣府障害者施策担当「障害を理由とする差別の解消の推進に関する法律Q＆A集」
Q＆A第3版	厚生労働省「障害者雇用促進法に基づく障害者差別禁止・合理的配慮に関するQ＆A〔第3版〕」

【文献】

厚労省・2024年逐条解説	厚生労働省職業安定局障害者雇用対策課（編）『障害者雇用促進法の逐条解説』労務行政（2024年）
永野ほか編・詳説促進法	永野仁美・長谷川珠子・富永晃一（編）『詳説 障害者雇用促進法（増補補正版）』弘文堂（2018年）

【判例】

最判（決）	最高裁判所第一〜第三小法廷判決（決定）	労判	労働判例
高判（決）	高等裁判所判決（決定）	判時	判例時報
地判（決）	地方裁判所判決（決定）	労経速	労働経済判例速報
集民	最高裁判所裁判集民事		

【雑誌】

季労	季刊労働法	法時	法律時報
ジュリ	ジュリスト	労旬	労働法律旬報
賃社	賃金と社会保障	労働	日本労働法学会誌
法教	法学教室	論ジュリ	論究ジュリスト

※引用しているウェブサイトの最終閲覧時は、2024（令和6）年12月である。

第1部
障害者に関連する法制度のあゆみ

　第1部は、障害者の雇用と福祉的就労を中心に、障害者に関わる法制度がどのような経緯で制定され、発展してきたかを明らかにするものである。本書で詳しく取り上げる「障害者雇用促進法」（➡第2部）と「障害者総合支援法」（➡第3部）だけでなく、その他の障害者関連法（障害者権利条約、障害者基本法、障害者差別解消法、障害者虐待防止法、障害者優先調達推進法➡第4部）に加え、身体障害者福祉法、知的障害者福祉法、精神保健福祉法、発達障害者支援法、バリアフリー法等も含め、障害者に関連する法制度のこれまでのあゆみを、第2次世界大戦後から2020年代に至るまで、年代ごとに整理する。

第1章 第2次世界大戦〜1950年代：傷痍軍人から身体障害者へ

　第2次世界大戦後、日本の国家行政が大きく改革される中で、生活保護、医療保護、職業更生の3分野は、国家施策の基本的な方針に従い相互に密接な連携を保ちつつ実施されるようになり、従来、傷痍軍人を優先的に扱った各種の施策が、すべての国民に拡大されることとなった[1]。1947（昭和22）年には「職業安定法」が制定され、職業指導や職業紹介等が傷痍軍人を含む身体障害者に広く適用されるようになっていく。ただし、以下にみるように雇用施策や福祉施策の対象は、身体障害者に限られていた。

身体障害者福祉法の制定（1949（昭和24）年）

　1949（昭和24）年に、身体障害者の福祉の向上をはかることを目的とした「身体障害者福祉法」が制定された[2]。同法は、身体障害者に対する医療、生活相談、更生訓練等を行うものであり、職業安定法と一体となり、身体障害者の雇用対策を総合的に実施する体制が確立された[3]。

　また、身体障害者福祉法は、国は「身体障害者更生援護施設」を設置しなければならないと定め（27条1項〔当時〕）、「身体障害者収容授産施設」が身体障害者更生援護施設の1つに位置づけられた（5条1項〔当時〕）。これにより設置

---

[1] 障害者の雇用・就労法制に関する歴史的経緯については、永野ほか編・詳説促進法2頁以下〔長谷川珠子〕、長谷川珠子ほか『現場からみる障害者の雇用と就労』（弘文堂・2021年）14頁以下〔長谷川珠子〕参照。

[2] 同時期に、児童福祉法（1947（昭和22）年）と現行生活保護法（1950（昭和25）年）が制定され、身体障害者福祉法と合わせて「福祉3法」といわれた。

[3] 加藤孝『障害者雇用対策の新たな展開』（労務行政研究所・1984年）123頁。

された授産施設は、雇用されることの困難な者や生活に困窮する者を収容し、必要な訓練を行い、かつ、職業を与え、自活させる施設であり、「福祉的就労」の起源といえる。

II 精神衛生法の制定（1950（昭和25）年）

　精神障害者については、1950（昭和25）年に、精神病者監護法（1900（明治33）年）と精神病院法（1919（大正18）年）を引き継ぐ形で「精神衛生法」が制定された。ただし、同法は、精神障害者の医療と保護を行い、かつ、精神障害の発生の予防に努めることによって、国民の精神的健康の保持および向上をはかることを目的とするものであり、精神障害者の福祉の向上をはかるものではなかった[4]。

▶4　精神保健福祉研究会監修『五訂　精神保健福祉法詳解』（中央法規・2024年）8-9頁。
　　なお、精神病者監護法は、その名が示す通り、治安立法としての側面が強い法律であったが、精神病院法は、精神障害者対策を監護から医療へと前進させることを目指すものであった（同書4-7頁）。

第2章　1960年代：身体障害者雇用促進法と精神薄弱者福祉法の制定

　1960（昭和35）年に制定された「身体障害者雇用促進法」により雇用率制度が開始された。同法の対象は身体障害者に限定され、民間事業者の障害者雇用義務は努力義務にとどめられていたが、これが日本の障害者雇用施策の第一歩となったことは確かである。また、同年に「精神薄弱者福祉法」が制定され、知的障害者に対する福祉施策が法律に基づいて実施されることになった。

I　身体障害者雇用促進法の制定（1960（昭和35）年）

　身体障害者の雇用率を定めた法制度の導入がヨーロッパを中心にみられた中で、日本においても検討が開始され、1960（昭和35）年に、国、地方公共団体および民間の事業主に対して障害者の雇用を義務づける「雇用率制度」を創設する「身体障害者雇用促進法」が制定された。

　雇用率制度を導入する根拠として、以下のことが挙げられた。すなわち、①障害者が職業を通じて自立するためには雇用の場の確保が重要であるが、自由競争を原則とする限りは困難であること、②雇用の場を確保するにはそれを直接管理する事業主の協力がなければ不可能であること、③事業主としても社会の一員として障害者に雇用の場を提供するという社会全体の責務の実現に協力する責務（社会連帯責任）を有し、その責任を公平に負担すべきであること等である▶1。

▶1　征矢紀臣『障害者雇用対策の理論と解説』（労務行政研究所・1998年）55頁。なお、雇用率は、民間の事業主について、現場的事業所1.1％、事務的事業所1.3％とされ、国・地方公共団体の雇用率は一律の1.5％とされた。

4 ── 第1部　障害者に関連する法制度のあゆみ

同法により日本の障害者雇用施策の中心となる雇用率制度が開始されたが、以下の課題を残すものであった。第1に、雇用率制度は事業主に義務を課するものであり、「全国的画一的な判定が可能であることを必須の要件」とすることから、判定基準が明確な身体障害者に法の対象が限定された[2]。第2に、「雇用関係が人間関係の上に立つものであることから、徒らに雇用を強制することが真に身体障害者の福祉を図るゆえんではな」く、事業主の「理解と協力の上に立った雇用であって始めて、身体障害者の定着と雇用促進の真の実効が担保される」との観点から、民間事業主については努力義務とされた[3]。

精神薄弱者福祉法の制定（1960（昭和35）年）

　1960（昭和35）年には、知的障害者に対し、その更生を援助するとともに必要な保護を行い、もって知的障害者の福祉の向上をはかることを目的として、「精神薄弱者福祉法」も制定された（1998（平成10）年改正により「知的障害者福祉法」に改称[4]）。同法により精神薄弱者援護施設が設置されることとなり、1967（昭和42）年改正により、生活訓練を行う「精神薄弱者更生施設」と職業訓練を行う「精神薄弱者授産施設」が設置されることになった[5]。精神薄弱者福祉法が身体障害者福祉法と別立てでつくられたことで、障害種別ごとに異なる法制度のもとで処遇が行われるという縦割りの制度が始まったとされる[6]。

---

[2] 知的障害者と結核回復者についても検討されたが、知的障害者については明確な判断基準がないとして、また結核回復者については、症状が不安定であること（障害のない者と変わらない状態になる場合が極めて多いこと）や対象者の人数把握が困難であること等を理由に、法の対象とはされなかった（堀秀夫『身体障害者雇用促進法解説』（労働法令協会・1961年）107〜110頁）。

[3] 同上書110頁。

[4] 「精神薄弱」は差別的表現とされ、関連するすべての法律が1998（平成10）年に改正され、それ以降は「知的障害」が用いられている。本書では、当時の法制度に言及する場合に限り、「精神薄弱」を用いる。

[5] 1964（昭和39）年の通知により、「精神薄弱者収容授産施設」の設置が可能とされていた（「精神薄弱者収容授産施設の設置及び運営について」（昭和39年5月27日社発279号））。

[6] 岩崎香ほか編『障害者福祉』（ミネルヴァ書房・2021年）108頁〔藤井渉〕。

第3章 1970年代：雇用義務制度の確立と福祉工場の設立

　身体障害者と知的障害者を対象とする福祉法や身体障害者雇用促進法が制定されたが、各種の施策に一貫性がないこと等が課題として指摘され、1970（昭和45）年に日本における初の総合的な障害者施策に関する法律（心身障害者対策基本法）が制定された。また、1976（昭和51）年の身体障害者雇用促進法改正により、障害者雇用の義務化と障害者雇用納付金制度の導入が実現し、現在の形の雇用義務制度の骨格が形成された。さらに、福祉的就労については、労働法の適用のない授産施設と労働法の適用のある福祉工場という、労働法上の保護が異なる2つのカテゴリーが生じたことが注目される。

心身障害者対策基本法の制定（1970（昭和45）年）

　第2次世界大戦以降、医療・福祉・雇用等の諸分野において障害者を対象とする制度が整えられたが、それらの施策に一貫性や総合性がなく、各行政機関の連携が不十分であることが指摘されていた。そこで、各省庁が所管する障害者関連の個別法律を指導する基本的な法律として、「心身障害者対策基本法」が1970（昭和45）年に制定された。同法の目的は、障害者対策に関する国と地方公共団体等の責務を明らかにするとともに、障害の発生の予防に関する施策および医療、訓練、保護、教育、雇用の促進、年金の支給等の障害者の福祉に関する施策の基本的事項を定め、障害者対策の総合的推進をはかることとされた（1条〔当時〕）。

Ⅱ 促進法の改正（1976（昭和51）年）

　身体障害者雇用促進法の制定以降、障害者の雇用状況は少しずつ改善したが、事業所の規模や産業等により、障害者の雇用状況に著しい格差がみられ、障害者の雇用に伴う経済的負担のアンバランスに基づく不公平感をもたらした▶1。

　そこで、1976（昭和51）年の法改正によって、①民間事業主の障害者雇用を努力義務から法的義務に転換し、法定雇用率を1.5％に引き上げるとともに、②事業主間の障害者雇用に伴う経済的負担を調整するための「障害者雇用納付金制度」（以下、「納付金制度」という）が創設された▶2。これにより、現行の雇用義務制度の骨格が確立したといえる。

　これらに加え、③身体障害者福祉法の身体障害者の範囲にあわせる形での身体障害者の範囲の変更▶3（➡第1部第8章コラム1）と、④事業所単位から企業全体を1つの単位とする雇用率の適用方式の変更が行われたほか、⑤雇用率の算定に対する除外労働者制度（除外率制度）▶4、⑥重度身体障害者（身体障害者福祉法施行規則別表第5号の1・2級に相当する身体障害者）の雇用を1人をもって2人と

▶1　1975（昭和50）年についてみると、従業員数77〜99人の事業所の実雇用率が1.71％であるのに対し、500人以上の事業所は1.23％であり、近年の傾向とは異なり、小規模事業所での実雇用率が高く、大規模事業所は低い状況にあった。（遠藤政夫『新しい身体障害者雇用促進法の早わかり』（国際労働経済研究所・1976年）14〜18頁）

▶2　ただし、中小企業の負担能力に鑑み、当分の間、常用雇用労働者300人以下の規模の事業主からは納付金を徴収しないものとされた（その後の法改正について➡第1部第6章Ⅱ3）。また、国、地方公共団体等は、納付金の徴収対象とはされなかった（その後の法改正について➡第1部第7章Ⅳ2）。

▶3　その理由として、厚生省〔当時〕の福祉行政と労働省〔当時〕の雇用行政の一体化をはかることにより総合的かつ効果的な身体障害者対策を推進する必要があること、雇用義務化および納付金制度の創設等に伴い法的公平性と安定性を確保するため、対象とする身体障害者を明確かつ容易に判定することができるようにする必要があることが挙げられている（「改正身体障害者雇用促進法の施行について」（昭和51年10月1日職発447号）。この改正により、軽度の身体障害者の一部が対象から除外されることになった。

▶4　除外率制度とは、機械的に一律の雇用率を適用することになじまない職務もあるとの認識から、障害者の就業が一般的に困難であると認められる業種について、雇用する労働者数を計算する際に、除外率に相当する労働者数を控除する制度である（その後の法改正について➡第1部第6章Ⅱ1）。

みなすダブルカウント制度、⑦雇用義務の履行を確保するための法定雇用率未達成企業の公表制度、および、⑧障害者を解雇する際の届出制度がそれぞれ導入された。

III 障害種別ごとの福祉的就労施策

　心身障害者対策基本法が制定されたものの、障害者に対する福祉は、障害の種別ごとの対応が続けられた。身体障害者収容授産施設の設置に続き、1972（昭和47）年の通知▶5により、身体障害者のための「福祉工場」が設置された。福祉工場は、その障害ゆえに一般企業で雇用されることが困難な者に、職場を与え、様々な配慮をした環境のもとで健全な社会生活を営ませることを目的とするものとされ、労働関係法令の適用を受ける。一方、すでに存在していた身体障害者や知的障害者のための「授産施設」は労働関係法令の適用を受けないものとされていた。このように障害者の働く場を「雇用」と「非雇用」に分け、非雇用は労働関係法令の適用を受けないとする手法は、障害者総合支援法においても引き継がれている（➡第1部第6章III **3**）。

▶5 「身体障害者福祉工場の設備及び運営について」（昭和47年7月22日社更128号）。

第4章 1980年代：対象となる障害者の拡大

　1980年代の特徴としては、国際的な潮流であったノーマライゼーションの理念が普及し、施策の対象が知的障害者や精神障害者にも拡大したことを挙げることができる。その代表例が、身体障害者雇用促進法の1987（昭和62）年改正による法の対象となる障害者の範囲の拡大とそれに伴う名称変更である。また、精神障害者については「精神保健法」が制定され、社会復帰が初めて法の目的に明記された。

I 促進法の改正

1　1984（昭和59）年改正：身体障害の範囲の拡大

　1984（昭和59）年の身体障害者雇用促進法改正では、①納付金関係業務が雇用促進事業団と身体障害者雇用促進協会とにまたがって行われており、効率性に欠けていたことから、障害者雇用に関する専門性を有する身体障害者雇用促進協会に一元的に実施させるものとされた▶1。また、②身体障害者福祉法の改正とあわせる形で、身体障害の範囲を政令で定めることができるようにした（➡第1部第8章コラム1）▶2。

▶1　雇用促進事業団と身体障害者雇用促進協会は独立法人化され、それぞれ雇用・能力開発機構と高齢・障害者雇用支援機構となった。さらに2011（平成23）年に雇用・能力開発機構の業務の一部を移管する形で、「高齢・障害・求職者雇用支援機構」に名称変更され、現在に至っている。
▶2　この際、政令において「ぼうこう又は直腸の機能の障害」が定められた。

2　1987（昭和62）年改正：対象となる障害者の拡大

　1980年代に入り障害者の実雇用率が横ばいとなったことや、身体障害者だけでなく知的障害者や精神障害者を含むすべての障害者に雇用対策を行うことが国際的な趨勢になっていたことを背景に、1987（昭和62）年に身体障害者雇用促進法が改正され、①法の対象となる障害者を知的障害者と精神障害者にも拡大し、法律名が「障害者の雇用の促進等に関する法律」（障害者雇用促進法。以下「促進法」という）に改称された[3]。また、②ノーマライゼーションの理念が雇用対策の展開にあたっても基本とされ、基本的理念の規定として盛り込まれた（➡第2部第1章Ⅲ）。このほか、③現に雇用されている知的障害者を実雇用率にカウントすることや、④一定の要件を満たした場合に、子会社で雇用されている障害者を親会社に雇用されている者とみなし、実雇用率に算定できる仕組みである「特例子会社制度」を法定化すること等が行われた（➡第2部第4章Ⅲ）[4]。

Ⅱ　精神保健法の制定（1987（昭和62）年）

　国際的には精神障害者の権利擁護の仕組みが広がりをみせていた一方で、日本では1980年代ごろまで精神障害者は障害者福祉政策の対象とはされず、精神医療の対象として扱われていた。そのような中で、精神科病院の看護職員による日常的な暴力により患者であった精神障害者2名が死亡する事件（宇都宮病院事件）が1983（昭和58）年に発生し、国内外からの批判を招いたことを受け、1987（昭和62）年に精神衛生法が改正され「精神保健法」となった。同法により、精神障害者の社会復帰が初めて法の目的に入れられるとともに、精神障害者に対する授産施設が設置された。

---

[3]　ただし、雇用義務の対象は身体障害者に限られていた。
[4]　特例子会社制度自体は、1976（昭和51）年の局長通達によりすでに開始されており、同通達による特例子会社の認定要件が踏襲された。

第5章 1990年代：障害者基本法の制定

　1980年代以降国際的に潮流となった在宅福祉の推進や社会参加の促進を実現するための施策が、1990年代に入って日本でも進められた。その中心になったのが1993（平成5）年に制定された「障害者基本法」である。また、精神障害者に対する福祉法が1995（平成7）年に制定され、身体障害者、知的障害者、および、精神障害者に対する福祉法が、個別に整備されることになった。

　雇用に関しては、1997（平成9）年に促進法が改正され、知的障害者の雇用義務化が実現した。また、福祉的就労に関しては、1980年代から90年代にかけ、知的障害者の福祉工場と精神障害者の福祉工場および授産施設が設置されることになり、身体・知的・精神の3障害それぞれについて、授産施設と福祉工場が整備された。

Ⅰ　障害者基本法の制定（1993（平成5）年）

　1981（昭和56）年の「国際障害者年」とこれに続く1983（昭和58）年から1992（平成4）年の「国連障害者の10年」を1つの契機として、施設入所を中心とする障害者福祉施策から、在宅福祉の推進や社会参加の促進へとシフトしていった。このような障害者施策の理念の変化を反映させる形で、1993（平成5）年に心身障害者対策基本法が改正され、「障害者基本法」に改められた。その中で「障害者の自立」と「あらゆる分野の活動への参加を促進すること」が同法の目的として定められるとともに、身体障害者と知的障害者だけでなく、精神障害者が同法の対象となることが明記された。

II 精神保健福祉法の制定（1995（平成7）年）

　精神障害者が障害者基本法の対象とされたこと等を受け、1995（平成7）年に精神保健法が改正され、「精神保健及び精神障害者福祉に関する法律」（以下、「精神保健福祉法」という）に名称変更された。障害者基本法と精神保健福祉法により、それまで身体障害者と知的障害者に限られていた福祉サービスの対象が精神障害者にも拡大されるとともに、精神保健福祉法に基づき「精神障害者保健福祉手帳」制度が創設された（➡第1部第8章コラム1）。

III 促進法の改正

1　1992（平成4）年改正：重度短時間障害者への対応

　1987（昭和62）年の促進法改正により、法の適用対象がすべての障害者に拡大され、障害者雇用対策は進展したが、重度障害者の雇用状況にはなお課題を残していた。そこで、1992（平成4）年の促進法改正によって、①事業主が重度障害者を短時間雇用（週所定労働時間20時間以上30時間未満）している場合に、1人をもって1人として実雇用率に算定できる仕組みが導入された[1]。これに加え、②障害者雇用対策を総合的かつ計画的・段階的に推進していくため、労働大臣〔当時〕が障害者雇用対策基本方針を策定するものとされた（➡第2部第1章Ⅴ1）。

2　1997（平成9）年改正：知的障害者の雇用義務化

　1987（昭和62）年と1992（平成4）年の促進法改正により、事実上、知的障害者も身体障害者とほぼ同様の対策が講じられることになった。これにより、

---

[1]　同時に、重度知的障害者の定義が新たに定められ、重度知的障害者を雇用した場合のダブルカウントも整備された。

知的障害者の雇用は進み、その職域も広がりをみせていたが、一方で、このような知的障害者の雇用の進展は身体障害者の雇用促進に対してはマイナスの影響を及ぼすに至っていた[2]。そこで、1997（平成9）年に促進法を改正し、①知的障害者を雇用義務の対象として明確に位置づけた。これを受けて法定雇用率が1.6％から1.8％へと引き上げられた。また、②助成金の支給対象を短時間労働（週所定労働時間20時間以上30時間未満）に従事する精神障害者に拡大する措置や、③特例子会社の認定要件の緩和が行われた。

Ⅳ 障害種別ごとの福祉工場と授産施設の設置

　1985（昭和60）年の通知により知的障害者に対する福祉工場が設置され、また、1995（平成7）年制定の精神保健福祉法によって、精神障害者を対象とする福祉工場が設置された。これにより、福祉工場と授産施設が、身体障害者、知的障害者、精神障害者の障害種別ごとに整備されることとなった。

▶2　征矢紀臣『障害者雇用対策の理論と解説』（労務行政研究所・1998年）309頁。

第6章 2000年代：多様な働き方への対応・障害者自立支援法の制定

　1990年代以降、諸外国において障害差別を禁止する法律が制定されていく中で、日本でも2004（平成16）年の障害者基本法の改正により、障害者に対して差別をしてはならないとの基本理念が定められることとなった。また、2005（平成17）年に制定された「障害者自立支援法」により、それまで障害種別ごとに異なる法律に基づいて提供されてきた福祉サービス等が、障害の種別にかかわらず利用できる一元的な仕組みへと改変されるとともに、就労系福祉サービスの再編が行われた。

I 障害者基本法の改正（2004（平成16）年）

　アメリカが1990（平成2）年に「障害をもつアメリカ人法」（Americans with Disabilities Act of 1990；ADA）を制定して以降、障害を理由とする差別を禁止することにより、障害者の社会参加を実現しようとするアプローチが世界に広がっていった[1]。そのような中で、日本でも法律によって障害者差別を禁止すべきであるとの議論が高まり、2004（平成16）年に障害者基本法が改正され、「障害者に対して障害を理由として差別その他の権利利益を侵害する行為をしてはならない」とする基本理念が定められた（3条3項〔当時〕）。ただし、同規定は基本理念を定めたものにすぎず、実効性はないとの理解が一般的であった。

[1] たとえば、1995（平成7）年に制定されたイギリスの障害者差別禁止法（Disability Discrimination Act）や、2000（平成12）年にEUで制定された「雇用及び職業における平等取扱いの一般的枠組みを設定するEC指令」において、障害差別の禁止や合理的配慮の提供が規定された。

II 促進法の改正

1 2002（平成14）年改正：グループ適用の導入

2002（平成14）年促進法改正では、①障害者の定義規定を障害者基本法における定義規定にあわせるとともに、法律上明確な規定のなかった精神障害者について定義規定を設けた。また、②分社化や持ち株会社制度の導入による企業合併の進展を受け、親会社・子会社間でのみ認められていた特例子会社制度を拡大し、企業グループ単位での雇用率制度の適用を可能とするグループ適用制度が創設された。このほか、③除外率制度について、ノーマライゼーションの理念からみて適切ではないとして、廃止に向けて段階的に縮小するものとし、2004（平成16）年4月に一律に10ポイントの引下げが実施された。

2 2005（平成17）年改正：精神障害者の雇用率への算定

2005（平成17）年促進法改正では、①精神障害者に対する雇用対策の強化として、現に雇用する精神障害者（精神障害者保健福祉手帳の所持者）を実雇用率に算定（短時間労働者については1人を0.5人としてカウント）することを可能とし、納付金等の算定にあたっても、身体障害者や知的障害者と同様に取り扱うこととされた。ただし、精神障害者の雇用義務化は見送られた。

また、②雇用と福祉の連携に向けた施策として、㋑国および地方公共団体の責務として、必要な施策を「障害者の福祉に関する施策との有機的な連携を図りつつ」推進するとの文言の追加（6条）、㋺自宅や福祉的就労の場において働く障害者に業務を発注した事業主に対して、特例調整金等を支給する制度（在宅就業障害者支援制度）の創設（74条の2以下）、㋩福祉施策との連携をはかりながら一般雇用への移行を促進するため、公共職業安定所（ハローワーク）が福祉施設等と連携して、障害者に応じた支援計画に基づき一貫して就職支援を行うモデル事業の実施や、就業面・生活面からの一体的な支援を行う障害者就業・生活支援センター（通称「ナカポツセンター」）の増設が実施された[2]。

▶2 これらの雇用と福祉の連携に関する改正は、同年の障害者自立支援法の制定による福祉的就労

3 2008（平成20）年改正：短時間労働者のハーフカウント

2008（平成20）年促進法改正では、①週所定労働時間30時間以上の労働者を雇用率の算定の基礎とする原則を見直し、20時間以上30時間未満の短時間労働者を0.5カウント（ハーフカウント）とし、算定に加えるものとされた。また、中小企業における障害者雇用の促進をはかるため、②納付金の支払義務を負う事業主の規模が、常用雇用労働者数300人超から100人超の事業主へと段階的に引き下げられることとなった。これらに加え、③除外率の一律10ポイント引下げ、④特例子会社がない場合であっても企業グループ全体で雇用率を算定するグループ適用（企業グループ算定特例）の創設等が行われた。

障害者自立支援法の制定（2005（平成17）年）

1 背景（社会福祉基礎構造改革等）

1990年代後半以降、社会保障の構造改革が政策課題となる中で、その第一歩として介護保険法が1997（平成9）年に制定された（2000（平成12）年4月施行）。また、2000（平成12）年の社会福祉事業法の改正（「社会福祉法」に改称）により各種の関連法が改正され、障害者福祉にも大きな影響を与えた。その1つが、2003（平成15）年から導入された身体障害者および知的障害者の福祉サービスについての「措置制度」から「支援費制度」への移行である。これにより、それまで地方公共団体の措置決定により提供されていた福祉サービスが、利用者と提供者との間で直接締結される契約によって提供されるようになり、地方公共団体はサービスの費用を支援費として支給することになった。

また、2004（平成16）年10月12日に、障害保健福祉施策の総合化、自立支援型システムへの転換および制度の持続可能性の確保を基本的な視点として掲げた「今後の障害保健福祉施策について（改革のグランドデザイン案）」（以下、「改革のグランドデザイン案」という）が、厚生労働省障害保健福祉部から出され、障施策の再編成と密接に関わるものである（➡本章Ⅲ3）。

害者自立支援法の制定に影響を与えた。

2 障害者自立支援法の制定

　このような背景のもと、2005（平成17）年に制定された「障害者自立支援法」（以下、「自立支援法」という）は、障害者福祉施策に大きな変革をもたらした。同法の最大の目的は、それまで障害福祉各法により障害種別ごとに縦割りで提供されていた障害福祉サービスを、障害の種別にかかわらずサービスを利用することができる一元的な仕組みへと改変することにあった[3]。そのほか、安定的な財源の確保のためのサービス利用料の1割を利用者（障害者）負担とする「応益負担」の導入や、支給決定の透明化・明確化のための「障害程度区分」の設定などが行われた[4]。

3 福祉的就労施策の再編成

　自立支援法の目的には、「障害者が『もっと働ける』社会」を実現するため、就労支援を抜本的に強化することが掲げられていた。そこで、障害種別ごとに設置されていた「福祉工場」と「授産施設」が、「就労継続支援A型」（以下、「A型」という）、「就労継続支援B型」（以下、「B型」という）、および「就労移行支援」に再編成され、すべての障害（3障害）が障害の種別に関係なく利用することができる仕組みとなった[5]。新体系の導入に際し、働く意欲と能力のある障害者が企業等で働けるよう、福祉の側から支援していくことが確認され

[3] 支援費制度には含まれなかった精神障害者に対する福祉サービスも、自立支援法に包含されることとなった。

[4] 応益負担は、2010（平成22）年法改正により「応能負担」に転換され、障害程度区分は、2012（平成24）年法改正により「障害支援区分」へと改められた（→第1部第7章Ⅴ）。

[5] 「改革のグランドデザイン案」段階では、授産施設や福祉工場等の福祉的就労の場を「就労移行支援」と「要支援障害者雇用（就労継続支援）」に再編する案が示され、後者の要支援障害者雇用事業では雇用契約を締結することが前提とされていた。つまり、その時点で雇用契約を締結しないB型は想定されていなかった。しかし、その後の障害者部会での議論において、授産施設の利用者等の受け皿が問題として取り上げられ、最終的に、就労継続事業の中に、雇用型（A型）と非雇用型（B型）を設けることとなった（第24回障害者部会（2005（平成17）年1月25日）において、厚生労働省障害福祉課長から「非雇用型の就労継続事業を検討して」いるという発言がある）。

第6章　2000年代：多様な働き方への対応・障害者自立支援法の制定 ——— **17**

た▶6。また、改革のグランドデザイン案では、「雇用施策と連携」をはかりつつ、個々人の適性を踏まえ明確な目標をもった計画的な取組みに基づき計画的に就労につなげる体制を確立するという政策目標が掲げられ、福祉的就労の場の確保に加え、福祉的就労から一般就労への移行が意識された。

「就労継続支援」は、一般企業に雇用されることが困難な障害者に対して、就労や生産活動に関わる機会を提供し、知識や能力の向上をはかるための支援を行うものであり、障害者と事業所との間で雇用契約を締結するA型と、雇用契約を締結しないB型がある（➡第3部第3章Ⅰ3）。「就労移行支援」とは、一般企業での雇用等を希望する障害者に対して、事業所での実際の作業や企業での実習を通して、仕事に就くために必要な知識や能力の向上をはかる訓練を行うものである（➡第3部第3章Ⅰ2）。従来の福祉的就労施策との関係では、福祉工場がA型へ、授産施設がB型へ移行すると想定されており、自立支援法の制定後、多くはそのように再編された。

Ⅳ 発達障害者支援法の制定（2004（平成16）年）

身体障害者、知的障害者および精神障害者については、それぞれ福祉法が制定されている中で、発達障害者はこれらの福祉施策の谷間に落ちてしまい、十分な保護を受けられない状況にあった。そこで、超党派の議員による法案作成が進められ、「発達障害者支援法」が2004（平成16）年12月に成立した。同法の目的は、発達障害を早期に発見し発達支援を行うことに関する国・地方公共団体の責務を明らかにするとともに、発達障害者の自立および社会参加に資するようその生活全般にわたる支援をはかり、もってその福祉の増進に寄与することにあった（1条〔当時〕）。

同法は、「『発達障害』とは、自閉症、アスペルガー症候群その他の広汎性発達障害、学習障害、注意欠陥多動性障害その他これに類する脳機能の障害であってその症状が通常低年齢において発現するものとして政令で定めるものをい

▶6　厚生労働省ウェブサイト「障害者自立支援法の概要」（https://www.mhlw.go.jp/topics/2005/02/tp0214-1a.html）。

う」(2条1項)と定め、「『発達障害者』とは、発達障害を有するために日常生活又は社会生活に制限を受ける者をいい、『発達障害児』とは、発達障害者のうち18歳未満のものをいう」(同条2項〔当時〕)と定めた。「発達障害」の定義が確立したことにより、2010(平成22)年に自立支援法、2011(平成23)年に障害者基本法、2013(平成25)年に促進法において、発達障害が障害者の定義に盛り込まれ、施策の対象として位置づけられていった。

バリアフリー法の制定（2006（平成18）年）

　1994(平成6)年に、高齢者や身体障害者等が安心して利用できる建築物の建築を促進することにより、誰もが快適に暮らせるような生活環境づくりを目的とした「高齢者、身体障害者等が円滑に利用できる特定建築物の建築の促進に関する法律」(通称「ハートビル法」)が制定された。次に、公共交通機関のバリアフリー化を目的とする「高齢者、身体障害者等の公共交通機関を利用した移動の円滑化の促進に関する法律」(通称「交通バリアフリー法」)が2000(平成12)年に制定された。同法により、駅構内へのエレベーター、エスカレーター、スロープ等の設置や運賃表、案内板等の点字表示などが改善された。

　これらの法律を一体化するものとして、2006(平成18)年に「高齢者、障害者等の移動等の円滑化の促進に関する法律」(通称「バリアフリー法」)が制定された。同法は、高齢者、障害者等の移動上および施設の利用上の利便性および安全性の向上の促進をはかり、公共の福祉の増進に資することを目的としており、ハード面だけでなくソフト面においても施策の充実をはかり、高齢者や障害者等を含むすべての人が暮らしやすいユニバーサル社会の実現を目指すものである。同法は、東京オリンピック・パラリンピックの開催を契機とした共生社会等の実現をはかり、全国におけるバリアフリー化を一層推進すること等を目的として、2018(平成30)年および2020(令和2)年にも改正されている。

第7章 2010年代：障害者差別禁止・合理的配慮規定の導入

　2006（平成18）年に国連で採択された「障害者の権利に関する条約（障害者権利条約）」（Convention on the Rights of Persons with Disabilities）（以下、「権利条約」という）を批准するため、国内法の見直しが行われ、まず、2011（平成23）年に「障害者基本法」が改正された。次に、2013（平成25）年に「促進法」の改正と「障害を理由とする差別の解消の推進に関する法律」（障害者差別解消法。以下、「差別解消法」という）の制定が行われた。また、従前から課題が指摘されていた自立支援法が2012（平成24）年に改正され、「障害者の日常生活及び社会生活を総合的に支援するための法律」（障害者総合支援法。以下、「総合支援法」という）へと名称変更された。

　上記促進法改正では、精神障害者の雇用義務化が実現した。これにより、雇用と福祉の両面において、身体障害者、知的障害者および精神障害者が、原則として同じ制度の適用を受けることとなった。

I 障害者権利条約の批准に向けた国内法の整備

　障害を理由とする差別を禁止するアプローチが世界的な潮流となる中で、2006（平成18）年に権利条約が国連において採択された（➡第4部第1章）。同条約を批准するため、日本においても2007（平成19）年9月頃から内閣府および外務省を中心に本格的な議論が開始され、次いで2008（平成20）年3月から厚生労働省において雇用分野に関する議論が進められた。

　その結果、まず、2011（平成23）年に障害者基本法が改正され、すでに明文化されていた障害者差別の禁止（4条1項）に加え、「合理的配慮」に関する規

定が日本で初めて設けられた（同条2項）。障害者基本法が定めるこの差別禁止原則を具体化するため、2013（平成25）年に促進法の改正と差別解消法の制定が行われた。これにより、障害者差別禁止と合理的配慮提供について、雇用の分野は促進法が担い、それ以外の日常生活および社会生活は差別解消法が規制することとなった（差別解消法13条）。さらに、従来から様々な課題が指摘されていた自立支援法が権利条約の理念を取りこむ形で2012（平成24）年に改正され「障害者総合支援法」に名称変更された。

これらの国内法の整備を経て日本は、2014（平成26）年1月に権利条約を批准し、同年2月19日に日本国内において効力が生じることとなった。

II 障害者基本法の改正（2011（平成23）年）

2011（平成23）年の障害者基本法改正では、権利条約を踏まえ、多岐にわたる項目の見直しが行われた（→第4部第2章）。ここでは、障害者の定義と合理的配慮についてのみ確認する。まず、障害者の定義について、発達障害とその他の心身の機能の障害が明記されるとともに、障害者が日常生活または社会生活において受ける制限は、障害だけでなく「社会的障壁」との関係によって生じるという「社会モデル」に基づく概念に改められた（2条1号）。従来から規定されていた障害者に対する障害を理由とする差別の禁止（4条1項）に加え、合理的配慮についての定めが新設された（同条2項）。この障害者基本法4条に定められた差別禁止原則を具体化するため、差別解消法の制定と促進法の改正が行われていくことになる。

III 障害者差別解消法の制定（2013（平成25）年）

差別解消法は、障害を理由とする差別の解消を推進し、すべての国民が、障害の有無によって分け隔てられることなく、相互に人格と個性を尊重し合いながら共生する社会の実現に資することを目的として、2013（平成25）年に制定

第7章　2010年代：障害者差別禁止・合理的配慮規定の導入 ── 21

された（➡第4部第3章）。「障害者」と「社会的障壁」の定義は、障害者基本法と同じである（障害者基本法2条1号・2号、差別解消法2条1号・2号）。

「差別の禁止」について、差別解消法は行政機関等を対象とする7条1項と、（民間）事業者を対象とする8条1項とに分けて規定するが、その内容は同じである。行政機関等と事業者は、その事業を行うにあたり、障害を理由として障害者でない者と不当な差別的取扱いをすることにより、障害者の権利利益を侵害してはならない。

一方、「合理的配慮」については、行政機関等は「社会的障壁の除去の実施について必要かつ合理的な配慮をしなければならない」とされたのに対し（7条2項）、（民間）事業者は「社会的障壁の除去の実施について必要かつ合理的な配慮をするように努めなければならない」として、努力義務にとどめられた（8条2項〔当時〕）。努力義務とされた背景には、差別解消法は広範な分野を対象とする法律であり、多種多様な配慮がある中で一律に義務を果たすことには困難な面が多いとされたことがある（2021（令和3）年改正により法的義務化）。

Ⅳ 促進法の改正

1 2013（平成25）年改正：差別禁止・合理的配慮規定の導入、精神障害者の雇用義務化

2013（平成25）年の促進法改正では、①障害者の定義の見直し（同年6月19日施行）、②障害者差別の禁止と合理的配慮の提供義務の新設（2016（平成28）年4月1日施行）、③精神障害者（精神障害者保健福祉手帳の所持者）の雇用義務化（2018（平成30）年4月1日施行）が行われた。

①障害者の定義の見直しについて、障害者基本法の障害者の定義の改正にあわせる形で、促進法の障害者の定義にも「発達障害」と「その他の心身の機能の障害」が明記された（2条1号）。

②の差別禁止に関して、募集・採用時と採用後について障害者であることを理由とする差別が禁止された（34条・35条）。また、合理的配慮に関しても、

募集・採用時と採用後において、障害者に合理的配慮を提供することが事業主に義務づけられた（36条の2・36条の3）。これらの規定の内容の明確化のために、それぞれ指針が策定されている。すなわち、「障害者に対する差別の禁止に関する規定に定める事項に関し、事業主が適切に対処するための指針」（平成27年厚生労働省告示116号。以下、「差別禁止指針」という）と、「雇用の分野における障害者と障害者でない者との均等な機会若しくは待遇の確保又は障害者である労働者の有する能力の有効な発揮の支障となっている事情を改善するために事業主が講ずべき措置に関する指針（平成27年厚生労働省告示117号、以下、「合理的配慮指針」という）である。また、「障害者雇用促進法に基づく障害者差別禁止・合理的配慮に関するQ&A」や「合理的配慮指針事例集」が作成され、適宜改版されている[1]。

③精神障害者（精神障害者保健福祉手帳の所持者）の雇用義務化は、長年の検討を経てようやく実現に至ったものである。これにより、精神障害者が法定雇用率の算定基礎に加わることとなったが[2]、法定雇用率の急激な引上げを回避するため激変緩和措置がとられ、2018（平成30）年4月1日に2.2%、2021（令和3）年3月1日に2.3%と段階的に引き上げられることとなった。

2 2019（令和元）年改正：国・地方公共団体の責務の強化

2018（平成30）年8月、中央省庁等による「障害者雇用の水増し問題（障害者雇用不適切計上問題）」が発覚し、社会的に大きな注目を集めた[3]。これを受け、2019（令和元）年に行われた促進法の改正は、国および地方公共団体を対象とする措置が中心となった。

---

[1] 2024（令和6）年12月現在、Q&Aは第3版、合理的配慮指針事例集は第5版となっている。Q&Aは、差別解消法における民間事業者の合理的配慮の提供が2024（令和6）年4月から法的義務になったことを受けて改版された。

[2] 本来の計算式に従った数値は、2.4%であった。

[3] 雇用義務の対象となる障害者は、原則として障害者手帳の所持者とされるが（→第2部第1章Ⅱ）、多くの中央省庁等は、長期にわたり恣意的な判断により対象者を把握し、雇用障害者数を計算していた。2017（平成29）年の国の行政機関における実雇用率は2.49%と報告されていたが、再調査の結果1.18%であったことが判明した（当時の国等の法定雇用率は2.3%）。また不足数は2.0人から3478.5人へと修正された。

まず、国・地方公共団体の責務として、自ら率先して障害者を雇用するよう努めなければならないことが明文化されるとともに（6条）、厚生労働大臣は障害者雇用対策基本方針に基づき、障害者活躍推進計画の作成に関する指針を定め（7条の2）、国・地方公共団体の任命権者は同指針に即して、障害者活躍推進計画を作成しなければならないとされた（7条の3）。また、厚生労働大臣または公共職業安定所長は、国・地方公共団体の任命権者に対して障害者の雇用状況等についての報告を求めることができるとする規定の新設（82条1項）や、国・地方公共団体の任命権者に対する、障害者雇用推進者と障害者職業生活相談員の選任の義務づけ（78条1項、79条1項）、障害者の任免状況の公表の義務づけ（40条2項）、障害者である職員を免職する場合の公共職業安定所長への届出の義務づけ（81条2項）等が行われた。さらに、国・地方公共団体および民間事業主は、法定雇用率の算定対象となる障害者の確認に関する書類を保存しなければならないものとされた（81条の2）。

　民間事業主に対する措置としては、週所定労働時間10時間以上20時間未満の障害者を雇用する事業主に対し「特例給付金」を支給する制度（49条1号の2〔当時〕）▶4と、障害者の雇用の促進等に関する取組みが優良な中小事業主（常用雇用労働者数300人以下）を認定する「もにす認定制度」（77条以下。➡第2部第4章Ⅴ4）が新設された。

Ⅴ　障害者自立支援法から障害者総合支援法へ

1　自立支援法の改正（2010（平成22）年）

　権利条約の批准のための国内法の見直しをする中で、自立支援法を廃止し新法を制定する方向で検討が進められ、新法制定までの暫定措置として2010（平

▶4　常用雇用労働者数100人超の事業主が週所定労働時間10時間以上20時間未満の障害者を雇用した場合、1人につき月額7000円（100人以下の場合は月額5000円）の特例給付金が事業主に支給されるという制度である。しかし、2022（令和4）年促進法改正によって、週所定労働時間10時間以上20時間未満の特定の障害者を雇用した場合に実雇用率に算定できる仕組みが導入されたため、これに伴い特例給付金は廃止された（➡第1部第8章Ⅲ）。

成22）年12月に自立支援法が改正された。これにより、厳しい批判を受けた応益負担を廃止し応能負担を原則とする制度への転換や、身体・知的・精神の3障害に加えて、発達障害が自立支援法の対象となることを明確にするための障害者の定義の見直し等が行われた。

2 総合支援法の制定（2012（平成24）年）

　2012（平成24）年6月に自立支援法が改正され、障害者基本法の2011（平成23）年改正を踏まえ、目的規定の改定（1条）と基本理念の追加（1条の2）が行われるとともに、「障害者総合支援法」へと名称変更された。

　また、障害者の範囲について、制度の谷間のない支援を提供する観点から新たに難病等が障害者の定義に追加された（4条1項）。さらに、従来の「障害程度区分」という名称が、必要とされる支援の度合いを示す区分であるにもかかわらず、障害の程度（重さ）を示す印象を与えることから、「障害支援区分」へと改められた（4条4項。➡第3部第2章Ⅲ2）。このほか、重度訪問介護サービスの対象者の拡大や、ケアホームのグループホームへの統合等、障害者に対する支援の拡充が行われた。

3 総合支援法の改正（2016（平成28）年）

　総合支援法施行3年後の見直しを受け、2016（平成28）年に障害者の望む地域生活の支援（自立生活援助[5]の創設）や、障害児支援に関する改正が行われた。就労との関係では、就労継続支援や就労移行支援を利用して一般雇用へ移行した障害者の職場定着に課題があることを踏まえ、障害者の職場定着に向けた支援を行う「就労定着支援」が新たに創設された（➡第3部第3章Ⅰ4）。

▶5　自立生活援助とは、障害により理解力や生活力等が十分ではないため、一人暮らしを選択することが難しかった障害者に対し、居宅への定期訪問や随時の対応等を行うものである（➡第3部第3章Ⅱ3）。

4 指定基準と報酬算定基準の見直し等

　自立支援法制定後、社会福祉法人以外の株式会社等が障害福祉サービス事業の運営に参入するようになり、事業所の数も急激に増加した。その中で発生した不適切な事業所等の課題や、障害者の就労や地域生活におけるニーズの変化に対応するため、事業所の指定を受けるための基準（「障害者の日常生活及び社会生活を総合的に支援するための法律に基づく指定障害福祉サービスの事業等の人員、設備及び運営に関する基準」（平成18年9月29日厚生労働省令171号。以下「指定基準」という））や、事業所に支給される報酬に関する基準（「障害者の日常生活及び社会生活を総合的に支援するための法律に基づく指定障害福祉サービス等及び基準該当障害福祉サービスに要する費用の額の算定に関する基準」（平成18年9月29日厚生労働省告示523号。以下、「報酬算定基準」という））の見直しが行われた。

　A型について、当初、報酬単価が利用者の人数に基づいており、利用者の意向にかかわらず利用者の労働時間を一律に短くする事業所が生じていたことから、短時間利用者が多い場合の減算措置が2012（平成24）に実施された。2015（平成27）年には、短時間利用減算の仕組みを利用者割合から平均利用時間に見直すとともに減算割合が強化された▶6。2018（平成30）年度改定では、1日の平均労働時間が長いほど基本報酬額が高くなる設定が導入された。

　B型については、目標工賃を達成した場合の加算単価の増額（2012（平成24）年）、より高い工賃目標を達成した場合に加算を高める算定要件の見直し（2015（平成27）年）、平均工賃月額が高いほど高い報酬設定とする見直し（2018（平成30）年）等、工賃額の高さや上昇率を報酬に反映させる仕組みが導入された。

　就労移行支援については、2012（平成24）年度改定時に、一般就労への定着支援に効果を上げている事業所への就労移行支援体制加算単価の引上げと移行実績がない事業所に対する減算措置が行われた。この就労移行支援体制加算は2015（平成27）年に廃止されたが、利用者の就労定着期間に着目した加算が新たに創設されるなど、一般就労移行実績を報酬に反映する仕組みが採られている（➡第3部第3章Ⅰ5）。

▶6　これらの改定後の2017（平成29）年には、A型事業所閉鎖に伴う大量解雇事件が各地で発生した。

障害者虐待防止法の制定（2011（平成23）年）

2000年代に入り児童や高齢者等に対する虐待防止法が制定され、また、権利条約の批准のための国内法の整備が進められる中で、2011（平成23）年に「障害者虐待の防止、障害者の養護者に対する支援等に関する法律」（障害者虐待防止法）が制定された。同法は、高齢者虐待防止法の枠組みを踏襲しつつ、養護者や施設従事者等による虐待だけでなく、「使用者」による虐待を障害者虐待に含めた点に特徴がある（2条2項）。促進法や総合支援法にはハラスメントに関する規定はおかれていないため、障害者が職場や障害者施設でハラスメントや虐待を受けた場合には、障害者虐待防止法が重要な役割を担うこととなる（➡第4部第4章）。

障害者優先調達推進法の制定（2012（平成24）年）

障害者就労施設等における低工賃の問題等を背景として、2012（平成24）年に「国等による障害者就労施設等からの物品等の調達の推進等に関する法律」（障害者優先調達推進法）が制定された。同法は、国や地方公共団体等が、物品やサービスを調達する際、障害者就労施設等から優先的・積極的に購入することを推進するよう、必要な措置を講じることを定めたものであり、これにより障害者就労施設等で就労する障害者等の自立の促進に資することを目的とする（➡第4部第5章）。

難病法の制定（2014（平成26）年）

難病に対しては、古くから医療費助成などの対応が採られていた▶7。しか

▶7　1964（昭和39）年ごろに社会問題化したスモン（原因不明の神経障害。のちに、キノホルムという整腸剤の副作用によって引き起こされる薬物中毒であることが判明した）への対策として、

第7章　2010年代：障害者差別禁止・合理的配慮規定の導入 ── **27**

し、障害者手帳の取得が困難な場合もあり、難病患者は発達障害者と同様に制度の谷間におかれ、雇用施策や福祉施策の対象とされにくいという問題があった。また、法律がないため難病対策のための十分な予算を国が確保できないといった課題も抱えていた。これらの課題を解決するため、2014（平成26）年に「難病の患者に対する医療等に関する法律」（難病法）が制定された。同法は、法の目的を定めた1条において、難病を「発病の機構が明らかでなく、かつ、治療方法が確立していない希少な疾病であって、当該疾病にかかることにより長期にわたり療養を必要とすることとなるものをいう」と定める。同法に基づき指定される指定難病は（5条1項）、治療方法の確立等に向け、治療研究を推進するとともに、効果的な治療方法が確立されるまでの間、医療費助成が行われる。

IX　発達障害者支援法の改正（2016（平成28）年）

　発達障害者支援法の施行から10年が経過し、乳幼児期から高齢期まで切れ目のない支援や地域の身近な場所で受けられる支援等、時代の変化に対応したよりきめ細やかな支援が求められるようになった▶8。また、2011（平成23）年の障害者基本法の改正による障害者の定義の見直しや合理的配慮概念の導入等への対応も必要となった。そこで、2016（平成28）年に発達障害者支援法が改正され、同法の目的に、「障害者基本法……の基本的な理念にのっとり、発達障害者が基本的人権を享有する個人としての尊厳にふさわしい日常生活又は社会生活を営むことができるよう」支援を行うことや、共生社会の実現に資することが、追加された（1条）。また、「社会的障壁」により日常生活または社会生活に制限を受ける者も発達障害者に含まれることが明記され（2条2項）、社会的障壁の定義が新設された（同条3項）。

　　1972（昭和47）年に厚生省（当時）が「難病対策要綱」を策定し、難病に対する調査研究の推進や医療費助成等が行われた。
▶8　内閣府『平成29年版障害者白書』29頁（https://www8.cao.go.jp/shougai/whitepaper/h29hakusho/zenbun/index-pdf.html）。

第8章 2020年代：雇用と福祉のさらなる連携強化

　差別解消法が2021（令和3）年に改正され、それまで努力義務とされていた民間事業者の合理的配慮提供が義務化された。これにより、公共部門と民間部門の別なくすべての分野において障害者に対する合理的配慮の提供が法的義務となった（2024（令和6）年4月施行）。また、障害者の地域生活や就労の支援の強化等によって、障害者の希望する生活を実現することを目的として、2022（令和4）年に促進法と総合支援法等が一括して改正された。これにより、雇用施策と福祉施策のさらなる連携強化がはかられることになった。

I 差別解消法の改正（2021（令和3）年）

　差別解消法の制定当時、民間事業者による合理的配慮提供は努力義務とされ（➡第1部第7章Ⅲ）、施行3年後に事業者による合理的配慮のあり方その他の施行状況について所要の見直しを行う旨が規定されていた（附則7条）。そこで、障害者政策委員会による意見書等を踏まえ、2021（令和3）年に差別解消法が改正され、民間事業者による合理的配慮の提供が努力義務から義務へと改められた（8条2項）。このほか、国および地方公共団体の連携協力の責務の新設（3条2項）や障害を理由とする差別を解消するための支援措置の強化が行われた（6条2項4号、16条2項。いずれも2024（令和6）年4月1日施行）。

Ⅱ 総合支援法・促進法等の一括改正法

1 雇用と福祉の連携強化に向けた検討会

　雇用施策と福祉施策のさらなる連携強化に向け必要な対応策をより具体的に検討するため、2020（令和2）年11月に「障害者雇用・福祉施策の連携強化に関する検討会」（以下、「連携強化検討会」という）が開催された[1]。促進法について検討を行う労働政策審議会障害者雇用分科会と、総合支援法について検討を行う社会保障審議会障害者部会の双方から委員を選出し、検討会の構成員とし、雇用と福祉の双方にまたがる論点について議論をした点に特徴をもつ。

　連携強化検討会のもとに、①障害者の就労能力等の評価のあり方、②障害者就労を支える人材の育成・確保、③障害者の就労支援体系のあり方の3つのテーマについてワーキンググループが設置された。各ワーキンググループでの議論を踏まえ、連携強化検討会は2021（令和3）年6月に「障害者雇用・福祉施策の連携強化に関する検討会報告書」を公表した。同報告書を受け、議論の場は障害者雇用分科会と障害者部会に移り、法改正に向けた検討が進められた。

2 総合支援法・促進法等の一括改正法の趣旨

　総合支援法、促進法、精神保健福祉法、児童福祉法、難病法等を一括して改正する「障害者の日常生活及び社会生活を総合的に支援するための法律等の一部を改正する法律」（一括改正法）は、2022（令和4）年12月10日に成立した（同月16日公布）。

　一括改正法の趣旨は、「障害者等の地域生活や就労の支援の強化等により、障害者等の希望する生活を実現するため、①障害者等の地域生活の支援体制の

▶1　厚生労働省は2018（平成30）年10月に「2040年を展望した社会保障・働き方改革本部」を設置し、部局横断的な政策課題に取り組むプロジェクトチームを設けた。その1つが「障害者雇用・福祉連携強化プロジェクトチーム」であり、2020（令和2）年9月に「障害者就労支援の更なる充実・強化に向けた課題と今後の検討の方向性（中間とりまとめ）」が示されていた。同とりまとめの内容も踏まえ、連携強化検討会での議論が進められた。

充実、②障害者の多様な就労ニーズに対する支援及び障害者雇用の質の向上の推進、③精神障害者の希望やニーズに応じた支援体制の整備、④難病患者及び小児慢性特定疾病児童等に対する適切な医療の充実及び療養生活支援の強化、⑤障害福祉サービス等、指定難病及び小児慢性特定疾病についてのデータベースに関する規定の整備等の措置を講ずる」[2]ことにあった。本書では、促進法と総合支援法の改正内容について紹介する[3]。

III 促進法の改正（2022（令和4）年）

　2022（令和4）年促進法改正およびその後の政省令の改正では、①事業主の責務の明確化、②雇用と福祉の連携強化、③雇用率制度に関する改正、④納付金制度に関する改正、⑤在宅就業障害者支援制度の要件緩和（➡第2部第4章コラム5）、⑥特定有限責任事業組合の算定特例の要件緩和（➡第2部第4章III 3(3)）等が行われた。

　①事業主の責務の明確化として、促進法5条の事業主の責務に「職業能力の開発及び向上に関する措置」を講じることが追加された（2023（令和5）年4月1日施行）。これは、法定雇用率が高まる中で、雇用契約を締結している使用者に代わって障害者に職場や業務を提供するいわゆる「障害者雇用代行ビジネス」[4]の台頭など、単に雇用率の達成のみを目的とする事業主が増加したことを受けて行われた改正である[5]（➡第2部第1章IV 1）。

▶2　第133回障害者部会（2022（令和4）年10月17日）資料2「障害者の日常生活及び社会生活を総合的に支援するための法律等の一部を改正する法律案について」2頁。

▶3　詳細は、長谷川珠子「2022（令和4）年障害者雇用促進法改正と今後の課題」季労281号（2023年）88頁以下参照。

▶4　障害者雇用代行ビジネスとは、別会社（B社）が提供・管理する農園の一区画をA社が借り上げ、A社と雇用契約を締結した障害者をその農園で働かせ農作業等の指導（指揮命令）はA社が雇用した指導員が行うというものであり、当該障害者はA社の実雇用率としてカウントされる。しかし、障害者雇用に関する取組みのほぼすべてをB社に外注しているような状態であるため、問題視されていた。近年では、農園だけでなくサテライトオフィスの提供等の多様な形態がみられており、「障害者雇用ビジネス」と呼ばれることがある。

▶5　一括改正法では、両院において、「……事業主が、単に雇用率の達成のみを目的として雇用主に代わって障害者に職場や業務を提供するいわゆる障害者雇用代行ビジネスを利用することがないよ

第8章　2020年代：雇用と福祉のさらなる連携強化　31

②雇用と福祉の連携を強化するため、総合支援法改正により新設された「就労選択支援」による就労アセスメント結果を雇用の領域でも用いることができるようにした（促進法12条2項。2025（令和7）年10月1日施行）。

③雇用率制度に関して、週所定労働時間10時間以上20時間未満の労働者（特定短時間労働者）である精神障害者、重度身体障害者、重度知的障害者を雇用した場合に、0.5人分として実雇用率に算定する特例的な措置が導入された（70条・71条等。2024（令和6）年4月1日施行。➡第2部第4章Ⅰ2）▶6。法定雇用率の見直しも行われ、民間事業主について、2024（令和6）年4月1日から2.5％、2026（令和8）年7月1日から2.7％に段階的に引き上げられるものとされた（促進法施行令9条、同附則（令和5年3月1日政令44号）3条1項）。

④納付金制度については、法定雇用率を超えて障害者を雇用した際等に事業主に支給される調整金と報奨金を、一定の場合に減額する措置がとられることになった（促進法50条1項。2024（令和6）年4月1日施行。➡第2部第4章Ⅳ2）。

Ⅳ 総合支援法の改正（2022（令和4）年）

2022（令和4）年の総合支援法の改正では、グループホームの支援内容に、一人暮らし等を希望する利用者に対する支援や退去後の一人暮らし等の定着のための相談等の支援が含まれることを明確化する等、障害者等の地域生活の支援体制の充実がはかられた。

就労に関しては以下の改正が行われた。第1に、障害者の就労能力や意向が十分に把握されないため、適切なサービスにつなげられていない場合があるとの課題を受け、就労系福祉サービスを利用する前の段階で就労アセスメント（障害者のニーズの把握と就労能力や適性の評価）を行う「就労選択支援」が新たなサービスとして導入された（5条13項。2025（令和7）年10月1日施行。➡第3部第3章Ⅰ1）。第2に、一般就労中の障害者が一時的に就労移行支援や就労継続支

　う、事業主への周知、指導等の措置を検討すること」との附帯決議が付された。
▶6　これに伴い、「特例給付金制度」（➡第1部第7章Ⅳ2）は、2025（令和7）年3月31日までの経過措置を経たうえで、廃止される（令和4年改正促進法附則16条）。

を利用できるようにするため、就労移行支援と就労継続支援の定義が見直された（5条14項・15項。2024（令和6）年4月1日施行。➡第3部第3章Ⅰ**2・3**）▶7。

コラム…1
▶▶「障害者」の定義はどのように変化してきたか

　障害（者）の概念は、「ノーマライゼーションの理念」や「障害の社会モデル」等の影響を受け、変化を続けている。一方、日本では「障害者手帳」が存続しており、施策の対象者を画する役割を担い続けている。そこで、本コラムでは、障害者基本法における障害者の定義の変遷をたどったうえで、障害者福祉各法に基づく障害者手帳制度を概観する。

1．障害者基本法と国際的な潮流

　障害者施策に関する基本的な法律として1970（昭和45）年に制定された心身障害者対策基本法は、「この法律において『心身障害者』とは、肢体不自由、視覚障害、聴覚障害、平衡機能障害、音声機能障害若しくは言語機能障害、心臓機能障害、呼吸器機能障害等の固定的臓器機能障害又は精神薄弱等の精神的欠陥（以下、「心身障害」と総称する）があるため、長期にわたり日常生活又は社会生活に相当な制限を受ける者をいう」と定義した（2条〔当時〕）。同法は、身体障害者と知的障害者を対象とするものであ

り、精神障害者は除外されていた。

　国際的には、1975（昭和50）年に国連において採択された障害者権利宣言において、「『障害者』という用語は、先天的か否かにかかわらず、身体的ないし精神的な能力（physical or mental capabilities）における損傷の結果として、通常の個人的生活と社会的生活の両方かもしくは一方の必要を満たすことが、自分自身で完全にまたは部分的にできない者を意味する」と定められ、すべての障害者の権利が保護されることが宣言された。また、1981（昭和56）年の国連障害者年においても、すべての障害者を対象とすることを前提として、国際的な取組みが行われた。

　日本でも心身障害者対策基本法が1993（平成5）年に改正され、「障害者基本法」と改称されるとともに、障害者の定義について、「この法律において『障害者』とは、身体障害、精神薄弱又は精神障害（以下「障害」と総称する）があるため、長期にわたり▶8日常生活又は社会生活に相当な制限を受ける者をいう」と改められた（2条〔当時〕。下線は筆者による。

▶7　就労選択支援に関する規定（5条13項）の施行後は、項が繰り下がり、就労移行支援（同条14項）、就労継続支援（同条15項）となる。
▶8　障害者差別禁止を基本理念に追加すること等を主な改正点とする2004（平成16）年の障害者基本法改正によって、定義の「長期にわたり」との文言が「継続的に」と修正された。

以下同）。これにより、身体障害者と知的障害者だけでなく、精神障害者が障害者政策の対象として位置づけられた▶9。

2006（平成18）年に国連で採択された障害者権利条約では、「障害者」の捉え方について、障害の要因を社会の側に存在する様々な障壁（社会的障壁）に求める「社会モデル」が採用された（➡第4部第1章Ⅱ2）。同条約の批准に向けた障害者基本法の改正においても、「社会モデル」の考え方が取り入れられるとともに、発達障害者や難病患者も障害者に含まれることを明確にするための文言修正が行われた。すなわち、2011（平成23）年改正によって、「障害者」とは「身体障害、知的障害、精神障害（<u>発達障害を含む。）その他の心身の機能の障害</u>（以下「障害」と総称する。）がある者であつて、障害及び<u>社会的障壁</u>により継続的に日常生活又は社会生活に相当な制限を受ける状態にあるものをいう」と定義された（2条1号）▶10。

2. 障害者福祉各法における障害者の定義と「障害者手帳」

(1) 身体障害者

1949（昭和24）年に制定された身体障害者福祉法は、身体障害者を「別表に掲げる身体上の障害のため<u>職業能力が損傷されている</u>18歳以上の者であって、都道府県知事から身体障害者手帳の交付を受けたもの」と定義した（4条〔当時〕）。しかし、1951（昭和26）年改正により下線部が削除され、それ以降、身体障害者福祉法における身体障害者は、「別表に掲げる身体上の障害がある18歳以上の者であって、都道府県知事から身体障害者手帳の交付を受けたものをいう」とする定義が用いられている（4条）。

「別表」に掲げる身体上の障害の種類については、以下の変遷がみられる。当初、「視力障害」、「聴力障害」、「言語機能障害」、「肢切断又は肢体不自由」、「中枢神経機能障害」とされていたところ、1954（昭和29）年法改正等によって、「視覚障害」、「聴覚又は平衡機能の障害」、「音声機能又は言語機能の障害」▶11、「肢体不自由」に改められた。

1967（昭和42）年に内部障害として初めて「心臓又は呼吸器の機能の障害」が別表に追加され、1972（昭和47）年に「じん臓」が加えられた。1984（昭和59）年法改正では、身体の部位の多様な障害に対応するため、「その他政令

▶9 国際基準に倣い、難病患者等を含むすべて障害者を法の対象として明記すべきであるとの議論もあったが、その実現には至らなかった。ただし、参議院における附帯決議に、「てんかん及び自閉症を有する者並びに難病に起因する身体又は精神上の障害を有する者であって長期にわたり生活上の支障があるものは、この法律の障害者の範囲に含まれるものであり、これらの者に対する施策をきめ細かく推進するよう努めること」との規定が盛り込まれた。

▶10 なお、「社会的障壁」は、「障害がある者にとつて日常生活又は社会生活を営む上で障壁となるような社会における事物、制度、慣行、観念その他一切のものをいう」と定義されている（障害者基本法2条2号）。

▶11 1984（昭和59）年法改正により、従来から「音声機能又は言語機能の障害」として扱われてきた「そしゃく機能」が法律上明文化された。

で定める障害」との文言が別表に設けられ、政令によって身体障害の範囲を定めることができるようになった。これにより、「ぼうこう又は直腸の機能の障害」「小腸の機能障害」「ヒト免疫不全ウイルスによる免疫の機能の障害」「肝臓の機能の障害」が、順次政令に追加されていった。

このように別表の身体障害の種類が拡大されるとともに、たとえば聴力レベルのデシベル数のような障害の重度（程度）を測る基準についても若干の変更がなされている。ただし、別表に掲げる身体障害があり、身体障害者手帳の交付を受けたものを身体障害者として扱う手法は、現在まで続いている。

(2) 知的障害者

1960（昭和35）年に「精神薄弱者福祉法」（現在の「知的障害者福祉法」）が制定されたが、知的障害者の定義はおかれなかった。ただし、1973（昭和48）年に発出された厚生事務次官通知（同年9月27日厚生省発児第156号）に基づき、「児童相談所又は知的障害者更生相談所において知的障害であると判定された者」を「知的障害者」とし、この知的障害者に障害者手帳（療育手帳）を交付するものとされている。また、同通知と共に発出された「療育手帳制度の実施について」（児発725号）は、障害の程度について、知能指数等を基準に「重度（A）」と「その他（B）」に区分する（➡第3部第1章Ⅳ2(2)）。これらの通知に基づき、都道府県知事等がそれぞれの判断に基づき実施要領を定めているため、都道府県等により、知的障害の範囲や程度に相違がみられる。国レベルでの知的障害者の基準は、1973（昭和48）年通知以降変更はなく、法律上の定義が定められることなく現在に至っている。

(3) 精神障害者

精神障害者については、1995（平成7）年に制定された「精神保健福祉法」によって精神障害者保健福祉手帳制度が創設された。

精神障害者の定義には変遷がみられる。精神保健福祉法の制定当初は、前身の精神保健法の定義を引き継ぎ、「この法律で『精神障害者』とは、精神分裂病、中毒性精神病、精神薄弱、精神病質その他の精神疾患を有する者をいう」と定義されていた（5条〔当時〕）。その後、1998（平成10）年に「精神薄弱」が「知的障害」に改められ、1999（平成11）年法改正により「中毒性精神病」が「精神作用物質による急性中毒又はその依存症」に改められた。また、2005（平成17）年法改正により「精神分裂病」が「統合失調症」に改められ、さらに、2022（令和4）年法改正によって「精神病質」が削除され、「この法律で『精神障害者』とは、統合失調症、精神作用物質による急性中毒又はその依存症、知的障害その他の精神疾患を有する者をいう」と定義され（5条1項[12]）、現在に至っている。

精神保健福祉法5条1項の定義に該当

▶12　2022（令和4）年改正により、5条2項に「家族等」の定義が追加されたため、精神障害者の定義の規定が5条1項となった。

する精神障害者(知的障害者を除く)は、都道府県知事に精神障害者保健福祉手帳の交付を申請することができる(45条1項)。申請を受けた都道府県知事は、審査を行い、当該申請者が精神保健福祉法施行令6条3項で定める障害の程度(1級〜3級)にあると認めたときは、同手帳を交付しなければならない(精神保健福祉法45条2項。➡第3部第1章Ⅳ2(3))。

このように精神障害者の定義については変遷がみられるものの、精神障害者保健福祉手帳を交付する際の判断基準となる障害の程度(1級〜3級)は、1995(平成7)年に手帳制度が創設されて以降、変更されていない。

3. まとめ

障害者基本法と障害者福祉各法の障害者の定義の変化について概観してきた。障害者基本法は、国際的な障害者に関する考え方の影響を受けて、すべての障害者を対象としたうえで、障害の「社会モデル」へと変化してきた。これに対し、障害者福祉各法は「医学モデル」を前提とした障害者の定義を用い続けている。法の目的が異なれば、法の対象となる障害者の範囲に違いが生じることは当然ありえよう。しかし、障害者福祉各法が医学モデルをとり続けることが、本当に法目的にかなっているのかは、改めて検討する必要がある。基本的に障害者福祉各法の障害者の定義を用いている総合支援法(➡第3部第1章)についても、同様のことがいえる。

【図表1-8-1:障害者の定義の変遷】

	国連	障害者基本法	障害者雇用促進法	障害者総合支援法	発達障害者支援法
1960年代			1960年制定 身体障害者促進法 身体障害者		
1970年代	1975年 障害者権利宣言 すべての障害	1970年制定 心身障害者(身体・知的)			
1980年代			1987年 知的・精神追加→改称 「障害者雇用促進法」		
1990年代		1993年 精神追加	1997年 (知的雇用義務化)		
2000年代	2006年 障害者権利条約 すべての障害			2005年制定 身体・知的・精神	2004年制定
2010年代		2011年 発達追加 ※社会的障壁追加 (障害の社会モデル)	2013年 発達追加 (精神雇用義務化)	2010年 発達追加 2012年 難病追加	2016年 ※社会的障壁追加 (障害の社会モデル)

出典:筆者作成

第2部
障害者雇用促進法

　第2部では、障害者が労働市場で働くことを支える諸施策を定めている障害者雇用促進法について解説する。第1章では、促進法の目的や基本理念、障害者の定義等の総則に定められている事項を確認する。第2章では、障害者の労働市場への参入支援において重要な役割を果たしている職業リハビリテーションについて紹介する。第3章では、障害者権利条約の影響のもと2013（平成25）年改正で導入された差別禁止・合理的配慮提供義務について、裁判例・判例も踏まえつつ解説する。最後に、第4章で、促進法の制定以降、長きにわたり障害者の雇用促進に寄与してきた雇用義務制度について解説する。

　障害者雇用促進法は、1960（昭和35）年の制定（当時は「身体障害者雇用促進法」）以降、数多の改正を経てきた（➡第1部）、いうまでもなく障害者の雇用にとって最も重要な法律である。

第1章　総則

　本章では、「障害者の雇用の促進等に関する法律」（障害者雇用促進法。以下、「促進法」という）の「第1章　総則」（1条～7条の3）について解説する。促進法は1条で目的について定め、2条において障害者等の定義、3条および4条において基本的理念等をおく。また、事業主や国等の責務と（5条・6条）、障害者対策の総合的かつ計画的・段階的な展開のあり方を示す障害者雇用対策基本方針の策定等についても定めている（7条等）。本章では、これらについて逐条的に解説を行う。

Ⅰ　目的（1条）

　促進法の究極の目的は「障害者の職業の安定を図ること」にあり、そのために、①「障害者の雇用義務等に基づく雇用の促進等のための措置」（雇用義務制度）、②「雇用の分野における障害者と障害者でない者との均等な機会及び待遇の確保並びに障害者がその有する能力を有効に発揮することができるようにするための措置」（障害者雇用差別禁止・合理的配慮提供義務）、③「職業リハビリテーションの措置」、④「その他障害者がその能力に適合する職業に就くこと等を通じてその職業生活において自立することを促進するための措置」を総合的に講ずるものとされている（1条）。

　労働者の職業の安定を通じてその生活の安定をはかることはすべての国民に勤労権を保障する憲法27条の規定を実現することであり、近代的福祉国家に共通の政策理念の1つとされる。促進法も、職業安定法等と同様に、労働者の職業の安定をはかることを目的としつつ、一般的に厳しい雇用状況におかれて

いる障害者を対象に、障害者の福祉の基本は職業的自立にあるとの基本的な考えのもと、各種の措置を講じている▶1。

定義

　障害者の定義は、促進法が適用される障害者の範囲を定める点で重要である。また、促進法は、雇用義務制度やダブルカウント制度の対象となる障害者の範囲を画するために、障害者の定義とは別に、身体障害者や重度身体障害者等の定義もおいている。雇用義務制度の対象となる障害者の範囲は、促進法が定義する「障害者」の範囲よりも狭い点には、特に留意が必要である。

1 障害者の定義

　2条1号は、促進法の適用対象となる障害者について、「身体障害、知的障害、精神障害（発達障害を含む……）その他の心身の機能の障害……があるため、長期にわたり、職業生活に相当の制限を受け、又は職業生活を営むことが著しく困難な者をいう」との定義をおいている。この定義に当てはまる者は、たとえば、促進法が定める職業リハビリテーションや差別禁止・合理的配慮提供義務の対象となる▶2。以下で、2条1号の中で用いられている用語について、解説する。

（1）障　　害

　定義の前半では、各種の障害への言及がなされている。日本では、身体障害、知的障害、精神障害の3障害で「障害」をとらえてきたが、2013（平成25）年改正に際して、制度の適用から漏れてしまう障害者が生じないよう「その他の心身の機能の障害」という文言が追加され、3障害にとらわれない障害

▶1　厚労省・2024年逐条解説43〜44頁。
▶2　促進法が定める差別禁止の対象となる障害者の範囲について解説・検討するものとして、永野ほか編・詳説促進法153〜169頁〔中川純〕。

者の定義がおかれることとなった。「その他の心身の機能の障害」は、あらゆる心身の機能の障害を意味するが、たとえば、難病や高次脳機能障害などが含まれる。また、2013（平成25）年改正では、精神障害には発達障害が含まれることも明確にされた。

　なお、「障害」について、行政解釈は、「形態・機能障害（疾患（外傷を含む）によって身体部位や精神機能が医学的な変調をきたしている状態）、能力障害（機能障害の結果、日常的な行為の実用性に制限や喪失がある状態）、社会的不利（前二者から生じる社会的な不利益）の3つの側面に区分した場合の能力障害に当たるものである」と説明している[3]。

　促進法では、障害者の定義において、社会的障壁[4]への言及はなされていない。しかし、促進法における「障害者」を解釈するにあたっても、障害を社会的障壁との関係でとらえる社会モデルの考え方をふまえる必要があろう。すなわち、障害者が、職業生活を営むにあたって直面する社会的障壁の存在をふまえて、「障害者」の解釈を行うことが求められる[5]。

（2）職業生活への制限・困難

　定義の後半では、促進法は障害者の雇用の促進をはかることを目的とする法であることから、「職業生活への制限・困難」への言及がなされている。「長期にわたり」、「相当の制限」、「著しく困難」といった文言は、一時的に職業生活に制限を受ける者（短期的に回復が見込まれる者）や、就職等にあたってのハンディキャップが軽微な者を法の対象としない一方、重度障害者を除外しないことを意味している[6]。

　ただし、とりわけ差別禁止や合理的配慮の対象となる障害者については、

---

[3] 厚労省・2024年逐条解説49頁。

[4] 障害者基本法は、社会的障壁について、「障害がある者にとつて日常生活又は社会生活を営む上で障壁となるような社会における事物、制度、慣行、観念その他一切のものをいう」との定義をおいている（障害者基本法2条2号）。障害者基本法や差別解消法では、2006（平成18）年に採択された障害者権利条約の影響のもと、障害を社会的障壁との関係で捉える社会モデルに立脚する「障害者」の定義が採られるに至っている（➡第1部第8章コラム1、第4部第2章Ⅲ、第4部第3章Ⅲ）。

[5] 促進法における障害者の定義については、障害者基本法等と同様に、社会モデルに基づいた定義へと見直していくことも求められる。

[6] 永野ほか編・詳説促進法66頁〔中川純〕、厚労省・2024年逐条解説50～51頁。

「長期にわたり」、「相当の制限」、「著しく困難」という文言によってこれが狭く解されることがないよう留意する必要がある[7]。また、職業生活への制限・困難が生じる要因については、上述の通り、機能障害ないし能力障害にとどまらず、社会的障壁の存在も考慮してとらえることが求められよう。

2 各障害者の定義

2条では、カテゴリー別の定義もおかれている。これらのうち、身体障害者および知的障害者は、促進法が定める雇用義務制度の対象となる者の範囲を、重度身体障害者および重度知的障害者は、同制度におけるダブルカウントの対象となる者の範囲を画するものである。

(1) 身体障害者

2条2号は、身体障害者について、「障害者のうち、身体障害がある者であつて別表に掲げる障害があるものをいう」との定義をおく[8]。身体障害者であることは、雇用義務制度の適用対象となることを意味している（37条2項）。

別表に掲げられている障害の範囲（図表2-1-1）は、身体障害者福祉法の別表が示す障害の範囲と同じである（➡第3部第1章Ⅳ2(1)）。それゆえ、促進法は、定義のうえで身体障害者手帳の交付を受けた者であることを求めていない

---

[7] 2013（平成25）年促進法改正の施行前の事例であるが、依願免職処分についての被告（市）の国賠法上の責任の有無を検討する箇所で、原告による合理的配慮提供義務違反の主張に応える形で、「原告は、与えられた仕事については問題なくこなしており、欠勤や早退・遅刻もほとんどなかったことからすれば、長期にわたり職業生活に相当の制限を受け、又は職業生活を営むことが著しく困難であったということはできず、少なくとも本件退職願を提出した時点で、『障害者』（〔促進〕法2条1号）に該当していたとは認められない」との判断を示した事例として、長崎地判令和3年3月9日労経速2456号27頁［長崎市事件］がある（なお、統合失調症が再発した原告の退職願による意思表示は意思能力を欠く状態でされたものであって無効であるとされ、依願免職処分の取消請求は認容された）。

[8] 身体障害者は、身体障害のある者のうち別表で掲げる障害があるものをいうとされているため、身体障害者の範囲は、身体障害のある者の範囲よりも狭い。また、促進法は身体障害や知的障害、精神障害の定義はおいておらず、心身の機能の障害に含まれるものとして（心身の機能の障害の例示として）、これら3つの障害を挙げている。「その他」と「その他の」の相違について、法執務研究会編『ワークブック法制執務〔第2版〕』（ぎょうせい・2018年）766頁。

第1章 総則 —— 41

が、促進法上の身体障害者であることの確認手段として、身体障害者手帳が使われることが多い（施行規則4条の15第1号イ）（➡第2部第4章Ⅱ**2**）▶9。

【図表2-1-1：促進法別表　障害の範囲】

一　次に掲げる視覚障害で永続するもの
　イ　両眼の視力（万国式試視力表によつて測つたものをいい、屈折異常がある者については、矯正視力について測つたものをいう。以下同じ。）がそれぞれ0.1以下のもの
　ロ　一眼の視力が0.02以下、他眼の視力が0.6以下のもの
　ハ　両眼の視野がそれぞれ10度以内のもの
　ニ　両眼による視野の2分の1以上が欠けているもの
二　次に掲げる聴覚又は平衡機能の障害で永続するもの
　イ　両耳の聴力レベルがそれぞれ70デシベル以上のもの
　ロ　一耳の聴力レベルが90デシベル以上、他耳の聴力レベルが50デシベル以上のもの
　ハ　両耳による普通話声の最良の語音明瞭度が50パーセント以下のもの
　ニ　平衡機能の著しい障害
三　次に掲げる音声機能、言語機能又はそしやく機能の障害
　イ　音声機能、言語機能又はそしやく機能の喪失
　ロ　音声機能、言語機能又はそしやく機能の著しい障害で、永続するもの
四　次に掲げる肢体不自由
　イ　一上肢、一下肢又は体幹の機能の著しい障害で永続するもの
　ロ　一上肢のおや指を指骨間関節以上で欠くもの又はひとさし指を含めて一上肢の二指以上をそれぞれ第一指骨間関節以上で欠くもの
　ハ　一下肢をリスフラン関節以上で欠くもの
　ニ　一上肢のおや指の機能の著しい障害又はひとさし指を含めて一上肢の三指以上の機能の著しい障害で、永続するもの
　ホ　両下肢のすべての指を欠くもの
　ヘ　イからホまでに掲げるもののほか、その程度がイからホまでに掲げる障害の程度以上であると認められる障害
五　心臓、じん臓又は呼吸器の機能の障害その他政令で定める障害＊で、永続し、かつ、日常生活が著しい制限を受ける程度であると認められるもの
＊その他政令で定める障害（施行令27条）：
　一　ぼうこう又は直腸の機能の障害
　二　小腸の機能の障害
　三　ヒト免疫不全ウイルスによる免疫の機能の障害
　四　肝臓の機能の障害

（2）重度身体障害者

2条3号は、重度身体障害者について、「身体障害者のうち、身体障害の程度が重い者であって厚生労働省令で定めるものをいう」と定義している。促進法施行規則は、別表第一でその範囲を示しているが（施行規則1条）、この範囲

▶9　身体障害者手帳以外に、同手帳について定める身体障害者福祉法15条の規定により都道府県知事の定める医師や、産業医等が作成した診断書・意見書も、身体障害者であることの確認の手段となる（施行規則4条の15第1号ロ）。

は、身体障害者福祉法施行規則別表第5が定める障害等級2級以上とほぼ同じである。

これに当てはまる重度身体障害者は、雇用率の算定に際してダブルカウントの対象となる（43条4項・5項）。また、週の所定労働時間が10時間以上20時間未満の特定短時間労働者を実雇用率において算定する仕組みの対象にもなる（70条）。

（3）知的障害者

2条4号は、知的障害者について、「障害者のうち、知的障害がある者であって厚生労働省令で定めるものをいう」とする。これを受けた促進法施行規則は、児童相談所、知的障害者更生相談所、精神保健福祉センター、精神保健指定医または障害者職業センター（以下、「知的障害者判定機関」という）により知的障害があると判定された者を知的障害者として定めている（施行規則1条の2）。児童相談所や知的障害者更生相談所は、療育手帳の交付に際して知的障害についての判定を行う機関でもある（「療育手帳制度について」昭和48年9月27日厚生省発児156号）。なお、知的障害者であることは、身体障害者と同様、雇用義務制度の適用対象となることを意味する（37条2項）。

（4）重度知的障害者

2条5号は、重度知的障害者について、「知的障害者のうち、知的障害の程度が重い者であって厚生労働省令で定めるものをいう」とする。これを受けた促進法施行規則は、「知的障害者判定機関により知的障害の程度が重いと判定された者」を重度知的障害者としている（施行規則1条の3）。具体的には、①知能指数（IQ）が50未満の知的障害者であって、厚労省編一般職業適性検査の手腕作業検査版を使用し、その器具検査一、器具検査二の評価のいずれかが中以下であるもの、②知能指数（IQ）が50以上60未満の知的障害者であって、知的障害者社会生活能力調査票によって調査された「意思の表示と交換能力」「移動能力」および「日常生活能力」のうち、いずれか2つの能力の評価が中以下であるものが重度知的障害者と判定される[10]。したがって、この範囲は、

▶10　厚労省・2024年逐条解説58〜59頁。

療育手帳において「重度」とされる者の範囲とは異なる（⇒第3部第1章Ⅳ**2**(2)）。

重度知的障害者も、重度身体障害者と同様、雇用率の算定に際してダブルカウントの対象となり（43条4項・5項）、また、特定短時間労働者を実雇用率において算定する仕組みの対象にもなる（70条）。

(5) 精神障害者

2条6号は、「障害者のうち、精神障害がある者であって厚生労働省令で定めるもの」を精神障害者とする。これを受けた促進法施行規則は、①精神障害者保健福祉手帳の交付を受けている者、および、②統合失調症、そううつ病またはてんかんにかかっている者であって、症状が安定し、就労が可能な状態にあるものを精神障害者としている（施行規則1条の4）。①や②であるだけでなく、「症状の安定」と「就労が可能な状態」を求めていることの背景には、促進法が働くことの可能な障害者を念頭においていることがある。

なお、①の範囲を画する精神障害者保健福祉手帳の交付は、「精神保健及び精神障害者福祉に関する法律」（以下、「精神保健福祉法」という）に基づいて行われる。精神保健福祉法では、精神障害者は、「統合失調症、精神作用物質による急性中毒又はその依存症、知的障害その他の精神疾患を有する者」と定義されている（精神保健福祉法5条）。この定義に当てはまる精神障害者（ただし、知的障害者は知的障害者福祉法に基づく福祉の措置が講じられることから除かれる）は、精神障害者保健福祉手帳の交付申請を行い、精神保健福祉法施行令が定める障害の程度（1級～3級）にあれば、同手帳の交付を受けることができる（精神保健福祉法45条）（⇒第3部第1章Ⅳ**2**(3)）。

精神障害者のうち精神障害者保健福祉手帳の交付を受けている者は、雇用義務制度の対象となり（37条2項）、また、特定短時間労働者を実雇用率において算定する仕組みの対象にもなる（70条）。

【図表2-2-2：促進法における障害者】

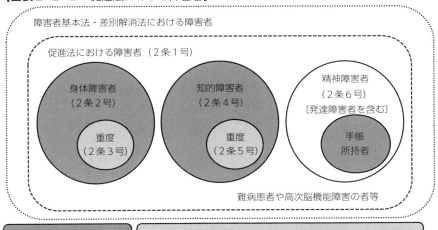

注：図表は、促進法における障害者の定義を整理するため、重複障害を考慮せずに作成されている。

コラム…2
▶▶ 障害者雇用政策の対象となる障害者の範囲

　促進法は、身体障害者について、雇用義務制度の対象となる障害者であることの確認に身体障害者手帳を活用しており、精神障害者については、同制度の対象となる障害者であるためには精神障害者保健福祉手帳の交付を受けていなければならないとする。障害者雇用施策において、障害者福祉各法が設けている仕組みが活用されているわけである。しかし、働くにあたっての支援が必要であるか否かと、日常生活・社会生活を送るうえで福祉サービスが必要であるか否かは、厳密には異なる。また、促進法の別表も身体障害者福祉法の別表も、障害を機能障害としてとらえているといえるが（障害は、たとえば、①両眼の視力がそれぞれ0.1以下のもの、②両耳の聴力レベルがそれぞれ70デシベル以上のもの、③一上肢、一下肢または体幹の機能の著しい障害で永続するもの、④一下肢をリスフラン関節以上で欠くもの等と定められている）、機能障害の重さと就労困難の大きさは、必ずしも比例しない。

　かつては、機能障害は就労困難な状態を生む大きな要因であったといえる。それゆえ、機能障害の重さと就労困難の大

第1章　総則 —— 45

きさとは、比例的な関係にあったということができよう。しかし、障害者を取り囲む社会的・法的環境は、現在、大きく変化している。障害を補う様々な技術の進歩により、かつては機能障害ゆえに困難であったことを行うことが容易ないし可能となってきている。また、障害者が障害の状態におかれるのは、機能障害ゆえではなく、機能障害と社会的障壁の相互作用によるとする「社会モデル」の考え方が、障害者基本法や差別解消法において採用され、障害のとらえ方にも大きな変化がもたらされている。

そうした中にあって、雇用政策の対象となる障害者の範囲を画する方法についても、見直していく必要が生じているといえるのではないだろうか。すなわち、機能障害に着目するのではなく、その人が「働く」うえでどのような困難に直面しているのかに着目する障害認定の仕組みが必要なのではないだろうか。とりわけ、雇用義務制度や同制度におけるダブルカウントの対象となる障害者であるか否かについては、その人がそのおかれている環境の中で、どのような、どの程度の「就労困難」を有しているのかにより判断されるべきである。雇用分野に固有の新しい障害認定の仕組みの導入が求められよう。

III 基本的理念等（3条・4条）

「完全参加と平等」がテーマとされた1981（昭和56）年の国連の「国際障害者年」以降、障害者が他の一般市民と同様に社会の一員として種々の分野の活動に参加することができるようにしていこうとする「ノーマライゼーション」の理念が広く受け入れられるようになった。この理念は、障害者雇用政策の展開にあたっても基本とされ、働く意思と能力のあるすべての障害者が障害のない者と共に一般企業においてごく自然に働けるような状態を作り出すことを目指すこととされた▶11。その結果、1987（昭和62）年改正時に「障害者である労働者は、経済社会を構成する労働者の一員として、職業生活においてその能力を発揮する機会を与えられるものとする」との基本的理念が規定された（2条の2［当時］。2002（平成14）年改正により3条）▶12。

▶11　征矢紀臣『障害者雇用対策の理論と解説』（労務行政・1998年）219頁。
▶12　促進法3条について、障害者に雇用の機会を権利として保障する規定ではなく、雇用の機会を

ノーマライゼーションの理念に基づいた社会を実現するためには、環境整備に加え、障害者自身の主体的な取組みや職業的自立に向けた努力が重要であるとの考え方から、1987（昭和62）年改正時に、上記の基本理念の規定とともに、障害者が有為な職業人として自立するよう努めなければならないとする規定が盛り込まれた（2条の3〔当時〕。2002（平成14）年改正により4条）。

Ⅳ　責務

1　事業主の責務（5条）

　障害者の職業的自立をはかるためには、雇用の場を直接管理する事業主の理解や協力が不可欠である。そこで、5条において、すべての事業主は、「障害者である労働者が有為な職業人として自立しようとする努力に対して協力する責務を有」しており、「〔障害者〕の有する能力を正当に評価し、適当な雇用の場を与えるとともに適正な雇用管理並びに職業能力の開発及び向上に関する措置を行うことによりその雇用の安定を図るように努めなければならない」と定められている。これらの責務は、「社会連帯の理念」に基づくものとして、事業主に求められる。

　ここでいう「事業主」は、障害者に雇用の場を与えることができる立場にある者という観点から考えられており、民間企業だけでなく、人を雇用して事業を行う主体としての国や地方公共団体も含まれる。また、「雇用の安定」とは障害者の雇用の継続をはかり、障害者の雇用状況を安定的なものにすることを意味する▶13。

　障害者雇用の数の確保だけを優先する「障害者雇用代行ビジネス」等が問題となる中で、2022（令和4）年改正によって、事業主の責務に「職業能力の開

　　完全に保障することは簡単ではなく、施策の権利性も強くないことから、抽象的な意味で雇用を獲得しうる機会を付与することを目指す規定であるとする見解がある（永野ほか編・詳説促進法70頁〔中川純〕）。
▶13　厚労省・2024年逐条解説64～65頁。

発及び向上に関する措置」を行うことが追加された（➡第1部第8章Ⅲ）[14]。本規定により障害者雇用代行ビジネスが直ちに違法となるわけではないが、そのような措置を事業主がはかっていない場合には、公共職業安定所（以下、「ハローワーク」という）による助言・指導の対象となりうると考えられ（18条）、障害者のキャリア形成の支援等の適正な雇用管理をより一層積極的に行うことが事業主に求められる。

2 国および地方公共団体の責務（6条）

6条は、国および地方公共団体は、「自ら率先して障害者を雇用するとともに」、「障害者の雇用の促進及びその職業の安定を図るために必要な施策を、障害者の福祉に関する施策との有機的な連携を図りつつ総合的かつ効果的に推進するよう努めなければならない」と定める。「自ら率先して障害者を雇用する」との文言は、国等による、障害者雇用の水増し問題（障害者雇用不適切計上問題）を受けて行われた2019（平成31）年改正により追加された。また、福祉施策との連携については、2005（平成17）年改正によって明記されたものである。

国および地方公共団体が障害者の雇用の促進等のために講ずべき措置には、①自ら率先して障害者を雇用すること、②障害者の雇用について事業主等の理解と協力が得られるよう、広く社会一般に啓発活動をすること、③事業主、障害者その他の関係者に対して、雇用や就職のための援助を行うこと、④職業リハビリテーションの措置を講ずること等が含まれる。ただし、これらはあくまで必要な施策の例示であり、国および地方公共団体は必要とされる施策のすべてを「障害者の福祉に関する施策との有機的な連携を図りつつ総合的かつ効果的」に推進しなければならない[15]。

---

[14] 事業主が行う職業能力の開発や向上の具体的な取組みとしては、①職域の開拓や職務の選定等を進めることによる、本人の強みや能力等を発揮できる多様な業務に取り組む機会や、特性を活かしその能力を発揮する機会の提供、②職務能力向上のための研修、職業訓練、資格取得の機会提供、③業務実績や能力を踏まえた、人事評価に基づく業務目標の設定や能力向上の機会の提供、昇給や昇進への活用などが挙げられる（厚労省・2024年逐条解説65～66頁）。

[15] 厚労省・2024年逐条解説66～67頁。

障害者雇用対策基本方針等

1 障害者雇用対策基本方針（7条）

　促進法の目的である障害者の職業の安定をはかるためには、厚生労働大臣が今後の障害者対策の総合的かつ計画的・段階的な展開のあり方を示し、これに沿って施策の展開をはかることが効果的かつ効率的であるとして、1992（平成4）年改正により「障害者雇用対策基本方針」を策定することとされた（2条の6第1項〔当時〕。2002（平成14）年改正により7条1項）。

　障害者雇用対策方針には、①障害者の就業の動向に関する事項、②職業リハビリテーションの措置の総合的かつ効果的な実施をはかるため講じようとする施策の基本となるべき事項、③その他の障害者の雇用促進および職業の安定をはかるため講じようとする施策の基本となるべき事項が定められる（同条2項各号）▶16。障害者雇用対策基本方針を定めまたは変更する際には、あらかじめ労働政策審議会の意見を聴くほか、都道府県知事の意見を求め（同条3項・5項）、厚生労働大臣は、策定または変更された障害者雇用対策基本方針の概要を遅滞なく公表しなければならない（同条4項・5項）。

2 障害者活躍推進計画作成指針（7条の2）

　7条の2と7条の3は、国等による障害者雇用の水増し問題（障害者雇用不適切計上問題）を受けて行われた2019（平成31）年の法改正で導入された規定である。

　厚生労働大臣は、国および地方公共団体が障害者である職員がその有する能力を有効に発揮して職業生活において活躍することの推進に関する取組みを総

▶16　2013（平成25）年促進法改正以前は、7条2項3号〔当時〕に「第5条の事業主が行うべき雇用管理に関して、障害者である労働者の障害の種類及び程度に応じ、その適正な実施を図るために必要な指針となるべき事項」が定められていた。しかし、2013（平成25）年促進法改正により新たに設けられた合理的配慮の提供義務と内容が重複し、合理的配慮の内容に関する指針が設けられることになったことから、同号は削除された。

合的かつ効果的に実施することができるよう、障害者雇用対策基本方針に基づき、次条に定める障害者活躍推進計画の作成に関する「指針」を定めるものとされる（7条の2第1項）。指針には、①障害者活躍推進計画の作成に関する基本的な事項や②障害者である職員の職業生活における活躍の推進に関する取組みの内容に関する事項等が定められる（同条2項各号）。

3 障害者活躍推進計画の作成等（7条の3）

　国および地方公共団体の任命権者は、障害者活躍推進計画作成指針に即して、当該機関が実施する障害者である職員の職業生活における活躍の推進に関する取組みに関する計画（「障害者活躍推進計画」）を作成しなければならない（7条の3第1項）。障害者活躍推進計画には、①計画期間、②障害者である職員の職業生活における活躍の推進に関する取組みの実施により達成しようとする目標、③実施しようとする障害者である職員の職業生活における活躍の推進に関する取組みの内容およびその実施時期が定められる（同条2項各号）。

　国および地方公共団体の任命権者は、毎年少なくとも1回、障害者活躍推進計画に基づく取組みの実施の状況を公表しなければならず（同条6項）、障害者活躍推進計画に基づく取組みを実施するとともに、障害者活躍推進計画に定められた目標を達成するように努めなければならない（同条7項）。

第2章　職業リハビリテーション

　職業リハビリテーションには、職業紹介や職業相談、職業評価、職業指導、職業訓練等の多様な内容が含まれ[1]、公共職業安定所（ハローワーク）、障害者職業センター、障害者就業・生活支援センター、就労支援機関等多様な主体により実施される。就職や職場適応が困難な障害者の職業的自立のためには、こうした職業リハビリテーションの措置が重要となる。促進法は、1987（昭和62）年改正以降、「第2章　職業リハビリテーションの推進」を設け、これらの措置を障害者の職業的自立を促進するための一連の過程の中に位置づけ、障害者に対する職業リハビリテーションとして一貫して実施するとの観点から、職業リハビリテーションについて規定している。背景には、障害の重度化、多様化の進展により、「障害の種類、程度等障害者の特性に応じたきめ細かな、かつ、高水準の職業リハビリテーションサービスを提供することが必要」となっているとの認識がある[2]。本章では、促進法が定める職業リハビリテーションについて確認し、これを担う各機関の役割・業務内容を整理するほか、職業能力開発促進法に基づく職業訓練等についても紹介することとする。

Ⅰ　沿　　革

　ハローワークの役割に係る主な規定（求人条件に係る指導の規定、適応訓練のあっ

▶1　促進法では、「職業リハビリテーション」は「障害者に対して職業指導、職業訓練、職業紹介その他この法律に定める措置を講じ、その職業生活における自立を図ること」と定義されている（2条7号）。
▶2　昭和62年7月1日発職171号。

せんに係る規定、事業主に対する助言に係る規定）は、1960（昭和35）年の身体障害者雇用促進法においてすでに規定されていた（障害者本人に対する職業指導の規定は1976（昭和51）年改正時に追加）。1987（昭和62）年促進法では、「障害者職業センター」に係る規定が整備された▶3。また、1994（平成6）年改正時には、継続的な支援を必要とする障害者に職業準備訓練等を行う「障害者雇用支援センター」を都道府県知事が市町村の区域に指定できる旨の規定が新設され、1997（平成9）年改正時には、同センターの業務である職業準備訓練について、自らの施設で行う形式（施設設置型）だけでなく、地域障害者職業センターや一定の事業主等により行われる職業準備訓練をあっせんする形式（あっせん型）も認められるようになった▶4。1999（平成11）年度から3年間、全国18か所の障害者雇用支援センターで「障害者就業・生活支援の拠点づくり」の試行的事業が行われ、これが2002（平成14）年改正時における「障害者就業・生活支援センター」に係る規定の導入につながっている▶5。2002（平成14）年改正では、職場適応援助者（ジョブコーチ）に係る規定が導入されている。

▶3 1987（昭和62）年促進法制定前、職業リハビリテーションに関係する施設の設置・運営は多岐にわたって行われていた。すなわち、心身障害者職業センターは雇用促進事業団により設置・運営され、国立職業リハビリテーションセンターおよび国立吉備高原職業リハビリテーションセンターの職業評価部門は身体障害者雇用促進協会により運営されていた。また、せき髄損傷者職業センターは雇用促進事業団により設置され、労働福祉事業団（のちの労働者健康安全機構）により運営されていた。促進法制定に際し、職業リハビリテーションサービスの提供体制の整備および同サービスの水準の向上をはかるため、これらの施設の設置・運営を日本障害者雇用促進協会により一元的に行わせることが必要であると考えられた。日本障害者雇用促進協会は2003（平成15）年10月に解散し、障害者職業センターの設置・運営の業務は、高齢・障害・求職者雇用支援機構の前身となる高齢・障害者雇用支援機構により引き継がれている。なお、せき髄損傷者職業センターは2009（平成21）年3月末に業務を終了している（昭和62年7月1日発職171号、厚労省・2024年逐条解説96～99頁）。
▶4 平成10年4月1日障対発12号、平成10年6月24日障障31号・障精43号。
▶5 關宏之「『障害者就業・生活支援センター』が始まったころ」ノーマライゼーション障害者の福祉2016年1月号（https://www.dinf.ne.jp/doc/japanese/prdl/jsrd/norma/n414/n414001.html）。なお、障害者雇用支援センターの機能は、2005（平成17）年総合支援法改正により創設された就労移行支援事業と重なること、国の事業として継続することの意義が低下したことから、就労移行支援事業への移行をはかりつつ、2012（平成24）年4月に廃止された（厚労省・2024年逐条解説109頁）。

Ⅱ 職業リハビリテーションの原則

　促進法8条は、職業リハビリテーションの原則について規定している。まず、職業リハビリテーションの措置は、障害者各人の障害の種類および程度ならびに希望、適性、職業経験等の条件に応じ、総合的かつ効果的に実施されなければならないとされる（8条1項）。職業リハビリテーションの措置に関しては、障害者各人の障害の種類、程度、さらには希望、適性、職業経験等の条件により必要とされる措置が異なるものであり、また、障害者各人の条件に応じた適切な措置が講じられることによりその職業的自立が可能となるものであることを表すものといえる。ここで例示されている以外の条件としては、①職業に係る技能・資格等、学歴、各種訓練の受講経験、②社会生活能力、医学的・社会的リハビリテーションの措置を受けたこと等があげられるが、これに限られるものではない▶6。

　また、職業リハビリテーションの措置は、必要に応じ、医学的・社会的リハビリテーションの措置との適切な連携のもとに実施されるものとされる（8条2項）。職業リハビリテーションは、障害者に対する総合的なリハビリテーションの一過程であり、また、その最終的な段階にあたるものであるが、医療行為等により身体的または精神的な機能回復訓練を行う医学的リハビリテーションおよび生活訓練等により日常・社会生活を可能とする社会的リハビリテーションと連続するものであり、これらのリハビリテーション（ないしはその実施機関）との適切な連携のもとに実施されることが重要であることを示すものといえる▶7。

▶6　昭和62年7月1日発職171号。
▶7　昭和62年7月1日発職171号、厚労省・2024年逐条解説78頁。

公共職業安定所(ハローワーク)

1 概　　要

　ハローワークは、職業紹介のほか、雇用保険、雇用対策(企業指導・支援)を担う公的機関である(職安法8条1項等参照。雇用保険については➡第5部第2章コラム12も参照)。このうち、職業紹介業務には、求人開拓、求人や求職者申込の受理、求職者に対する職業相談、職業指導、訓練の受講あっせん等が含まれる。ハローワークは全国544か所(2024(令和6)年4月時点)▶8であり、2023(令和5)年度における障害者の新規求職申込件数は約25万件、ハローワークを通じた障害者の就職件数は約11万件といずれも過去最高の値である(就職率：44.4%)▶9。

2 業務内容

(1) 求人開拓

　ハローワークは、求職者に対しその能力に適合する職業に就く機会を与えるため、また、求人者に対しその必要とする労働力を確保することができるようにするため、必要な求人・求職の開拓を行う(職安法18条1項)。ハローワーク

▶8　本所は436か所、出張所は95か所、分室は13か所である。また、298自治体との雇用対策協定に基づく連携施策や自治体のワンストップ窓口(341か所)の設置により、地域密着型の就職支援を実施している。なお、職員数は1万330人、相談員数は1万8593人であり、職員1人あたりの労働力人口および失業者数は欧州主要国(独仏)と比べても小さい。以上につき、厚生労働省「公共職業安定所(ハローワーク)の主な取組と実績(2023(令和6)年10月)」(https://www.mhlw.go.jp/content/000935626.pdf)。

▶9　なお、就職件数のうち、身体障害者は2万2912件(38.7%)、知的障害者は2万2201件(59.2%)、精神障害者は6万598件(43.9%)、その他の障害者(障害者手帳を所持しない発達障害者、難病疾患、高次脳機能障害者)は5045件(34.0%)である(括弧内は就職率)。厚生労働省プレスリリース「令和5年度ハローワークを通じた障害者の職業紹介状況などの取りまとめを公表します(2024(令和6)年6月28日)」(https://www.mhlw.go.jp/stf/newpage_40951.html)。

はまた、障害者の能力に適合する求人が存在しない場合等に必要に応じて、障害者の求職に関する情報の収集、事業主に対する当該情報の提供、障害者の雇入れの勧奨などの積極的な働きかけを行うとともに、その内容が障害者の能力に適合する求人の開拓に努めるものとされる（促進法 9 条）[10]。

このうち、障害者の求職に関する情報は、障害者による求職登録、職業指導等の過程において把握されるほか、福祉事務所、特別支援学校等の教育機関、就労移行支援・継続支援事業者等の支援機関、職業リハビリテーションの実施機関、医療機関等の関係諸機関やこれらの機関で構成される障害者雇用連絡会議や市役所等で実施される特別相談等を通じて把握される[11]。

求人開拓は以下のように実施される。まず、求人開拓を必要とする求職者の内容を、その職種別、年齢別、技能程度別等に分析し、この分析により得た職種または作業内容の職務を有する事業所を調査把握することにより求人開拓計画を策定する。次に、当該計画に基づいて事業主への訪問、電話および文書、懇談会の開催、広報活動等の方法を活用して新たに求人の申込みを得るようにする[12]。求人開拓に際しては、ハローワーク内においてこれを担う担当者と雇用率達成に向けた企業指導を行う担当者（雇用指導官）が連携する例もある[13]。

（2）求人条件に係る指導等

ハローワークは、必要があるときは、求人者に対して、身体的または精神的な条件その他の求人の条件について指導するものとする（促進法10条 1 項）。作業の遂行に必要とされる能力に照らして、必要以上に厳格な身体的または精神的条件や当該地域における同種の事業所における通常の労働条件と比較して、障害者であることを理由とする不当な差別的取扱いにあたると考えられるような条件が指導の対象となりうる（促進法34条参照）[14]。上記に加え、求人条件に

---

[10] 昭和62年 7 月 1 日発職171号、厚労省・2024年逐条解説79頁。
[11] 厚労省・2024年逐条解説79〜80頁。
[12] 厚労省・2024年逐条解説80頁。
[13] 「障害者雇用分科会における2022年度評価シート（案）」（第129回労働政策審議会障害者雇用分科会（2023（令和 5 ）年 6 月12日）資料 2 − 2 ）。
[14] なお、2013（平成25）年促進法改正以前は、障害がないことを条件とする求人申込みを受理

ついての指導は、応募者に広く門戸を開いた上で、適性・能力に基づいた基準による「公正な採用選考」が求められていることをふまえて行われるべきといえよう（➡第5部第2章Ⅰ2(2)）[15]。

　ハローワークはまた、障害者について職業紹介を行う場合において、求人者から求めがあるときは、その有する当該障害者の職業能力に関する資料を提供するものとする（促進法10条2項）。ただし、提供される情報は職務遂行上必要な事項にとどまるべきであり、不必要に個人的事項に立ち入って情報を提供すべきではないとされる（守秘義務については職安法51条参照）[16]。

(3) 適性検査、職業指導等

　ハローワークは、障害者がその能力に適合する職業に就くことができるようにするため、適性検査を実施し、雇用情報を提供し、障害者に適応した職業指導を行う等必要な措置を講ずるものとする（促進法11条。職安法22条・23条参照）。適性検査を実施する場合には、職業適性を能力面から測定する厚生労働省編「一般職業適性検査（General Aptitude Test Battery, GATB）」[17]等が用いられ、その結果がアセスメントやその後の職業指導等に利用される[18]。また、総合支援法に基づく就労選択支援サービス（➡第3部第3章Ⅰ1）を受けた者から、その評価等の結果を受けたときは、当該結果を参考として、適性検査、職

　　しないことができる旨の規定がおかれていた（旧促進法10条1項）が、募集・採用時における均等な機会の付与に係る規定が新設され（促進法34条）、同条違反の求人申込は職安法5条の6第1項1号に基づき受理しないことができるため、同規定は削除された。以上につき、厚労省・2024年逐条解説80〜81頁。
- [15] 永野ほか編・詳説促進法76頁。この点については、厚生労働省「公正採用選考特設サイト 公正な採用選考を目指して」（https://kouseisaiyou.mhlw.go.jp/index.html）も参照。
- [16] 厚労省・2024年逐条解説82頁。
- [17] 知的能力、言語能力、数理能力、書記的知覚、空間判断力、形態知覚、運動共応、指先の器用さ、手腕の器用さといった9つの能力を測定するもので、障害の有無にかかわらず適性検査に際して用いられる。
- [18] 労働政策審議会障害者雇用分科会意見書「今後の障害者雇用施策の充実強化について」（2022（令和4）年6月17日）では、アセスメントの必要性の判断が個々の担当者に任されていることから、今後この点に関する考え方を整理する必要があることが指摘されている。同報告書では、「アセスメント」は、「本人の就労能力や適性の客観的な評価を行うとともに、本人と協同して就労に関するニーズ、強みや職業上の課題を明らかにし、ニーズを実現するために必要な支援や配慮を整理すること」と定義されている。

業指導等を行うことが予定される（促進法12条2項〔2025（令和7）年10月施行〕）。

　「職業指導」とは、職業に就こうとするものに対し、実習、講習、指示、助言、情報の提供その他の方法により、その者の能力に適合する職業の選択を容易にさせ、およびその職業に対する適応性を増大させるために行う指導をいうとされ（職安法4条4項）、実際には、職業知識の授与、職業の選択、就職のあっせんおよび就職後の指導等、就職相談に係る一連のプロセスの中で行われる（職安法施行規則16条1項参照）。なお、特に身体または精神に障害のある者についての職業指導は、特別な奉仕と紹介技術とをもって、その者が関心を有し、かつ、身体的・精神的能力ならびに技能にふさわしい職業に就くことができるよう助言、援助をしなければならないとされる（同条2項）。ハローワークではまた、障害のある求職者向けの相談窓口を設置し▶19、担当者制のもと、障害に関する専門的知識をもつ職員が相談業務に従事するなどしている（同条7項）▶20。

　また、適性検査や職業指導等の措置を特に専門的な知識・技術に基づいて行う必要があると認める障害者（たとえば、職業準備性が十分でない障害者）について、ハローワークは、障害者職業センターとの密接な連携のもとに当該適性検査、職業指導等を行い、または当該障害者職業センターにおいて当該適性検査、職業指導等を受けることについてあっせんを行う（促進法12条1項）。就労移行支援事業所や障害者就業・生活支援センター等の支援機関をすでに利用している障害者に対しては、ハローワークと関係支援機関等が連携し、就職準備・職場定着に向けたチーム支援が行われることも多い（職安法施行規則16条8項参照）▶21。

▶19　障害者関連窓口については、厚生労働省ウェブサイト「障害者に関する窓口」（https://www.mhlw.go.jp/stf/senmon_19585.html）参照。「専門援助部門」、「みどりのコーナー」等名称は様々である。「専門援助部門」では、障害者のほか、高齢者、外国人などの相談を受け付ける場合もある。

▶20　「専門援助部門」等に配置された一定の専門知識をもつ職員が、障害種別を問わず相談業務を担うケースのほか、精神保健福祉士や臨床心理士等の資格を有する「精神障害者雇用トータルサポーター」、「発達障害者雇用トータルサポーター」が求職者に対するカウンセリングや事業主に対する相談援助を担う例や医学的知識を有する「難病患者就職サポーター」が症状の特性をふまえた就労支援を行う例もみられる。

▶21　「障害者雇用分科会における2022年度評価シート（案）」（第129回労働政策審議会障害者雇用分科会（2023（令和5）年6月12日）資料2－2）。

(4) 職業訓練・適応訓練のあっせん

ハローワークは、求職者に対し、公共職業能力開発施設の職業訓練（➡本章Ⅶ）を受けることについてあっせんを行う（職安法19条）。ハローワークは、職業指導を受ける者に対し、こうした職業訓練に関する情報提供、相談その他の援助が必要であると認めるときは、公共職業能力開発施設その他の関係者に対し、必要な協力を求めることができる（職安法24条）。

ハローワークはまた、必要があると認めるときは、障害者に対して、適応訓練を受けることについてあっせんする（促進法14条）。適応訓練の実施主体は、都道府県であるが（促進法13条1項）、障害者の能力に適合する作業でその環境が標準的なものであると認められるものを行う事業主に委託して実施する（同条2項）。対象となるのは、身体障害者、知的障害者または精神障害者に限られる（同条1項）。

適応訓練は無料である（促進法15条1項）。都道府県は、雇用保険法に基づく失業給付等を受給していない障害者に対し、労働者総合施策推進法18条2号に基づき、基本手当、技能習得手当および寄宿手当からなる訓練手当を支給することができる（促進法15条2項）。適応訓練の訓練職種、訓練期間、訓練内容等に係る基準は**図表2-2-1**の通りである（促進法16条、同法施行規則4条）。

【図表2-2-1：適応訓練の基準】

訓練職種	障害の種類・程度に応じてその能力に適合する作業を内容とする職種であって、技能を必要とするもの
訓練期間	1年以内
訓練内容	次に掲げる訓練を実施するものであつて、その過程を通じて、障害者の作業の環境に対する心理的適応性を高めるための職場相談を行うものであること。 イ　準備訓練　障害者に自己の能力についての自覚ならびに作業に対する関心および理解を高めさせるものであること。 ロ　実務訓練　準備訓練を終了した障害者に機械器具の使用方法、作業手順等当該職種に必要な技能を習得させ、一般労働者とともに作業することができる能力を与えるものであること。
指導員	訓練職種についての知識および技能ならびに監督者としての経験を有し、かつ、当該職種に係る作業についての安全および衛生に関する知識を有する者を、少なくとも障害者5人につき1人の割合で指導員として置くものであること。

実務訓練の段階においては、その事業主に雇用される労働者と同様の作業を行うことが想定されうるが、適応訓練受託事業主と適応訓練生との間に雇用関係はないと解されている（就労実態によっては雇用関係ありと解される余地があることにつき➡第3部第3章コラム7）▶22。

（5）障害者および事業主に対する助言または指導

　ハローワークは、障害者の離職を未然に防止するため、必要があると認めるときは、その紹介により就職した障害者とそれ以外の障害者で事業主に雇用されている者（すなわち、現に雇用されているすべての障害者）に対して、職場適応、職場定着等に必要な助言または指導を行うことができる（17条）▶23。ハローワークはまた、必要があると認めるときは、障害者を雇用し、または雇用しようとする者に対して、障害者の雇用管理に関する事項（たとえば、雇入れ、配置、作業補助具、作業の設備または環境その他障害者の雇用に関する技術的事項）についての助言または指導を行うことができる（18条）。

　上記助言または指導にあたり、関係支援機関と連携してチーム支援が行われることもある（➡本章Ⅲ2(3)）▶24。また、問題解決に専門的な対応が必用と判断される場合には、地域障害者職業センターに対し、職場適応援助者（ジョブコーチ）による支援を要請する等の対応がとられることもある（➡本章Ⅴ1）▶25。

Ⅳ　障害者職業センター

1　概　　要

　障害者の職業生活における自立を促進することを目的に設置されている障害者職業センターには、①障害者職業総合センター、②広域障害者職業センタ

▶22　厚労省・2024年逐条解説90頁。
▶23　厚労省・2024年逐条解説93頁。
▶24　雇用指導官が障害者の雇入れに関わった案件では、雇用指導官もチーム支援に加わることもありうる（➡本章Ⅲ2(1)）。
▶25　厚労省・2024年逐条解説93頁。

第2章　職業リハビリテーション ── 59

ー、③地域障害者職業センターの３種類があり[26]、厚生労働大臣からの委託を受けて、独立行政法人高齢・障害・求職者雇用支援機構（以下、「高障求機構」という）が設置・運営している（19条）。障害者職業センターにおける職業リハビリテーションの措置は、無料である（26条）。また、障害者職業センターには、障害者職業カウンセラー[27]が配置されている（24条1項）。

2　業務内容

（1）障害者職業総合センター

　障害者職業総合センターは、職業リハビリテーション関係施設の中核的機関として、高度の職業リハビリテーション技術の研究・開発およびその成果の普及や職業リハビリテーションに従事する専門職員の養成およびその知識・技能の向上に応えること等を目的として設置されている[28]。障害者職業総合センターの主な業務は、①職業リハビリテーションに関する調査・研究、②障害者の雇用に関する情報の収集、分析・提供、③障害者職業カウンセラーおよび職場適応援助者の養成・研修、④広域障害者職業センター、地域障害者職業センター、障害者就業・生活支援センター、就労支援事業者（就労移行支援事業者。2025（令和7）年10月以降は就労選択支援事業者も含む）その他の関係機関およびこれらの機関の職員に対する職業リハビリテーションに関する技術的事項についての助言、指導、研修その他の援助[29]である（20条1号〜4号）。障害者職業総合センターが設置された上記目的に照らし、職業リハビリテーションサービ

---

[26] 障害者職業センターでないものは、その名称中に障害者職業総合センターまたは障害者職業センターという文字を用いてはならないとされる（促進法23条）。

[27] 障害者職業カウンセラーの資格をもつ者は、①機構が実施する試験に合格し、講習を修了した者のほか、②ハローワークにおいて、5年以上障害者の職業紹介に係る事務に従事した経験を有する者である（促進法24条2項、同法施行規則4条の5、昭和63年4月1日労働省告示26号）。

[28] 厚労省・2024年逐条解説97〜98頁。

[29] 雇用施策と福祉施策のさらなる連携強化をはかり、障害者本人の希望に応じた切れ目のない支援を行うため、上記④に加え、障害者の就労に係る雇用と福祉の分野横断的な基礎的知識・スキルをもつ人材を育成するための基礎的研修を行うことが2022（令和4）年改正により追加された。同研修は地域障害者職業センター等において実施される。

スの提供は、①～④に付随して行うこととされるにとどまる（同5号）。なお、職業訓練に係るものは障害者職業能力開発校等（➡本章Ⅶ3）の施設で行われるため、上記①および④から除かれる[30]。

（2）広域障害者職業センター

広域障害者職業センターは、系統的に職業リハビリテーションの措置を受けることを必要とする障害者に対して、障害者職業能力開発校や労働者健康安全機構の療養施設、国立障害者リハビリテーションセンター等との密接な連携のもとに、高度かつ専門的な職業リハビリテーションを提供する（21条、施行規則4条の2の2・4条の3）。主な業務は、①職業評価（障害者の職業能力、適性等を評価し、必要な職業リハビリテーションの措置を判定すること[31]）、職業指導・職業講習（職業に必要な知識・技能を習得させるための講習）を系統的に行うことや、②①の措置を受けた障害者を雇用し、または雇用しようとする事業主に対して、障害者の雇用管理に関する事項について助言その他の援助を行うことである。広域障害者職業センターとしては、国立職業リハビリテーションセンター（埼玉県所沢市）[32]と国立吉備高原職業リハビリテーションセンター（岡山県加賀郡吉備中央町）[33]が設置されている。

（3）地域障害者職業センター

地域障害者職業センターとしては、各都道府県に47施設、支所として5施設（旭川、多摩、豊橋、南大阪、北九州）が設置されており、障害者の就職に向けた支援や定着支援を各地域において担っている。地域障害者職業センターはま

---

[30] 厚労省・2024年逐条解説104～105頁。
[31] 職業評価には、生理機能検査、心理検査を用いて身体的側面、心理的側面等の障害者の諸特性を把握することのほか、職業適性検査、職業興味検査等の各種検査、ワークサンプル法および職務試行法を用いて障害者の職業能力を把握すること、そのうえで、職業リハビリテーション計画を策定すること等が含まれる（厚労省・2024年逐条解説104～105頁）。
[32] 国立職業リハビリテーションセンターは、中央広域障害者職業センターと中央障害者職業能力開発校から構成され、隣接する国立障害者リハビリテーションセンターとの連携が予定されている。
[33] 国立吉備高原職業リハビリテーションセンターは、吉備高原広域障害者職業センターと吉備高原障害者職業能力開発校から構成され、労働者健康安全機構の吉備高原医療リハビリテーションセンターとの連携が予定される。

た、関係機関に対する援助や専門家の養成・研修を行うことにより、地域の就労支援の質の向上をはかる機能を有している。主な業務は、①就職前の障害者に対する職業評価、職業指導、職業準備訓練および職業講習[34]、②雇用されている障害者で職場適応について援助を必要とする障害者に対する助言または指導、③事業主に対する助言その他の援助、④職場適応援助者の養成・研修、⑤障害者就業・生活支援センター、就労支援事業者その他の関係機関およびこれらの機関の職員に対する職業リハビリテーションに関する技術的事項についての助言、研修その他の援助である（22条、施行規則4条の2）。なお、①〜③との関係で、職場適応援助者（ジョブコーチ）を事業所に派遣するジョブコーチ支援（➡本章Ⅴ）が行われている。また、リワーク支援（精神障害者総合雇用支援）[35]も行われている。

3 関係機関等との連携

　障害者職業センターは、相互に密接に連絡し、および協力して、障害者の職業生活における自立の促進に努めなければならない（25条1項）。また、ハローワークの行う職業紹介等の措置、障害者就業・生活支援センターの行う業務ならびに公共職業能力開発施設および職業能力開発総合大学校の行う職業訓練と相まって、効果的に職業リハビリテーションが推進されるように努めるものとされる（同条3項）。特に精神障害者との関係で、職業評価、職業指導、職業準備訓練・職業講習や事業主や障害者本人に対する助言指導等の業務を行うにあたっては、医師その他の医療関係者との連携に努めるものとされる（同2

---

[34] 職業準備支援として、数週間から数か月（2〜12週間／東京では標準8週間）の間で期間を設定し、障害の特性に応じたカリキュラムが設定される。プログラムは、履歴書の書き方や求職活動の準備や問題解決技法、コミュニケーションスキルやストレス対処等に係る講習（グループワーク含む）、事務作業や軽作業等から構成される。また、面談で振り返り等が行われる。

[35] 精神疾患により休職中の労働者とその勤務先企業、主治医の3者との合意形成をはかりながら、職場復帰準備のための活動内容、スケジュールについて計画を立て、これを実施することを内容とする。支援内容はケースごとに異なりうるが、休職中の労働者には、個人・集団での各種講座やロールプレイ、集中力や疲労度を確認するための作業課題が提供され、企業担当者には、進捗状況の報告のほか、復帰にあたっての職務設定の方法や再発防止に係る留意事項についての助言がなされる。

項）[36]。

Ⅴ 職場適応援助者（ジョブコーチ）

1 概　　要

　職場適応援助者とは、障害者が職場に適応することを容易にするための援助を行う者であり（20条3号）、一般にジョブコーチと呼ばれるが、「ジョブコーチ」自体は法律用語ではなく、名称独占でもないため、自治体が独自にジョブコーチ制度を設けている場合もある。以下では、この職場適応援助者（以下、「ジョブコーチ」という）を念頭に解説を行う。ジョブコーチには、①配置型ジョブコーチのほか、②訪問型ジョブコーチ、③企業在籍型ジョブコーチの3種類ある。①配置型ジョブコーチは、地域障害者職業センターに配置され、就職困難性の高い障害者を重点的な支援対象として自ら支援を行うほか、訪問型ジョブコーチ・企業在籍型ジョブコーチと連携し、支援を行う場合に必要な助言・援助を行う。②訪問型ジョブコーチは、障害者の就労支援を行う社会福祉法人等に雇用されるジョブコーチであり、職場適応に課題を抱える障害者の職場を訪問して支援を行うものである。③企業在籍型ジョブコーチは、障害者を雇用する企業に雇用されるジョブコーチである[37]。訪問型ジョブコーチや企業在籍型ジョブコーチになるには、高障求機構[38]または所定の民間研修機関が実施する職場適応援助者養成研修を修了することが必要となる。

▶36　2005（平成17）年改正により、精神障害者が雇用率の算定対象とされ、リワーク支援が拡充されていくことをふまえ、挿入された規定である。
▶37　厚生労働省ウェブサイト「職場適応援助者（ジョブコーチ）支援事業について」（https://www.mhlw.go.jp/stf/seisakunitsuite/bunya/koyou_roudou/koyou/shougaishakoyou/06a.html）。
▶38　集合研修は障害者職業総合センターまたは大阪地域障害者職業センターで、実技研修は各地の地域障害者職業センターで行われる。

2 業務内容

　ジョブコーチ支援は、対象障害者が職場に適応するため、具体的目標を定め支援計画に基づいて実施される。障害者本人に対して、職場の従業員とのコミュニケーションのとり方や作業の進め方について助言・指導するほか、事業主に対しても障害特性に配慮した雇用管理等に関する支援を行う。ジョブコーチによる支援期間は１〜８か月程度（標準２〜４か月）が１つの区切りとされ、徐々に事業所の上司や同僚による支援（ナチュラルサポート）に移行することが目指される▶39。

3 助成金

　障害者の就労支援を行う社会福祉法人等の事業主が、地域障害者職業センターの支援計画に基づき、訪問型ジョブコーチを他企業等に派遣し、支援を行わせた場合には訪問型職場適応援助者助成金が支給される。また、事業主が自社で雇用する障害者に対して、企業在籍型ジョブコーチを配置して職場適応支援を行った場合、支援を実施した日数に応じて企業在籍型職場適応援助者助成金が支給される。これらの助成金は、障害者雇用納付金関係助成金の１つであり、高障求機構から支給される。

Ⅵ 障害者就業・生活支援センター

1 概　　要

　障害者就業・生活支援センターは、雇用、保健、福祉、教育等の関係機関と

▶39　初期は週３〜４日訪問する集中支援により、職場適応上の課題を分析し、週１〜２日訪問する移行支援の段階に入ると、支援のノウハウの伝授やキーパーソンの育成により支援の主体を徐々に職場に移行することが目指される。また、その後はフォローアップとして、数週間〜数か月に１回訪問するなどの段階に入る。

の連携のもと、障害者にとって身近な地域において、就業面・生活（日常生活および社会生活）面に係る一体的な支援を行う機関である。こうした支援を必要とする障害者（支援対象障害者）の職業の安定を目的として活動する社会福祉法人または特定非営利活動法人、医療法人のうち、都道府県知事から指定を受けたものが障害者就業・生活支援センターとして活動する（27条）。2024（令和6）年4月時点において、全国に337施設がある。

2 業務内容

障害者就業・生活支援センターの業務内容は、①支援対象障害者からの相談受付、指導・助言、②ハローワーク、地域障害者職業センター、社会福祉施設、医療施設、特別支援学校その他の関係機関との連絡調整のほか、③支援対象障害者に係る状況の把握、④支援対象障害者を雇用する事業主に対する助言、⑤②の関係機関に係る情報（たとえば、訓練内容、対象障害者）の提供、⑥支援対象障害者がその職業生活における自立をはかるために必要なその他の援助（通勤援助、定期的な職場訪問等）、⑦支援対象障害者が障害者職業総合センター、地域障害者職業センターその他これを適切に行うことができる事業主により行われる職業準備訓練を受けることについてのあっせんである（28条、施行規則4条の9）。⑦は、地域障害者職業センターの行う支援対象障害者に対する職業評価、すなわち、障害者職業カウンセラーが策定する職業リハビリテーション計画に基づき行われる（29条）▶40。

3 関係機関等との連携

ハローワーク、地域障害者職業センター、社会福祉施設、医療施設、特別支援学校その他の関係機関との連絡調整は障害者就業・生活支援センターの業務内容に含まれており、これらの機関との連携は当然に想定されている。ここでいう連絡調整には、日常的な連絡調整のほか、これら機関との連絡会議の開催

▶40　なお、障害者就業・生活支援センターの役員もしくは職員またはこれらの職にあった者は、業務に関して知りえた秘密を漏らしてはならないとされる（33条）。

がこれに含まれる。また、その他の関係機関には、地方自治体、障害者団体、福祉事務所、保健所等が含まれる[41]。

　障害者就業・生活支援センターは、今後、地域の実情に応じて、地域の支援機関に対するスーパーバイズ（個別の支援事例に対する専門的見地からの助言およびそれを通じて支援の質の向上に係る援助）や困難事例に対応するという基幹型の機能を果たす機関として再定位され、地域障害者職業センターとの連携を強化することが予定されている[42]。

4　指定・監督等

　都道府県知事は、支援対象障害者の職業の安定を目的とする社会福祉法人または特定非営利活動法人、医療法人が上記**2**の業務に関し所定の基準[43]を充たす場合には、その申請により、障害者就業・生活支援センターとして指定することができる（27条、施行規則4条の6）。障害者就業・生活支援センターは、毎事業年度開始前に、事業計画書および収支予算書を作成し、毎事業年度終了後3か月以内に、事業報告書および収支決算書を作成し、都道府県知事に提出しなければならない（30条、施行規則4条の11）。都道府県知事は、必要な限度において、障害者就業・生活支援センターに対し、監督上必要な命令をすることができ（31条）、①業務を適正かつ確実に実施することができないと認められるとき、②指定に関し不正の行為があったとき、③促進法の規定や規定に基づく命令もしくは処分に違反したときは、指定を取り消すことができる（32条1項）。

---

[41]　厚労省・2024年逐条解説124頁。
[42]　労働政策審議会障害者雇用分科会意見書「今後の障害者雇用施策の充実強化について」（2022（令和4）年6月17日）。
[43]　①職員、業務の方法その他の事項についての業務の実施に関する計画が適正なものであり、かつ、その計画を確実に遂行するに足りる経理的および技術的な基礎を有すると認められること、②業務の運営が適正かつ確実に行われ、支援対象障害者の雇用の促進その他福祉の増進に資すると認められることが求められる（27条1項各号）。

Ⅶ 職業能力開発促進法に基づく職業訓練

1 概　要

　国および都道府県は、労働者が段階的かつ体系的に職業に必要な技能およびこれに関する知識を習得することができるよう公共職業能力開発施設において職業訓練を行う（能開法15条の7）。公共職業能力開発施設は、職業訓練のほか、職業能力の開発・向上の促進に関する技術的事項について相談その他の援助（キャリアコンサルティングの機会の確保を含む）、情報・資料の提供等を行うことが求められる（能開法15条の7第2項、15条の2第1項第3号・4号）。公共職業能力開発施設には、①職業能力開発校、②職業能力開発短期大学校、③職業能力開発大学校、④職業能力開発促進センター、⑤障害者職業能力開発校が含まれる（能開法15条の7第1項各号・同3項）▶44。上記のうち、⑤障害者職業能力開発校は、①〜④のいわゆる一般校において職業訓練を受けることが困難な身体または精神に障害がある者等に対してその能力に適応した職業訓練を行うための施設である（能開法15条の7第1項5号）。

2 一般校での職業訓練

　一般校もまた、当然に障害者に開かれているものであり▶45、職業能力開発校の中には、障害者に特化した訓練コースを設置している施設もある▶46。能

▶44　公共職業能力開発施設でないものは、その名称中に上記①〜⑤という文字を用いてはならないとされるが、認定職業訓練を実施する事業主等は、一定の場合に、職業訓練施設として上記①〜④を設置することができる（能開法17条・25条、同法施行規則35条）。

▶45　高松高判令和2年3月1日賃金と社会保障1759＝1760号101頁［高知職業訓練不合格国賠訴訟］は、介護職に係る職業訓練（都道府県の委託訓練）の受講を申し込み、その選考を受験した発達障害者を健康状態すなわち当該障害を理由として県が不合格としたことは国賠法上違法であるとして、30万円の慰謝料請求を認めている。同事件について、瀧澤仁唱「障害者の職業訓練と就労」木下秀雄＝武井寛編『雇用・生活の劣化と労働法・社会保障法』（日本評論社・2021年）152頁以下参照。

▶46　厚生労働省「障害者職業能力開発校の在り方に関する検討会報告書」（2016（平成28）年7月）。

開法は、身体または精神に障害がある者等に対する職業訓練が、特にこれらの者の身体的または精神的な事情等に配慮して行われるべき旨規定している（能開法3条の2第4項）。また、「第11次職業能力開発基本計画（2021（令和3）〜2025（令和7）年度）」（能開法5条5項）においては、一般校においても、施設のバリアフリー化の推進、精神保健福祉士等の専門家の配置等により、障害者が入校しやすい環境を整備し、障害者の職業訓練機会の拡充をはかるべきことが掲げられている。

3 障害者職業能力開発校での職業訓練

障害者職業能力開発校としては、①国が設置し、高障求機構が運営する2施設（中央障害者職業能力開発校、国立吉備高原障害者職業能力開発校。➡本章Ⅳ 2（2））、②国が設置し、都道府県が運営する11施設（北海道、宮城、東京、神奈川、石川、愛知、大阪、兵庫、広島、福岡、鹿児島）、③都道府県が設置・運営する6施設（青森、千葉、岐阜、静岡、京都、兵庫）がある（能開法16条4項、同法施行規則8条、別表第1）。障害者職業能力開発校では、他の公共職業能力開発施設と同様、普通職業訓練ないし高度職業訓練が行われるが[47]、障害者職業能力開発校の長は、訓練生の身体的または精神的な事情等に配慮して、訓練課程ごとに設けられる訓練基準（訓練期間、訓練時間、試験等）の一部を変更することができる（能開法施行規則20条）。障害者職業能力開発校や都道府県が設置する公共職業能力開発施設の行う職業訓練は無料である（能開法23条1項2号・3号）。また、国および都道府県は訓練期間中の求職者に対して、労働施策総合推進法に基づく手当を支給することができる（同条2項）。

---

[47] 職業訓練は種類に応じて普通職業訓練・高度職業訓練に、期間に応じて短期と長期に区別される（能開法施行規則9条）。職業能力開発校が普通職業訓練を実施するのに対し、職業能力開発短期大学校や職業能力開発大学校は高度職業訓練（大学校ではより専門的かつ応用的な高度職業訓練が行われる）を実施する。職業能力開発センターではその両方を実施する。職業能力開発校と職業能力開発短期大学校は長期・短期の課程をそれぞれおいているが、職業能力開発大学校では長期課程、職業能力開発センターでは短期課程のみおいている。

4 障害者の多様なニーズに対応した委託訓練

　国と都道府県とが委託契約を結び都道府県が事業の実施主体となって、企業、社会福祉法人、NPO法人、民間教育訓練機関等の多様な訓練委託先を活用して行う委託訓練[48]がある。こうした「障害者の多様なニーズに対応した委託訓練」は、障害者が住む身近な地域で多様な職業訓練を実施することにより、障害者の職業能力の開発・向上をはかることを目的とするものである[49]。委託訓練は、職業を転換しようとする労働者等に対する迅速かつ効果的な職業訓練を実施するために必要があるときに行われるものであり、公共職業能力開発施設の行う職業訓練とみなされる（能開法15条の7第3項、同法施行規則3条の4）。訓練期間は原則3か月以内・月100時間が標準であり、委託費は受講生1人あたり月6万円または9万円が上限となる[50]。

VIII 地方公共団体による職業リハビリテーション

　地方公共団体には職業リハビリテーションの措置を含む障害者の雇用の促進およびその職業の安定をはかるために必要な施策を推進する努力義務が課されており（6条）、この規定に基づき、都道府県や市区町村の事業（単独事業）として、就労支援センターが設けられることがある。こうした就労支援センターは、それぞれの地域において、障害者の就職支援や定着支援あるいは企業支援を担っているが、特に、定着支援との関係では、就労定着支援サービスの期間（2年間）が終了した後の受け皿としての機能を果たしている。

▶48　①知識・技能習得訓練コース（知識・技能の習得）、②実践能力習得訓練コース（企業等の現場を活用した実践的な職業能力の開発・向上）、③e-ラーニングコース（訓練施設へ通所困難者等を対象としてIT技能等の習得）、④特別支援学校早期訓練コース（内定を得られない生徒を対象として、在学中から実践的な職業能力の開発・向上）、⑤在職者訓練コース（雇用継続に資する知識・技能の習得）がある。
▶49　厚生労働省ウェブサイト（https://www.mhlw.go.jp/content/001131733.pdf）。
▶50　同上。

第3章 差別禁止と合理的配慮

　日本法においては長らく障害者への雇用差別の禁止を規定する明文の規定がなく、裁判例上は、公序法理や権利濫用法理により不合理な障害者差別を違法と判断する事例がみられた。障害者権利条約での雇用分野についての差別禁止への対応として、2013（平成25）年の促進法の改正により、事業主は、障害者に対する雇用差別の禁止と、合理的配慮に基づく措置の提供が義務づけられた（2016（平成28）年4月施行）。以下では、この障害者差別の禁止と合理的配慮の提供義務について概観することとする。

I 差別禁止と合理的配慮の位置づけ

1 立法の経緯

　障害者権利条約では、障害に基づく差別（合理的配慮の否定を含む）なく、全障害者のあらゆる人権および基本的自由を完全に実現することの確保・促進を条約の締約国の義務としている（障害者権利条約4条1項）。そして労働・雇用分野においては、同条約27条で、①あらゆる形態の雇用に係るすべての事項（募集、採用および雇用の条件、雇用の継続、昇進並びに安全かつ健康的な作業条件を含む）に関する障害を理由とする差別の禁止、②職場において合理的配慮が提供されることの確保等のために適当な措置をとるべきこと等が求められている（⇒第4部第1章 II）。

　同条約での雇用分野についての差別禁止への対応として、2013（平成25）年の促進法の改正により、事業主に対しては障害者に対する雇用差別が禁止さ

れ、合理的配慮に基づく措置の提供が義務づけられることとなった。各措置の改正に係る部分は、2016（平成28）年4月より施行されている。

2 障害者差別の禁止と合理的配慮提供義務の特徴

　障害を有する労働者は、労働者として非障害者と平等に差別なく扱われるべきなのは当然である。ただし、障害によっては障害者が働くために就労環境の調整を要したり、就労能力が限定されたりするものがあるなど、障害には多様なものが含まれるため、単に障害者を非障害者と「形式的に同一の取扱い」をすれば足りるものではない。

　性差別や、国籍・信条・社会的身分による差別の禁止規定においては、性別や国籍・信条・社会的身分などの差別の理由となる事由（以下、「差別禁止事由」という）を「理由として」差別的取扱いをすることが禁止されている（均等法5条・6条、労基法3条等）。それらの条項で平等な取扱いとして求められているのは、基本的には、それらの差別禁止事由を「理由としない」取扱い、すなわち差別禁止事由の点で異なる者との同一取扱いである。たとえば日本法上、性別を理由とする異別取扱いは原則として禁止されていて、職務の特性等により、当該差別禁止事由が職務遂行能力で無視できない影響を与えるとき[1]、あるいは過去の差別の是正等の高度の必要性に基づくポジティブ・アクションの場合[2]にのみ、許される。

　障害を理由とする障害労働者への差別を禁止する促進法上の差別禁止規定についてもこの理は基本的には当てはまるので、心身に医学的にみた損傷（インペアメント）があっても、それが現に担当している職務の遂行に影響がなければ、基本的に非障害者と同じ取扱いをすべきである。しかし、当該障害者の損傷が職務等に影響する場合（障害に伴う脆弱性等により、非障害者とは異なる配慮が必

---

[1] 性差別の禁止の例外として、職務の遂行に特定の性別であることが必須の場合が挙げられる。真正職業要件（Bona Fide Occupational Qualification；BFOQ）の例外と呼ばれる（日本法での例として、「均等法上の性差別に関する労働者に対する性別を理由とする差別の禁止等に関する規定に定める事項に関し、事業主が適切に対処するための指針」（平成18年厚生労働省告示614号（最終改正平成27厚生労働省告示458号）。以下、「性差別禁止指針」という）の第2の14（2））。

[2] 均等法8条参照。

要な場合を含む）もありうる。その場合、障害の職務への影響の内容・態様に応じた、非障害者とは異なる、障害者の障害特性を考慮した取扱いが「障害者であることを理由とする不当な差別的取扱い」でないと判断されることがありうるし▶3、さらに形式的には非障害者と異なる取扱いが、「合理的配慮」に基づく措置の提供として求められることもありうる。

　2013（平成25）年改正促進法では、障害者差別が禁止され（34条・35条）、また障害労働者への合理的配慮提供義務が事業主に義務づけられている（36条の2・36条の3）。具体的な場面でのそれぞれの義務内容は、事案に応じて柔軟に判断される。義務内容の明確化をはかるため、厚生労働大臣は差別禁止の内容や合理的配慮提供義務の内容について定めた指針（いわゆる「差別禁止指針」「合理的配慮指針」）を定めており（36条・36条の5）▶4、さらに解釈通知（施行通達等▶5）が、実務上の取扱いについての基本的な考え方を示している。また厚生労働省の示す事例集▶6と質疑応答集▶7も、具体的な差別禁止や合理的配慮の内容の把握のうえで参考となる。

3　違反の場合の救済

　促進法34条・35条の差別禁止、36条の2・36条の3の合理的配慮の提供義務の各規定は、公法上の義務▶8を事業主に課するものである。各規定に罰

▶3　その場合、「不当な差別的取扱い」でないとみるか、「障害者であることを理由とする」ものでないとみるか、見解は分かれよう。
▶4　平成27年厚生労働省告示116号「障害者に対する差別の禁止に関する規定に定める事項に関し、事業主が適切に対処するための指針」（以下、「差別禁止指針」という）および、平成27年厚生労働省告示117号「雇用の分野における障害者と障害者でない者との均等な機会若しくは待遇の確保又は障害者である労働者の有する能力の有効な発揮の支障となっている事情を改善するために事業主が講ずべき措置に関する指針」（以下、「合理的配慮指針」という）。
▶5　職発0616第1号「障害者の雇用の促進等に関する法律の一部を改正する法律の施行について」（以下、「施行通達」という）。
▶6　厚生労働省「合理的配慮指針事例集〔第5版〕」（https://www.mhlw.go.jp/content/11600000/001230884.pdf）。
▶7　厚生労働省「障害者雇用促進法に基づく障害者差別禁止・合理的配慮に関するQ&A〔第3版〕」（https://www.mhlw.go.jp/content/11600000/001237499.pdf）（以下、「Q&A第3版」という）。
▶8　公法上、名宛人（この場合、事業者）が政府に対して負う規則遵守の義務を意味する（これに対

則はなく、刑事上の責任を生じさせるものではない。また違反する契約上の規定や解雇や配転等の措置（法律行為）が直ちに無効とされる強行規定ではないので、違反すべてに直ちに民事上の責任（債務不履行責任、不法行為責任等）を生じさせるものでもない[9]。しかし各規定は単なる努力義務ではなく法的義務を課するものであり、都道府県労働局長による助言、指導または勧告（74条の６）、調停の委任（74条の７）[10]の根拠となり、また各規定に違反するという事実は、不法行為・債務不履行等に基づく民事責任を判断するうえで違法性を基礎づける事情として、各条項に違反する雇用上の措置の効力の判断や、権利濫用法理（労契法３条５項、労契法14条～16条等）や公序良俗違反（民法90条）等の一般条項の適用にあたり考慮される[11]。民事裁判上は、差別となりうる取扱いや、本来なされるべき合理的配慮の提供がなかったため受けた不利益な措置（解雇、不利益配転、懲戒等）が、公序違反ないし権利濫用等[12]により無効となることを前提として請求を行ったり[13]、相当因果関係のある損害について賠償の支払を請求したりすることになる（裁判例について➡本章Ⅳ）。

　合理的配慮の提供義務の内容は個別性が高く多様であり、１つに確定しがた

　　し、当事者の相手方に民事上負う義務を私法上の義務という）。
[9]　促進法は、事業主への公法的義務づけという手段による雇用政策立法に相当する（坂井岳夫「違法労働に関する法的対応」労研654号（2015年）65頁参照）。同法は公法上の義務を課するものであり、直ちに私法上の効力を有しないと解されている（九州弁護士会連合会大分県弁護士会『合理的配慮義務の横断的検討』（現代人文社・2017年）6頁、菊池馨実ほか編『障害法〔第２版〕』（成文堂・2020年）142頁、朝日雅也ほか編『障害者雇用における合理的配慮』（中央経済社・2017年）28頁）等。他方、強行的効力をもちうると示唆する見解も有力に主張されている（小鍛冶広道「改正障害者雇用促進法が私法法律関係に与える影響」経営法曹188号（2016年）13頁等）。また、契約締結強制を解釈により認めることを示唆する見解として、池原毅和『日本の障害差別禁止法制』（信山社・2020年）200頁以下等。
[10]　労働者の募集および採用についての紛争は、調停の委任の対象から除かれる（74条の７）。
[11]　差別に該当する場合には不法行為上の違法性が原則的に認められるとする見解として、池原・前掲注9）213頁以下。民法90条（公序法理）・１条３項（権利濫用法理）を介して私法上の効果を認めるにとどまらず、進んで、促進法の私法的効力を認めていく方向性を示唆する見解として、永野ほか編・詳説促進法278頁〔長谷川聡〕等。私見では、促進法上の差別禁止規定は強行規定でないが、違反する行為には違法性が推定されると解する。
[12]　本条の強行的効力を認める立場（小鍛冶・前掲注9）等）であれば、強行規定違反で無効となるという構成をとることになる。
[13]　たとえば障害者差別にあたる解雇や雇止めの場合、労働契約上の地位確認や未払賃金の支払等を求めることとなる。

いものであることから、履行請求を認めることは困難であることが多いと考えられるが、合理的配慮を提供せず、協議に応じない場合、使用者に対し合理的配慮に関する協議に応ずべき地位の確認請求が可能であるとし、また合理的配慮の提供内容が具体的に確定されている場合は履行請求も可能と解すべきであるとの指摘がある▶14。

II 差別禁止（34条・35条）

1 障害者差別禁止の概観、共通事項

　促進法34条は「事業主は、労働者の募集及び採用について、障害者に対して、障害者でない者と均等な機会を与えなければならない」と規定し、採用段階における障害者の差別を禁止する。また同35条は、「事業主は、賃金の決定、教育訓練の実施、福利厚生施設の利用その他の待遇について、労働者が障害者であることを理由として、障害者でない者と不当な差別的取扱いをしてはならない」と規定し、採用（労働契約成立）以後の障害者の差別を禁止する。

　促進法上で禁止される障害者差別の場合は、(1)「事業主」（主体）が、ある「労働者」に対し、同人が (2)「障害者であること」（差別禁止事由）を (3) 理由として（差別意思）、(4) 当該労働者を、障害者でない者（非障害者）と「不当な差別的取扱い」をすること、あるいは募集採用上、「均等な機会」を与えないこと、であって (5) 正当化されないものである。このうち (4)(5) については後述する（(4)について➡本章Ⅱ2 (2)・3 (3)、(5)について➡本章Ⅱ4）こととし、ここではそれ以外の要素について述べる。

(1) 差別の主体、客体：「事業主」「労働者」

　「事業主」は、労働基準法10条の「事業主」とおおむね同義であり、事業の経営の主体をいい、個人企業にあってはその企業主個人、会社その他の法人組

▶14　池原・前掲注9) 220頁以下。

織の場合はその法人そのものをいう[15]。この「事業主」は、労働基準法にいう「使用者」（中間管理職等をも含みうる[16]）とは異なる概念だが、事業主以外の従業者が自らの裁量で行った行為についても、事業主から委任された権限の範囲内で行ったものであれば事業主のために行った行為と考えられるので、事業主はその行為につき促進法に基づく責任を有する[17]（「従業員が行った行為だから、会社に責任はない」ということにはならない）。

個々の従業員は差別を禁止する促進法34条・35条の直接の名宛人ではないが、各条項による義務を負う事業主が整備する差別やハラスメントの禁止等を内容とする服務規律や指揮命令等に服しているし[18]、個々の従業員も差別的行為を行った場合には、促進法上の責任と別に、民法（不法行為）等に基づく責任を負うこともありうる。

また、派遣先の事業主にとって、派遣労働者は当該事業主の雇用する労働者ではなく、促進法の差別禁止規定は派遣先に対しては直接適用されないが、派遣先事業主に対する指針において、派遣先は、労働者派遣契約を締結する際、派遣労働者に対して教育訓練・福利厚生を実施する際、紹介予定派遣における特定をする際は、派遣労働者が障害者であることを理由として差別してはならないとされている[19]。

促進法上の差別禁止規定における「労働者」は、雇用されて働く者をいうと考えられる[20]（➡第3部第3章コラム7）。

[15] 第2部第1章Ⅳ1、2024年逐条解説64〜65頁。労契法2条2項にいう「使用者」、労基法10条の「事業主」、均等法上の「事業主」とおおむね同義と思われる。国・地方公共団体も事業主に含まれうるが、障害者差別禁止・合理的配慮に関する規定の全部または一部が公務員関係については適用除外される（促進法85条の3参照）。

[16] 労基法上の「使用者」は、「事業主又は事業の経営担当者その他その事業の労働者に関する事項について、事業主のために行為をするすべての者」と定義され、同法上の「労働者」に該当しうる、労働者に関する事項について事業主のために行為する者（典型的には、中間管理職等）を含む。これは、労基法が罰則規定でもあり、労基法違反の行為者を名宛人とする必要があったためである。

[17] 施行通達第1・2・(1)。

[18] また、不法行為の行為者である従業員の民事責任を問われること（また使用者が使用者責任を問われること）もありえよう。

[19] Q&A第3版2-4、「派遣先が講ずべき措置に関する指針」（平成11年労働省告示138号）（最終改正令和2年、厚生労働省告示346号）第4・2（2）、9（4）、18（5）。

[20] おおむね労基法上の労働者に近いものと解される（遠藤政夫『身体障害者雇用促進法の理論と

(2) 差別禁止事由：「障害者」「障害者であること」

　「障害者」とは、促進法2条1項に定義された者（「身体障害、知的障害、精神障害……その他の心身の機能の障害……があるため、長期にわたり、職業生活に相当の制限を受け、又は職業生活を営むことが著しく困難な者」）である（➡第2部第1章Ⅱ）。難病患者についても、「その他の心身の機能の障害」が伴う場合には、同条の障害者に含まれる[21]。他方、「身体障害、知的障害、精神障害……その他の心身の機能の障害」によっても就労能力が損なわれていない場合には、この差別禁止規定の適用上は障害者にはあたらない[22]。

(3)「差別意思」（差別禁止事由が差別的取扱いの理由であること）

（a）差別意思による「直接差別」　促進法上の障害者差別の禁止は、障害者であることを「理由として」差別的取扱い（均等でない採用機会の付与、不当な異別取扱い）をすることを使用者に禁止している。これは、促進法35条では文面上も明らかであるが、34条については必ずしも明らかではない。ただし均等法の類似の条項（均等法5条）の解釈からすれば[23]、34条の採用差別も差別意思（差別禁止事由が差別的取扱いの理由であること）を要件としたものと解される。「理由として」の文言のように差別意思が要件とされる差別類型を「直接差別」と呼ぶ。促進法上の差別禁止規定は、この直接差別を定めたものである[24]。

　解説』（日刊労働通信社・1977年）196頁）。私見では求職者を含む。
[21]　厚労省・2024年逐条解説51頁。
[22]　Q&A 第3版1-3-1。就労能力の毀損は、社会的な障壁によっても生じうる（社会モデル）。たとえば心身の機能障害を有していても、客観的にはその損傷自体により就労能力が損なわれていないにもかかわらず、周囲の者の無理解や偏見のために、実際より就労能力が低いとされて不利益な取扱いを受ける場合は、促進法2条1号の適用範囲に含まれうる。他方で、心身の機能障害自体を有しない者が、障害を有すると誤解されて差別的な措置を受けた場合は、定義上は「障害者」に含まれず、促進法34条・35条の適用対象ではないことになる。ただしその措置（解雇や人事権の行使等）は、明らかに「客観的合理的理由」を欠く措置である以上、解雇権濫用法理（労契法16条）やその一般法の権利濫用法理の適用により、違法無効と判断されることになる。
[23]　均等法5条について、西谷敏ほか編『新基本法コンメンタール　労働基準法・労働契約法〔第2版〕』（日本評論社・2020年）503頁〔富永晃一〕。
[24]　この点につき、Q&A 第3版2-3。間接差別の概念については、第3部第3章Ⅱ1(2)(c)(ⅱ)

この「差別意思」は障害者に対する嫌悪といったネガティブな感情に基づくものに限られず、本人の主観としては障害者に対して中立的だったり、むしろ好意的なつもりであったりしても、障害者に対する不当な異別取扱いに結びつくならば差別意思とされる可能性がある。たとえば昇進すると負担が重くなるため、障害者には負担を免除しようという気持ちで非障害者を優先して昇進させることは、障害者の排除とされるおそれがある。差別意思は、差別的発言等により立証可能だが、必ずしもそれらによらねばならないわけではない。たとえば、障害者の職務に影響する障害を認識し、それを理由にその障害者と同様の状況にある非障害者が受けるのと同じ取扱いではなく、不当な差別的取扱いを行ったと認められる事情があればこの要件は充足されうる。ただし障害を考慮した非障害者とは異なる取扱いも、(合理的配慮の提供等にあたる可能性があり)直ちに不当な差別的取扱いに該当するわけではない(➡本章Ⅱ2(2)、3(3)、4)。

　差別意思は、単に主観的な文言（差別的な文言など）で立証されるのみならず、客観的・統計的な方法でも立証される。障害者に対する嫌悪等の言動など、直接に差別意思を推認させる証拠があれば、障害者に対する不利益な措置について差別意思が認定しやすいが、そのような証拠がなくても、就労能力や企業への貢献度では非障害者となんら変わらない者が、ほかに何らかの合理的な理由もなく不利益な措置を受けていることなどの間接証拠から、障害者であることを理由とする差別であることは推認可能である▶25。

(b) 差別意思の立証不要な「間接差別」　一般的に、差別意思の立証が不要な差別類型として、「間接差別」という類型がある。これは使用者等が採る一見中立的な基準が、実質的には不均等に

　　参照。現行法の解釈としては、文言上、また立法経緯上、これらの条項は直接差別を定めたものと解される（菊池ほか・前掲注9）131頁、朝日ほか・前掲注9）23頁）。
▶25　差別意思は、特定の差別された者の属性を具体的に認識してなされる必要があるか（具体的被害者が存在していることが必要か）という問題がある。私見ではこれは不要であり、たとえば求人にあたって、会社が合理的理由もなく「障害のない者」であることを応募資格とした場合、採用差別として法違反となり、前述の通り、行政指導等で是正を求めることは可能であると解する。ただし、不法行為等の民事責任を追及するためには、差別意思以外にも立証すべき要件が存するため、差別意思の存在の一事をもって損害賠償請求が認められるわけではない（たとえば、前述のように障害者の排除が明示された求人募集は法34条違反であろうが、具体的に個々の障害者が損害賠償請求を求めるためには、損害（公正な採用への期待権の侵害等）や因果関係等の立証も必要となる）。

差別禁止事由上のグループに影響を与え、しかもその基準を採ることに十分な合理性がないものをいう。この間接差別の射程は非常に広範であるが、日本法上は性別についてのみ、かつ射程を限定されて明文化されるにとどまる（均等法7条、同法施行規則2条）。これらの条項に該当しなくとも、一般的な法理として間接差別法理が援用される可能性は存する（性差別について、AGCグリーンテック事件▶26）。上記の定義より、差別的な効果を有していても合理的と認められる基準は間接差別ではない（間接差別自体は論点とされていないが、間接差別的効果を有する基準の判断事例として、日本航空事件▶27）。基準の差別的効果が立証できない場合も間接差別の主張は認められない（X社事件▶28）。

なお、裁判例を参照する限り、差別意思の認定は柔軟であり、形式的には当事者を問わず同一内容でも、間接差別的な作用を有する不合理な基準等への固執について、差別意思を推認し直接差別の成立を認めた事例がみられる▶29。

行政解釈も同様に直接差別の範囲を広く認めており、（外国法では間接差別とされることが多い）車いす・補助犬等の支援器具等の使用や介助者の付き添い等を理由とする不利益取扱いについて直接差別であると解している▶30。

促進法においてはこの間接差別自体を特定して禁止する条項はないが▶31、前述のように一般的法理として間接差別法理の論理が援用されたり、差別意思を推認されたりすることがありうる。また、促進法上、この間接差別の禁止対象となる差別的な行為は、合理的配慮の不提供にも該当する以上▶32、合理的

▶26　東京地判平成6年5月13日労判1314号5頁［AGCグリーンテック事件］では、総合職のみの社宅制度が性差別との関係で間接差別と判断された。
▶27　東京高判平成26年6月3日労経速2221号3頁［JAL整理解雇（客室乗務員）事件］（整理解雇の人選基準としての病気欠勤基準を合理的と判断）。
▶28　広島地判平成23年3月17日労経速2188号14頁［X社事件］。
▶29　たとえば複数組合に対する同一条件での交渉（同一の刺し違え条項）について、差別意思を推認した事例として、最三小判昭和59年5月29日民集38巻7号802頁［日本メール・オーダー事件］。
▶30　差別禁止指針第2、施行通達第2・2・ロ。行政解釈は、車いす、補助犬その他の支援器具等の利用、介助者の付き添い等の社会的不利を補う手段の利用等を理由とする不当な不利益取扱いを直接差別と位置づけるが、たとえば車いすの使用を理由とする差別は、障害者のみならず非障害者である一時的な体調不良者等も用いるため、理論上は障害者差別との関係では間接差別とされるべきである（ただし、多くの場合、差別意思が認められ、直接差別の成立が認められえよう）。
▶31　Q&A第3版2-3。
▶32　一見中立的であるが間接差別的な基準を用いた差別的措置は、その基準により差別的効果を受ける者への合理的配慮を欠いた措置である（他方で、合理的配慮を欠く措置は、必ずしも間接差別

配慮の義務づけによりその排除のための手当がはかられている。

2 採用差別（34条）

(1) 差別が禁止される「募集および採用」

　差別禁止指針によれば、「募集」とは、労働者を雇用しようとする者が、自らまたは他人に委託して、労働者となろうとする者に対し、その被用者となることを勧誘することをいう（職安法4条5項の「募集」と同一の文言である）▶33。「採用」とは、労働契約を締結することをいい、応募の受付、採用のための選考等募集を除く労働契約の締結に至る一連の手続を含む▶34。募集および採用には、一度退職した者を再び雇用する、いわゆる再雇用も含まれる▶35。

(2) 「非障害者と比較して不均等な機会」

　「均等な機会を与えなければならない」という促進法34条の規定ぶり（規定の表現の仕方）は、他の採用差別の禁止規定（たとえば、均等法5条（性差別）、「労働施策の総合的な推進並びに労働者の雇用の安定及び職業生活の充実等に関する法律」（以下、「労働施策総合推進法」という）9条（年齢差別））と共通であり、前述の通り、直接差別を禁止するものと解されている▶36。ただしこれらと異なり、促進法34条は、「障害者に対して、障害者でない者と均等な」と規定し、(a)障害者のみを片面的に、(b)障害者と非障害者との比較において、保護する表現を採っている。

(a) 保護の片面性（「障害者に対して」）　(a)について、本条の保護対象は障害者のみに限られる。促進法34条

の対象となる一見中立的な基準によるものには限られない）。その意味で、合理的配慮の対象は間接差別の射程を内包している。なお、直接差別・間接差別と合理的配慮の射程の重なりについては、富永晃一「差別禁止法理の基本的概念に関する試論」労働126号（2015年）116頁、永野ほか編・詳説促進法174頁以下および194頁以下を参照。
▶33　差別禁止指針第3・1・(1)。
▶34　差別禁止指針第3・1・(1)。
▶35　施行通達第2・2・(3)・ロ。
▶36　前掲注24)。

は、「障害にかかわりなく」ではなく「障害者に対して、障害者でない者と」均等な機会を与えなければならない、と規定している▶37。障害者への均等以上の有利な機会の付与（非障害者が障害者と比べて不利に扱われること）は禁止されていないことになる（「片面的差別禁止」と呼ぶ▶38）。そのため、本条は募集・採用における不当な差別的取扱いを禁止しているが、内容としては障害者への不利益な取扱いを禁止するものといえる。

障害者のみを募集・採用の対象とする「障害者枠採用」は同条に違反せず合法である▶39。また、必要な合理的配慮の確認など、非障害者と異なる取扱いが直ちに同条違反となるわけではないが▶40、障害者に対し、非障害者より不利な機会しか与えないこととなる場合は禁止される（障害者採用に、一般枠に加え有利な機会としての障害者枠採用があり、その有利な障害者枠採用に一般枠と異なるが合理的な条件が付されていても、差別にあたらない。日本曹達（退職勧奨）事件▶41）。

（b）比較対象者（「障害者でない者と均等な」）　同条の文言は、非障害者と比較して障害者に不当な差別的取扱いをしないことを求めており、障害を理由とする障害者間の採用差別（障害者と障害者の間の異なった取扱い）は直接には禁止されていない▶42。もっとも、明らかに不合理・不均等な障害者間の差別的取扱いについては、本条の趣旨を

▶37　現在は両面的差別禁止を定める均等法上の差別禁止規定も、1997（平成9）年改正前は現在の障害者雇用促進法と同様「事業主は、労働者の募集及び採用について、女性に対して男性と均等な機会を与えなければならない」（1997年均等法5条）と規定され、女性労働者のみを保護する片面的差別禁止だと解されていた。

▶38　これに対し、「その性別にかかわりなく」（均等法5条）、「その年齢にかかわりなく」（労働施策総合推進法9条）等と規定した場合、性別や年齢にかかわりなく、男性・女性に均等にあるいは年齢にかかわらず均等に機会を与えるよう事業主に義務づけることになる。こういう場合、女性だけでなく男性にも、また高年齢者だけでなく若年者にも均等に機会を与えるべきであると解される。これを「両面的差別禁止」と呼ぶ。

▶39　Q&A 第3版3-1-4。

▶40　もちろん、不必要な詮索や確認の態様によっては、プライバシーの侵害となることには留意すべきである（→第5部第2章I）。

▶41　差別禁止規定の制定前の裁判例であるが、東京地判平成18年4月25日労判924号112頁〔日本曹達（退職勧奨）事件〕（障害者の雇用の維持・拡大目的で、適性や遂行能力の見極めのため最初の6か月間が嘱託期間とされ、障害が業務遂行上決定的な支障になると判断されない限り正社員に移行することが予定されていた障害者枠制度につき、障害者を差別的に取り扱うものであるということはできないと判断）。

▶42　Q&A 第3版2-2、菊池ほか・前掲注9）136頁。

加味しつつ、公序良俗違反（民法90条）として構成する余地がある。

　ある取扱いについての差別の有無の判断にあたり、障害者と比較対象となる非障害者は、その取扱いの前提となる事情について、当該障害者と同一ないし類似の状況にある者である。たとえばある職への採用が問題となっている場合、その職の遂行に求められる能力等からみて障害者と同一ないし類似の状況にある非障害者が比較対象者ということになる▶43。

（ｃ）「均等な機会の付与」をしていないとされる場合　障害者であることを理由とする募集・採用上の差別（不均等な機会の付与）とは、①障害者であることを理由として、障害者を募集または採用の対象から排除すること、②募集または採用にあたって、障害者に対してのみ不利な条件を付すこと、③採用の基準を満たす者の中から障害者でない者を優先して採用することがこれに含まれる▶44。

　①は、端的には完全に障害者を募集・採用の対象から外してしまうことである（応募条件で障害者を対象としなかったり、障害者が応募しても一律に選考せず断ったりする場合が典型例である）。また、「心身ともに健康な方」という表現は避けるべきであり▶45、業務の内容やその業務を行ううえで必要な能力等を具体的に示すことが望ましい。特例子会社があるからといって、親会社が障害者を採用対象から外すことも許されない▶46。

　②は、募集・採用の対象とはするが、たとえば入社試験の合格基準について、非障害者より障害者に高い点数を要求したり、採用条件として、障害者に対してのみ業務上必要な条件を定めたりするような扱いである。非障害者・障害者共通の合格ライン・必要条件（資格など）は直ちには差別にはあたらない。ただし障害者には、当該条件の達成手段につき合理的配慮の提供を求める余地があるし、また諸事情から、業務遂行上特に必要とまではいえない条件を障害者排除のために設定したと認められるときは差別意思が認定できる場合があり

▶43　私見では、現実に比較対象者が存在している必要はないが、比較対象者への取扱いが想定可能である必要がある。
▶44　Q&A第3版3−1−1。
▶45　直ちに障害者を理由とする差別とまではいえないとしても、障害・難病等を有する者を排除するかのような印象があるため、避けるべきであるとされる。Q&A第3版3−1−3。
▶46　Q&A第3版3−1−5。

うる▶47。

　③は、②のように明確な基準以外で、優先して非障害者を雇用する場合である。たとえば新規採用にあたり、採用基準充足者から非障害者を優先して採用する場合などである。下限値として障害者の採用の目標値を設定するのはよいが、上限値を設定することは、その上限値を超えた以後は非障害者を優先採用することを意味するので、違反となる可能性がありうるであろう。

　なお、障害者であることの質問・調査等の情報取得行為は、（ⅰ）上記の①〜③の観点（特に②）の観点で問題となるほか、（ⅱ）差別というより質問・調査等の態様自体の問題として、プライバシーの侵害等にあたる場合がありうる（➡第5部第2章Ⅰ**2**）。

　裁判例においては、求職者は、採用面接等にあたり、自己に不利益な事項を自発的に告知する法的な義務はなく、使用者側が、労働者が自己に不利益な事項を秘匿する可能性を考慮して慎重な審査を行うべきと判断されている（学校法人尚美学園事件等▶48）。ただし、使用者が、雇用契約の締結に先立ち、雇用しようとする労働者に対し、①労働力評価に直接関わる事項、②当該企業あるいは職場への適応性、貢献意欲、企業の信用の保持等企業秩序の維持に関係する事項について、必要かつ合理的な範囲内で申告を求めた場合には、労働者は、信義則上、真実を告知すべき義務を負う（炭研精工事件等▶49）。

　（ⅰ）　差別禁止の観点について、障害の就労能力への影響等の確認に関して異なった方法が用いられることは、必ずしも禁止される採用差別とは限らない。促進法上は、障害者に有利な機会を与えること、障害者に有利な取扱いをするために情報取得をすることは禁止されておらず、障害者の特性に応じた合理的配慮に基づく措置を採ることはそもそも使用者の義務とされている。そのため、裁判例においては、就労能力に影響を与えることが客観的に明らかな障害を有する労働者について、十分な調査を経ず採用された以上、障害労働者の

▶47　差別禁止指針第3・1・（3）、Q&A第3版3-1-2。
▶48　東京地判平成24年1月27日労判1047号5頁［学校法人尚美学園事件］、札幌地判令和元年9月17日労判1214号18頁［社会福祉法人北海道社会事業協会事件］。
▶49　東京高判平成3年2月20日労判592号77頁［炭研精工事件］、東京地判平成22年11月10日労判1019号13頁［メッセ事件］、東京地判平成27年6月2日労経速2257号3頁［KPIソリューションズ事件］等多数。

就労能力欠如に関する錯誤無効・詐欺取消しは認められないとした事例もみられる（三益興業（地位確認等請求）事件▶50。同判決は、就労能力に関する調査を十分に行うべきという立場と思われる）。

（ⅱ）（差別禁止とも密接な射程の重なりを有するが）個人情報保護やプライバシー保護の観点からも、障害や疾患の情報の取得が規制されうる（➡第5部第2章Ⅰ2）▶51。

他方で、障害者専用の求人の採用選考または採用後において、仕事をするうえでの能力および適性の判断、合理的配慮の提供のためなど、雇用管理上必要な範囲で、プライバシーに配慮しつつ、障害者に障害の状況等を確認することは、法違反にはあたらない▶52。

採用後の就労における合理的配慮の要否・内容に関する調査が採用段階で認められるかという問題がある。この点は見解が分かれている▶53。労働契約は「使用されて労働する」契約であり、使用されて労働する能力（就労能力）の如何は契約の要素であって、使用者は就労能力の調査をすることが可能である（それに対し求職者は真実告知義務を負う）▶54。そして能力を採否の基準としている場合、求職者の採否の基準となるべき当該就労能力は、合理的配慮なしの状態での就労能力ではなく、合理的配慮が提供されたうえで見込まれる就労能力を指すと考えられる▶55。そうだとすれば、採用後の合理的配慮の要否・程度に関する確認は、その目的を伝え、本人の同意を得て、任意回答として実施する

▶50　東京地判平成28年5月18日労判ジャーナル54号55頁〔三益興業事件〕。ただし、①障害者のみに厳重なチェックを行うことを正当化しかねないこと、②就労後判明した能力不足を理由としての解雇を認めないことについては、疑問の余地がある。

▶51　プライバシー保護と合理的配慮の提供の調整の困難さについて、西倉実希「合理的配慮をめぐるジレンマ」川島聡ほか編『合理的配慮』（有斐閣・2016年）163頁以下。

▶52　差別禁止指針第3・14・二。

▶53　採用後の合理的配慮の義務回避を理由とする採用拒否の可能性がある以上、採用段階での調査は許されないという見解（岩村正彦ほか〔座談会〕障害者権利条約の批准と国内法の新たな展開」論究ジュリスト8号（2014年）20頁〔岩村正彦発言〕、業務の目的の達成に必要な範囲内で、本人の同意を得て健康情報を取得することは可能であるという見解（倉重公太郎＝白石紘一編『実務詳解　職業安定法』（弘文堂・2023年）304頁以下〔荒川正嗣＝宮川晃〕が示されている）。

▶54　前掲注49）炭研精工事件。

▶55　施行通達第2・3・(3)・ヘは「募集に際して一定の能力を有することを条件としている場合、当該応募条件を満たすか否かの判断は、過重な負担にならない範囲での合理的配慮の提供を前提に行わなければならないこと」と規定する。

など相当な態様で行うことは可能であると考えられる（➡ 第5部第2章Ⅰ**2**(2)）。

　ただし採用後の合理的配慮の要否・程度の確認ができないとしても、応募者本人の就労能力を確認することなく採用拒否することは不適切である。また、予測される合理的配慮を確認したうえでの、その負担を嫌悪しての採用拒否は、当該合理的配慮に基づく措置が過重な負担にわたらない範囲内なのであれば、障害者への差別意思が認定可能と思われる。これに対し、（公的支援等をも考慮したうえで）合理的配慮を超える負担である場合における、可能な範囲での合理的配慮による措置を講じても業務遂行能力が不十分であるという事情での不採用は、業務遂行能力を理由とした不採用であり、ここで禁止される不当な差別にはあたらないと思われる。

　採用条件として、障害者に対し不利な影響を与える条件が付されている場合が問題となる。たとえば「自力通勤可能」とされている場合などである。会社による合理的配慮の提供義務の回避目的であるとして差別意思が推定でき、直接差別とされる場合もありえよう。また、少なくとも個別に合理的配慮の可否を尽くさず、採用条件に設定して一律に自力通勤ができない障害者を除外することには問題があると考えられる。他方で、その趣旨が会社周辺の駐車等が不可能で車両通勤等に応じられない趣旨であるなど、やむをえない合理的な事情に基づくものであれば、その事情自体を明確に示し、業務遂行能力のある求職者を対象から外さないような表現とすることが望ましいと思われる。

3 採用後の差別の禁止（35条）

（1）差別が禁止される「待遇」

　促進法35条では、「事業主は、賃金の決定、教育訓練の実施、福利厚生施設の利用その他の待遇について、労働者が障害者であることを理由として、障害者でない者と不当な差別的取扱いをしてはならない」と規定され、採用後の労働条件や各種の措置における差別が禁止されている。

　禁止対象となる労働条件としては、条文上明示されている賃金の決定、教育

訓練、福利厚生の利用のほか、配置、昇進、降格、雇用形態変更、退職勧奨、定年、解雇、労働契約の更新等が差別禁止指針で例示されている[56][57]。これらの処遇は、採用後（労働契約成立後）の労働条件や人事権等の行使に係るものである。

（2）「障害者であることを理由として」（差別意思）

促進法35条は、明示的に、「障害者であることを理由として」不当な差別的な取扱いがなされたことを要件としている。この「理由として」とは、障害者であることを認識し、それを理由として使用者が差別的取扱いを行ったという差別意思を要件としたものと解される（➡本章Ⅱ1（3））。

（3）「不当な差別的取扱い」

促進法35条で禁止されているのは、「不当な差別的取扱い」である。
「差別的取扱い」とは、一般には、本来採られるべき取扱い[58]より有利にも不利にも異なった取扱いを指す[59]（均等法9条3項等）。

---

[56] 差別禁止指針第3・2。なお私見では、差別禁止指針に明示されていない労働条件や措置（休暇休業、懲戒等）についても、促進法35条の射程は及びうるものと解する。

[57] 促進法上、「賃金」とは、労基法11条にいう賃金と同義であり、支給条件が明確にされている企業年金や退職金等を含む（差別禁止指針第3・2・(1)）。「配置」は、出向や職場復帰、シフト変更、労働者派遣契約に基づく派遣元による派遣労働者の派遣先への派遣を含む（同第3・3・(1)）。「昇進」とは、企業内で下位の職階から上位の職階へ労働者の位置づけを移動することをいい、職制上の地位の上方移動を伴わないいわゆる「昇格」も含まれる（同第3・4・(1)）。これに対し「降格」は、企業内での労働者の位置づけについて上位の職階から下位の職階への移動を行うことをいい、昇進の反対の措置である場合と、昇格の反対の措置である場合の双方が含まれる（同第3・5・(1)）。「職種の変更」にいう「職種」とは、職務や職責の類似性に着目して分類されるものであり、「営業職」・「技術職」の別や、「総合職」・「一般職」の別などがある（同第3・8・(1)）。その他の措置については、差別禁止指針を参照。

[58] 差別禁止事由を理由としない取扱い、すなわち差別禁止事由を考慮しない場合に採られていたであろう取扱いを指す。これと異なる取扱い、すなわち労働者の差別禁止事由を考慮して、当該差別禁止事由の点で異なる者に対する取扱いと異なった取扱いをすることは「差別的取扱い」となる。たとえば、「女性であるから昇進させなかった」あるいは「障害者であるから昇進させなかった」という場合には、男性であれば、あるいは非障害者であれば昇進させていたという「本来あるべき取扱い」と異なる取扱いなので、ここにいう「差別的取扱い」に該当しうる。

[59] これに対し「不利益な取扱い」の禁止は、不利益な取扱いのみを禁止し、有利な取扱いを許容する（たとえば、均等法9条3項等）。

行政解釈上、「不当な差別的取扱い」とは、障害者であることを理由として雇用分野におけるあらゆる局面において、①障害者に対してのみ<u>対象ないし対象外</u>とすること（利益的措置からの排除）[60]、②障害者に対して非障害者と比較して<u>不利な条件</u>を付すること、③非障害者を<u>優先</u>することを指すと解されている[61]。すなわち、募集・採用におけるのと同様、ここでは非障害者の比較対象者と比較しての、障害者に対する不利益取扱いのみが実質的には禁止されている（⇒本章Ⅱ**2**(2)）。

　たとえば、昇進について、①障害者だけ一定の役職への昇進の対象外とすること（障害者の排除）、②昇進にあたり障害者に対してのみ不利な条件をつけること（不利な条件設定。たとえば、障害者だけ管理職への昇進については配転経験が必要であるとするなど）、③一定の役職への昇進基準を満たす労働者が複数人いる場合に、障害者でない者を優先して昇進させること（非障害者の優先）、といったことが、禁止される差別的取扱いとなる（差別禁止指針第3・2以下。なお法施行前の事例であるが、京都府立聾学校事件[62]）。

　差別禁止指針で明示された各種の労働条件のうち、賃金決定と定年については、差別禁止指針上は上記のうち①排除と②不利な条件設定の類型のみが明示されている。これは、賃金は通常支給基準が明示されているし、定年についても一定の年齢を明示的に定めるのが通常であって、ともに明確な基準があるために、③非障害者を優先させるということが想定されにくいためであると思われる。ただし、賃金や定年についても、③に相当するようなことが禁止されるのは、当然である[63]。

▶60　差別禁止指針上は、不利益な措置（降格、退職勧奨、定年の定め、解雇等）については、障害者のみを対象とすることが差別的取扱いの例示とされ、利益・不利益の判断が微妙なもの（配置（配転）、職種の変更、雇用形態の変更）については、障害者のみを対象とすること・対象外とすることの双方が差別的取扱いの例として挙げられている。
▶61　差別禁止指針第2・2〜18（ただし、賃金・定年については「優先」を明示していない）、施行通達第2・1・ハ。
▶62　京都地判平成2年7月18日判タ746号137頁［京都府立聾学校事件］。
▶63　たとえば賃金について、功労報償的な特別な給付金（支店で1名のみに授与される社内褒賞金など）の対象者選定にあたり（障害者を排除しないが）非障害者を優先させたりすることは、不適切であると思われる。（もっとも明確な基準があれば、②不利な条件設定の類型に含まれるであろう）。

4 差別の例外

（1）真正職務要件

　募集に一定の条件を付ける場合に、一定の能力を有することを条件とすることは、その条件が当該企業において業務遂行上特に必要なものと認められる場合には、障害者であることを理由とする差別に該当しない[64]。たとえば、電話での音声による通話のやり取りを業務内容とするオペレータについて一定以上の聴覚能力を求めるような場合である。「特に必要なもの」とは、募集される職種の中核的業務の遂行にその能力が必須であることを要すると解される[65]。たとえば、その能力が業務上あった方が便利ではあっても、その能力が中核的な業務遂行に必須でなく、他の代替手段でも達成できるような場合には、当該能力を有することを採用基準とすることは許されないと解される[66]。

（2）積極的差別是正措置（ポジティブ・アクション）、合理的配慮等

　行政解釈上、①積極的差別是正措置として障害者を有利に取り扱うこと[67]、②合理的配慮を提供し、労働能力等を適正に評価した結果として障害者でない者と異なる取扱いをすること[68]、③合理的配慮に係る措置を講ずること（その結果として、障害者でない者と異なる取扱いとなること）[69]、④障害者専用の求人の採用選考または採用後において、仕事をするうえでの能力および適性

---

[64] 差別禁止指針第3・1・(3)。
[65] 自動車運転等の業務支障は周辺的なものでしかなく雇止めの理由として不十分と判断した事例として、津地判平成28年10月25日労判1160号14頁［ジャパンレンタカー事件］。
[66] 「『業務遂行上特に必要』とは、当該措置を講じなければ業務遂行上不都合が生じる場合であり、単にあった方が望ましいという程度のものではなく、客観的にみて真に必要である場合をいうものであること」とされている（施行通達第2・3・(3)・ホ）。たとえば「聴覚があった方が仕事はしやすい」という程度では不十分であり、必須でなければならないので、筆談等での指示での業務遂行も可能な職務について、耳が聞こえた方が仕事しやすいからといって聴覚障害者を募集対象から外すことは不適切であろう。
[67] 差別禁止指針・第3・14・イ、施行通達第2・1・ハ。
[68] 差別禁止指針・第3・14・ロ、施行通達第2・1・ハ。
[69] 差別禁止指針・第3・14・ハ、施行通達第2・1・ハ。

の判断、合理的配慮の提供のためなど、雇用管理上必要な範囲で、プライバシーに配慮しつつ、障害者に障害の状況等を確認すること[70]は、採用時・採用後について差別とならないとされている。

①について、たとえば採用時の障害者専用求人や、採用後の障害者の少ない部署への優先配置等は、積極的是正措置として差別とはならない。

②について、業務遂行について、障害により職務遂行能力が低下した労働者に合理的配慮を講じた結果、一定程度能力低下が解消できたが、なお無視できない程度に能力低下がある場合に、（同程度の能力の仮想的な非障害者との差別的取扱いでない限り[71]）その能力の違いに応じて能力低下のない者とは異なった取扱いをすることについては許容される。たとえば、特定の職務について、合理的配慮を講じてもその職務の遂行が困難な障害者について、その職務に配置しないことは、当該職務遂行が可能な非障害者とは異なる取扱いにみえるが、当該職務の遂行が困難な非障害者も同様に当該職務に配置されないのであれば、通常は配置差別にはあたらないということになるし[72]、体力が弱く、合理的配慮として所定時間外労働（残業）等を免除された障害者が、残業をしなかったため残業手当が受け取れないとしても、残業をする非障害者とは異なる取扱いにみえるが、残業をしない非障害者も同様に残業手当が支払われないのであれば、直ちには差別には該当しない[73]。

③について、合理的配慮に係る措置それ自体も、差別には該当しない。たとえば、視覚障害者について、採用試験時に、非障害者と異なって、筆記試験に代えて口頭試験を実施したとしても、そのこと自体が差別とはされない。この③に関し、合理的配慮に係る費用を差し引いて、障害者である労働者の賃金額を設定することができるといった曲解が一部でみられるが、そのような趣旨では決してない。

[70] 差別禁止指針・第3・14・ニ。
[71] 当該能力低下のある障害者を、当該障害者と同様の状況の（能力として同程度の）非障害者と異別取扱いしてはならないことは当然であり、この②を挙げる差別禁止指針・第3・14・ロの趣旨は、あくまで能力の相違に応じた取扱いの相違は障害を理由とする相違でない（差別意思がない）ということを確認したものと解する。
[72] 仮に職務が遂行できない非障害者が配置されているならば、そもそも「労働能力を適正に評価した結果」ではなく、差別が成立する可能性がありうるということになる。
[73] もっともそれらの取扱いが、障害者への嫌悪を決定的動機として採られているなど、差別意思が認められる場合には直接差別が成立しうると解される。

④についても、正当な目的・必要性（雇用管理）に応じた、（合意を得るなど）相当な方法での確認は、差別にはあたらない。他方で、前述の通り、必要性なくそのような情報を取得しようとする場合には、差別意思の推認がなされたり、プライバシー侵害の問題が生じたりすることがありうる。

III 合理的配慮（36条の2・36条の3）

1 合理的配慮の概観、共通事項

(1) 合理的配慮の提供主体、客体

　促進法36条の2および36条の3の名宛人は事業主であり、合理的配慮を講じ、人員の確保等の措置を行うのは事業主の責任である（個々の労働者が法的な義務を負っているわけではない）。障害労働者の周囲の従業員が合理的配慮を提供できない（しない）からといって、当該周囲の従業員が責められるべきものではない（なお「事業主」の意義について➡本章Ⅱ1(1)。客体となる「障害者」の意義について➡第2部第1章Ⅱ）。

(2) 合理的配慮と差別禁止の関係

　促進法36条の2、36条の3は、いわゆる合理的配慮の提供義務を事業主に課している。合理的配慮の不提供は障害者差別の一類型と位置づけられるが、促進法34条・35条にいう「直接差別」と同義ではなく、促進法上も「合理的配慮の提供義務」は「差別禁止（直接差別禁止）」と別に、独立した概念として規定されている。理論的には、障害者であることを理由に「合理的配慮の提供義務」をあえて回避することは、不作為の「不利益取扱い」と障害者という「差別禁止事由」との結びつきとして、差別意思を認められる可能性がある（オリエンタルモーター（賃金減額）事件[74]、阪神バス（勤務配慮）事件[75]）。他方、促

---

[74] 東京高判平成19年4月26日労判940号33頁［オリエンタルモーター（賃金減額）事件］。
[75] 神戸地尼崎支決平成24年4月9日判タ1380号110頁［阪神バス（勤務配慮）事件］。

進法34条・35条は直接差別を、非障害者と比較しての障害者に対する差別的取扱いに限定して禁止するものであるため[76]、合理的配慮の提供義務違反のすべてが直接差別となるわけではない[77]。

なお、促進法上、間接差別の禁止規定がおかれていないが、間接差別に該当する場合とは、同時に合理的配慮の不提供の場合でもあるので、合理的配慮の提供義務は、間接差別に該当する場合をもカバーしていることになる[78]。

2 採用時の合理的配慮（36条の２）

(1) 申出の要否

募集・採用段階での合理的配慮は、障害者からの申出により行われる（36条の２）。これは、合理的配慮が多様かつ個別的である一方、事業主は募集・採用段階では障害者の障害の状況を知らないことが通常であるためである[79]。

(2) 目的・必要性（「均等な機会の確保」）

事業主に義務づけられるのは、障害者と障害者でない者との均等な機会の確保の支障となる事情の改善に必要な措置の提供である[80]。非障害者と同じ方

---

[76] たとえば会社がその雇用する障害者に合理的配慮を提供しているが、障害と無関係の個人的嫌悪により特定の障害者に合理的配慮の提供を拒否した場合（差別意思のない場合）、特定の種類の障害者のみに合理的配慮の提供を拒否した場合（障害者間差別の場合）、36条の３の要件は充足するが、35条の要件を充足しないと思われる。

[77] 直接差別、間接差別、合理的配慮は、それぞれ排他的な分類ではなく、異なる視点からの分類なので、1つの行為がその複数に該当することも、その１つだけに該当することもありうる。前掲注31）。

[78] 前掲注31）。

[79] 池原・前掲注9）129頁等。なお事業主が募集・採用段階で障害者の障害の状況を熟知しており、本人が積極的に情報提供しない場合に、事業主が既知の情報や一見明白に看取できる情報に基づき、合理的配慮の要否について確認することは、それのみでは促進法34条の「不均等な機会の付与」には該当しないと解すべきであろう。もっともプライバシー保護の観点からは、個別に要否を確認するのでなく、必要性の有無を募集要項等により受験者一般につき画一的に確認するなどの配慮が望ましい。Q&A 第３版１-５-１。

[80] 均等な機会の確保という目的を超える措置は、積極的差別是正措置として行いうるものであるが、事業主が合理的配慮の提供として義務づけられるものではない。

法（筆記・面接）や時間では採用試験や採用面接で能力を示すことができない場合に、異なる措置（筆記でなく口頭試問、口頭での質疑でなく筆談、試験時間の延長等）を行うこと等が典型例である。

（3）障害の特性に配慮した必要な措置（合理的配慮）

合理的配慮は個々の労働者の障害や職場の状況に応じて提供され、多様かつ個別性が高いため、基本的には労使間の調整により決定される。合理的配慮の提供手続は、（a）合理的配慮の必要性の把握、（b）合理的配慮に係る措置の内容に関する話合い、（c）合理的配慮の確定という流れを採る[81]。

（a）合理的配慮の必要性の把握　募集および採用時における合理的配慮が必要な障害者は、事業主に対して、支障となっている事情およびその改善のために希望する措置の内容を申し出ることとされる[82]。希望する措置の内容を具体的に申し出ることが困難な場合、支障となっている事情を明らかにすることで足りる。合理的配慮に係る措置の内容によっては準備に一定の時間がかかる場合があることから、障害者には、面接日等までの間に時間的余裕をもって事業主に申し出ることが求められる[83]。

（b）合理的配慮に係る措置の内容に関する話合い[84]　上記（a）の手続により、募集・採用にあたって「支障となっている事情」を事業主が確認した場合、事業主は合理的配慮としてどのような措置を講ずるかについて当該障害者と話合いを行う。なお、障害者が希望する措置の内容を具体的に申し出ることが困難な場合は、事業主は実施可能な措置を示し、当該障害者と話合いを行うこととされている。

（c）合理的配慮の確定[85]　合理的配慮に基づく措置に係る障害者の意向は尊重されるべきである（36条の4）。ただし、障害者との話合いのもと、その意向を十分に尊重したうえで、①過重な負担とならない必要性を満たす複数の措置がある場合には、事業主はそのうち提供しやす

▶81　合理的配慮指針第3・1および2。
▶82　合理的配慮指針第3・1・(1)。
▶83　合理的配慮指針第3・1・(1)。
▶84　合理的配慮指針第3・1・(2)。
▶85　合理的配慮指針第3・2・(3)。

い（負担の低い）ものを採ることができ（➡本章Ⅲ4(1)）、②障害者が希望する合理的配慮に係る措置が過重な負担であったときは、過重な負担にならない範囲で、合理的配慮に係る措置を講ずることとされている（➡本章Ⅲ4(1)）。

　合理的配慮指針によれば、実施する措置の内容等を障害者に伝える際は、障害者からの求めに応じて、当該措置を講ずることとした理由または当該措置を実施できない理由を説明することとされている。

（d）合理的配慮の内容[86]　募集・採用段階の合理的配慮は、「障害者と障害者でない者との均等な機会の確保の支障となっている事情を改善するため」に講じる「当該障害者の障害の特性に配慮した必要な措置」であり（36条の2）、具体例が合理的配慮指針の別表に例示されている。たとえば、面接時に、就労支援機関の職員等の同席を認めること（聴覚・言語障害、知的障害、精神障害、発達障害、難病に起因する障害、高次脳機能障害）、募集および・募集内容について音声等で提供すること（視覚障害）、面接を筆談等により行うこと（聴覚・言語障害）、面接の際の移動距離（肢体不自由）、面接時間に係る体調の配慮（内部障害、難病に起因する障害）、面接・採用試験における文字のやり取りや試験時間の延長（発達障害）等が挙げられる。合理的配慮措置は個別性が高いものであることから、これらは例示であると解される（最低基準でも最大限の基準でもない）。

3 採用後の合理的配慮（36条の3）

(1) 申出の要否

　使用者が障害者の障害の内容等について知っている労働契約成立後は、障害労働者の申出は合理的配慮提供義務の明示的な要件でない（36条の3）。ただし、申出が不要とはいっても、具体的な合理的配慮に係る措置の提供のためには、労働者が障害を有することの認識が事業主に必要であると思われるため、労働者の障害についての認識ないし認識可能性すらない場合には、合理的配慮

---

[86] 合理的配慮指針第4・1・(1)、合理的配慮指針別表。

の提供義務違反は問われない[87]。

　裁判例でも、高次脳機能障害を有していた身体障害者対象採用の府職員（地方公務員）への分限処分について、処分当時、当該公務員が高次脳機能障害であることを府が認識し、または認識しえたとはいえないと判断し、高次脳機能障害に関する合理的配慮の欠如を考慮せずなされた分限処分が違法であるという主張を否定し、分限処分の効力を肯定した事例として大阪府・府知事（障害者対象採用職員）事件[88]、身体障害があることを知りえずに行った配転について違法性を否定した事例として、アームほか事件[89]がみられる。

（2）目的・必要性（均等な待遇の確保、支障となる事情の改善）

　合理的配慮の目的は、①均等な待遇の確保、または②障害者である労働者の有する能力の有効な発揮の支障となっている事情の改善であり、ともに職務遂行に必要な措置である。

　行政解釈は、それ以外の目的となる措置は合理的配慮の対象外であるとして、たとえば日常生活に必要な物品（眼鏡、車いす等）の提供や、中途障害において合理的配慮を提供しても重要な職務遂行ができない見込みの場合の当該職務遂行の継続等は、合理的配慮としては求められないと述べている[90]。また、裁判例では、合理的配慮の対象となる「能力の有効な発揮の支障となつている事情」（36条の3）は障害と関連する事情であり、障害とは直接関係を有しない事情は、直ちに合理的配慮義務の対象となるものではないとされる[91]。

（3）障害の特性に配慮した必要な措置（合理的配慮）

　合理的配慮は個々の労働者の障害や職場の状況に応じて提供され、多様かつ個別性が高いため、基本的には労使間の調整により決定される[92]。

---

[87] 合理的配慮指針第2・2。
[88] 大阪地判平成31年1月9日労判1200号16頁［大阪府・府知事（障害者対象採用職員）事件］。
[89] 東京地判令和4年2月22日D1-Law.com判例体系〔29069252〕［アームほか（損害賠償請求）事件］。
[90] 合理的配慮指針第4・1・(2)・イおよびロ。ただし後者の場合には、別の職務への配転等が必要であると述べる。
[91] 岐阜地判令和4年8月30日労判1297号138頁［Man to Man Animo事件］。
[92] 合理的配慮指針第2・1。

第3章　差別禁止と合理的配慮 ―― 93

採用後の合理的配慮の提供手続も、基本的には採用時と同様である[93]。

（a）合理的配慮の必要性の把握[94]　合理的配慮指針によると、採用後においては、障害者であること（または、なったこと）を把握した時点が、雇入れ時以前の場合には雇入れ時点までに、雇入れ時点以後であった場合には当該把握した際に遅滞なく、障害者に対して「職場において支障となっている事情の有無」を確認することとされる。さらに、障害の状態や職場の状況が変化することもあるため、事業主は、必要に応じて定期的に職場において支障となっている事情の有無を確認すべきとされている。

また、障害者は、事業主からの確認を待たず、当該事業主に対して自ら職場において支障となっている事情を申し出ることも可能である。

事業主は、職場において支障となっている事情があれば、その改善のために障害者が希望する措置の内容を確認することとなる。障害者が希望する措置の内容を具体的に申し出ることが困難な場合は、支障となっている事情を明らかにすることで足りる。障害者が自ら合理的配慮の提供を希望することを申し出た場合も同様である。

（b）合理的配慮に係る措置の内容に関する話合い[95]　合理的配慮指針によると、上記（a）の手続により、採用後の職場において「支障となっている事情」を事業主が確認した場合、事業主は合理的配慮としてどのような措置を講ずるかについて当該障害者と話合いを行う。なお、障害者が希望する措置の内容を具体的に申し出ることが困難な場合は、事業主は実施可能な措置を示し、当該障害者と話合いを行うこととされている[95]。

（c）合理的配慮の確定[96]　合理的配慮指針によると、上記（b）の話合いを踏まえて、事業主は、障害者の意向を十分に尊重しつつ、具体的な合理的配慮に係る措置の内容を検討し、実施する措置の内容を当該障害者に伝える。なお措置の実施に一定の時間がかかる場合、その旨

---

[93]　(a) 合理的配慮の必要性の把握、(b) 合理的配慮に係る措置の内容に関する話合い、(c) 合理的配慮の確定という流れとなる（合理的配慮指針第3・2）。
[94]　合理的配慮指針第3・2・(1)。
[95]　合理的配慮指針第3・1・(2) および2・(2)。

を当該障害者に伝えることとされている[96]。

　合理理的配慮に基づく措置に係る障害者の意向は尊重されるべきである。ただし、障害者との話合いのもと、その意向を十分に尊重したうえで、①過重な負担とならない必要性を満たす複数の措置がある場合には、事業主はそのうち提供しやすい（負担の低い）ものを採ることができ（➡本章Ⅲ4（1））、②障害者が希望する合理的配慮に係る措置が過重な負担であったときは、過重な負担にならない範囲で、合理的配慮に係る措置を講ずることとされている（➡本章Ⅲ4（1））。

　合理的配慮指針によれば、実施する措置の内容等を障害者に伝える際は、障害者からの求めに応じて、当該措置を講ずることとした理由または当該措置を実施できない理由を説明することとされている。

（d）合理的配慮の例　採用後の合理的配慮は、障害者である労働者について、障害者でない労働者との均等な待遇の確保または障害者である労働者の有する能力の有効な発揮の支障となっている事情を改善するために講ずるその障害者である労働者の障害の特性に配慮した職務の円滑な遂行に必要な施設の整備、援助を行う者の配置その他の必要な措置である[97]。合理的配慮指針別表は、具体的な例として、業務指導や相談に関し、担当者を定めることや本人のプライバシーに配慮したうえで、他の労働者に対し、障害の内容や必要な配慮等を説明すること（各種障害に共通）、出退勤時刻・休暇・休憩に関し、通院・体調に配慮すること（発達障害以外の各種障害）、拡大文字、音声ソフト等の活用により業務が遂行できるようにすること（視覚障害）、業務指示・連絡に際して、筆談やメール等を利用すること（聴覚・言語障害）、移動の支障となる物を通路に置かない、机の配置や打合せ場所を工夫する等により職場内での移動の負担を軽減すること（肢体不自由）、本人の状況をみながら業務量等を調整すること（内部障害、精神障害、難病に起因する障害、高次脳機能障害）等の多様な措置を挙げている[98]。合理的配慮措置は個別性が高いものであることから、これらは例示であると解される（最低基準でも最大限の基準でもない）。

▶96　合理的配慮指針第3・2・(3)。
▶97　合理的配慮指針第4・1・(2)。
▶98　合理的配慮指針別表。

4 合理的配慮の提供義務の範囲

合理的配慮に基づく提供義務の限界は、2つの観点から画される。

まず、①合理的配慮の措置は、障害者・非障害者間の均等な機会の確保ないし障害者の能力の有効な発揮の支障となっている「事情を改善するため、……必要な措置」であり、不必要な措置や、その目的に照らし負担が過重なもの、すなわち必要性を超える合理的な相当性のない措置までは義務づけられない（合理性・比例性）。また目的について先に述べた通り、障害と関連しない事情[99]、職務遂行等と関連しない事情[100]は、そもそも促進法上の配慮義務の対象ではない。次に、②その事業者の負担能力等に照らして、過重な負担は義務づけられない（過重性）。以下それぞれについて述べる。

（1）必要性からの限界

合理的配慮指針によれば、目的・必要性が認められないもの（前述した、日常生活の必需品など）については、そもそも職務上の必要性を欠くものであり、企業に負担を求めることは合理的ではない。

また、募集・採用と採用後に共通して、支障となる事情等の改善に資する合理的配慮に係る措置が複数あるとき、事業主が、障害者との話合いのもと、その意向を十分に尊重したうえで、より提供しやすい措置を講ずることは差し支えないとされており[101]、同じ効果をもたらす複数の措置のうち、提供しやすい（負担の少ない）措置を選びうる[102]。

これらから推論すれば、①目的・必要性のない措置、②同じ目的・必要性を達成する効果のある、より負担の少ない別の措置がある措置、についてまでは提供義務がないと思われる。すなわち、合理的な配慮として義務づけられるものは、正当な目的（均等な機会・待遇・能力発揮の障害除去）と措置の負担の均衡を

▶99　東京地判令和4年9月12日労経速2515号8頁［郵船ロジスティクス事件］、前掲注91）Man to Man Animo事件等。

▶100　前掲注90）参照。

▶101　合理的配慮指針第3・1(3)、2(3)。

▶102　たとえば車いす使用の求職者の採用面接のため、企業はエレベータを設置する代わりに、近所のバリアフリーの会議室等を借りることを選ぶことができるであろう。

失しないものである[103]。

（2）過重な負担（36条の2・36条の3）

　事業主は、合理的配慮に係る措置が「過重な負担」にあたる場合には、その提供義務を負わない。この場合も、事業主は労働者に対して説明義務や代替的な合理的配慮に係る措置の提供義務を負う。

　過重な負担の判断について、指針は、①事業活動への影響の程度（生産活動やサービス提供への影響等の程度）、②実現困難度（事業所の立地状況や施設の所有形態等による当該措置を講ずるための機器や人材の確保、設備の整備等の困難度）、③費用・負担の程度（当該措置を講ずることによる費用・負担の程度）、④企業の規模、⑤企業の財務状況、⑥公的支援の有無の6要素を総合的に勘案しながら、個別に判断することとしている。

　この判断枠組みは、判断が困難なことが多い企業の負担の大きさについて、6つの視点（要素）から分析する枠組みである。企業が負う自己負担（③⑥）が同じでも、企業により、企業規模が大きく財務状況が良好であれば負担が可能であるし（④⑤）、企業規模の如何によらず生産活動等や施設等の制約により負担ができないこともありうる（①②）。これらの要素は、必ずしも（二者択一的で必須の）「要件」ではなく、重複することもありうる、分析のうえでの「視点」であると考えられる。③については、複数の障害者から合理的配慮に関する要望があった場合、それらの複数の障害者に係る措置に要する費用・負担も勘案して判断すべきである（1回措置をすれば複数の障害者の要望を充足できる場合は、絶対額は多くとも1人あたりの負担は小さくなることが期待できよう）。

IV　差別禁止・合理的配慮に関する関係裁判例

　以下では差別禁止、合理的配慮の提供等についての裁判例の判断事例を、採用、休職、懲戒、解雇や雇止め等の類型別に概観する。

▶103　必要な（正当な改善効果に均衡した）範囲での企業側の負担を求める考え方であり、比例原則審査の一種と思われる。

1 採用

　採用差別の事例は少ないが、一般求人と異なる条件がある障害者専用求人（障害者枠）での採用が不当な採用差別（34条）に該当しないか争われることがある。一般求人では障害者・非障害者を差別せず両方同条件で募集し、そのうえで障害者への雇用機会を増やすため障害者専用求人を設けている場合に、当該障害者専用求人に合理的な限度で一般求人とは異なる条件を付することは、不当な差別には該当しない。

　2013（平成25）年改正前の事例であるが、日本曹達（退職勧奨）事件[104]では、障害者の雇用の維持・拡大目的で、適性や遂行能力の見極めのため最初の6か月間が嘱託期間とされ、障害が業務遂行上決定的な支障になると判断されない限り正社員に移行することが予定される障害者枠制度につき、障害者差別に該当しないと判断されている。

　差別の立証の困難性もあり、個別の採用自体での差別を争う事例は少ない。やはり2013（平成25）年改正前の事例であるが、京都府立聾学校事件[105]では、教諭と同等以上の職務を担う教員が、障害を理由に教諭でなく助手として採用されたことが違法な差別と判断されている。

2 休職

　精神的な不調や、身体的な中途障害により就労が適切でないことが看取される場合に、本人からの申請により、あるいは不調を看取した使用者により、休職命令等が発出されることがある。差別に関連しては、（特に、病識がないなど）就労を希望する従業員から、休職命令自体が根拠を欠く違法な差別だと主張されたり、復職を認めないことが差別であると主張されることがある。休職命令自体の当否は、その必要性や相当性につき、医師の診断書等の根拠から当否が判断されることとなる（損害賠償請求事件[106]等）。復職については、合理的配慮

▶104　前掲注41）日本曹達（退職勧奨）事件。
▶105　京都地判平成2年7月18日労判567号22頁［京都府立聾学校事件］。
▶106　東京地判平成30年2月1日 D1-Law.com 判例体系〔29048046〕［富士フイルム事件］等。

を提供したうえで、なお復職が可能か否かが判断される（➡本章Ⅲ3（d））。復職の可否の判断には、主治医や産業医の診断も重要である（➡第5部第2章Ⅲ2（3））。

3 懲戒、解雇などの不利益取扱い

　障害を有する労働者への合理的配慮の提供がなされず、その障害に関連した適格性欠如、非違行為等を理由として解雇や懲戒、不利益配転等の不利益取扱いがなされたが、それに先立って職務能力発揮や不適切な行動への注意指導等の合理的配慮の提供がなされていなかった場合、当該不利益取扱いの効力が否定されやすい▶107。

（1）懲戒

　障害者に対する懲戒が差別であるとして争われることがある。障害があること自体は、本人に帰責されることではなく、懲戒の対象となる合理的客観的事情（懲戒事由）にあたらない。他方で、障害によるものとはいえない職務懈怠等による懲戒は、障害を理由とする懲戒とはいえないであろう（札幌市・市教育委員会（市立中学校教諭）事件▶108）。

　障害の特性に伴う暴言や職務懈怠等の問題行動による企業秩序侵犯等については、特に労働者に病識がない場合には非難可能性がないことが多い。また前述の通り、受診勧奨等の合理的配慮の提供があれば、無断欠勤等を避けうる可能性があることから、懲戒の前提として、使用者側による受診命令や指導等の合理的配慮等の履行が求められる（前述、日本ヒューレット・パッカード事件▶109等）。合理的配慮の履行が不十分である場合には、懲戒等の効力は否定されることが多い。

▶107　合理的配慮の提供がなされていれば適格性が欠如していると判断されたり、非違行為を起こしたりすることはなかったという考慮に基づくものであると思われる。
▶108　札幌高判平成28年9月29日労判1148号17頁［札幌市・市教育委員会（市立中学校教諭）事件］（障害があっても欠勤の連絡自体は可能であるとして、断続的に多数回、無断欠勤した教諭に対する懲戒免職処分が有効と判断）。
▶109　最二小判平成24年4月27日労判1055号5頁［日本ヒューレット・パッカード事件］。

具体的には、使用者側の受診勧奨[110]や指導等の合理的配慮等がなされ、労働者がこれを受け入れたか、当該合理的配慮を尽くしても企業秩序侵犯が認められるか等の事情が考慮されるが、一般には障害に伴う症状である場合には[111]、企業秩序侵犯による懲戒の対象とされた事例はあまり見当たらない。使用者が配慮を尽くしても障害をもつ可能性のある労働者が受け入れず問題行動を続けた場合、懲戒でなく普通解雇で対応した事例がみられる（ビックカメラ事件[112]。➡第5部第2章Ⅴ3(4)）。

受診命令等の使用者の配慮措置なく懲戒することは不当と判断されうるが、この受診命令自体が差別だと主張されることがある。しかし、労働者に疾病を懸念させる言動がある場合に、業務内容や業務指示の方法等についての配慮の必要性を検討するために受診勧奨等を行うこと自体は認められるべきと思われる（未払賃金等請求事件[113]）。

使用者の指導等を労働者が拒否し問題行動を継続する場合は、前述の障害によらない非違行為として懲戒対象となりうるように思われる。

（2）解雇、雇止め、退職勧奨

障害者の不就労（無断欠勤）や問題行動等を理由として解雇や雇止めがなされるという事件類型がみられる（➡第5部第2章Ⅴ3）。精神的不調については、使用者側の受診勧奨等の措置（合理的配慮）の前置が重視され、使用者側の措置が不十分な場合には、解雇の効力が否定されることになる（解雇事由に該当しな

---

[110] 障害者の状況により求められる具体的な合理的配慮の内容・程度は多様である。一般には受診を促す程度で合理的配慮の提供としては十分と考えられるが、場合によっては受診命令の発出が必要だとされる可能性もあると考える。

[111] 障害があることが使用者に認識されず、問題行動を理由に懲戒された事例は把握が困難であるが、存在している可能性がある。

[112] 東京地判令和元年8月1日労経速2406号3頁［ビックカメラ事件］。

[113] 労働者が執拗な不服、批判の申立てを繰り返し、頑なに指示された業務への従事を拒絶する態度をとり続けていたという事例で、使用者が、労働者に何らかの疾病等があることを懸念して、業務内容や業務指示の方法等についての配慮の必要性を検討するために、業務命令として産業医との面談や外部医療機関の診断結果の提出を求めたことは不合理とはいえず、指揮命令権限の濫用と評価できないとする事例として、名古屋地判令和2年11月24日裁判所ウェブサイト［豊田中央研究所事件］。なお、後掲注117）地位確認等の請求と未払賃金の請求控訴事件も受診命令の効力を否定しない。

いとされた事例として、O公立大学法人（O大学・准教授）事件[114]、解雇事由に該当するが社会的相当性を欠くと判断した事例として、雇用契約上の地位確認等請求控訴事件[115]等[116]）。他方で、診断書提出や精神科医への受診の機会を与えたのに労働者が診断書等を提出せず、受診命令に従わない場合には解雇が正当と判断された事例がみられる（地位確認等の請求と未払賃金の請求控訴事件[117]）。

また、障害に起因しないコミュニケーション能力や意欲欠如等を理由とする解雇は可能と判断された事例がみられる（国・広島拘置所長（法務事務官）事件[118]、近畿車輌事件[119]。人間関係上のトラブルを精神障害者であるから考慮できないわけではないとするものとして、雇用契約上の権利を有する地位確認等請求事件[120]）。

なお、退職勧奨は労働者の自由意思を阻害しない限り違法でないとされているが、勤務状況に問題がないのに、業務遂行の可能性等を検討せず、障害が発覚したことのみを理由に退職勧奨することは、合理的配慮の提供義務違反となりえよう（中倉陸運事件[121]）。

4 昇進、昇格

非障害者と同一基準でなく、障害者であることを理由として昇進・昇格がされなかったと認められれば、違法な差別と判断されえよう（前掲京都府立聾学校事件[122]）。他方、改正促進法施行前の事案であるが、勤続年数でなく能力で

---

[114] 京都地判平成28年3月29日労判1146号65頁〔O公立大学法人（O大学・准教授）事件〕。
[115] 東京高判平成30年5月30日D1-Law.com 判例体系〔28262890〕〔雇用契約上の地位確認等請求控訴事件〕。
[116] うつ状態による無断欠勤を含め種々の解雇事由が主張されているが、客観的合理的理由を欠き社会通念上相当でないとした事例として、東京地判平成28年9月23日労判ジャーナル57号16頁〔日本ワールドエンタープライズ事件〕。
[117] 東京高判平成30年4月26日D1-Law.com 判例体系〔28262682〕〔地位確認等の請求と未払賃金の請求控訴事件〕。
[118] 広島地判平成29年8月2日労判1169号27頁〔国・広島拘置所長（法務事務官）事件〕。
[119] 大阪地判令和3年1月29日労判1299号64頁〔近畿車輌事件〕。
[120] 那覇地判令和4年3月1日D1-Law.com 判例体系〔28310225〕〔雇用契約上の権利を有する地位確認等請求事件〕。
[121] 京都地判令和5年3月9日労判1297号124頁〔中倉陸運事件〕。
[122] 前掲注62）。

昇格を決定している職場において、障害者に限定された業務が割り当てられ、適切に遂行して勤続年数を重ねていたが、非障害者も勤続年数を重ねても昇格に至るとは限らず、当該障害者も基幹業務の遂行能力や企画力等があるとの判断に至らず昇格しなかったことが差別であるとはいえないとされた事例がみられる（S社（障害者）事件▶123）。

5 配転、配置、業務指示、転籍等

　障害者の配転・配置や業務指示等に係る事例として「仕事の取り上げ」が争われる事例がみられる。障害を理由にそうした対応がとられている場合、差別にあたる（➡第5部第2章Ⅲ4）。極端に職務の少ない業務への配転等について、配転命令の判断枠組みで違法と判断された事例がみられる（学校法人原田学園事件▶124）。関連して、労働者にその能力等からみて過少な業務しか与えないことも、合理的でなければ労働者に心理的負荷を与えることがあるとして、労働者から業務量が少ない旨の申出があった場合には対応可能な範囲で対応し、対応不可能であれば説明義務を負うと述べる事例もみられる（食品会社A社（障害者雇用枠採用社員）事件▶125）。

　障害の職務への影響可能性を理由に▶126、処遇が低下するなど本人の意向に反する不利益配転をする場合、業務上の必要性（障害者への危険性回避等を含む）と不利益性を比較考量しての判断がなされる。たとえば、一般的にはHIV感染者であることは、感染の危険性等がなく職務への影響もない場合には配転の理由とはならないが、他者への二次感染や本人の日和見感染の危険がある職場についての判断例として、日和見感染の危険性がなく、院内感染の可能性があ

▶123　名古屋高判平成27年2月27日労経速2253号10頁［S社（障害者）事件］。
▶124　広島高岡山支判平成30年3月29日労判1185号27頁［学校法人原田学園事件］。
▶125　札幌地判令和元年6月19日労判1209号64頁［食品会社A社（障害者雇用枠採用社員）事件］。
▶126　なお労働者本人の障害でなく、労働者本人に障害のため介護を有する家族が存在することを理由とした場合は、配転命令の合理性判断において、不利益性の一要素として考慮される（育児介護休業法26条）。不法行為成立の余地を認めた事例として、東京高判平成31年3月14日労判1205号28頁［一般財団法人あんしん財団事件］。ただし、結論としては配転命令自体は撤回され、内示について不法行為の成立は否定されている。

ったとしても配転等を検討すべきとしてHIV感染者の就労制限を違法とした事例（社会医療法人甲会事件▶127）、HIV感染者の排除意図によらず、本人や他患者への危険の回避という業務上の必要性があるとして、HIVに感染した看護師に暫定的に患者と接しない職務への配転を命じたことは差別的でないと判断された事例がみられる（損害賠償請求控訴事件▶128）。

　中途障害労働者の休職からの復職における他職務への配転について、債務の本旨に従った履行の提供として許容される限りにおいては、合理的配慮提供義務として使用者に応じることが求められると解すべきであり、特に、職種限定がない場合には、現実的な配置可能性がある限り、広範な配転による対応が求められる（片山組事件▶129、JR東海事件▶130）。他方で、従前の契約上の限定を超えていたり、これまでのキャリアからあまりに異なるため現実的な配置可能性を欠いたりする配転先への配転は、もはや債務の本旨に従った履行の提供とはいえず、合理的配慮としては義務づけえない（三菱重工業事件▶131）。

　中途障害等の判明した労働者について、子会社社員への身分切り替えや、正規社員から非正規社員への雇用形態変更など、従前の契約の枠組みでは一方的に行いえない契約変更等を伴う措置は、労働者が拒否する場合には講じることはできない。そのため、当該中途障害労働者等が障害の影響により、労働者の求める従前の雇用形態等の条件では、当該従前の雇用形態や職種で前提とされる職務が遂行できず、債務の本旨に従った労務の提供ができないと評価される場合には、解雇や退職扱いは可能である（日東電工事件▶132）。そのような場合、退職強要でなくあくまで配慮提供目的で雇用形態転換の勧奨をすることも、直

▶127　福岡高判平成27年1月29日判時2251号57頁［社会医療法人天神会事件］。
▶128　東京高判平成31年2月13日D1-Law.com判例体系〔28271005〕［損害賠償請求控訴事件］、原審・東京地立川支判平成30年1月25日D1-Law.com判例体系〔28271003〕。
▶129　バセドウ病を患う労働者について、最一小判平成10年4月9日集民188号1頁［片山組事件］。
▶130　大阪地判平成11年10月4日労判771号25頁［JR東海事件］。
▶131　名古屋地判令和3年8月23日労経速2479号19頁［三菱重工業事件］、名古屋高判平成30年6月26日労判1189号51頁［NHK（名古屋放送局）事件］等。なお、配置される現実的可能性があると認められるすべての業務について、Xによる労務の提供の可否を検討すべき義務はないとして、申出のあった業務を検討し、配転可能な職が存しない場合に退職扱いを認めた事例として、大阪高判令和3年7月30日労判1253号84頁［日東電工事件］。
▶132　前掲注131）日東電工事件。もっとも、労働者の希望する合理的配慮では復職ができず退職扱いとなる可能性があることは、明確に伝えておくべきであると思われる。

ちに違法とはいえない（損害賠償請求事件[133]）。

ただし、当事者双方の合意による契約の見直しなどがあれば、そのような配転の可能性も否定されるべきではなく、合理的配慮の１つとして認められうると解する。

6 その他

合理的配慮の提供義務が認められるのは、障害者の障害に関係する事情についてである。そのため、たとえば障害者の障害とは直接関係しない、別の事情についての配慮は、法の定める合理的配慮義務の直接の対象ではない（Man to Man Animo 事件[134]）。

障害による症状の療養のために休職を認める場合、当該休職は入社当初からの状況を対象とするものではない以上、入社当初からの状況を理由に、なお復職を認めないことは不適切とされる（シャープＮＥＣディスプレイソリューションズ事件[135]）。

Ⅴ 苦情処理・紛争解決援助制度

ハローワークでは、障害者差別や合理的配慮の提供に関する相談を受け付けており、その件数は、ここ数年は年間約250件程度で推移している[136]。ほとんどは労働者からの相談であるが、事業主からの相談もコンスタントにみられる[137]。相談のみで終了したり、法違反等は確認されなかったが助言等がなさ

---

[133] 東京地判平成30年12月5日 D1-Law.com 判例体系〔29051315〕［損害賠償請求事件］。
[134] 前掲注91）。ただし、同事件では（障害に至らない）腰痛についての配慮を、採用時の事業主の認識をもとに促進法の求める配慮に準じるものとして扱っている。
[135] 横浜地判令和3年12月23日労判1289号62頁［シャープ NEC ディスプレイソリューションズほか事件］。
[136] 合理的配慮関係の事案の比率が近時増加している。厚生労働省プレスリリース「『雇用の分野における障害者の差別禁止・合理的配慮の提供義務に係る相談等実績（令和5年度）』を公表します」（https://www.mhlw.go.jp/stf/newpage_41002.html）（2024年9月確認）。
[137] 前掲注136）3頁。

れて終了したりするパターンが多い[138]。

　障害者差別禁止・合理的配慮に関する障害労働者の不満や苦情について、当事者間の話合いが円滑に進まず、紛争に発展した場合、関係当事者の申立てに基づき、①都道府県労働局長による紛争解決の援助、②障害者雇用調停会議による調停のいずれかを実施することで紛争の早期解決がはかられている。

1　事業主の自主的解決（36条の4・74条の4）

　合理的配慮の提供に関しては、事業主は、障害労働者からの相談に応じ、適切に対応するために必要な体制の整備その他の雇用管理上必要な措置を講じなければならないとされている（36条の4）。

　また、採用後の差別や合理的配慮の提供に関する事項について、事業主は、障害労働者から苦情の申出を受けたときは、苦情処理機関に対し当該苦情の処理を委ねる等その自主的な解決をはかるように努めなければならないとされている（74条の4）。苦情処理機関とは、事業主を代表する者および当該事業所の労働者を代表する者を構成員とする当該事業所の労働者の苦情を処理するための機関をいうとされている。自主的解決をはかり、解決しない場合に都道府県労働局長による紛争解決援助等を利用するという流れが考えられるが、制度上は先に自主的解決をはからなければ紛争解決援助を利用できないというものではない。

2　都道府県労働局長による紛争解決援助（74条の6）

　募集・採用を含め、差別や合理的配慮の提供に関する紛争について、都道府県労働局長は、当該紛争の当事者の双方または一方からその解決につき援助を求められた場合には、当該紛争の当事者に対し、必要な助言、指導または勧告をすることができる（74条の6）。制度の対象者は、紛争当事者である障害者および事業主であり、労働組合や使用者団体などの第三者は含まれない。

----

[138]　前掲注136)5頁（図表5）。

第3章　差別禁止と合理的配慮　　105

3 紛争調整委員会（障害者雇用調停会議）による調停（74条の7）

　都道府県労働局長は、差別や合理的配慮の提供に関する紛争（労働者の募集および採用についての紛争を除く）について、当該紛争の当事者の双方または一方から調停の申請があった場合において当該紛争の解決のために必要があると認めるときは、個別紛争解決促進法6条1項の紛争調整委員会に調停を行わせることとされている（74条の7）。

　この調停については、均等法上の調停の手続が準用されている。紛争調整委員の会長は、調停委員のうちから、当該紛争について調停を行うための会議（「障害者雇用調停会議」）を主任となって主宰する調停委員（以下、「主任調停委員」という）を指名し、同会議で調停が行われることとなる。

コラム…3
▶▶ 紛争解決のための種々の制度

　本文では促進法上に予定されている行政による紛争解決手段を解説したが、一般的に、個々の労働者と使用者との間に生じる労働紛争（個別労使紛争）に関して、よく利用される紛争解決手段を簡単にみてみよう▶139。

1　総合労働相談（総合労働相談コーナー）

　都道府県労働局（県庁の所在地に設置されていることもあるが、県庁（地方自治体）でなく、国の機関である）では、出先機関として「総合労働相談センター」を置いている（個別紛争解決促進法3条）。合理的配慮等に限らず、労働関係に関する悩み等があれば、まずここに相談してみることが考えられる（利用は無料である）。もし紛争化している場合には、助言・指導制度や、あっせん制度等の他の手段や、他の解決に適任の機関等を紹介してもらうことができる。

2　助言・指導（都道府県労働局長）

　個別労働紛争について、当事者から解決の援助を求められた場合、都道府県労働局長は必要な助言・指導を行うことができる（個別紛争解決促進法4条。利用は無料である）。本文で紹介した合理的配慮や差別禁止等に関する助言・指導も、その一例である。ただし裁判所や民事調停、労働審判やあっせん手続等の別の手

▶139　なお以下に挙げるほか、簡易裁判所において少額訴訟手続、民事調停手続の利用も可能である。

続が進行中のものなど、一定のものについては、助言・指導は行われない。

3　行政機関における調停・あっせん
（紛争調整委員会、労働委員会等）

「調停」「あっせん」とは、当事者の話し合いにより任意の合意を導くものである。調停やあっせんは、それを行う主体が当事者の意見を聞き、話し合いを促進し、調停案やあっせん案を示すなどして合意を形成する。

行政（紛争調整委員会、個別紛争解決促進法5条）によるあっせんの利用は、基本的に無料である。ただしあっせんは任意の手続なので、当事者が合意しなければそれまでであり、解決金等の支払が合意され解決される場合も、訴訟や労働審判に比べてあまり額は高くならない傾向がある。

なお裁判所においても、後述の訴訟や労働審判中に和解が勧められたり、調停がなされたりすることもある。

4　訴訟（民事訴訟）

司法府（裁判所）による、私人間（民事）の権利義務関係をめぐる紛争に関する解決制度である。法的な紛争に関する最終的な判断を下すことができる（権利義務に関する裁判所の判断は、確定すると終局的なものとなり、以後の裁判等でその判断と異なる判断はできない）。正式に証拠調べにより手続が進められるので、判決まではある程度長い時間かかるが（2022（令和4）年度のデータだと、労働関係民事第一審通常訴訟では平均して17.2か月）、相当の割合は和解で解決される（また、60万円以下の金銭の支払を求める場合、原則として1回の審理で紛争解決をはかる「少額訴訟」という特別の手続を簡易裁判所でとることもできる。ただし、通常訴訟とは手続が異なる）。この「訴訟上の和解」が成立した場合、裁判所は「調書」にその内容を記載するが、この調書の記載には確定判決と同一の効力がある。訴訟で相手方に求める内容に応じて、訴訟費用がかかる。弁護士の選任は必須ではない。

5　労働審判

労働審判は、裁判所が関与するが、慎重で時間のかかる訴訟手続ではなく、「審判」という手続によるものであり、訴訟よりも簡易迅速な手続として位置づけられている▶140（原則として、3回以内の期日で労働審判が下され、それまでの間に当事者の調停も試みられる）。審判に異議がある場合には、異議を申し立てることにより通常訴訟に移行することができる。全体の約70％程度が調停で解決されており、労働審判に対し異議なく確定して解決するものを含め、全体の約8割程度が労働審判を契機に解決している▶141。この労働審判で扱える紛争は個々の労働者と使用者との間の個別紛争のみで、また申立て費用がかかる。弁護士の選任は必須ではない。

▶140　2006（平成18）年から2022（令和4）年までの平均で、平均審理期間は81.2日である（https://www.courts.go.jp/saiban/syurui/syurui_minzi/roudousinpan/index.html）。
▶141　最高裁判所事務総局『裁判の迅速化に係る検証に関する報告書』（2023年）133頁。

6 労働組合

労働組合に加入し、団体交渉を通じて紛争解決をはかるという手段もある。使用者が雇用する労働者の加入する労働組合との団体交渉（団交）を、使用者は基本的には正当な理由がなければ拒否できない（労働組合法7条2号）。なお、解雇されたときには労働組合に加入していなくても、解雇されてすぐ労働組合に加入すれば、なおその解雇や在職中の紛争等について団体交渉することができる。

第4章　雇用義務制度

　促進法は、国や地方公共団体、民間事業主等に対して、一定割合以上の対象障害者の雇用を義務づけている。その仕組みは、「雇用義務制度」ないし「雇用率制度」（以下、「雇用義務制度」という）と呼ばれている。国および地方公共団体に課される「雇用義務」は38条以下で、民間企業を中心とする一般事業主[1]（以下、「事業主」という）に課される「雇用義務」は43条以下で規定されているが、本章では、事業主を対象とする雇用義務制度について解説する。

　雇用義務制度は、1960（昭和35）年の身体障害者雇用促進法の制定時に、身体障害者を対象とする仕組みとしてスタートした。当初は努力義務とされた身体障害者の雇用義務は、1976（昭和51）年改正で法的義務へと変更され、その際に納付金制度も導入された。その後、雇用義務制度は、知的障害者や精神障害者、さらには、短時間労働者へと適用範囲を拡大して、現在に至っている。直近では、週の所定労働時間が10時間以上20時間未満の特定短時間労働者を実雇用率に算定する仕組みも導入されている（雇用義務制度の変遷について➡第1部）。雇用義務制度は、1960（昭和35）年の身体障害者雇用促進法の制定から現在に至るまで、日本における障害者の雇用促進において中心的な役割を果たしてきたということができる。

I　法定雇用率

　43条1項は、事業主はその雇用する労働者の数に障害者雇用率を乗じて得た数（端数切捨て）以上の対象障害者（➡本章II 2）を雇用しなければならない旨

[1]　国および地方公共団体を除く、常時雇用する労働者を雇用する事業主をいう（43条）。

を定めている。障害者雇用率は、一般に「法定雇用率」といわれている（以下、「法定雇用率」という）。

1 法定雇用率の変遷

1960（昭和35）年の制度発足時には、現場的事業所で1.1%、事務的事業所で1.3%とされた法定雇用率は、1968（昭和43）年10月に1.3%、1976（昭和51）年10月に1.5%、1988（昭和63）年4月に1.6%、1998（平成10）年7月に1.8%、2013（平成25）年4月に2.0%、2018（平成30）年4月に2.2%、2021（令和3）年3月に2.3%へと徐々に引き上げられてきた[2]。2024（令和6）年4月からは2.5%に引き上げられており、2026（令和8）年7月からは2.7%となる予定である[3]。

1998（平成10）年の法定雇用率の引上げについては知的障害者の雇用義務化が、2018（平成30）年と2021（令和3）年の引上げについては精神障害者の雇用義務化が大きく影響している。2024（令和6）年以降の法定雇用率の引上げについては、対象障害者の拡大に加えて、就労する、または、就労を希望する障害者の増大も影響を与えているといえよう。

2 法定雇用率の計算方法

法定雇用率は、労働者（失業者も含む）の総数に対する対象障害者である労働者（失業者である対象障害者を含む）の総数の割合を基準として設定するものとされており、この割合の推移を勘案して少なくとも5年ごとに政令で定められる（43条2項）。上述の通り、2024年4月現在2.5%の法定雇用率は、2026（令和8）年7月以降は2.7%となる（施行令9条、同附則（令和5年3月1日政令44号）3条1項）。

労働者の総数、および、対象障害者である労働者の総数の算定にあたって、

---

[2] 永野ほか編・詳説促進法24〜25頁〔長谷川珠子〕。
[3] 国・地方公共団体の法定雇用率は、2024年4月から2.8%（教育委員会は2.7%）となっており、2026年7月からは3%（教育委員会は2.9%）となる。

短時間労働者（週の所定労働時間が20時間以上30時間未満の労働者）は1人をもって0.5人に相当するものとみなされる（43条3項・8項、施行規則6条）。また、重度障害者（重度身体障害者および重度知的障害者）は1人をもって2人に相当するものとされ（43条4項、施行令10条）、重度障害者である短時間労働者は1人に相当するものとされる（43条5項、施行規則6条の2）。短時間労働者のカウント方法はハーフカウント、重度障害者のカウント方法はダブルカウントと呼ばれており、各企業における実雇用率の算定においても、同様のカウント方法がとられる。

精神障害者については、重度障害のカテゴリーが存在しておらず、ダブルカウントの対象とならない（43条4項・5項）。ただし、当分の間、精神障害者である短時間労働者については、実雇用率の算定において1カウントとすることが認められている（施行規則附則6条）。また、週の所定労働時間が10時間以上20時間未満の重度身体障害者、重度知的障害者、精神障害者は、特定短時間労働者として、実雇用率の算定において0.5カウントすることが認められている（70条、施行規則33条）。

【図表2-4-1：実雇用率のカウント方法】

週の所定労働時間		30時間以上	20時間以上30時間未満（短時間労働者）	10時間以上20時間未満（特定短時間労働者）
身体障害者		1	0.5	—
	重度	2	1	0.5
知的障害者		1	0.5	—
	重度	2	1	0.5
精神障害者		1	0.5※	0.5

※当分の間、短時間労働者である精神障害者については1カウントされる。

3 除外率制度

法定雇用率の設定に際しては、障害者の就業が一般的に困難であると認められる業種について考慮し、労働者の総数を計算する際に除外率に相当する労働者数を控除する制度が設けられていた（除外率制度）。この除外率制度は、ノー

マライゼーションの観点から問題視され、2002（平成14）年改正で廃止されるに至っている（2004（平成16）年4月施行）▶4。しかし、現在も経過措置が残っていることから（附則3条、施行規則附則1条の3・別表第四）、正確には、上記の法定雇用率は除外率を考慮に入れて算出されたものとなっている。

　除外率については、2004（平成16）年4月と2010（平成22）7月に、それぞれ100分の10ポイントの縮小が行われ、2025（令和7）年4月にも、同ポイントの縮小がなされるが、廃止に向けてこれをさらに縮小していくことが、今後の課題である。なお、各企業における実雇用率についても、除外率を考慮に入れて算出がなされる。

II　雇用義務制度の対象

1　対象事業主

　対象障害者を雇用するよう努める義務はすべての事業主に課されているが（37条1項）、実際に1人以上の対象障害者を雇用しなければならないのは、その常時雇用する労働者数に法定雇用率を乗じた結果が1人以上になる事業主である（43条1項）。この事業主を指す言葉として、しばしば「対象事業主」という言葉が使用される。

　対象事業主の範囲は、法定雇用率の引上げに伴って拡大してきたが、2026（令和8）年7月に法定雇用率が2.7％となって以降は、常時雇用する労働者数が37.5人以上の事業主が対象事業主となる。

▶4　永野ほか編・詳説促進法101頁〔長谷川珠子〕、厚労省・2024年逐条解説206～208頁。

コラム…4
▶▶ 促進法上の特殊法人

　促進法は、一定の範囲の特殊法人、すなわち、法律により直接に設立された法人等のうち、その資本金の全部もしくは大部分が国もしくは地方公共団体からの出資による法人またはその事業の運営のために必要な経費の主たる財源を国もしくは地方公共団体からの交付金もしくは補助金によって得ている法人で、政令で定めるもの▶5（43条6項）（以下、「特殊法人」という）について、変則的な取扱いをしている。

　まず、特殊法人も、促進法43条の「事業主」に含まれるとされ、雇用義務の達成のための諸措置については、一般の民間事業主と同じ措置（未達成の場合の計画作成、勧告、公表等。➡本章Ⅴ）の対象になる。国等とは独立の人格を有し、経営の自主性を相当認められていることが、その理由である。

　その一方で、特殊法人は、財政基盤が国家財政と一体化している等公経済の主体としての性格が強く、事業や役職員の性格が国等に準ずるような高い公共性を有することから、雇用率は国等に準じたものにすべきであると考えられ、一般の民間事業主ではなく、国・地方公共団体と同じ法定雇用率が設定されている（43条6項、施行令10条の2第2項）。また、納付金の納付義務を負わず、調整金・報奨金等の支給の対象にもならない（49条1項1号）。その理由は、①財政的基盤を国庫等に依存しており、民間の事業主と同一レベルで経済的負担を調整することや、助成金による利益誘導施策になじまないこと、②国・地方公共団体と同様、雇用義務を率先垂範して履行すべき立場にあることにある▶6。

　障害者雇用を促進していくにあたり、特殊法人が有している性格を考慮に入れたうえで施策が実施されているといえる。

2 対象障害者

　雇用義務制度のもと雇用することが義務づけられるのは、「対象障害者」である。対象障害者は、身体障害者、知的障害者、および、精神障害者保健福祉

▶5　たとえば、国立研究開発法人国立がん研究センター、独立行政法人福祉医療機構、国立大学法人、日本私立学校振興・共済事業団、日本年金機構、地方住宅供給公社等が、特殊法人として施行令で定められている（施行令10条の2第1項、別表第2）。
▶6　厚労省・2024年逐条解説196～198頁、280頁。

第4章　雇用義務制度 ───── 113

手帳の交付を受けている精神障害者とされており（37条2項）、職業リハビリテーションや差別禁止・合理的配慮の提供の対象となる「障害者」（2条1号）とは範囲が異なる点に留意が必要である（➡第2部第1章Ⅱ）。

精神障害者については、特に「手帳」の交付を受けていることが要件とされている。他方、身体障害者および知的障害者については、手帳の交付を受けていることは求められていない。ただ、促進法上の身体障害者（2条2号）および知的障害者（2条4号）であることの確認を何らかの方法で行う必要があることから、身体障害者については、①身体障害者手帳、または、②身体障害者手帳について定める身体障害者福祉法15条の規定により都道府県知事の定める医師や産業医等が作成した診断書もしくは意見書によって、知的障害者については、知的障害者判定機関が交付した判定書その他これに準ずる書類によって確認するとされている（43条9項、施行規則4条の15）。43条9項および施行規則4条の15の規定は、2018年に発覚した中央省庁等における雇用する障害者数の「水増し問題（障害者雇用不適切計上問題）」をきっかけとして導入されたものである（➡第1部第7章Ⅳ2）。

Ⅲ 特例子会社制度等

雇用義務は、事業主が対象障害者を直接雇用することより果たさなければならないものである。ただ、いくつかの特別な履行方法が認められている。特例子会社制度を利用した履行や、算定特例制度を利用した履行である。

1 特例子会社制度

(1) 概　　要

特例子会社制度は、特例子会社が雇用する対象障害者について、当該特例子会社を設立した親会社が雇用したものとみなす仕組みで（44条1項）、身体障害者の雇用が努力義務から法的義務になった1976（昭和51）年改正に際し、通

知により開始され、知的障害者を実雇用率の算定に加えることを可能にした1987（昭和62）年改正で法的根拠を得るに至ったものである。また、1997（平成9）年の知的障害者の雇用義務化に際しては、その認定要件の緩和がなされている（➡第1部第4章Ⅰ2、第5章Ⅲ2）。

　特例子会社の数は、増加しつつあり、2024（令和6）年6月1日現在、認定を受けた特例子会社は614社存在している。また、特例子会社で雇用されている障害者の数は5万290.5人で、身体障害者が1万2488.5人、知的障害者が2万5553.5人、精神障害者が1万2248.5人であった（厚生労働省「令和6年障害者雇用状況の集計結果」▶7）。特例子会社に関しては、障害者を集めた就労の場所であることから、インクルージョンや差別禁止の観点から批判がなされることもあるが、就労困難性の高い障害者に労働市場での雇用を提供する機能を発揮しているといえる。

（2）特例子会社の認定要件

　特例子会社として厚生労働大臣から認定を受けるためには、その親会社が特例子会社の財務および営業または事業の方針を決定する機関（株主総会等の意思決定機関）を支配している必要がある（44条1項、施行規則8条の2）。また、次の基準に適合していることも求められる。すなわち、①特例子会社が行う事業と親会社が行う事業との人的関係が緊密であること、②特例子会社が雇用する対象障害者の数、および、その割合が、厚生労働大臣が定める数および率以上であること（数・割合の計算に際して短時間労働者は0.5人でカウント▶8（44条2項・3項、施行規則6条））、③特例子会社が、対象障害者の雇用管理を適正に行うに足りる能力を有すること、④特例子会社が行う事業において、重度身体障害者または重度知的障害者その他の対象障害者の雇用の促進およびその雇用の安定が確実に達成されると認められることが求められる（44条1項1号～4号）。

　厚生労働省は、①の具体例として、親会社からの役員の派遣等があることを

▶7　人数は、実人員数ではなく、ダブルカウント・ハーフカウントの対象者については、それぞれダブルカウント・ハーフカウントをした結果を反映した数字である。

▶8　重度障害者のダブルカウントはなされない。特例子会社の障害者要件は、特別の配慮をした特例子会社である程度集中的に障害者雇用を行うことが、障害者の雇用促進や能力の発揮にとって有効であるとの考えに基づく。厚労省・2024年逐条解説224頁。

示しており、また、②については、雇用される障害者が5人以上で、全常用雇用労働者に占める割合が20％以上であること、ならびに、雇用される障害者に占める重度身体障害者、知的障害者および精神障害者の割合が30％以上であることを求めている。そして、③の具体例として、障害者のための施設の改善や専任の指導員の配置等がなされていることを求めている[9]。

　なお、親会社が上記の認定要件を満たさなくなったときや廃業したとき、または、特例子会社が認定要件を満たさなくなったときには、特例子会社の認定は取り消されることとなる（44条4項）。

2　認定手続

　特例子会社の認定の申請は、厚生労働大臣の定める様式による申請書（様式6号の5）を管轄の公共職業安定所長（以下、「ハローワーク所長」という）に提出して行われる。その際、厚生労働大臣の定める様式による書面（様式第6号の6）を添付することとされている（施行規則8条の3）。

　申請書に添付される書面には、親会社の所有する議決権や特例子会社における障害者の雇用状況を記載する欄のほか、特例子会社の役員の親会社からの選任状況、特例子会社の従業員のうち親会社から派遣されている者の状況、障害者のための特別な配慮の状況（施設または設備、雇用管理上の特別な配慮等）等を記載する欄が設けられている。

3　その他の算定特例

　特例子会社の仕組みは、そもそもは、親会社と特例子会社との間の2社関係を前提としていた。しかし、現在では、「関係会社特例制度（グループ適用）」のほか、「企業グループ算定特例制度（関係子会社特例）」や「事業協同組合等算定特例制度（特定事業主特例）」も導入されており、事業主は、こうした算定上の特例を利用しつつ雇用義務を果たすことが可能である。

[9]　厚労省・2024年逐条解説223～224頁。

（1）関係会社特例制度（グループ適用）

　特例子会社とその他の関係会社を含め、グループ全体を親会社に合算して実雇用率を算定する仕組みとして、関係会社特例制度（グループ適用）（2002（平成14）年10月施行）がある。2024（令和6）年6月1日現在、この仕組みを利用しているグループが全国に378存在している▶10。

　グループ適用が認められるためには、まず、親会社が関係会社の意思決定機関を支配していることが求められる（施行規則8条の4）。そして、①関係会社の行う業務と特例子会社の行う業務との人的関係もしくは営業上の関係が緊密であること、または関係会社が特例子会社に出資していること、②親会社が障害者雇用推進者（78条2項）を選任しており、かつその者が特例子会社および関係会社についても、障害者の雇用促進・雇用継続をはかるための業務を行うこととしていること、③親会社が、自ら雇用する対象障害者および特例子会社・関係会社に雇用される対象障害者の雇用の促進および雇用の安定を確実に達成することができると認められること、という基準を満たす必要がある（45条）。

（2）企業グループ算定特例制度（関係子会社特例）

　一定の要件を満たした場合に、特例子会社をもたない企業グループ（親会社とそのすべての子会社）で実雇用率を算定することも可能とされており、その仕組みは、企業グループ算定特例制度（関係子会社特例）（2009（平成21）年4月施行）と呼ばれている。2024（令和6）年6月1日現在、この仕組みを利用しているグループが全国に126存在している▶11。

　企業グループ算定特例制度を利用するためには、以下の要件を満たす必要がある。まず、親会社の要件として、①親会社が子会社の意思決定機関を支配していること、②親会社が障害者雇用推進者を選任しており、かつその者が関係子会社についても、障害者の雇用促進・雇用継続をはかるための業務を行うこ

▶10　厚生労働省ウェブサイト（「特例子会社」制度の概要：https://www.mhlw.go.jp/content/001027591.pdf）。

▶11　厚生労働省ウェブサイト（「企業グループ算定特例」（関係子会社特例）の概要：https://www.mhlw.go.jp/content/001027594.pdf）。

ととしていること、③親会社が、自ら雇用する対象障害者および関係子会社に雇用される対象障害者の雇用の促進および雇用の安定を確実に達成することができると認められることが求められる。そして、関係子会社の要件として、①各子会社の規模に応じて、それぞれ常用雇用労働者に1.2％を乗じた数（小数点以下は切捨て）以上の障害者を雇用していること（ただし、常用雇用労働者数250人以上300人以下の場合は障害者2人、常用雇用労働者数167人以上250人未満の場合は障害者1人、常用雇用労働者数167人未満の場合は要件なし）、②障害者の雇用管理を適正に行うことができると認められること、または他の関係子会社が雇用する障害者の行う業務に関し、人的関係もしくは営業上の関係が緊密であることを満たす必要がある（45条の2）。

(3) 事業協同組合等算定特例制度（特定事業主特例）

　中小企業が事業協同組合等を活用して一定の要件を満たした協同事業を行う場合に、事業協同組合等とその組合員である中小企業（特定事業主）で実雇用率の通算を可能とする事業協同組合等算定特例制度（特定事業主特例）（2009（平成21）年4月施行）もある。個々の中小企業では障害者雇用を進めるのに十分な仕事量の確保が困難な場合に、事業協同組合等を活用して、複数の中小企業が共同して障害者の雇用機会を確保しようとするものである。2022（令和4）年の改正で、要件が緩和され、国家戦略特区においてのみ認められていた有限責任事業組合（LLP）が、事業協同組合等算定特例制度の対象となるものとして追加された。2024（令和6）年6月1日現在、この仕組みを利用しているケースが9件ある▶12。

　この仕組みに関する要件は、次の通りである。まず、事業協同組合等の側の要件として、①事業協同組合、有限責任事業組合（LLP）▶13、水産加工工業協同

▶12　厚生労働省ウェブサイト（「事業協同組合等算定特例」（特定事業主特例）の概要：https://www.mhlw.go.jp/content/001027597.pdf）。

▶13　有限責任事業組合については、①中小企業者または小規模の事業者のみがその組合員となっていること、②組合契約書に、その存続期間の満了の日までに更新しない旨の総組合員による決定がない限り当該存続期間が更新される旨が記載または記録されていること、③組合契約書に、組合員は、総組合員の同意によらなければ、その持分を譲り渡すことができない旨が記載または記録されていること、④組合契約書に、業務執行の決定が、総組合員の同意または総組合員の過半数もしくはこれを上回る割合以上の多数決により行われる旨が記載または記録されていること、⑤事業

組合、商工組合、商店街振興組合であること（施行規則8条の8）、②規約等に、事業協同組合等が障害者雇用納付金等を徴収された場合には、特定事業主における障害者の雇用状況に応じて、その経費を特定事業主に賦課する旨の定めがあること、③事業協同組合等および特定事業主における障害者の雇用の促進および安定に関する事業（雇用促進事業）を適切に実施するための計画（実施計画）を作成し、この実施計画に従って、障害者の雇用の促進および安定を確実に達成することができると認められること、④自ら1人以上の障害者を雇用し、また、常用雇用労働者に対する障害者の割合が、20％を超えていること、⑤自ら雇用する障害者に対して、適切な雇用管理を行うことができると認められることが求められる。そして、特定事業主に関する要件として、①事業協同組合等の組合員であること、②常用雇用労働者の数が40人以上であること（法定雇用率2.5％の場合）、③子会社特例、関係会社特例、関係子会社特例または他の特定事業主特例の認定を受けておらず、当該認定に係る子会社、関係会社、関係子会社または特定事業主でないこと、④事業協同組合等の行う事業と特定事業主の行う事業との人的関係または営業上の関係が緊密であること（具体的には、特定事業主からの役員派遣や定期的な発注等）、⑤その規模に応じて、それぞれ一定数以上の障害者を雇用していること（常用雇用労働者数300人超の場合は常用雇用労働者数×1.2％、常用雇用労働者数250人以上300人以下の場合は2人、常用雇用労働者数167人以上250人未満の場合は1人、常用雇用労働者数167人未満の場合は要件なし）を満たしていることが求められる（45条の3）。

を行うために必要な経営的基礎を欠く等その目的を達成することが著しく困難であると認められないこと等の要件を満たす必要もある（45条の3第2項、施行規則8条の9）。

【図表2-4-2：特例子会社制度】 【図表2-4-3：関係会社特例制度（グループ適用）】

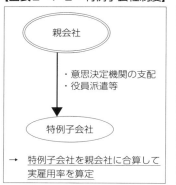
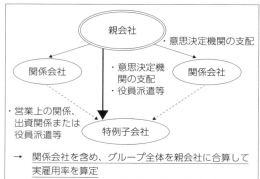

【図表2-4-4：企業グループ算定特例制度（関係子会社特例）】

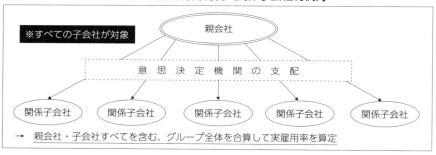

【図表2-4-5：事業協同組合等算定特例制度（特定事業主特例）】

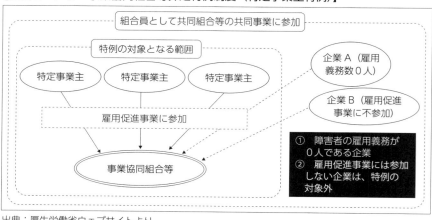

出典：厚生労働省ウェブサイトより

Ⅳ 納付金制度

　事業主が対象障害者を雇用することにより法定雇用率を達成することができなかった場合には、障害者雇用納付金（以下、「納付金」という）の支払いが義務づけられる。集められた納付金は、障害者雇用調整金（以下、「調整金」という）や報奨金、さらには、各種の助成金等の支給に充てられる。こうした仕組みは、1976（昭和51）年改正の際に、身体障害者の雇用義務を努力義務から法的義務へと変更するのに伴い導入されたもので、対象障害者の雇用に伴う事業主間の経済的負担を調整し、その雇用の促進および継続をはかるものと位置づけられている（49条1項）。

1 納付金の納付義務

（1）納付義務を負う事業主

　納付金を納付する義務を負うのは、法定雇用率未達成の事業主である（53条、55条2項）。ただし、常用雇用労働者数が100人以下である事業主については、当分の間、納付金の支払いに関する規定は適用されないとされていることから（附則4条）、実際に納付金の納付義務を負うのは、常用雇用労働者数が100人を超える事業主である。

（2）納付金額

　事業主が実際に納付する納付金の額は、①調整基礎額に、各月の初日に雇用する労働者の数に基準雇用率を乗じて得た数の合計数を乗じた額から、②調整基礎額に、各月の初日に雇用する対象障害者の合計数を乗じた額を差し引いて算出される。①より②の方が大きい場合は、納付金の徴収はないため、結果として納付金を納付する義務はないこととなる（54条・55条）。

　調整基礎額は、雇用率を達成するまでの数の対象障害者を雇用する場合に、その1人につき通常必要とされる1か月あたりの特別費用の額の平均額を基準

として定められるもので、5万円とされている（54条2項、施行令17条）。また、基準雇用率は、そもそもは除外率を考慮に入れずに労働者の総数に対する対象障害者である労働者の総数の割合を基準として設定される点で法定雇用率とは異なるものであるが、制度発足時より暫定的に除外率を考慮していることから、結果として法定雇用率と同じ率（2026（令和8）年7月以降2.7％）となっている（54条3項、附則5条1項、施行令18条）▶14。

以上を簡潔にまとめると、納付金の額は、不足する対象障害者1人につき月額5万円で算出される。

2 調整金／報奨金

法定雇用率を超えて障害者を雇用していたり、一定数以上の障害者を雇用していたりする場合には、調整金や報奨金の支給がなされる。

調整金は、納付金の支払い義務を負う事業主（＝常用雇用労働者数100人超の事業主）が雇用義務制度により雇用することが求められる障害者数を超えて対象障害者を雇用した場合に支給されるもので、その額は、超過する対象障害者1人につき月額2万9000円とされている（50条、施行令15条）。ただし、超過する人数が10人（月平均）を超える場合は、超過人数分について単価の引下げ（6000円減の2万3000円の支給）が行われる▶15（施行令14条、施行規則25条の7）。

他方、報奨金は、納付金の支払い義務を負わない事業主（＝常用雇用労働者数100人以下の事業主）が、対象障害者を4％または6人（月平均）のいずれか多い数を超えて雇用する場合に支給されるもので、その額は、超過する対象障害者1人につき月額2万1000円である（附則4条、施行規則附則3条1項・2項・4項）。報奨金についても、超過する人数が35人（月平均）を超える場合は、超過人数

▶14　調整基礎額や基準雇用率については、永野ほか編・詳説促進法116〜117頁〔長谷川珠子〕で詳しく説明されている。

▶15　単価の引下げは、障害者の雇用については、単にその雇用者数の確保を推進するのみならず、雇用の継続や、能力を十分に発揮する機会の確保等、障害者の雇用の質的な向上をはかっていくことが重要とされる中で、障害者雇用の質的向上に資するよう限られた財源を効果的に運用していくことが必要であるとして、2022年（令和4）年改正で導入された（➡第1部第8章Ⅲ）。厚労省・2024年逐条解説284〜285頁。

分について単価の引下げ（5000円減の1万6000円の支給）が行われる（施行規則附則3条3項・5項）。

コラム…5
▶▶ 在宅就業障害者を支援する仕組み

促進法は、自宅等において就業する障害者（以下、「在宅就業障害者」という）の就業機会の確保等を支援するために、在宅就業障害者に直接または在宅就業支援団体を介して業務を発注した事業者に対して、障害者に支払われた報酬に応じて在宅就業障害者特例調整金・特例報奨金を支給する仕組み（在宅就業者支援制度）も設けている。その概要は、以下の通りである。

1 在宅就業障害者

発注の対象となる在宅就業障害者は、雇用義務制度の対象となる障害者（対象障害者）であって、自宅その他厚生労働省令で定める場所で、物品の製造、役務の提供その他これらに類する業務を自ら行うものである（74条の2第3項1号）。厚生労働省令で定める場所には、①対象障害者が業務を実施するために必要な施設・設備を有する場所、②就業に必要な知識・能力の向上のために必要な訓練等が行われる場所（具体的には、就労移行支援事業所や一定の要件を満たした就労継続支援B型事業所等▶16）等が含まれている（施行規則36条）。

2 特例調整金・特例報奨金

上記の在宅就業障害者に業務を発注した常用雇用労働者数100人超の事業主には、特例調整金が支給される。その額は、当該年度に支払った対価の総額を評価額（35万円）で除して得た数に2万1000円を乗じた額であり（74条の2第2項、施行令20～22条）、法定雇用率未達成の場合には、特例調整金の額に応じて障害者雇用納付金は減額される（74条の2第4項）。

対して、発注者が常用雇用労働者数100人未満の事業主の場合は、特例報奨金が支給される。特例報奨金の額は、当該年度に支払った対価の総額を評価額（35万円）で除して得た数に、報償額（1万7000円）を乗じた額である（附則4条4項、施行規則附則3条の3）。

特例調整金・特例報奨金については、発注した事業主が自ら雇用している対象障害者である労働者の数に応じた支給限度額が設定されている。すなわち、2万1000円または1万7000円×各月にお

▶16　厚生労働省職業安定局「在宅就業支援団体関係業務取扱要領（令和6年4月）」3～4頁。

ける当該事業主の雇用する対象障害者である労働者の数の年間の合計数が支給限度額となる（74条の2第2項、附則4条4項）。直接雇用が少ない場合には、たとえ在宅就業障害者に多額の発注をしていても、特例調整金・特例報奨金の支給は制限される。このようにすることで、この仕組みにより対象障害者の直接雇用が阻害されないよう配慮されている。

3　在宅就業支援団体

　在宅就業支援団体については、通勤等に困難を抱える障害者の就労機会を確保するうえで重要な役割を果たしていることから、2022（令和4）年改正で、その参入促進をはかることを目的として登録要件の緩和と登録申請手続の簡素化が行われた（2023（令和5）年4月施行）。現在、在宅就業支援団体として登録するには、①在宅就業障害者に対して、就業機会の確保・提供のほか、職業講習、就労支援等の援助を行っている法人であること、②常時5人以上の在宅就業障害者に対して継続的に支援を行うこと、③障害者の在宅就業に関して知識および経験を有する2人以上の者をおくこと（うち1人は管理者とすること）、④在宅就業支援を行うために必要な施設・設備を有することが求められる（74条の3第4項）。
　2024（令和6）年6月1日現在、22団体が在宅就業支援団体としての登録を受けている[17]。

3 各種助成

　調整金・報奨金のほかにも、事業主に対しては、納付金を財源として以下に要する費用に充てるための様々な助成が存在している。すなわち、①対象障害者の雇入れまたは雇用の継続に必要な施設または設備の設置・整備、②対象障害者の福祉の増進をはかるための施設の設置・整備、③中途障害（身体・精神）の労働者の雇用継続に必要な職場適応を容易にするための措置、④加齢に伴い職場への適応が困難となった対象障害者の雇用継続のための措置、⑤対象障害者の介助その他雇用の安定をはかるために必要な業務を行う者（職場適応援助者（以下、「ジョブコーチ」という）を除く）の配置、⑥ジョブコーチによる援助（➡第2部第2章Ⅴ）、⑦障害のある労働者の通勤を容易にするための措置、⑧重度身体障害者、知的障害者または精神障害者を多数雇用する事業所の施設または設備の設置・整備、⑨対象障害者の教育訓練の受講を容易にするための措置等にかかる費用について助成がある（49条1項2号～7号）。

▶17　厚生労働省ウェブサイト（https://www.mhlw.go.jp/content/001261657.pdf）。

なお、これらに対する助成は、手帳の交付を受けていない精神障害者を対象としても行われる（73条）。また、身体障害者、知的障害者および精神障害者以外の障害者を対象としても、**図表2-4-6**が示す事項に要する費用について助成が行われる（74条、施行規則34条）。

【図表2-4-6：身体障害者、知的障害者および精神障害者以外の障害者に関する助成】

発達障害者、高次脳機能障害を有するものおよび難治性疾患を有するもの（身体障害者、知的障害者および精神障害者を除く。以下「発達障害者等」という。）	・中途障害の労働者の雇用継続に必要な職場適応を容易にするための措置（③） ・加齢に伴い職場への適応が困難となった障害者の雇用継続のための措置（④） ・障害者の介助その他雇用の安定をはかるために必要な業務を行う者（ジョブコーチを除く）の配置（⑤） ・障害者の教育訓練の受講を容易にするための措置（⑨）
発達障害者等その他職場適応援助者による援助が特に必要であると認められる障害者	・ジョブコーチによる援助（⑥）

4 納付金関係業務を行う機関

　納付金の徴収や、調整金・報奨金、および各種の助成金の支給等（納付金関係業務）は、厚生労働大臣が行うものとされているが（49条1項）、実際にその業務を担っているのは独立行政法人高齢・障害・求職者雇用支援機構である（49条2項）。同機構は、障害者職業センターの設置・運営（19条）（➡第2部第2章Ⅳ）や、対象障害者の雇用に関する技術的事項についての研究・調査・講習の業務、対象障害者の雇用について事業主その他国民一般の理解を高めるための啓発の業務（49条1項9号）も行っており、障害者の雇用の安定と促進のために重要な役割を果たしている。

コラム…6
▶▶ 雇用保険二事業からの助成金

障害者の雇用に関する助成には、雇用保険二事業（雇用安定事業・能力開発事業）の一環として実施されているものもある。

1 雇い入れた際の助成金

障害者を雇い入れた際に事業主に支給される助成金として、①特定求職者雇用開発助成金と、②トライアル雇用助成金がある。

①の特定求職者雇用開発助成金には複数の種類があるが、そのうち障害者の雇用に関わるものとして、ⅰ）特定就職困難者コース助成金と、ⅱ）発達障害者・難治性疾患患者雇用開発コース助成金の2つがある（雇用保険法施行規則110条）。ⅰ）特定就職困難者コース助成金は、公共職業安定所（以下、「ハローワーク」という）等の紹介により、高年齢者や障害者等の就職困難者を継続して雇用する労働者（雇用保険の一般被保険者）として雇い入れる事業主を対象とするものである。中小企業事業主が、身体・知的障害者を雇い入れた場合には2年を助成対象期間として120万円が（大企業の場合は1年、50万）、重度身体・知的障害者や45歳以上の身体・知的・精神障害者を雇い入れた場合には3年を助成対象期間として240万円（大企業の場合は1年6か月、100万円）が支給される。また、週の所定労働時間が20時間以上30時間未満である短時間労働者として障害者（重度障害者を含む身体・知的・精神障害者）を雇い入れた場合には、2年を助成対象期間として80万円（大企業の場合は1年、30万円）が支給される。他方、ⅱ）発達障害者・難治性疾患患者雇用開発コース助成金は、ハローワーク等の紹介により発達障害者または難治性疾患患者を継続して雇用する労働者（雇用保険の一般被保険者）として雇い入れ、雇用管理に関する事項を把握・報告する中小企業事業主に対して2年を助成対象期間として120万円（大企業の場合は1年、50万円）を支給するものである。短時間労働者としての雇入れの場合は、2年を助成対象期間として80万円（大企業の場合は1年、30万円）が支給される。

②のトライアル雇用助成金のうち障害者の雇用に関わるものとしては、ⅰ）障害者トライアルコース助成金と、ⅱ）障害者短時間トライアルコース助成金がある（雇用保険法施行規則110条の3）。障害者トライアルコース助成金は、ハローワーク等の紹介により就職が困難な障害者を試行的に雇い入れた事業主を対象として、最長3か月間、対象者1人につき月額最大4万円を支給するものである（精神障害者の場合は、最長6か月で、最初の3か月は月額最大8万円、その後の3か月は月額最大4万円）。また、障害者短時間トライアルコース助成金は、週20時間以上の勤務が難しい精神障害者・発達障害者（ハローワーク等からの紹介のある

者）について20時間以上の勤務を目指して3か月から12か月の短時間試行雇用を行う事業主に対して、最長12か月、対象者1人につき月額最大4万円を支給するものである。

2　職場定着のための助成金

障害者の職場定着をはかるための助成金もあり、事業主が、①障害者である有期雇用労働者を正規雇用労働者（多様な正社員（通常の労働者、勤務地限定正社員、職務限定正社員または短時間正社員）を含む）または無期雇用労働者に転換する措置、②障害者である無期雇用労働者を正規雇用労働者に転換する措置のいずれかを講じた場合には、キャリアアップ助成金として障害者正社員化コース助成金が支給される（雇用保険法施行規則118条の2）。その支給額は、図表2-4-7の通りである。

【図表2-4-7：障害者正社員化コース助成金】

支給対象者	措置内容	支給総額	支給対象期間
重度身体障害者 重度知的障害者 精神障害者	有期雇用から正規雇用への転換	120万円（90万円）	1年（1年）
	有期雇用から無期雇用への転換	60万円（45万円）	
	無期雇用から正規雇用への転換	60万円（45万円）	
重度以外の身体障害者 重度以外の知的障害者 発達障害者 難病患者 高次脳機能障害と診断された	有期雇用から正規雇用への転換	90万円（67.5万円）	
	有期雇用から無期雇用への転換	45万円（33万円）	
	無期雇用から正規雇用への転換	45万円（33万円）	

注：（　）内は大企業の場合

実効性確保のための措置

雇用義務の履行を実効性のあるものとするための仕組みも促進法の中で定められている。

1 報告義務

　常時雇用する労働者数が37.5人（2026（令和8）年7月以降）を超える事業主（＝対象事業主）は、毎年、6月1日現在における対象障害者である労働者の雇用に関する状況を厚生労働大臣に報告しなければならない（43条7項、施行規則7条）。この報告は、一般に「6・1報告」と呼ばれており、その結果は、厚生労働省から毎年「障害者雇用状況の集計結果」として公表されている。

2 雇入れに関する計画・企業名公表

　事業主が法定雇用率を未達成であるなど、対象障害者の雇用を促進する必要があると認める場合には、厚生労働大臣は、当該事業主に対して対象障害者の雇入れに関する計画の作成を命ずることができ、また、作成した計画が著しく不適当と認めるときは、その変更を勧告することができる。さらに、特に必要があると認めるときには、計画を作成した事業主に対して、その適正な実施に関して勧告を行うこともできる（46条）。そして、当該事業主が、正当な理由なく勧告に従わないときには、その旨を公表することもできる（47条）。

3 障害者雇用推進者の選任等

　促進法第4章（雑則）においても、いくつかの事業主が負う義務が規定されている。まず、雇用義務を負う事業主は、障害者の雇用促進・雇用継続をはかるための業務等を担当する障害者雇用推進者を選任するように努めなければならない（78条2項）。また、事業主は、障害者が5名以上いる事業所において、障害者の職業生活に関する相談・指導を行う障害者職業生活相談員を選任して、その業務を行わせなければならない（79条2項、施行規則38条）。このほか、事業主は、所定労働時間労働すること等を希望する短時間労働障害者に対して能力に応じた適切な待遇を行うよう努める義務（80条）や、障害者を解雇する場合（労働者に帰責事由がある場合を除く）にハローワーク所長へ届け出る義務も負っている（81条1項）。

4 中小事業主に対する認定制度（もにす認定制度）

　常時雇用する労働者の数が300人以下である事業主については、障害者の雇用の促進および雇用の安定に関する取組みの実施状況が優良である場合に、その旨の認定を行う仕組みも設けられている（77条）。これを「もにす認定制度」という。中小企業における障害者雇用を促す観点から2019（令和元）年改正で導入された仕組みで、2024（令和6）年6月30日時点で、446事業主が認定を受けている[18]。

　認定を受けるためには、①障害者雇用への取組み（アウトプット）、取組みの成果（アウトカム）、それらの情報開示（ディスクロージャー）の3項目について、各項目ごとの合格最低点に達しつつ、合計で50点中20点（特例子会社は35点）以上を獲得すること、②対象障害者を法定雇用障害者数以上雇用していること[19]、③就労継続支援A型の利用者を除いて、対象障害者を1名以上雇用していること等が求められる（77条、施行規則36条の17）。

　認定を受けた事業主は、障害者雇用優良中小事業主認定マーク（愛称：もにす）を自社の商品や広告、求人票等に付することができる（77条の2、施行規則36条の18）。

---

[18] 厚生労働省ウェブサイト（https://www.mhlw.go.jp/stf/monisu_00002.html）。
[19] 特例子会社制度や関係会社特例制度等（➡本章Ⅲ）を利用している親事業主等が申請する場合は、同制度等を利用しなくても、当該親事業主等において対象障害者を法定雇用障害者数以上に雇用していることが必要である。また、特例子会社が認定の申請をする場合は、特例子会社制度または関係会社特例制度により、親事業主も対象障害者を法定雇用障害者数以上に雇用していることが必要である。

第3部
障害者総合支援法

　2005（平成17）年に制定された「障害者自立支援法」は、障害種別ごとに提供されていた障害福祉サービスを障害の種別にかかわらず利用できる一元的な仕組みへと改変するものであり、障害者福祉施策に大きな変革をもたらした。同法は、「障害者の日常生活及び社会生活を総合的に支援するための法律」（障害者総合支援法）に改称されるなど改正を重ねている。第3部では、障害者の日常生活や社会生活にとって最も重要な法律である障害者総合支援法を取り上げ、就労に関する規定を中心に解説する。第1章において法の目的や基本理念、対象となる障害者の定義等を確認し、第2章において障害福祉サービスの支給決定の仕組みを明らかにする。第3章では主に訓練等給付に位置づけられる各種サービスを解説し、最後に第4章において、障害福祉サービスの適切な提供のための仕組みを障害者総合支援法と社会福祉法の両面から確認する。

第1章 総則

　本章では、「障害者の日常生活及び社会生活を総合的に支援するための法律」（障害者総合支援法。以下、「総合支援法」という）の「第1章 総則」（1条～5条）を中心に解説する。障害者権利条約の批准に向け国内法の整備が進められる中で、2011（平成23）年に障害者基本法が改正され、この影響も受ける形で、2012（平成24）年に総合支援法が改正された。総則部分についても、障害者基本法の理念にのっとり、総合支援法の目的を定めた1条が修正されるとともに、基本理念を定めた規定（1条の2）が新たに設けられている。以下では、法の目的（1条）、基本理念（1条の2）、国等の責務（2条・3条）、障害者の定義（4条）、および給付の種類と体系（5条等）について、逐条的に解説する。

目的（1条）

　1条は、総合支援法の目的を定める。総合支援法は、障害者基本法の基本的な理念にのっとり、障害福祉各法等[1]と相まって、「障害者及び障害児が<u>基本的人権を享有する個人としての尊厳</u>にふさわしい<u>日常生活又は社会生活</u>を営むことができるよう、必要な障害福祉サービスに係る給付、地域生活支援事業その他の支援を総合的に行い、もって障害者及び障害児の福祉の増進を図るとともに、障害の有無にかかわらず国民が相互に人格と個性を尊重し安心して暮らすことのできる地域社会の実現に寄与することを目的とする」（1条）。障害者自立支援法の制定当初、下線部が「自立した日常生活又は社会生活」とされて

▶1　身体障害者福祉法、知的障害者福祉法、精神保健福祉法、児童福祉法等。

いたが、2012（平成24）年改正によって現在の文言となった[2]。また同改正により、支援の1つに「地域生活支援事業」が新たに加えられた。

II 基本理念（1条の2）

2012（平成24）年改正により、以下の基本理念が追加された（1条の2）。障害者権利条約の影響がみてとれる。

総合支援法に基づく障害者および障害児への日常生活・社会生活の支援は、「全ての国民が、障害の有無にかかわらず、等しく基本的人権を享有するかけがえのない個人として尊重されるものであるとの理念にのっとり」、共生社会の実現のために、「全ての障害者及び障害児が可能な限りその身近な場所において必要な日常生活又は社会生活を営むための支援を受けられることにより社会参加の機会が確保されること及びどこで誰と生活するかについての選択の機会が確保され、地域社会において他の人々と共生することを妨げられないこと並びに障害者及び障害児にとって日常生活又は社会生活を営む上で」の社会的障壁の「除去に資することを旨として、総合的かつ計画的に行わなければならない」。

III 責務（2条・3条）

2条は、市町村（特別区を含む。以下同じ）、都道府県および国の責務について定める。総合支援法の実施主体は市町村であり、都道府県が実施主体である市町村を支援する責務を負う。そして、国が、市町村と都道府県に対し助言や情報の提供等を行うという関係を有している。

▶2　2011（平成23）年に改正された障害者基本法の目的規定（1条）に、「全ての国民が、障害の有無にかかわらず、等しく基本的人権を享有するかけがえのない個人として尊重されるものであるとの理念にのっとり、全ての国民が、障害の有無によって分け隔てられることなく、相互に人格と個性を尊重し合いながら共生する社会を実現するため」との文言が加えられた。

1 市町村の責務（2条1項）

　市町村は、総合支援法の実施に関し、以下の責務を有する（2条1項）。すなわち、①障害者が自ら選択した場所に居住し、または障害者もしくは障害児が自立した日常生活または社会生活を営むことができるよう、当該市町村の区域における障害者および障害児の生活の実態を把握したうえで、公共職業安定所等▶3の職業リハビリテーションの措置を実施する機関、教育機関その他の関係機関との緊密な連携をはかりつつ、必要な自立支援給付および地域生活支援事業を総合的かつ計画的に行うこと（同項1号）、②障害者および障害児の福祉に関し、必要な情報の提供を行い、ならびに相談に応じ、必要な調査および指導を行い、ならびにこれらに付随する業務を行うこと（同項2号）、③意思疎通について支援が必要な障害者および障害児が障害福祉サービスを円滑に利用することができるよう必要な便宜を供与すること、障害者および障害児に対する虐待の防止およびその早期発見のために関係機関と連絡調整を行うことその他障害者および障害児の権利の擁護のために必要な援助を行うこと（同項3号）である。

2 都道府県の責務（2条2項）

　都道府県は、総合支援法の実施に関し、以下の責務を有する（2条2項）。すなわち、①市町村が行う自立支援給付および地域生活支援事業が適正かつ円滑に行われるよう、市町村に対する必要な助言、情報の提供その他の援助を行うこと（同項1号）、②市町村と連携をはかりつつ、必要な自立支援医療費の支給および地域生活支援事業を総合的に行うこと（同項2号）、③障害者および障害児に関する相談および指導のうち、専門的な知識および技術を必要とするものを行うこと（同項3号）、④市町村と協力して障害者および障害児の権利の擁護のために必要な援助を行うとともに、市町村が行う障害者および障害児の権利の擁護のために必要な援助が適正かつ円滑に行われるよう、市町村に対する必要な助言、情報の提供その他の援助を行うこと（同項4号）である。

▶3　障害者職業センター、障害者就業・生活支援センター等。

3 国の責務(2条3項)

　国は、市町村および都道府県が行う自立支援給付、地域生活支援事業その他総合支援法に基づく業務が適正かつ円滑に行われるよう、市町村および都道府県に対する必要な助言、情報の提供その他の援助を行わなければならない(2条3項)。

　また、国および地方公共団体は、障害者および障害児が自立した日常生活または社会生活を営むことができるよう、必要な障害福祉サービス、相談支援および地域生活支援事業の提供体制の確保に努めなければならない(同条4項)。

4 国民の責務(3条)

　総合支援法は、国民の責務についても定める。すべての国民は、その障害の有無にかかわらず、障害者および障害児が自立した日常生活または社会生活を営めるような地域社会の実現に協力するよう努めなければならない(3条)。

IV 定義

1 障害者の定義

　総合支援法が定義する「障害者」に該当する者は、同法が定める各種の障害福祉サービスを利用するために市町村に対して支給申請を行うことができる(20条等)。障害者の定義は、障害福祉サービスを利用できる者の範囲を画するという意味で重要である。

　総合支援法における障害者は、①身体障害者福祉法4条に規定する身体障害者、②知的障害者福祉法にいう知的障害者のうち18歳以上である者、③精神保健福祉法5条に規定する精神障害者(発達障害者支援法2条2項に規定する発達障害者を含み、知的障害者福祉法にいう知的障害者を除く)のうち18歳以上である者、および、④治療方法が確立していない疾病その他の特殊の疾病であって政令で

定めるものによる障害の程度が厚生労働大臣が定める程度である18歳以上の者である▶4（4条1項）。

障害福祉の仕組みは、第二次世界大戦後、障害種別ごとに発展してきた（1949（昭和24）年身体障害者福祉法、1960（昭和35）年精神薄弱者福祉法（1998（平成10）年知的障害者福祉法）、1995（平成17）年精神保健福祉法▶5）（➡第1部）。こうした歴史的な背景のもと、それぞれの定義は、障害者福祉各法に残されたままとなっている。なお、④は、身体・知的・精神の3障害で障害を捉える結果、障害福祉サービスに対するニーズを有するにもかかわらず、サービスの利用から排除されていた難病等患者を総合支援法の対象とすべく、2012（平成24）年に障害者自立支援法を改称する形で障害者総合支援法が制定された際に加えられたものである。

2　各障害者の定義

（1）身体障害者

身体障害者福祉法4条は、身体障害者について、「別表に掲げる身体上の障害がある18歳以上の者であって、都道府県知事から身体障害者手帳の交付を受けたものをいう」との定義をおいている。別表（図表3-1-1）に該当するか否かの詳細については、身体障害者福祉法施行規則別表第5号「身体障害者障害程度等級表」が、障害の種類別に1級から6級の等級を定めており、6級以

▶4　18歳未満の者は、障害児と位置づけられる。障害児については、児童福祉法4条2項に規定する障害児をいうと定義されており（総合支援法4条2項）、18歳未満の身体に障害のある児童、知的障害のある児童、精神に障害のある児童（発達障害児を含む）、一定の難病のある児童（児童福祉法4条1項・2項）が、総合支援法上の障害児となる。障害児は、総合支援法に基づく居宅サービスや、児童福祉法に基づく通所サービス・施設サービスを利用することができる。

▶5　精神保健福祉法のルーツを遡ると、1900（明治33）年の精神病者監護法にたどり着く。その後、1919（大正8）年の精神病院法、1950（昭和25）年の精神衛生法を経て、1988（昭和63）年には精神科医療における患者の人権の確保の強化を目的として精神保健法が制定される。これらの法律のもとにおいて精神障害者は主として医療の対象と考えられていたが、次第にその福祉ニーズにも注目が集まるようになり、1995（平成7）年に「精神保健及び精神障害者福祉に関する法律（精神保健福祉法）」が制定され、精神障害者が福祉の対象となることが明確にされた。精神保健福祉研究会監修『精神保健福祉法詳解〔五訂〕』（中央法規・2024年）3～27頁。

上の障害が認められる場合に手帳の交付が行われることとなっている[6]。身体障害者については、18歳以上という基準が身体障害者福祉法で示されていることや、手帳の交付を受けていない場合には、別表に掲げる障害があっても身体障害者福祉法上の「身体障害者」とはならない点に留意が必要である。

　なお、手帳の交付を受けたい者は、都道府県知事の定める医師の診断書を添えて、その居住地（居住地を有しないときは、その現在地）の都道府県知事に対して、身体障害者手帳の交付申請を行う必要がある[7]。診断書の交付に際し、医師は、その者の障害が別表に掲げる障害に該当するか否かについて意見書をつけなければならない。そして、都道府県知事は、この申請に基づいて審査をし、その障害が別表に掲げるものに該当すると認めたときに、申請者に対し身体障害者手帳を交付する。他方、審査の結果、該当しないと認めたときには、理由を附してその旨を申請者に通知する（身体障害者福祉法15条）。

　以上のような身体障害者福祉法上の身体障害者については、医学的にみた機能障害に着目して障害認定がなされているといえることから（**図表3-1-1**を参照）、何らかの身体の障害によって日常生活や社会生活に制限が生じている状況が十分に考慮されない可能性が指摘されている[8]。また、別表に例示されていない器官の障害を有する者は、身体障害者として認定されない問題もある[9]。

---

[6] 肢体不自由については7級への記載もあるが、7級は単独では手帳交付の対象とならず、7級の障害が2つ以上重複する場合または7級の障害が6級以上の障害と重複する場合に対象となる。

[7] 指定都市および中核市における身体障害者手帳の交付は、指定都市および中核市が行う（身体障害者福祉法43条の2、同法施行令34条、地方自治法施行令174条の28・174条の49の4）。

[8] 福島豪＝永野仁美「障害と社会保障法」菊池馨実ほか編『障害法〔第2版〕』（成文堂・2021年）198頁。

[9] 尿道狭窄による排尿障害は「ぼうこうの機能の障害」に該当せず、身体障害者福祉法別表に掲げるその他の障害にも該当しないことは明らかであるから、原告がなした身体障害者手帳の交付申請を却下した県知事の処分は適法であるとした裁判例として、身体障害者手帳交付申請却下処分取消請求事件（広島高判平成7年3月23日行集46巻2・3号309頁、広島地判平成3年7月17日行集42巻6・7号1150頁）がある。

【図表3-1-1：身体障害者福祉法別表】

> 一　次に掲げる視覚障害で、永続するもの
> 　1　両眼の視力（万国式試視力表によつて測つたものをいい、屈折異常がある者については、矯正視力について測つたものをいう。以下同じ。）がそれぞれ0.1以下のもの
> 　2　一眼の視力が0.02以下、他眼の視力が0.6以下のもの
> 　3　両眼の視野がそれぞれ10度以内のもの
> 　4　両眼による視野の2分の1以上が欠けているもの
> 二　次に掲げる聴覚又は平衡機能の障害で、永続するもの
> 　1　両耳の聴力レベルがそれぞれ70デシベル以上のもの
> 　2　一耳の聴力レベルが90デシベル以上、他耳の聴力レベルが50デシベル以上のもの
> 　3　両耳による普通話声の最良の語音明瞭度が50パーセント以下のもの
> 　4　平衡機能の著しい障害
> 三　次に掲げる音声機能、言語機能又はそしやく機能の障害
> 　1　音声機能、言語機能又はそしやく機能の喪失
> 　2　音声機能、言語機能又はそしやく機能の著しい障害で、永続するもの
> 四　次に掲げる肢体不自由
> 　1　一上肢、一下肢又は体幹の機能の著しい障害で、永続するもの
> 　2　一上肢のおや指を指骨間関節以上で欠くもの又はひとさし指を含めて一上肢の二指以上をそれぞれ第一指骨間関節以上で欠くもの
> 　3　一下肢をリスフラン関節以上で欠くもの
> 　4　両下肢のすべての指を欠くもの
> 　5　一上肢のおや指の機能の著しい障害又はひとさし指を含めて一上肢の三指以上の機能の著しい障害で、永続するもの
> 　6　1から5までに掲げるもののほか、その程度が1から5までに掲げる障害の程度以上であると認められる障害
> 五　心臓、じん臓又は呼吸器の機能の障害その他政令で定める障害で、永続し、かつ、日常生活が著しい制限を受ける程度であると認められるもの
> ＊その他政令で定める障害（身体障害者福祉法施行令36条）：
> 　一　ぼうこう又は直腸の機能
> 　二　小腸の機能
> 　三　ヒト免疫不全ウイルスによる免疫の機能
> 　四　肝臓の機能

（2）知的障害者

　知的障害者福祉法は、知的障害者についての定義をおいていない。その背景には、精神薄弱者福祉法の制定当時、統一的な根拠のある判定基準を設けることが困難であったことがある[10]。

　もっとも、知的障害者については、知的障害者に対して一貫した指導・相談を行うとともに、彼らが各種の援助措置を受けやすくすることを目的として、1973（昭和48）年の厚生事務次官通知（「療育手帳制度について」同年9月27日厚生省発児第156号。以下、「1973年通知」という）に基づき療育手帳制度が設けられている。ただ、同通知は、療育手帳制度に関する技術的助言を行うものにすぎな

---
[10]　厚生省社会局更生課編『精神薄弱者福祉法：解説と運用』（新日本法規出版・1960年）19頁。

いことから、都道府県知事、指定都市市長または児童相談所を設置する中核市の市長は、それぞれの判断に基づきその実施要領を定めている▶11。そのため、都道府県等により、知的障害者の範囲や知的障害の程度に関する考え方には相違がみられる。また、療育手帳の名称も様々である。

なお、1973年通知は、療育手帳の交付対象者を「児童相談所又は知的障害者更生相談所において知的障害であると判定された者」としている。また、障害の程度については、重度（A）とそれ以外（B）の区分を設けている。重度（A）の基準としては、知能指数がおおむね35以下（肢体不自由・盲・ろうあ等の障害を有する者については50以下）であって、①日常生活における基本的な動作（食事・排便・入浴・洗面・着脱衣等）について個別的指導や介助を必要とするか、または、②失禁・異食・興奮・多寡動等の問題行動を有し、常時注意と指導を必要とするという基準が示されている。他方、それ以外（B）の基準としては、重度（A）のもの以外とするとされるにとどまる。また、中程度等の他の区分を設けることも差し支えないとされている（区分の基準等については、「療育手帳の実施について」昭和48年9月27日児発725号、「重度知的障害者収容棟の設備及び運営について」昭和43年7月3日児発422号）。

加えて、1973年通知は、手帳の交付手続についても言及しており、手帳交付の申請は、知的障害者またはその保護者が、知的障害者の居住地を管轄する福祉事務所の長（福祉事務所を設置しない町村にあっては、当該町村の長および管轄の福祉事務所の長）を経由して都道府県知事（等）に対して行うものとしている。都道府県知事（等）は、①児童相談所または知的障害者更生相談所における判定結果に基づき手帳交付の決定をすること、および、②手帳の交付の後、知的障害者の障害の程度を確認するため、原則として2年ごとに児童相談所または知的障害者更生相談所において判定を行うことも言及されている。

（3）精神障害者

精神保健福祉法5条は、精神障害者について、「統合失調症、精神作用物質による急性中毒又はその依存症、知的障害その他の精神疾患を有する者をい

▶11　指定都市および中核市における療育手帳の交付は、指定都市および中核市が行う（「療育手帳の実施について」昭和48年9月27日児発725号）。

う」としている。総合支援法上の精神障害者については、ここに発達障害者支援法2条2項が定める発達障害者が含まれることが明示されており、上述の知的障害者が除かれる。

　発達障害者支援法2条2項が定める発達障害者は、「発達障害がある者であって発達障害及び社会的障壁により日常生活又は社会生活に制限を受けるもの」である。発達障害には、「自閉症、アスペルガー症候群その他の広汎性発達障害、学習障害、注意欠陥多動性障害その他これに類する脳機能の障害であってその症状が通常低年齢において発現するものとして政令で定めるもの」が該当し（発達障害者支援法2条1項）、発達障害者支援法施行令で、言語の障害および協調運動の障害が（発達障害者支援法施行令1条）、さらに、発達障害者支援法施行規則で、心理的発達の障害、行動および情緒の障害が加えられている。これらの発達障害を有する者は、精神障害者として総合支援法の適用対象となる。

　なお、精神障害者については、精神障害者保健福祉手帳の仕組みが設けられている。上記の定義にあてはまる精神障害者（ただし、知的障害者は知的障害者福祉法に基づく福祉の措置が講じられることから除かれる）は、都道府県知事に対して精神障害者保健福祉手帳の交付申請を行い、精神保健福祉法施行令が定める障害の程度（1級～3級）▶12にあれば、同手帳の交付を受けることができる（精神保健福祉法45条1項～3項）▶13。申請に際しては、当該申請に係る精神障害者の氏名、住所、生年月日、個人番号（マイナンバー）および連絡先を記載した申請書のほか、①指定医その他精神障害の診断もしくは治療に従事する医師の診断書（初めて医師の診療を受けた日から起算して6か月を経過した日以後の診断書に限る）、または、②精神障害を支給事由とする給付（障害基礎年金や障害厚生年金等）を現に受けていることを証する書類の写しを提出しなければならない（精神保健福祉法施行規則23条）。精神障害の状態にあることの認定は、2年ごとに行われる（精

▶12　1級は、日常生活の用を弁ずることを不能ならしめる程度のもの、2級は、日常生活が著しい制限を受けるか、または日常生活に著しい制限を加えることを必要とする程度のもの、3級は、日常生活もしくは社会生活が制限を受けるか、または日常生活もしくは社会生活に制限を加えることを必要とする程度のものを指す（精神保健福祉法施行令6条3項）。
▶13　指定都市における精神障害者保健福祉手帳の交付は、指定都市が行う（精神保健福祉法51条の12、同法施行令13条、地方自治法施行令174条の36）。

神保健福祉法45条4項）。

(4) 難病等患者

　治療方法が確立していない疾病その他の特殊の疾病であって政令で定めるものによる障害の程度が厚生労働大臣が定める程度である18歳以上の者も、総合支援法における「障害者」に該当し、一般に「難病等患者」と呼ばれている。

　総合支援法施行令は、総合支援法4条1項の政令で定める「特殊の疾病」について、「治療方法が確立しておらず、その診断に関し客観的な指標による一定の基準が定まっており、かつ、当該疾病にかかることにより長期にわたり療養を必要とすることとなるものであって、当該疾病の患者の置かれている状況からみて当該疾病の患者が日常生活又は社会生活を営むための支援を行うことが特に必要なものとして内閣総理大臣及び厚生労働大臣が定めるもの」（施行令1条）としている。これを受けて、こども家庭庁長官および厚生労働大臣が、障害者総合支援法対象疾病検討会での検討を経たうえで、2024（令和6）年4月1日現在、369疾病を対象疾病として定めている（2015（平成27）年6月9日厚生労働省告示292号）。なお、総合支援法の対象疾病については、医療費助成の対象となる指定難病▶14についての5つの要件（①発病の機構が明らかでない、②治療方法が確立していない、③患者数が人口の0.1％程度に達しない、④長期の療養を必要とするもの、⑤診断に関し客観的な指標による一定の基準が定まっていること）のうち、②④⑤を要件とするとされている▶15。

　また、厚生労働大臣が定める「障害の程度」については、上記の対象疾病による障害により「継続的に日常生活又は社会生活に相当な制限を受ける程度」とするとされている（2013（平成25）年1月18日厚生労働省告示7号）。

▶14　2024（令和6）年4月現在、341疾病が指定難病とされている。厚生労働省ウェブサイト（https://www.mhlw.go.jp/stf/seisakunitsuite/bunya/0000084783.html）。
▶15　「障害者総合支援法の対象疾病の要件」第8回障害者総合支援法対象疾病検討会　参考資料1。

Ⅴ 給付の種類と体系

　総合支援法は、障害者および障害児に対し、必要な障害福祉サービスに係る給付と地域生活支援事業その他の支援を行う（1条）。「障害福祉サービス」は、個々の障害者の障害程度や勘案すべき事項（社会活動、介護者、居住等の状況）を踏まえ、個別に支給決定が行われる。これに対し、「地域生活支援事業」は、事業の実施主体である市町村が、地域の特性や利用者の状況に応じて柔軟に実施することができる▶16。

　「障害福祉サービス」とは、「居宅介護、重度訪問介護、同行援護、行動援護、療養介護、生活介護、短期入所、重度障害者等包括支援、施設入所支援、自立訓練、就労選択支援▶17、就労移行支援、就労継続支援、就労定着支援、自立生活援助及び共同生活援助」をいい（5条1項）、各サービスの内容が同条2項以下で定められている（**図表3-1-2**参照）。

　総合支援法に基づき支給される自立支援給付▶18の種類は、介護・訓練などの障害福祉サービスに対して支給される「介護給付費」▶19・「訓練等給付費」▶20、相談支援に対する「地域相談支援給付費」・「計画相談支援給付費」、医療に関する「自立支援医療費」、および、「補装具費」等に大別される（6条）。

　「地域生活支援事業」には、障害者の自立した日常生活・社会生活に関する

▶16　笠木映里ほか『社会保障法』（有斐閣・2018年）331頁〔中野妙子〕。
▶17　就労選択支援は、2022（令和4）年の総合支援法改正により新設されたものであり、2025（令和7）年10月の施行が予定されている。
▶18　自立支援給付はいずれも「金銭給付」であり、利用したサービスにかかる費用が給付される（ただし、後述するように多くの場合は「代理受領方式」がとられている）。市町村による支給決定を受けた障害者が、指定事業者・施設との間で利用契約を締結し、障害福祉サービスの提供を受けた場合、その費用について介護給付費または訓練等給付費が支給される（29条1項）（笠木ほか・前掲注16）328頁〔中野妙子〕）。なお、給付費の支給および利用料の支払いの関係については、➡第3部第3章Ⅰ5⑴参照。
▶19　介護給付費とは、居宅介護、重度訪問介護、同行援護、行動援護、療養介護（医療に係るものを除く）、生活介護、短期入所、重度障害者等包括支援、施設入所支援に関して支給する給付をいう（28条1項）。
▶20　訓練等給付費とは、自立訓練、就労選択支援、就労移行支援、就労継続支援、就労定着支援、自立生活援助、共同生活援助に関して支給する給付をいう（28条2項）。

理解を深めるための研修・啓発、障害者や地域住民らが自発的に行う障害者の自立のための活動に対する支援、障害者または介護者に対する相談支援、虐待の防止および早期発見のための連絡調整、成年後見制度の利用に要する費用の補助、手話通訳等の派遣等の意思疎通支援や意思疎通支援者の養成、日常生活用具の給付・貸与、移動支援、地域活動支援センターの機能強化等が含まれる（77条）。

【図表３−１−２：障害福祉サービス等の体系（介護給付・訓練等給付）】

系統	給付	サービス名	対象	サービス内容
訪問系	介護給付	居宅介護	者 児	自宅で入浴、排せつ、食事の介護等を行う
		重度訪問介護	者	重度の肢体不自由者または重度の知的障害若しくは精神障害により行動上著しい困難を有する者であって常に介護を必要とする人に、自宅で、入浴、排せつ、食事の介護、外出時における移動支援、入院時の支援等を総合的に行う（日常生活に生じる様々な介護の事態に対応するための見守り等の支援を含む）
		同行援護	者 児	視覚障害により、移動に著しい困難を有する人が外出する時、必要な情報提供や介護を行う
		行動援護	者 児	自己判断能力が制限されている人が行動するときに、危険を回避するために必要な支援、外出支援を行う
		重度障害者等包括支援	者 児	介護の必要性がとても高い人に、居宅介護等複数のサービスを包括的に行う
日中活動系		短期入所	者 児	自宅で介護する人が病気の場合などに、短期間、夜間を含めた施設で、入浴、排せつ、食事の介護等を行う
		療養介護	者	医療と常時介護を必要とする人に、医療機関で機能訓練、療養上の管理、看護、介護および日常生活の世話を行う
		生活介護	者	常に介護を必要とする人に、昼間、入浴、排せつ、食事の介護等を行うとともに、創作的活動または生産活動の機会を提供する
施設系		施設入所支援	者	施設に入所する人に、夜間や休日、入浴、排せつ、食事の介護等を行う
居住支援系	訓練等給付	自立生活援助	者	一人暮らしに必要な理解力・生活力等を補うため、定期的な居宅訪問や随時の対応により日常生活における課題を把握し、必要な支援を行う
		共同生活援助	者	夜間や休日、共同生活を行う住居で、相談、入浴、排せつ、食事の介護、日常生活上の援助を行う

訓練系・就労系	訓練等給付	自立訓練（機能訓練）	者	自立した日常生活または社会生活ができるよう、一定期間、身体機能の維持、向上のために必要な訓練を行う
		自立訓練（生活訓練）	者	自立した日常生活または社会生活ができるよう、一定期間、生活能力の維持、向上のために必要な支援、訓練を行う
		就労選択支援	者	就労アセスメントの手法を活用して、本人の希望、就労能力、適性等に合った就労先の選択を支援する
		就労移行支援	者	一般企業等への就労を希望する人に、一定期間、就労に必要な知識および能力の向上のために必要な訓練を行う
		就労継続支援（A型）	者	一般企業等での就労が困難な人に、雇用して就労の機会を提供するとともに、能力等の向上のために必要な訓練を行う
		就労継続支援（B型）	者	一般企業等での就労が困難な人に、就労する機会を提供するとともに、能力等の向上のために必要な訓練を行う
		就労定着支援	者	一般就労に移行した人に、就労に伴う生活面の課題に対応するための支援を行う

出典：厚生労働省（https://www.mhlw.go.jp/stf/seisakunitsuite/bunya/hukushi_kaigo/shougaishahukushi/service/naiyou.html）をもとに一部を改変して作成。

注： 者 総合支援法4条1号が定義する障害者（18歳以上の者）を対象とするサービス（➡本章Ⅳ1）。

　　 児 総合支援法4条2号が定義する障害児（18歳未満の者）を対象とするサービス（➡本章Ⅳ1注4）。

第2章　支給決定の仕組み

　総合支援法は、障害福祉サービス（以下、単に「サービス」ということがある）の利用を希望する者は、市町村に申請を行い、その支給決定を受けなければならないことを定める（19条1項、20条1項）。本章では、支給決定プロセスの概要を示したうえで（Ⅰ）、プロセスの順番に従い、市町村への申請（Ⅱ）、障害支援区分の認定と支給要否決定を行うための認定調査（Ⅲ）、支給決定（Ⅳ）、および、事業者によるサービスの提供（Ⅴ）について解説する。

Ⅰ　概　　要

　障害福祉サービスの支給決定プロセスの概要は以下の通りである（**図表3-2-1**）。

　サービスを受けようとする障害者は、まず、市町村（特別区を含む。以下同じ）に申請をしなければならない（20条1項）[1]。

　申請を受けた市町村は、障害支援区分の認定および支給要否決定を行うため、障害者に面接をし、その心身の状況、そのおかれている環境等について調査（「認定調査」）する（同条2項）。障害者が介護給付を希望する場合、市町村は障害支援区分の認定を行うが、訓練等給付[2]のみを希望する場合は障害支援区分の認定を受ける必要はない（施行令10条）。

[1]　障害児が障害福祉サービスを受けようとする場合は、その保護者が同様の手続を行う。総合支援法における「保護者」とは、児童福祉法6条に規定する保護者（親権を行う者、未成年後見人その他の者で、児童を現に監護する者）をいう（総合支援法4条3項）。
[2]　ただし、共同生活援助（グループホーム）において介護を必要とする場合は障害支援区分の認定が必要となる（施行令10条1項）。

【図表3-2-1：申請から支給決定までの基本的な流れ】

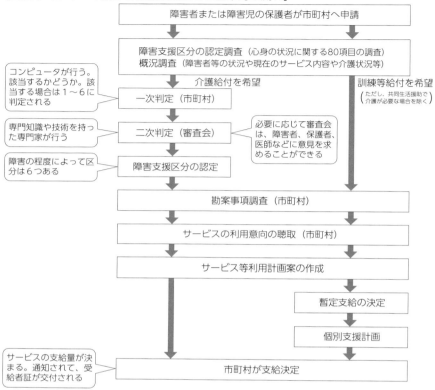

出典：二本柳覚編『これならわかるスッキリ図解障害者総合支援法〔第3版〕』（翔泳社・2023年）145頁をもとに一部改変して作成。

　市町村は、障害者の障害支援区分、当該障害者の介護を行う者の状況、当該障害者のおかれている環境、当該申請に係る障害者の障害福祉サービスの利用に関する意向等を勘案して介護給付費や訓練等給付費の支給の要否の決定（「支給要否決定」）を行う（22条1項）。市町村は、支給要否決定を行うにあたり、原則として障害者に特定相談支援事業者[3]が作成するサービス等利用計画案

▶3　「特定相談支援事業者」は、サービス等利用計画の作成を中心業務とするのに対し、「一般相談支援事業者」は、地域生活を送るために必要な支援（地域移行支援、地域定着支援等）を行うための相談を中心に行う。

の提出を求め（同条4項）、特定相談支援事業者によりサービス等利用計画案が作成される。一部の訓練等給付を希望する場合は、市町村による暫定支給の決定が行われ、それらのサービスに関する個別支援計画が作成される。最後に、市町村が支給決定を行う。その際、市町村は障害福祉サービスの量（支給量）を定め（同条7項）、支給量等が記載された障害福祉サービス受給者証を、障害者に交付しなければならない（同条8項）。

　支給決定後、特定相談支援事業者は、障害福祉サービスを提供する各事業者等との連絡調整や担当者会議を行い、障害者本人や家族の意向に基づき、「サービス等利用計画」を作成する。障害者がサービス提供事業者と利用に関する契約を締結し、サービスの利用が開始される。

II　市町村への申請

　障害福祉サービスの支給を受けようとする障害者は、市町村の支給決定を受けなければならない（19条1項）。支給決定は、障害者の居住地の市町村が行うものとされているが、居住地を有しないとき、または、明らかでないときは、障害者の現在地の市町村が行う（同条2項）。また、障害者支援施設（いわゆる入所施設）等に入所している場合は、入所前に居住地があった市町村が支給決定を行う（同条3項）。

　支給決定を受けようとする障害者は、市町村▶4に申請をしなければならない（20条1項）。申請の際、障害者は、当該申請を行う障害者の氏名、居住地、生年月日、個人番号、連絡先、介護給付費等の受給状況、介護保険の利用状況、当該申請に係る障害福祉サービスの具体的内容、主治医がいるときは当該医師の氏名・病院名等について記載した申請書を提出しなければならない（施行規則7条1項）。また、当該申請書には、負担上限月額の算定のために必要な事項に関する書類（本人の収入がわかる書類や社会保険料等の必要経費がわかる書類等）、現に支給決定を受けている場合にはその受給者証、および、介護給付を

▶4　申請窓口の名称は、「障害福祉課」、「障害保健福祉課」、「障害支援課」等、市町村により異なる（「害」が「がい」とされていることもある）。

第2章　支給決定の仕組み　——　**147**

希望する場合は医師の診断書等を添付しなければならない（同条２項）。

III 認定調査

　申請を受けた市町村は、障害支援区分の認定および支給要否決定を行うため、認定調査を行う（20条２項、施行規則８条）▶5。認定調査は、原則として１名の調査対象者につき、１名の認定調査員▶6が、１回で実施する。認定調査は、障害者の心身の状況等を総合的に判定するために行われるものであり、自宅など日頃の状況を把握できる場所で調査対象である障害者本人と介護者等の双方から聞き取りが行われる▶7。認定調査▶8は大きく分けて、①概況調査、②障害支援区分認定調査▶9、③特記事項の３つで構成される。

1 概況調査

　概況調査は、障害支援区分の認定調査に併せて、障害者本人および家族等の状況や、現在のサービス内容や家族からの介護状況等を調査するものであり▶10、以下の項目に関する調査が行われる。①調査対象者関連（対象者名、性別、生年月日、年齢、現住所、電話番号、家族等連絡先）、②障害等級等（等級、障害の

▶5　市町村は、当該調査を一般相談支援事業者等に委託することができる（20条２項）。
▶6　障害支援区分に係る認定調査は、市町村職員または委託を受けた一般相談支援事業者の相談支援専門員であって、都道府県が行う障害支援区分認定調査員研修を修了した者（認定調査員）が実施する。
▶7　厚生労働省社会・援護局障害保健福祉部「障害者総合支援法における障害支援区分認定調査員マニュアル」（2014（平成26）年４月）34～36頁（https://www.mhlw.go.jp/file/06-Seisakujouhou-12200000-Shakaiengokyokushougaihokenfukushibu/6_5.pdf）、二本柳覚編『図解でわかる障害福祉サービス』（中央法規・2022年）128頁等参照。
▶8　法令上の調査事項は、障害者の心身の状況および障害者のおかれている環境（20条２項）、ならびに、障害者の介護を行う者の状況、障害保健医療サービスまたは障害福祉サービス等の利用の状況および障害者の障害福祉サービスの利用に関する意向の具体的内容（施行規則８条）である。
▶9　上述したように（➡本章Ｉ）、介護給付を希望する場合は障害支援区分の認定が必要であるが、訓練等給付のみを希望する場合は必要ない。
▶10　概況調査の内容は、障害支援区分の判定（一次判定・二次判定）に影響しない。

種類、難病等疾病名、障害基礎年金等級、その他の障害年金等級、生活保護の有無）、③現在受けているサービスがあればその利用状況、④地域生活関連（外出の頻度、社会活動の参加状況、入所・入院歴とその期間）、⑤就労関連（就労状況[11]、就労経験・就労希望の有無）、⑥日中活動関連（自宅、施設、病院等主に活動している場所）、⑦介護者（支援者）関連（介護者の有無、介護者の健康状況）、⑧居住関連（生活の場所[12]、居住環境）。概況調査票には、これらの調査結果とともに、調査実施者に関する事項（実施日、実施場所、調査実施者の氏名・所属、調査時間）が記載される[13]。

2 障害支援区分認定調査

　障害支援区分認定調査は、障害者本人の心身の状況を把握するために行われるものである。具体的には、認定調査員が調査対象の障害者との面接を通して、①移動や動作等に関連する項目（寝返り、歩行、衣類の着脱等の12項目）、②身の回りの世話や日常生活等に関連する項目（食事、入浴、排便、金銭の管理等の16項目）、③意思疎通等に関連する項目（視力、聴力、コミュニケーション、読み書き等の6項目）、④行動障害に関連する項目（被害的・拒否的、暴行暴言、徘徊、そううつ状態等の34項目）、⑤特別な医療に関連する項目（点滴の管理、透析等の12項目）の合計80項目について調査を行う。調査項目は障害の種別（身体、知的、精神障害、難病等）にかかわらず、共通となっている[14]。

3 特記事項

　特記事項とは、認定調査員が判断に迷う場合や障害支援区分認定調査の項目では把握しきれない障害者本人の状況がある場合に、その具体的な状況や認定

---

[11] 選択肢には、一般就労、パート・アルバイト、就労していない、その他がある。
[12] 選択肢には、自宅（単身）、自宅（家族等と同居）、グループホーム、病院、入所施設、その他がある。
[13] 厚生労働省「障害支援区分に係る研修資料≪共通編≫〔第5版〕」（2022（令和4）年3月）29頁、32頁（https://www.mhlw.go.jp/content/001155808.pdf）。
[14] 障害支援区分に関する調査項目および判定基準は、「障害支援区分に係る市町村審査会による審査及び判定の基準等に関する省令」に詳細な定めがおかれている。

調査員による根拠を記載するものである。後述するように、特記事項は、障害支援区分の二次判定において区分変更の根拠として用いられる。

4 医師意見書の取得

　市町村は、市町村審査会に障害支援区分に関する審査および判定を依頼するに際し、障害者の主治医等に対し、当該障害者の疾病、身体の障害内容、精神の状況、特別な医療等の医学的知見から意見（医師意見書）を求める。

5 障害支援区分の判定

　認定調査の実施後、介護給付を希望する場合は、一次判定と二次判定の2回の判定を通して障害支援区分が決定される。障害支援区分は、「障害の重さ」ではなく、障害者の障害の多様な特性その他の心身の状態に応じて必要とされる標準的な「支援の度合い」を示すものである（4条4項）。

　一次判定では、障害支援区分認定調査結果と医師意見書の一部項目[15]を使い、全国共通の判定用ソフトウエアによるコンピューター判定が行われ、市町村により障害支援区分案が作成される。市町村は、認定調査結果と医師意見書を市町村審査会に通知し、当該障害者の障害支援区分の審査・判定を求める（施行令10条1項、施行規則11条）。市町村審査会は、二次判定として、一次判定の認定結果を原案として、認定調査の特記事項および医師意見書を総合的に勘案した審査判定を行う。市町村は、市町村審査会の判定を踏まえて、障害支援区分（非該当または区分1～6）の認定を行う[16]。

---

[15] 一部項目とは、麻痺、関節の拘縮、精神症状・能力障害二軸評価、生活障害評価（食事、生活リズム、保清、金銭管理、服薬管理、対人関係、社会的適応を妨げる行動）、てんかんをいう（厚生労働省社会・援護局障害保健福祉部「障害者総合支援法における障害支援区分 医師意見書記載の手引き」（2021（令和3）年2月）3頁（https://www.mhlw.go.jp/content/000736750.pdf）。
[16] 非該当の場合でも、訓練等給付の利用はできる。

IV 支給決定

　支給決定にあたり、市町村は、申請した障害者にサービス利用に関する意向の聴き取りを行い、勘案事項の調査を行う（22条1項）。勘案事項とは、「障害者等の障害支援区分、当該障害者等の介護を行う者の状況、当該障害者等の置かれている環境、当該申請に係る障害者等又は障害児の保護者の障害福祉サービスの利用に関する意向その他の主務省令で定める事項」である（同項）。「主務省令で定める事項」には、「障害の種類及び程度その他の心身の状況」（施行規則12条1号）、「介護給付費等の受給の状況」（同条3号）、「介護保険法の規定による保険給付に係る居宅サービスを利用している場合には、その利用の状況」（同条5号）、「保健医療サービス又は福祉サービス等……の利用の状況」（同条6号）、「当該申請に係る障害福祉サービスの提供体制の整備の状況」（同条9号）等が規定されている。

　また、市町村は、障害者に対し、特定相談支援事業所の相談支援専門員が作成したサービス等利用計画案の提出を求める（22条4項）▶17。サービス等利用計画案には、障害者本人の意向と利用するサービスの内容や量、援助の方針などが記載される。

　市町村は、障害支援区分、サービス利用意向聴取結果、勘案事項、サービス等利用計画案等を踏まえ、支給決定を行う。その際、市町村は、当該支給決定障害者に対し、サービスの支給量、支給決定の有効期間、障害支援区分、負担上限月額に関する事項等を記載した障害福祉サービス受給者証を交付しなければならない（22条8項）。

　なお、就労移行支援、就労継続支援A型または自立訓練を希望する場合は、支給決定に先立ち市町村による暫定支給決定が行われる。これは、一定期間（短期間）のサービス支給により当該サービスが適切かどうかを判断するものであり、個別支援計画が作成される。

▶17　身近な地域に特定相談支援事業者がない場合や障害者が希望する場合は、特定相談支援事業者以外の者が作成するサービス等利用計画案を提出することができる（22条5項、施行規則12条の4・12条の5）。

サービスの提供

　支給決定を受けると、サービス等利用計画案を作成した特定相談支援事業所が、障害者にサービスを提供する障害福祉サービス事業者を集め、サービス担当者会議を開催する。特定相談支援事業者は、障害福祉サービスを提供する各事業者等との連絡調整を行い、障害者本人や家族の意向に基づき、「サービス等利用計画」を作成する。サービス等利用計画には、障害者およびその家族の生活に対する意向、総合的な援助の方針、解決すべき課題、支援目標と達成時期、障害福祉サービスの種類・内容・量・日時・利用料・担当者、および支援を提供するうえでの留意事項が記載される（5条22項、施行規則6条の15第2項）▶18。

　サービス等利用計画の決定後、障害福祉サービスを提供する各事業者は、障害者のおかれている環境、日常生活の状況、障害者の希望する生活、障害者の抱えている課題などを検討したうえで、個別支援計画を作成する。個別支援計画に基づき、サービスの提供が開始される。

　サービス利用開始後、特定相談支援事業所の相談支援専門員は、定期的に障害者本人や家族と面接し、サービスが適切に提供されているか、障害者のニーズが満たされているか、障害者本人等の状況に変化がないかを確認し（モニタリング）、必要に応じてサービス等利用計画の見直しを行う。モニタリング期間は、相談支援専門員が国の示す標準期間と勘案事項等を踏まえ提案し、市町村が支給決定に合わせて決定する。

▶18　サービス等利用計画には、課題解決のための障害者本人の役割、評価時期等も記載される（二本柳・前掲注7）133頁）。

第3章 給付内容：訓練等給付を中心に

　障害福祉サービスは大きく介護給付と訓練等給付に分類されるが、本章では訓練等給付を中心に解説する。まずIにおいて、「就労支援」として、就労選択支援、就労移行支援、就労継続支援（A型・B型）、および、就労定着支援について詳しく解説する。また、就労は地域での生活を支える支援があってこそ可能になると考えられることから、「生活支援と居住支援」についても扱うこととし、IIにおいて、生活介護、自立訓練、自立生活援助、共同生活援助、地域移行支援、および、地域定着支援について概要を紹介する。

　総合支援法に基づく障害福祉サービスを提供するためには、事業者は都道府県知事による「指定」を受けなければならない（29条1項）▶1。その際、事業者は、「障害者の日常生活及び社会生活を総合的に支援するための法律に基づく指定障害福祉サービスの事業等の人員、設備及び運営に関する基準」（平成18年厚生労働省令171号）（以下、「指定基準」という）に定める各種の基準を満たしていなければならないことから、必要な範囲で指定基準についても触れる（➡第3部第4章も参照）。

I 就労支援

　2005（平成17）年に制定された障害者自立支援法は、福祉的な就労の場として障害種別（身体・知的・精神）ごとに提供されていた授産施設と福祉工場を、3障害共通の「就労移行支援」と「就労継続支援（A型・B型）」に再編した。

▶1　指定は、障害福祉サービスの種類および障害福祉サービス事業を行う事業所ごとに行われる（36条1項）。

その後、2016（平成28）年法改正により、障害者の職場定着に向けた支援を行う「就労定着支援」が導入され、さらに、2022（令和4）年法改正により、就労系障害福祉サービスを利用する前の段階で就労アセスメントを行う「就労選択支援」が導入された[▶2]。

以下では、条文番号に従い、就労選択支援、就労移行支援、就労継続支援、就労定着支援の順に解説したうえで、各制度の報酬体系について概観する。

1 就労選択支援（5条13項）

(1) 概　　要

「就労選択支援」とは、就労系障害福祉サービスの利用を希望する障害者の就労能力や適性を客観的に評価するとともに、障害者本人の強みや課題を明らかにし、就労にあたって必要な支援や配慮を整理するもの（就労アセスメント）であり、アセスメント結果は、就労系障害福祉サービス等の支給決定等において勘案される[▶3]。総合支援法上は、「就労を希望する障害者又は就労の継続を希望する障害者であって、就労移行支援若しくは就労継続支援を受けること又は通常の事業所に雇用されることについて、当該者による適切な選択のための支援を必要とするものとして主務省令で定める者につき、短期間の生産活動その他の活動の機会の提供を通じて、就労に関する適性、知識及び能力の評価並びに就労に関する意向及び就労するために必要な配慮その他の主務省令で定める事項の整理を行い、又はこれに併せて、当該評価及び当該整理の結果に基づき、適切な支援の提供のために必要な障害福祉サービス事業を行う者等との連絡調整その他の主務省令で定める便宜を供与することをいう」と定義される

[▶2] 就労選択支援に関する規定の施行日は、改正法の公布日（2022（令和4）年12月16日）から起算して3年を超えない範囲内において政令で定める日とされ、2025（令和7）年10月1日施行が予定されている。施行後は、就労選択支援が5条13項として追加され、それ以降の項目の条文番号は順次繰り下げられる。本書では、施行後の条文番号を用いて解説する。

[▶3] なお、公共職業安定所（以下、「ハローワーク」という）や障害者職業センターは、就労選択支援を受けた障害者から就労アセスメントの結果の提供を受けたときは、その結果を参考として、適性検査や職業指導等を行う（促進法12条2項。2025（令和7）年10月1日施行）。

（5条13項。2025（令和7）年10月1日施行）。

　総合支援法によって、就労系障害福祉サービスを利用する障害者や一般就労へ移行する障害者が増加したものの、障害者にとってふさわしいサービスの判断が現場の個々の担当者に任せられてしまい、障害者の就労能力や適性等を踏まえた働き方や就労先の選択には結びついていないことが課題として指摘されていた[4]。「就労選択支援」は、この課題に対応するために、2022（令和4）年12月の総合支援法改正により導入された最も新しい制度である。

(2) 対象者

　制度の対象者は、「就労を希望する障害者又は就労の継続を希望する障害者であって、就労移行支援若しくは就労継続支援を受けること又は通常の事業所に雇用されることについて、当該者による適切な選択のための支援を必要とするものとして主務省令で定める者」とされる（5条13項）。「主務省令で定める者」とは、「就労移行支援又は就労継続支援を利用する意向を有する者及び現に就労移行支援又は就労継続支援を利用している者」である（施行規則6条の7の2）。

　体制整備の面から、すべての対象者の就労選択支援の利用を制度開始後直ちに開始することは困難であるため、以下の通り段階的に実施することが予定されている[5]。まず、従来の制度のもとでも就労アセスメントの対象とされてきた就労継続支援B型希望者について、就労選択支援の利用を原則とする。次いで、支援体制の整備状況を踏まえつつ、2027（令和9）年4月以降は、新たに就労継続支援A型を利用する意向がある者および就労移行支援における標準利用期間（2年）を超えて利用する意向のある者が、原則として就労選択支

----

[4] 障害者雇用・福祉施策の連携強化に関する検討会「障害者雇用・福祉施策の連携強化に関する検討会報告書」（2021（令和3）年6月8日）4頁。また、従来の制度のもとでも、就労経験があるが一般就労が困難になった者、50歳以上の者または障害基礎年金1級受給者のいずれにも該当しない者が就労継続支援B型の利用を希望する場合は、就労移行支援事業所等が就労アセスメントを行い、B型の利用が適切かどうかの判断がなされることになっていたが、実態としてはB型利用を前提とした形式的なアセスメントになっているとの指摘がなされていた（上記報告書別添資料1、1頁）。

[5] 就労選択支援の対象者については、第138回障害者部会（2023（令和5）年11月20日）参考資料6「第42回障害福祉サービス等報酬改定検討チーム資料」15頁参照。

援を利用するものとされている▶6。

(3) サービス内容

　サービス内容は、①「短期間の生産活動その他の活動の機会の提供を通じて、就労に関する適性、知識及び能力の評価並びに就労に関する意向及び就労するために必要な配慮その他の主務省令で定める事項の整理を行」うこと、または、これに併せて、②「当該評価及び当該整理の結果に基づき、適切な支援の提供のために必要な障害福祉サービス事業を行う者等との連絡調整その他の主務省令で定める便宜を供与すること」とされる（5条13項）。

　①は、就労移行支援事業所や就労継続支援事業所等において、障害者に実際の作業を短期間（1週間から2週間程度）行わせ、就労面に関する客観的な情報を収集し、就労に関する適性・知識・能力を評価し、就労に関する意向や就労するために必要な配慮等を整理するものである。この整理が「アセスメント」と呼ばれる。「主務省令で定める事項」とは、「障害の種類及び程度」、「就労に関する意向」、「就労に関する経験」、「就労するために必要な配慮及び支援」、「就労するために適切な作業の環境」、上記以外の「適切な選択のために必要な事項」である（施行規則6条の7の3）。アセスメント結果の作成にあたり、就労選択支援事業所は、利用者（障害者）および関係機関▶7の担当者等を招集して多機関連携会議（ケース会議）を開催し、利用者の就労に関する意向確認を行うとともに担当者等に意見を求める。また、就労選択支援事業所は障害者本人への情報提供等を随時行う。

　②には、アセスメント結果に基づき、他の機関（障害福祉サービス事業者、特定相談支援事業者、ハローワーク、障害者職業センター、障害者就業・生活支援センター、教育機関、医療機関その他の関係者）と適切な支援の提供のために必要な連絡調整を行うことや（施行規則6条の7の4第1号）、地域における障害者の就労に係る社

▶6　一方、従来の制度上の就労アセスメントの対象ではないB型利用希望者（就労経験があるが一般就労が困難となった者、50歳以上の者、障害基礎年金1級受給者）、新たに就労移行支援を利用する意向のある者、または、すでに就労継続支援（A型・B型）を利用しており支給決定の更新の意向がある者については、就労選択支援の利用は任意とされる。

▶7　市町村、相談支援事業所、ハローワーク、障害者就業・生活支援センター、地域障害者職業センター、医療機関、教育機関等のうち必要な機関を参集して実施する。

会資源、障害者の雇用に関する事例等に関する情報の提供および助言を行うこと（同条2号）が含まれる。

(4) 実施主体

就労選択支援事業者は、「就労移行支援又は就労継続支援に係る指定障害福祉サービス事業者であって、過去3年以内に当該事業者の事業所の3人以上の利用者が新たに通常の事業所に雇用されたものその他のこれらと同等の障害者に対する就労支援の経験及び実績を有すると都道府県知事……が認める事業者でなければならない」（指定基準173条の6）。このように、就労選択支援事業を行う実施主体として明文で列挙されているのは、一定の経験・実績のある「就労移行支援事業者」と「就労継続支援事業者」である。しかし、これだけでなく、同等の障害者に対する就労支援の経験・実績を有すると都道府県知事が認めた事業者も就労選択支援を行うことができる。経験・実績を有するその他の事業者としては、「障害者就業・生活支援センター事業の受託法人、自治体設置の就労支援センター、人材開発支援助成金（障害者職業能力開発コース）による障害者職業能力開発訓練事業を行う機関等」が想定されている[8]。

2 就労移行支援（5条14項）

(1) 概　　要

「就労移行支援」とは、一般企業での就労を目指す障害者等に対し、生産活動等の機会の提供、就労に必要な訓練、求職活動に関する支援、または、就職後の定着のための支援等を行うものである。総合支援法上は、「就労を希望する障害者及び通常の事業所に雇用されている障害者であって主務省令で定める事由により当該事業所での就労に必要な知識及び能力の向上のための支援を一時的に必要とするものにつき、主務省令で定める期間にわたり、生産活動その他の活動の機会の提供を通じて、就労に必要な知識及び能力の向上のために必

[8] 第140回障害者部会（2024（令和6）年3月5日）資料1-1「令和6年度障害福祉サービス等報酬改定における主な改定内容」34頁。

要な訓練その他の主務省令で定める便宜を供与することをいう」と定義されている（5条14項）。

2004（平成16）年10月に厚生労働省障害保健福祉部が「今後の障害保健福祉施策について（改革のグランドデザイン案）」を発表し、翌年の障害者自立支援法制定に大きな影響を与えた（➡第1部第6章Ⅲ1）。この改革のグランドデザイン案では、福祉施策と雇用施策との連携のとれたプログラムに基づき、就労支援を実施することが改革の基本的方向の1つとして掲げられ、「企業等での就労へ円滑に移行するという明確な目的のために期間を定めた効果的な支援を行うことを基本的な特徴」とする「就労移行支援」事業を整備する案が示された。これを受け、2005（平成17）年の障害者自立支援法制定時に新たな事業として導入されたのが、「就労移行支援」である。

就労移行支援事業所の数は2017（平成29）年の3357事業所をピークに減少傾向にあり、2023（令和5）年4月は2934事業所となっている。利用者数は2017（平成29年）度以降横ばいであったが、その後増加し、2023（令和5）年4月は3万6315人であった[9]。

（2）対象者

制度の対象となるのは、①一般就労等を希望し、知識・能力の向上、実習、職場探し等を通じ、適性に合った職場への就労等が見込まれる障害者[10]、または、②通常の事業所に雇用されているが、当該事業所での就労に必要な知識・能力の向上のための支援を一時的に必要とする障害者である。当初、対象者は①「就労を希望する障害者」のみであったが、企業で働き始める際や病気

▶9　第138回障害者部会（2023（令和5）年11月20日）参考資料2「第38回障害福祉サービス等報酬改定検討チーム資料」7～8頁。年齢階層別に利用者の分布をみると、18歳以上20歳未満が9.4％、20代が40.8％と、30歳未満の利用者が全体の5割を占めている（30代22.2％、40代15.7％）。年度による変動は小さい（同資料9頁）。また、障害種別でみると、身体障害者が6.3％、知的障害者が23.6％、精神障害者が69.5％となっており、精神障害者の利用割合が年々増加している（同資料10頁）。いずれも2022（令和4）年12月の状況である。
▶10　当初は65歳未満の障害者を対象としていたが、2018（平成30）年4月以降は65歳以上であっても、65歳に達する前5年間引き続き障害福祉サービスに係る支給決定を受けていたものであって、65歳に達する前日において就労移行支援に係る支給決定を受けていたものについては、サービスの利用が可能となった（施行規則6条の9）。

休職等からの復職に際して就労系障害福祉サービスを利用することが効果的であるとして、2022（令和4）年総合支援法改正により、②が対象に加えられた（5条14項。2024（令和6）年4月1日施行）▶11。

これにより、就労移行支援（または就労継続支援）を利用中の障害者が一般企業に雇用されて働くことや、その逆（一般企業に雇用されている障害者が就労移行支援や就労継続支援を利用すること）が可能となった（以下、「同時利用」という）▶12。ただし、同時利用が認められるのは、「通常の事業所に新たに雇用された後に労働時間を延長しようとする場合」と「休職から復職しようとする場合」に限られる（施行規則6条の7の2第1号・2号）。すなわち、現に雇用されている障害者のうち、企業等で働き始めた際に労働時間を段階的に増やしていく場合と、休職から復職を目指す場合に、就労移行支援を一時的に利用できる▶13。

なお、「就労移行支援の利用を経て、企業等での所定労働時間が概ね週10時間未満であることを目安として一般就労し、就労移行支援事業所で引き続き訓練を受けながら働くことが、勤務時間や労働日数を増やすことにつながる場合や、新たな職種への就職を希望しており、就労移行支援の利用が必要であると判断された者」も、同時利用の対象者となる（同時利用通知第1・(1)②ウa）▶14。

(3) サービス内容

就労移行支援では、「生産活動その他の活動の機会の提供を通じて、就労に必要な知識及び能力の向上のために必要な訓練その他の主務省令で定める便宜」が提供される（5条14項）。

具体的には、①生産活動、職場体験等の活動の機会の提供その他の就労に必要な知識および能力の向上のために必要な訓練、②求職活動に関する支援、③

▶11　就労継続支援についても、同様に対象者の拡大がはかられている（➡本章Ⅰ3(2)）。
▶12　同時利用の制度の詳細や課題の検討については、若林功ほか「特集・企業等で雇用されている間における就労系障害福祉サービスの一時利用」職業リハビリテーション37巻2号（2024年）17～61頁参照。
▶13　同時利用の利用条件等については、「就労移行支援事業、就労継続支援事業（A型、B型）における留意事項について」（平成19年4月2日障障発0402001号障害福祉課長通知、最終改正令和6年3月29日）（以下、「同時利用通知」という）に定められている。
▶14　これらの者については、2022（令和4）年総合支援法改正前から例外的に就労移行支援との同時利用が認められており、同改正により対象が拡大したわけではない。

その適性に応じた職場の開拓、④就職後における職場への定着のために必要な相談等の支援が行われる（施行規則6条の9）。

①の生産活動を通じて得られた収入は、生産活動に従事した利用者に工賃として支払われなければならない（指定基準85条・184条）。④は、就労移行支援を利用していた障害者が一般就労に移行した後に、就労移行支援事業者が引き続き職場定着のための支援を行うものである。就労移行支援事業者は、障害者就業・生活支援センター等と連携して、障害者が就職した日から6か月以上支援を行わなければならない（指定基準182条1項）▶15。

標準的な利用期間は「2年」とされる（施行規則6条の8）。ただし、市町村審査会の個別審査において、期間の延長により就職の見込みがあるとして必要性が認められた場合に限り、最大1年間の更新が可能である。

3 就労継続支援（5条15項）

(1) 概　要

「就労継続支援」は、一般就労が難しい障害者等を対象に、就労や生産活動の機会の提供を通して、障害者の知識や能力の向上のために必要な訓練等を行うサービスである。総合支援法上は、「通常の事業所に雇用されることが困難な障害者及び通常の事業所に雇用されている障害者であって主務省令で定める事由により当該事業所での就労に必要な知識及び能力の向上のための支援を一時的に必要とするものにつき、就労の機会を提供するとともに、生産活動その他の活動の機会の提供を通じて、その知識及び能力の向上のために必要な訓練その他の主務省令で定める便宜を供与することをいう」と定義される（5条15項）。

就労継続支援にはA型とB型があり、A型は事業所と障害者とが雇用契約

▶15　就職後の最初の6か月間は、就職前に利用していた就労系障害福祉サービス事業者が定着支援を行い、その後、就労定着支援事業者が定着支援を引き継ぐ形をとる（→本章Ⅰ4）。障害者が就労定着支援の利用を希望する場合には、就労移行支援事業者は、当該障害者が就労定着支援を受けられるよう、就労定着支援事業者との連絡調整を行わなければならない（指定基準182条2項）。

を締結するのに対し、B型は雇用契約を締結しないものとされており、その点では大きな違いを有する（施行規則6条の10）。

2004（平成16）年の「改革のグラインドデザイン案」では、従来の授産施設と福祉工場等を「就労移行支援」と「要支援障害者雇用（就労継続支援）」に再編する案が示された。後者の「要支援障害者雇用」は、障害者と事業所との間で雇用契約を締結することを前提とするものであり、この段階では、雇用契約を締結しないB型は想定されていなかった[16]。しかし、その後の議論において、授産施設の利用者等の受け皿が問題となり、就労継続支援の中に雇用型（A型）と非雇用型（B型）を設けることとなった[17]。

A型について、事業所数は制度導入以降2017（平成29）年頃まで急激に増加したが、その後横ばいとなり、2021（令和3）年頃から微増し、2023（令和5）年5月の事業所数は4415事業所であった。同月の利用者数は8万5421人であり、制度導入以降増え続けていた[18]。平均賃金は2006（平成18）年度の11万3077円からほぼ下がり続け、2014（平成26）年度に6万6412円となったが、それ以降は徐々に増加し、2022（令和4）年度は8万3551円であった[19]。

B型の事業所数は制度導入後増加し続けており、2023（令和5）年5月の事業所数は1万6295事業所であった。利用者数も増え続けており、同月の利用者数は31万9116人であった[20]。制度導入直後の2006（平成18）年度には

[16] 障害特性や年齢等により一般就労が困難な障害者については、生活福祉事業において、何らかの創作活動や一定の工賃を得ることのできる活動等の支援プログラムを提供することが提案されていた。これは、現行制度の「生活介護」（→本章Ⅱ1）に近いものと考えられる。

[17] 第24回障害者部会（2005（平成17）年1月25日）議事録。厚生労働省障害福祉課長から「非雇用型の就労継続事業を検討して」いるとの発言がある。

[18] 第138回障害者部会（2023（令和5）年11月20日）参考資料2「第38回障害福祉サービス等報酬改定検討チーム資料」22～23頁。年齢階層別では各年代が満遍なく利用しているが、40歳以上の利用者が徐々に増え、2022（令和4）年12月時点で55.7％となっている（同資料24頁）。障害種別でみると、2022（令和4）年12月時点では、身体障害者15.4％、知的障害者33.9％、精神障害者49.7％であり、精神障害者の利用割合が増加傾向にある（同資料25頁）。

[19] 同資料26頁。

[20] 同資料45～46頁。年齢階層別でみると、20代から50代までの各年代が満遍なく利用しており、近年は60歳以上（特に65歳以上）の利用者の割合が増加している（同資料47頁）。障害種別でみると、2022（令和4）年12月時点では、身体障害者11.9％、知的障害者48.2％、精神障害者39.6％となっている。知的障害者の割合が最も多いが、精神障害者割合が増加傾向にある

1万2222円であった平均工賃は徐々に増加し、コロナ禍における一時的な減少があったものの、2022（令和4）年度には1万7031円となっている[21]。

事業所数や利用者数の推移はおおむね上記の傾向であったが、2024（令和6）年の報酬改定の影響を受け（➡本章Ⅰ5（4））、A型事業所の経営が困難となり、A型事業所を閉鎖したりA型からB型事業所へ移行（変更）する動きがみられている。実際に、A型事業所数および利用者数は、2024（令和6）年3月の4634事業所・9万106人から同年7月には4472事業所・8万7262人に減少した。一方、B型事業所数および利用者数は、同時期について、1万7295事業所・35万2862人から1万7820事業所・36万8915人に増加している[22]。

（2）対象者

就労継続支援の対象者は「通常の事業所に雇用されることが困難な障害者」に限られていた。しかし、就労移行支援と同様に、現に雇用されている障害者に就労継続支援の利用を認めることが、職場定着や労働時間延長に資するとして、2022（令和4）年総合支援法改正により、①「通常の事業所に雇用されることが困難な障害者」に加え、②「通常の事業所に雇用されている障害者であって主務省令で定める事由により当該事業所での就労に必要な知識及び能力の向上のための支援を一時的に必要とするもの」についても、制度の対象とされることとなった（5条15項）。このような同時利用が認められるのは、「通常の事業所に新たに雇用された後に労働時間を延長しようとする場合」と「休職から復職しようとする場合」であり（施行規則6条の9の2第1号・2号）、就労移行

（同資料48頁）。

[21] 2022（令和4）年のA型における賃金額およびB型における工賃額は、第140回障害者部会（2024（令和6）年3月5日）参考資料3「障害者就労に係る最近の動向について」3頁、5頁を参照した。

[22] 第143回障害者部会（2024（令和6）年11月14日）資料3「就労継続支援A型の状況について」4～5頁。ハローワークが2024（令和6）年3月から7月までに解雇届により把握した障害者の解雇者数（速報値）の合計数は4884件であり、このうちA型利用者が4279件であった（同資料7頁）。このことからもA型利用者の解雇事例が多いことがわかる。なお、障害者を解雇する場合、事業主は公共職業安定所長（ハローワーク所長）に解雇届を提出しなければならない（促進法81条1項）。

支援と基本的に同一である（➡本章１２（２））。これらに加え、「企業等での所定労働時間が概ね週10時間未満であることを目安として、非常勤のような形態で一般就労している利用者」は、「通常の事業所に雇用されることが困難な障害者」であるとして、就労継続支援との同時利用の対象者となる[23]。

　Ａ型の対象者である「通常の事業所に雇用されることが困難な障害者であって雇用契約に基づく就労が可能であるもの」（施行規則６条の10第１号）とは、㋑移行支援事業を利用したが、企業等の雇用に結びつかなかった者、㋺特別支援学校を卒業して就職活動を行ったが、企業等の雇用に結びつかなかった者、㋩就労経験のある者で、現に雇用関係の状態にない者等が想定されている。

　一方、Ｂ型の「通常の事業所に雇用されることが困難な障害者であって雇用契約に基づく就労が困難であるもの」（施行規則６条の10第２号）とは、㋑就労経験がある者であって、年齢や体力の面で一般企業に雇用されることが困難となった者、㋺50歳に達している者または障害基礎年金１級受給者、㋩　㋑および㋺に該当しない者で、就労移行支援事業所等によるアセスメントにより、就労面に係る課題等の把握が行われている者等が想定される[24]。

　なお、上述したように、Ａ型・Ｂ型ともに、「通常の事業所に新たに雇用された後に労働時間を延長しようとする場合」と「休職から復職しようとする場合」に限り、通常の事業所に雇用されている障害者も、制度の対象となる。

（3）サービス内容

　就労継続支援では、「就労の機会」や「生産活動その他の活動の機会の提供を通じ」た「知識及び能力の向上のために必要な訓練」が行われる（５条15項）。また、就労継続支援を利用していた障害者が一般就労に移行した場合について、障害者が就職した日から６か月以上、職場定着のための支援を行うことが就労継続支援事業者の努力義務とされている（Ａ型について指定基準195条、

---

[23] 同時利用通知第１・（２）②ウａ。なお、おおむね週10時間未満であることを目安としているのは、促進法の2022（令和４）年改正により、週所定労働時間10時間以上20時間未満の精神障害者、重度身体障害者および重度知的障害者を、事業主が雇用した場合に、雇用率において算定できるようになることを踏まえたものであるとされる（同通知第１・（２）②ウｂ）。

[24] 就労選択支援導入後は、就労選択支援事業所による就労アセスメントを受けたうえで、障害者にとって適切な就労支援サービスが選択されることになる。

B型について指定基準206条）。

　A型・B型ともに、利用期間の制限はない。

（a）A　　型　　A型では、事業所への通所により、「雇用契約に基づく」就労の機会を提供するとともに、一般就労に必要な知識、能力が高まった者について、一般就労への移行に向けて支援等が行われる。

　A型事業者は、利用者と雇用契約を締結しなければならない（指定基準190条1項参照）。A型事業者および利用者は労働関係法令の適用を受ける。そのため、たとえば、常時10人以上の労働者を雇用する事業者は就業規則の作成義務を負う（労基法89条）。また、A型事業者は利用者に対し最低賃金以上の賃金を支払わなくてはならない（最低賃金法4条1項）。A型事業者は、生産活動に係る事業の収入から生産活動に係る事業に必要な経費を控除した額に相当する金額が、利用者に支払う賃金の総額以上となるようにしなければならなないとされており（指定基準192条2項）、自立支援給付を障害者に対する賃金支払いに充てることは原則として許されていない（➡本章Ｉ5(3)(a)）。

（b）B　　型　　B型では、事業所への通所により、雇用契約を締結することなく、就労や生産活動の機会を提供するとともに、一般就労に必要な知識、能力が高まった者は、一般就労等への移行に向けて支援が行われる。

　B型は、「雇用契約に基づく就労が困難であるもの」に対して行われるものであるため（施行規則6条の10第2号）、事業者と利用者は雇用契約を締結しておらず、労働関係法令の適用もないものと考えられている。しかし、B型利用者であっても、使用者の指揮命令を受けて働いており労働の対償として報酬を得ている場合には、労基法の「労働者」に該当し、労働関係法令の適用を受ける（労基法9条）。この点に関し、厚生労働省が発出している「就労継続支援事業利用者の労働者性に関する留意事項について」（平成18年障発1002003号）に留意する必要がある（➡本章コラム7）▶25。

　B型事業者は、利用者に、生産活動に係る事業の収入から生産活動に係る事業に必要な経費を控除した額に相当する金額を工賃として支払わなければなら

▶25　B型利用者の労働者性判断や就労条件保障について検討したものとして、長谷川珠子「障害者の雇用・就労における労働関係法令の適用」労働134号（2021年）172頁以下。

ず（指定基準201条1項）、1月あたりの工賃の平均額は、3000円を下回ってはならない（同条2項）。

（4）実施主体

A型事業者が社会福祉法人以外の者である場合は、当該A型事業者は専ら社会福祉事業を行う者でなければならない（指定基準189条1項）。また、特例子会社はA型事業者となることができない（同条2項）。

コラム…7
▶▶労働者とは？

　法律の条文で「労働者」という用語が使われ、その法律が適用されるか否かを決める重要な概念となっていることがある。そして日常会話上は「労働者」に思える人でも、その法律上の「労働者」でない者であれば適用できないことがあるので、要注意である▶26。

　この「労働者」の範囲は、法律によって異なることがある。ただし共通して、労働者か否かは、契約形式（名目）や当事者の合意内容ではなく、就労の実態が決め手となる。

　労働法に属する法律は、大きく分けて、①個別的労働関係法（労基法、労契法、労災保険法、最低賃金法等の、個別の労働契約における労働条件等を規制する法分野）、②集団的労働関係法（労組法、労働関係調整法等の、主に労働組合の活動保護を規定する法分野）、③労働市場法（職業安定法、労働者派遣法等の、労働市場の規制に関する法分野）の3分野に分けられる。各分野では、「労働者」の範囲が異なっている。以下では特に、①②の労働者の概念の相違について簡単にみてみよう。

1　個別的労働関係法上の労働者

　①の法律での「労働者」は、「個別的労働関係法上の労働者」とも呼ばれている。この「労働者」は、雇用契約（労働契約とほぼ同義▶27）を締結した当事者のうち、労務を提供する者を指す。

　個別的労働関係法上の労働者は「使用されて労働する」「賃金を支払われる」という要件を満たす必要がある（民法

▶26　ただし、民法や労働契約法など「類推適用」が可能なものもある。
▶27　「雇用契約」と「労働契約」とは、（学説によっては、異なるとする見解もあるが）基本的には同一のものであり、「使用されて労働すること」「賃金を支払うこと」を両当事者が合意する契約であると考えられている。

623条、労契法2条1項、6条、労基法9条）。このうち、「使用されて」労働するとは、一般には、使用者の指揮監督を受けて労働することだと解されていて、①仕事の依頼・業務従事の指示等に対する諾否の自由の有無、②業務遂行上の指揮監督の有無、③勤務場所および勤務時間等の拘束性の有無、④代替性の有無（本人に代わって他の者が労務を提供することが認められているか否か等）を考慮して判断するという立場がおおむね確立している▶28。これらの要素は、労働者が自分の裁量（自己判断）ではなく、他人の命令を受けて働いている＝「使用されて」いるか否かを示している。

使用されて「労働」するのかどうか、という点について、たとえば、「実習」「訓練」「教育」と区別の必要がある場合がある。この点、実習や訓練で従事する作業が生産活動とはいえず、利益を生むものでなく、見学や体験的なものである場合には、使用されて「労働」しているとはいえない▶29。これに対し、実習や訓練であって技量を向上させる目的があったとしても、従事している活動が生産活動であって、利益が発生し、それが事業場に帰属する場合には、「労働」であることと矛盾せず、それが事業場等（作業場、病院等）の指揮命令下で行われていたら、労働者性を認める余地がある▶30。

「賃金を支払われ」ているかという点について、まず報酬が支払われているか、支払われているとしても結果ではなく、提供した労働自体に報酬が支払われているか否かが問題となる。報酬が支払われていない場合には、委任契約やボランティアの可能性があり、結果のみを目的に報酬を支払う契約で指揮監督もない場合には、請負契約の可能性が高いということになる。時間給や日給などであれば賃金性が高く、労働者性が高いということになるが、成果給や出来高給であっても、労働者性が完全に否定されるわけではない。ただ、まったく賃金を支払わない、という場合は、ボランティアとして扱われよう（「労働者」ではない）。

「使用」「賃金」だけで判断できるとは限らないので、裁判例では、両当事者の認識や契約の内容やその他の実態も考慮されている。たとえば、支払われる報酬の額（一般の社員より報酬額が大きいと労働者性は低い）、業務用機材等機械・器具の負担関係（自己負担なら労働者性は低い）、専属性の程度（専属的に働いているなら労働者性は高い）、使用者の服務規律の適用の有無（適用されているなら労働者性は高い）、公租などの公的負担関係（所得税や社会保険料の源泉徴収が行われていれば労働者性が高い）、その他諸般の事情が考慮される。

▶28　労働省労働基準局『令和3年版労働基準法 上』（労務行政・2022年）140頁。一般論は示されていないが、判例（最一小判平成8年11月28日労判714号14頁［横浜労基署長（旭紙業）事件］、最一小判平成19年6月28日労判940号11頁［藤沢労基署長事件］等）でも、おおむねここに挙げた考慮要素が判断に用いられている。
▶29　「インターンシップにおける学生の労働者性」（平成9年9月18日基発636号）。
▶30　たとえば、最二小判平成17年6月3日民集59巻5号938頁［関西医科大学（未払賃金）事件］。

労働者かどうかは、就労継続支援の利用者についても問題となる。A型は、「通常の事業所に雇用されることが困難な障害者であって雇用契約に基づく就労が可能であるもの」に対して行われるサービスであり（総合支援法施行規則6条の10第1号）、事業者と利用者との間で雇用契約が締結されるため、A型利用者は個別的労働関係法上、労働者として扱われる▶31。これに対し、B型は「……雇用契約に基づく就労が困難であるもの」を対象とするサービスであるため（同条2号）、事業者と利用者は雇用契約を締結しておらず、労働法上も労働者ではないと考えられている。しかし、B型利用者であっても、「使用されて労働」し、「賃金を支払われ」ている場合には、労基法の「労働者」に該当し、個別的労働関係法の適用を受ける（労基法9条）。この点に関し、厚生労働省が発出している「就労継続支援事業利用者の労働者性に関する留意事項について」（平成18年障障発1002003号）によれば、①利用者の出欠、作業時間、作業量等が利用者の自由であること、②各障害者の作業量が予約された日に完成されなかった場合にも、工賃の減額、作業員の割当の停止、資格剥奪等の制裁を課さないものであること、③生産活動において実施する支援は、作業に対する技術的指導に限られ、指揮監督に関するものは行わないこと、④利用者の技能に応じて工賃の差別が設けられていないことの4点に留意するようB型事業所に求めている。したがって、時間管理や技術指導以外の指揮監督がなされたり（①・③）、作業量が未達成の場合に工賃減額などの制裁があったり（②）、技能に応じた工賃差別がなされたり（④）した場合には、個別労働関係法上は労働者となり、最低賃金法など各種の規制の適用を受ける可能性が高まる▶32。

2　集団的労働関係法上の労働者

集団的労働関係法上の労働者とは、「職業の種類を問わず、賃金、給料その他これに準ずる収入によつて生活する者」である（労組法3条）。この「労働者」については、「使用されて」いることは要件となっていない。前述の個別的労働関係法が、自己判断で危険を避けることができない「使用されて労働する」

▶31　なお、A型利用者の中にも、事業者と雇用契約を締結しないで働く者（雇用無）がおり、この場合はB型利用者と同様の問題が生じる。

▶32　B型利用者に支払われる工賃が、消費税法上の課税仕入れに係る支払対価（消費税法30条1項）に該当するか争われた事件で、裁判所は、「就労継続支援事業利用者の労働者性に関する留意事項について」にも触れたうえで、工賃の性質について以下のように述べている。B型事業者（原告）は、障害福祉サービスの一環として利用者に対して「工賃支払を含む生産活動の機会を提供しているのであって、本件工賃は生産活動による成果物の販売代金に転嫁可能な程度に生産活動への従事と結びついているとはいえないから、本件工賃の支払が利用者による役務の提供に対する反対給付であるとは認められず、本件工賃の支払は、生産活動への従事に伴う役務の提供を受けたことに対応しているとはいえない」。結論として、裁判所は原告の請求を棄却した（名古屋地判令和6年7月18日裁判所ウェブサイト［通知処分取消請求事件］）。

者を守るための法律であるのに対し、集団的労働関係法は、「会社や工場などの集団の一員として働く者」で、交渉力の点で劣位にある者に、労働組合という「集団」を作らせ、団体交渉という手段で良好な労働条件を獲得させるための法律であるからである。そのため、この集団的労働関係法上の労働者は、「請負契約」「委任契約」等で働いている者を含みうる。

この集団的労働関係法上の労働者性は、①事業組織への組入れ（契約目的、質量、表示、専属性）、②契約内容の一方的・定型的決定（個別交渉の有無、定型的契約様式等）、③報酬の労務対価性を主な判断要素として判断され、そして補充的判断要素として④業務の依頼に応ずべき関係（諾否の自由）、⑤広義の指揮監督下の労務提供・時間的場所的拘束の有無により判断される。ただし、「顕著な事業者性」（才覚による利得の機会、他者の労働力の利用などから判断される）があれば、労働者性は否定される。①②の考慮要素からみるように、「集団の一員」であり、「会社等の組織に対し、交渉力が弱い一個人である」が、労働組合を結成させれば交渉力を高めることができる者には、労働者性を広く認めることができる。その意味では、B型利用者も、労組法上の労働者に該当する可能性は非常に高い。

4 就労定着支援（5条16項）

(1) 概　　要

「就労定着支援」は、福祉的就労等から一般就労に移行した障害者であって、就労に伴う環境変化により生活面の課題が生じている者を対象に、当該障害者が新たに雇用された事業所での就労の継続をはかることを目的に、3年を限度として、必要な支援を行うものである。総合支援法上は、「就労に向けた支援として主務省令で定めるものを受けて通常の事業所に新たに雇用された障害者につき、主務省令で定める期間にわたり、当該事業所での就労の継続を図るために必要な当該事業所の事業主、障害福祉サービス事業を行う者、医療機関その他の者との連絡調整その他の主務省令で定める便宜を供与することをいう」と定義される（5条16項）。

障害者自立支援法の制定後、就労移行支援や就労継続支援を利用し、一般就労に移行する障害者が増えたが[33]、一方で、障害者の職場定着は低調にとど

▶33　就労系障害福祉サービスから一般就労への移行者数は、障害者自立支援法施行直後の2006

まり、課題として認識されるようになっていった。そこで2016（平成28）年の総合支援法改正により、障害者の職場定着に向けた支援を行う「就労定着支援」が新たに創設された（2018（平成30）年4月施行）。

　2018（平成30）年の制度創設以降、事業所数および利用者数は毎年増加しており、2023（令和5）年5月の事業所数は1538事業所、利用者数は8万5421人であった[34]。

（2）対象者

　就労定着支援の対象者は、「就労に向けた支援として主務省令で定めるものを受けて通常の事業所に新たに雇用された障害者」とされる（5条16項）。「主務省令で定めるもの」とは、「生活介護」、「自立訓練」、「就労移行支援」および「就労継続支援」をいう（施行規則6条の10の2）。つまり、生活介護、自立訓練（機能訓練・生活訓練）、就労移行支援、または、就労継続支援（A型・B型）を利用して、一般企業等に新たに雇用された者が対象であるため、特別支援学校から直接一般企業に就職した者や、列挙されたもの以外の障害福祉サービス（たとえば、就労選択支援や自立生活援助）の利用を経て就職に至った者等は、就労定着支援を利用することはできない。

　また、就労定着支援の対象は、一般企業等に就職後6か月を経過した者である。就職後最初の6か月間の職場定着支援については、従前のサービス提供事業者の義務または努力義務となっている[35]。

（3）サービス内容

　就労定着支援における具体的なサービス内容は、①就労の継続をはかるため

　　（平成18）年の2460人から2016（平成28）年には1万3517人と約5.5倍に増加した。
- [34]　第138回障害者部会（2023（令和5）年11月20日）参考資料2「第38回障害福祉サービス等報酬改定検討チーム資料」62〜63頁。年齢階層別でみると、20代の利用者数が4割強を占めており、制度創設以降大きな変化はない（同資料64頁）。障害種別でみると、2022（令和4）年12月時点では、身体障害者5.5％、知的障害者30.0％、精神障害者64.3％であり、精神障害者の利用割合が増加傾向にある（同資料65頁）。
- [35]　就職後6か月以上の職場定着支援は、就労移行支援事業者については義務であるが（指定基準182条1項）、生活介護、自立訓練または就労継続支援を行う事業者の職場定着支援は努力義務とされている（指定基準85条の2第1項・162条・171条・182条1項・195条・202条）。

第3章　給付内容：訓練等給付を中心に ―― **169**

に、障害者を雇用した事業主、障害福祉サービス事業者（就労移行支援事業者、就労継続支援事業者等）、医療機関、その他の者（障害者就業・生活支援センター、社会福祉協議会等）との連絡調整を行うこと、②障害者が雇用されることに伴い生じる日常生活または社会生活を営むうえでの問題に関する相談、指導および助言その他の必要な支援を行うことである（5条16項、施行規則6条の10の4）。

利用期間は、従前のサービス提供事業者（就労移行支援事業者等）による職場定着支援の期間（原則6か月）終了後、原則として「3年」とされる（施行規則6条の10の3）。

(4) 実施主体

就労定着支援事業者は、障害福祉サービス事業者であって、過去3年間において当該事業者の事業所の3人以上の利用者が、新たに通常の事業所に雇用されたもの、または、障害者就業・生活支援センターでなければならない（指定基準206条の7）▶36。

5 報酬体系

(1) 概　　要

支給決定を受けた障害者（支給決定障害者）が、指定を受けた事業者（指定障害福祉サービス事業者または指定障害者支援施設）から障害福祉サービスを受けたときは、市町村は、当該障害者に対し、介護給付費または訓練等給付費を支給する（29条1項）。ただし、市町村は、当該障害者に代わり、介護給付費または訓練等給付費を障害福祉サービス事業者等に支払うことができ（同条4項）、この支払いがあった時は、当該障害者に対する介護給付費または訓練等給付費の支給があったものとみなされる（同条5項）。このように、総合支援法29条1項は障害福祉サービスを受けた障害者に対し、その費用を支給する（現金給付）ことを定めるが、ほとんどの場合は、同条4項および5項に基づいて、市町村か

▶36　2024（令和6）年指定基準改正により、障害者就業・生活支援センターが実施主体に追加された。

ら障害福祉サービス事業者等に介護給付費や訓練等給付費が支払われる▶37。

　障害福祉サービスに通常要する費用（以下、「福祉報酬」という）の額は、サービスの種類ごとに設定される基準（点数）等により決まる▶38。すなわち、「障害者の日常生活及び社会生活を総合的に支援するための法律に基づく指定障害福祉サービス等及び基準該当障害福祉サービスに要する費用の額の算定に関する基準」（平成18年厚生労働省告示523号。以下、「報酬算定基準」という）別表の「介護給付費等単位数表」により算出された単位に、「こども家庭庁長官及び厚生労働大臣が定める1単位の単価並びに厚生労働大臣が定める1単位の単価」▶39（同年厚生労働省告示539号）を乗じた額が、福祉報酬となる。

　報酬算定基準はサービスの種類別に定められているが、基本構造は同じである。すなわち、利用定員と実績等に基づき設定される単位数（基本報酬）を基礎としつつ、「減算項目」▶40に当てはまる場合は基本報酬を減算し、これに「加算項目」▶41として設定されている単位数を足して、単位数が算出される。この単位数に上述の「単価」を乗じることで、障害福祉サービス事業者等に支

▶37　このような支払い方法のことを「代理受領方式」と呼ぶ。

▶38　福祉報酬から利用者負担分を控除した額が介護給付費や訓練等給付費となる（29条3項）。利用者負担は「応能負担」となっており、所得に応じた上限額が設定されている（同項2号）。負担上限月額は、生活保護世帯と市町村民税非課税世帯は0円、市町村民税課税世帯（所得割16万円未満）は9300円、それ以外は3万7200円である（施行令17条）。福祉報酬額の1割相当の額が負担上限月額よりも低い場合には、1割相当の額を利用者が負担する。

▶39　1単位の単価は、障害福祉サービスの種類と地域（一級地〜七級地、その他）により決められている。単価は一級地が最も高く、徐々に下がり、もっとも低い「その他」についてはすべてのサービスが1単位10円とされている。たとえば、「就労継続支援（A型・B型）」の1単位の単価（2024（令和6）年4月1日時点）は、一級地11.14、五級地10.57円、その他10円である。「一級地」は東京都特別区、「二級地」は神奈川県横浜市、大阪府大阪市等、「三級地」は埼玉県さいたま市、神奈川県厚木市、愛知県名古屋市等、「四級地」は千葉県船橋市、神奈川県相模原市、兵庫県神戸市等、「五級地」は茨城県水戸市、大阪府堺市、福岡県福岡市等、「六級地」は宮城県仙台市、栃木県宇都宮市、静岡県静岡市等、「七級地」は北海道札幌市、新潟県新潟市、岡山県岡山市等であり、一級地から七級地まで以外の地域が「その他」に分類される。

▶40　給付内容により若干の違いがあるが、利用者数が定員を一定数以上超過した場合の「定員超過利用減算」、指定基準に定める人員基準を満たしていない場合の「サービス提供職員欠如減算」・「サービス管理責任者欠如減算」、および個別支援計画が作成されずにサービス提供が行われていた場合の「個別支援計画未作成減算」等がある。

▶41　就労移行支援および就労継続支援に共通の加算項目としては、福祉専門職（社会福祉士、介護福祉士、精神保健福祉士、作業療法士または公認心理師）が一定割合以上雇用されている場合の「福祉専門職員配置等加算」、看護職員が事業所を訪問して利用者に対して看護を行った場合等の

払われる福祉報酬額が決まる。したがって、単位数の多寡は、サービス提供事業者の経営に大きく影響する。

　障害者や事業者を取り巻く状況の変化に対応するため、報酬算定基準は3年に一度改定される▶42。後述するように近年は、一般就労移行や工賃・賃金上昇等の実績を重視する傾向が強くなっている。以下では、直近の改定である2024（令和6）年度の内容を踏まえ、基本的な点を紹介する。

（2）就労選択支援

　従来の制度のもとで、就労移行支援事業所がB型利用希望者に就労アセスメントを行った場合の基本報酬は、日額報酬として定められている。これにならい、就労選択支援の基本報酬も、サービス提供日に応じた日額報酬（1210単位／日）とされることが予定されている。なお、就労選択支援を行う事業所が特定の事業所のサービス（自法人が運営する就労系障害福祉サービス等）に利用者（障害者）を誘導するなど、中立性を欠くことがないよう、特定の事業所に利用が集中している場合に減算する報酬体系がとられる▶43。

（3）就労移行支援

　就労移行支援は、①利用定員規模と②就職後の定着率に応じて単位数が設定されている▶44。2018（平成30）年の福祉報酬改定により、①利用定員規模に加え、②利用者が一般企業等に就職後6か月以上定着した割合が高いほど高い基本報酬となる仕組みが導入された。①利用定員は5段階▶45あり、定員数が少

　「医療連携体制加算」、継続して利用する利用者が連続して5日間利用しなかった時に職員が居宅を訪問して相談援助を行った場合の「訪問支援特別加算」、居宅等と事業所との間の送迎を行った場合の「送迎加算」等が設定されている。
▶42　必要に応じて臨時の見直しが行われることがある。たとえば、職員の処遇改善のための臨時の報酬改定が2022（令和4）年に行われた。
▶43　具体的には、正当な理由なく、就労選択支援事業所において前6か月間に実施したアセスメントの結果を踏まえて利用者が利用した就労移行支援、就労継続支援A型または就労継続支援B型のそれぞれの提供総数のうち、同一の事業者によって提供されたものの占める割合が8割を超えている場合、200単位（月）が減額される（障害福祉サービス等報酬改定検討チーム「令和6年度障害福祉サービス等報酬改定における主な改正内容」（2024（令和6）年2月6日）33頁）。
▶44　あん摩マッサージ指圧師免許、はり師免許またはきゅう師免許を取得することにより就労を希望する者に、就労支援を行った場合には、別の単位数が設定されているが、本書では触れない。

ないほど単位数（基本報酬）が大きい（利用者一人の単価が高い）。②定着率については、定着率５割以上からゼロの場合まで７段階が設定されており、定着率が高いほど単位数（基本報酬）が大きくなるよう設定されている（報酬算定基準別表第12の１イ）。

　就労移行の促進に特に関連する主な加算には、施設外支援の実績が一定程度ある事業所において職場実習や求職活動等について職員が同行して支援を行った場合の「移行準備支援体制加算」、サービス管理責任者が支援計画等の内容および実施状況について説明を行うとともに、関係者に対して、専門的な見地から意見を求め、支援計画等の作成・変更等について検討を行った場合の「地域連携会議実施加算」等がある。

(4) 就労継続支援

(a) A 型　　就労継続支援Ａ型の福祉報酬は、①利用定員規模、②人員配置、および、③評価点の３点に基づき設定されている。

　①利用定員は、就労移行支援と同様に定員別に５段階が設定され、定員数が少ないほど単位数（基本報酬）が大きい。②人員配置については、手厚い就労支援体制がとられている場合[46]（報酬算定基準別表第13の１イ）と、それ以外（同ロ）とで、異なる単位表が設定されており、前者の方が１割程度単位数が大きい。

　③評価点は「スコア方式」と呼ばれ、2021（令和３）年の報酬改定により導入された。その際、「労働時間」、「生産活動」、「多様な働き方」、「支援力向上」および「地域連携活動」の５項目が設定されていたが、2024（令和６）年改定により、「経営改善計画」と「利用者の知識及び能力向上」の２項目が追加され、同時に、各評価項目の得点配分の見直しが行われた[47]。

　「労働時間」とは、１日の平均労働時間により評価するもので、８段階の区

[45] 20人以下、21人以上40人以下、41人以上60人以下、61人以上80人以下、81人以上の５段階がある。
[46] 職業指導員および生活支援員の総数が常勤換算方法で7.5：1（利用者7.5人につき指導員・支援員の総数が１人）以上。
[47] 「厚生労働大臣の定める事項及び評価方法」（令和３年厚生労働省告示88号）、「厚生労働大臣が定める事項及び評価方法の留意事項について」（令和３年３月30日職発0330第５号、最終改正障発0329第41号（令和６年３月29日））。以下の説明についても同留意事項を参照した。

分が設定され、平均労働時間が長いほど点数が高くなる（5点～90点）[48]。「生産活動」とは、生産活動収支（過去3年間における生産活動収支の状況により評価）が賃金総額を上回った場合には加点し、下回った場合に減点するものであり、6段階の区分がある（－20点～60点）[49]。「多様な働き方」とは、利用者が多様な働き方を実現できる制度の整備状況により評価されるもので、3段階の区分がある（0点～15点）[50]。「支援力向上」は、職員のキャリアップの機会を組織として提供している等、支援力向上に係る取組実績により評価するものであり、3段階の区分がある（0点～15点）[51]。「地域連携活動」とは、地元企業と連携した高付加価値の商品を開発したり施設外就労等により働く場の確保を行う等、地域と連携した取組実績により評価するものである（0点～10点）[52]。

　上述したように、以下の2項目は、2024（令和6）年報酬改定により追加された。まず、「経営改善計画」とは、経営改善計画[53]未提出の事業所への対応として設けられたものであり、経営改善計画に基づく取組みを行っていない

[48] 1日の平均労働時間が7時間以上の場合は90点、6時間～7時間未満80点、5時間～6時間未満65点、4時間30分～5時間未満55点、4時間～4時間30分未満40点、3時間～4時間未満30点、2時間～3時間未満20点、2時間未満5点と、細かく点数が設定されている。

[49] 過去3年の生産活動収支がそれぞれ当該各年度に利用者に支払う賃金の総額以上の場合は60点と最も高く、総額を上回らない年度がある場合には点数が下がり、過去3年の生産活動収支がいずれも当該各年度に利用者に支払う賃金の総額未満の場合にはもっとも低いマイナス20点となる。

[50] ㋐免許や検定等の資格取得支援制度、㋑利用者から職員への登用制度、㋒在宅勤務制度、㋓フレックス勤務制度、㋔短時間勤務制度、㋕時差出勤制度、㋖時間単位の年休取得または計画年休制度、㋗傷病休暇制度の8項目について、就業規則その他これに準ずるものを作成し整備した場合、整備状況に応じそれぞれ1点で評価し、その合計点を算出する。そのうえで、合計点が5点以上の場合にスコアは15点、3点または4点の場合はスコアは5点、2点以下の場合スコアは0点となる。

[51] ㋐研修会への職員の参加状況、㋑職員が研修・学会・学会誌等において発表を行った実績、㋒先進事業者の視察・実習参加またはそれらの受け入れの有無、㋓生産活動収入を増やすための商談会等への参加実績、㋔人事評価制度の作成と周知、㋕障害者ピアサポート研修修了者の配置、㋖第3者評価の実施とその公表、㋗国際標準化機構の企画等の認証の8項目について、当該A型事業所における取組実績に応じてそれぞれ1点で評価し、その合計点を算出する。スコア点は、上述の多様な働き方と同じである。

[52] 地域連携活動の実施状況について、当該活動の内容および当該活動に対する関係事業者等の意見を記載した報告書を作成し、インターネット等で公表している場合、10点となる。

[53] A型事業所は、指定基準192条2項等により、「生産活動に係る事業の収入から生産活動に係る事業に必要な経費を控除した額に相当する金額が、利用者に支払う賃金の総額以上となるようにしなければならない」こととされ、当該基準を満たしていない場合、指定権者である自治体に「経

場合に減点（−50点）される。次に、「利用者の知識及び能力向上」は、一般就労への移行等を促すためのものであり、利用者が一般就労できるよう知識および能力の向上に向けた支援の取組みを行った場合に加点（10点）される[54]。これら7項目の点数を合算することにより、評価点が決まる。

（b）B型　　B型の福祉報酬は、①利用定員、②人員配置、および、③事業所の選択による報酬体系の3点によって設定されている。

①利用定員は、就労移行支援やA型と同様に、定員別に5段階の基本報酬が設定されており、定員数が少ないほど単位数（基本報酬）が大きい。②人員配置については、支援体制の手厚さ（利用者に対する支援者の割合）により3段階が設定されており、支援体制が手厚いほど単位数が大きい[55]。

③の事業所の選択による報酬体系とは、地域における多様な就労支援ニーズに対応する観点から、2021（令和3）年報酬改定により導入されたものであり、㋐「平均工賃月額に応じた報酬体系」[56]と㋑「利用者の就労や生産活動等への参加等をもって一律に評価する報酬体系」[57]の2種類があり、事業所ごとに選択をする。

たとえば、定員20人以下の事業所（支援者配置6：1）が、㋐平均工賃月額に応じた報酬体系を選んだ場合、平均工賃月額が4.5万円以上であれば837単位

　　営改善計画」を提出しなければならない。経営改善計画には、基準を満たすことができない理由と具体的改善策、現在の収入額と目標収入額、現在の経費と改善計画期間を通じて見込まれる経費、現在の収支と改善後の収支などを具体的に記載しなければならない。この経営改善計画が期日までに提出されていない場合、マイナス50点のスコアとなる。一方、指定期日までに提出した場合や提出を求められていない事業者は0点のスコアとなる。

[54] 利用者の知識・能力向上のための支援を実施し、当該支援の具体的な内容および利用者や連携先企業・事業所の意見等を記載した報告書を作成し、インターネット等により公表している場合に10点のスコアとなる。

[55] 職業指導員および生活支援員の総数が常勤換算方法で、6：1以上、7.5：1以上、10：1以上の3種類が設定されている（報酬算定基準別表第14の1）。多様な利用者への対応を行う事業所が、さらなる手厚い人員配置をできるよう、2024（令和6）年報酬改定により人員配置6：1以上の基準が新設された。

[56] 平均工賃月額1万円未満から4万5000円以上まで5000円刻みで7段階が設定されており、平均工賃月額が高いほど基本報酬の単位数が大きい。2024（令和6）年報酬改定により、平均工賃月額が高い区分の基本報酬の単価の引上げと低い区分の単価の引下げが行われた。

[57] 平均工賃月額に応じた報酬体系と比べ、単位数が小さく設定されている。2024（令和6）年報酬改定により、利用時間が4時間未満の利用者が全体の5割以上である場合、原則として基本報酬を7割に減額する規定が新設された。

／日であるが、1万円未満であれば590単位／日となる。一方、同様の事業所が①利用者の就労や生産活動等への参加等をもって一律に評価する報酬体系を選んだ場合は、一律に584単位／日となる。

　A型とB型に共通の加算項目として、当該事業所利用後一般就労に移行し6か月以上就労継続している者がいる場合の「就労移行支援体制加算」（就労継続している者の数を単位数に乗じる）、就労移行支援に移行した者について、連絡調整等を行うとともに、支援の状況等の情報を相談支援事業者に対して提供した場合の「就労移行連携加算」等がある。

（5）就労定着支援

　就労定着支援は、利用者数と就労定着率に応じた報酬体系がとられていたが、2024（令和6）年報酬改定により、就労定着率のみに応じた報酬体系となった。就労定着率は3割未満から9割5分以上の7段階が設定され、定着率が高いほど単位数が大きい▶58。

　地域の就労支援機関等とのケース会議にサービス管理責任者が参加した場合や、就労定着支援員が会議に参加し会議の前後にサービス管理責任者に情報を共有した場合の「地域連携会議実施加算」や、過去6年間の就労定着支援利用者の利用終了後の職場定着率が7割以上である場合の「就労定着実績体制加算」等がある。

II　生活支援・居住支援

　就労するためには、地域での生活を支える支援も必要となる。そこで以下では、まず、就労系サービスの利用の前段階にある障害者に訓練等を提供するものとして生活介護と自立訓練を紹介し、次いで、就労する障害者が地域で生活するために利用しうる居住に関する支援として、自立生活援助、共同生活援助、地域移行支援および地域定着支援を紹介する。

▶58　定着率が9割5分以上の場合は3512単位／月であるのに対し、3割未満の場合は1074単位／月となっている（報酬算定基準別表第14の21）。

1 生活介護（介護給付）（5条7項）

　「生活介護」とは、障害者支援施設等において、入浴、排せつおよび食事等の介護、洗濯および掃除の家事、生活等に関する相談・助言その他必要な日常生活上の支援のほか、創作的活動や生産活動の機会の提供その他身体機能または生活能力の向上のために必要な支援を、主として昼間に行うものである（5条7項、施行規則2条の6）。これは、「介護給付」に位置づけられる（28条1項6号）。
　その対象者は、障害者支援施設等において入浴、排せつおよび食事等の介護、創作的活動および生産活動の機会の提供等の支援を必要とする障害者であって、常時介護を要するものとされる（5条7項、施行規則2条の4）▶59。
　生産活動を通じて得られた収入は、利用者に工賃として支払われる▶60。生活介護は、介護が必要な障害者のための日中の居場所としての役割も担っている。生活介護で行われている生産活動等により就労能力を高め、就労継続支援や就労移行支援、あるいは、一般就労へと移行することも想定される▶61。

2 自立訓練（5条12項）

　「自立訓練」とは、障害者が自立した日常生活または社会生活を営むことができるよう、一定の期間について、障害者支援施設もしくはサービス事業所または障害者の居宅において、身体機能または生活能力の向上のために必要な訓練等を行うものである（5条12項）。自立訓練には、身体機能の向上のための「機能訓練」と、生活能力の向上のための「生活訓練」の2つの区分がある（施行規則6条の6・6条の7）▶62。

▶59　具体的には、①障害支援区分3（障害者支援施設等に入所する場合は区分4）以上の者、②年齢が50歳以上の場合は障害支援区分2（障害者支援施設等に入所する場合は区分3）以上の者等が対象となる（厚生労働省ウェブサイト：「障害福祉サービスについて」（https://www.mhlw.go.jp/stf/seisakunitsuite/bunya/hukushi_kaigo/shougaishahukushi/service/naiyou.html）。
▶60　生活介護事業者は、生産活動に従事している者に、生産活動に係る事業の収入から生産活動に係る事業に必要な経費を控除した額に相当する金額を工賃として支払わなければならない（指定基準85条）。
▶61　就労定着支援の対象者には、生活介護から一般就労に移行した者も含まれる（→本章Ⅰ4(2)）。
▶62　2018（平成30）年改正までは、機能訓練は身体障害者に、生活訓練は知的・精神障害者に対

「機能訓練」は、地域生活を営むうえで、身体機能・生活能力の維持・向上のために支援が必要な障害者を対象に、理学療法、作業療法その他必要なリハビリテーション、生活等に関する相談および助言その他の必要な支援が行われる（施行規則6条の7第1号）。一方、「生活訓練」は、地域生活を営むうえで、生活能力の維持・向上のために支援が必要な障害者が対象であり、入浴、排泄および食事等に関する自立した日常生活を行うために必要な訓練、生活等に関する相談および助言その他の必要な支援が行われる（同条2号）。

　利用期間は、機能訓練は1年6か月間（頸髄損傷による四肢麻痺等の場合は3年間。施行規則6条の6第1号）、生活訓練は2年間（長期間入院または入所していた者等の場合は3年間。同条2号）である。

3　自立生活援助（5条17項）

　「自立生活援助」とは、障害者支援施設やグループホームから退所した障害者が、地域での一人暮らしを始めた際などに、一定の期間について、地域生活への移行が順調に進むよう必要な支援を行うものである（5条17項）。地域生活の促進を目的として、2016（平成28）年の総合支援法改正により創設された（2018（平成30）年4月施行）。

　後述する「地域移行支援」と「地域定着支援」も、地域生活への移行に向けた支援であり、各支援は以下の役割分担が想定されている。施設等に入所している場合には、入所中に「地域移行支援」を利用して地域移行のための準備を行う。次に、一人暮らし等を始めた際には、「自立生活援助」により利用者宅への定期的な訪問等の手厚い支援が実施される。さらに、必要に応じて、「地域定着支援」により緊急時の対応が行われる[63]。

　自立生活援助の具体的な対象者は、①障害者支援施設やグループホーム、精神科病院等から地域での一人暮らしに移行した障害者で、理解力や生活力等に不安がある者、②現に一人暮らしをしており、自立生活援助による支援が必要

　　象が限定されていたが、現在はこのような限定はない。
[63]　障害者の状況に応じて、地域移行支援を受けて施設等を退所した後、自立生活援助を利用することなく、地域定着支援を利用する場合もある。

な者、③家族も障害があるなどして家族による支援が見込めないため、実質的に一人暮らしと同様の状況であり、自立生活援助による支援が必要な者である（施行規則6条の10の5参照）[64]。

利用期間は、原則1年間であり（施行規則6条の10の6）、自立生活援助事業所の従業者が、障害者の居宅に定期的に訪問したり、障害者からの申出を受けて訪問することで、当該障害者からの相談に対応し、居宅における自立した日常生活を営むうえでの課題を把握し、必要な情報の提供、助言、関係機関との連絡調整等を行う（施行規則6条の10の7）。

4 共同生活援助（グループホーム）（5条18項）

「共同生活援助」（グループホーム）とは、障害者が地域の中で、家庭的な雰囲気のもと、共同生活を営む住まいの場であり、その共同生活を営む場（共同生活住居）において、障害者に対し、相談、介護その他の日常生活上の援助が行われる（5条18項）。

具体的な利用者像は、①単身での生活は不安があるため、一定の支援を受けながら地域の中で暮らすことを希望する障害者、②一定の介護が必要であるが、施設ではなく地域の中で暮らすことを希望する障害者、③施設から地域生活に移行したいが、最初から単身生活には不安がある者等である[65]。

共同生活援助における支援内容は、主として夜間において、共同生活を営むべき住居における相談、入浴、排せつまたは食事の介護その他日常生活上の援助を実施することや、利用者の就労先や日中活動サービス等との連絡調整、余暇活動等の社会生活上の援助を実施することである。

介護が必要な者への対応の違いにより、「介護サービス包括型」（指定基準207条）、「日中サービス支援型」（指定基準213条の2）、「外部サービス利用型」（指定基準213条の12）がある。

共同生活住居は、住宅地または住宅地と同程度に利用者の家族や地域住民と

▶64　『障害者総合支援法 事業者ハンドブック 報酬編〔2023年版〕』（中央法規・2023年）607頁。
▶65　第40回障害福祉サービス等報酬改定検討チーム（2023（令和5）年10月23日）資料2「共同生活援助に係る報酬・基準について≪論点等≫」2頁。

の交流の機会が確保される地域に立地しなければならない（指定基準210条1項等）。入居定員は、原則として2人以上10人以下であるが、既存の建物を共同生活住居とする場合は、入居定員を2人以上20人（都道府県知事が特に必要があると認めるときは30人）以下とすることができる（同条4項等）。

5 地域移行支援（5条21項）

「地域移行支援」と「地域定着支援」は、訓練等給付や介護給付とは別の「地域相談支援」に含まれる（5条19項、6条）。2010（平成22）年の総合支援法改正により、補助金により実施されていた事業が個別給付化された。

地域移行支援は、障害者支援施設等に入所している障害者が、地域生活に移行する準備として利用するものである（5条21項）。それゆえ、対象者は、障害者支援施設や病院等に入所または入院している障害者であって、地域生活への移行のための支援が必要と認められる者とされる（施行規則6条の11の2）。サービス内容は、住居の確保その他の地域生活へ移行するための活動に関する相談、外出の際の同行、地域移行にあたっての障害福祉サービス（生活介護、自立訓練、就労移行支援および就労継続支援に限る）の体験的な利用支援、地域移行にあたっての体験的な宿泊支援等である（施行規則6条の12）。

6 地域定着支援（5条22項）

地域定着支援は、居宅において単身で生活している障害者等を対象に、常時の連絡体制を確保し、緊急時には必要な支援を行うものである（5条22項）。

居宅において単身で生活する障害者のほか、居宅において同居している家族等が障害等のため、緊急時の支援が見込まれない状況にある障害者も、地域生活の継続のために支援体制が必要と見込まれる場合に、利用することができる（施行規則6条の13）。サービス内容には、常時の連絡体制を確保し、適宜居宅への訪問等を行い利用者の状況を把握すること、障害の特性に起因して生じた緊急の事態における相談等の支援を行うこと、関係機関との連絡調整等が含まれる（5条22項、施行規則6条の14）。

第4章 障害福祉サービスの適切な提供

　1990年代後半から2000年代初頭にかけて行われた社会福祉基礎構造改革（➡第1部第6章Ⅲ）を経て、現在では、障害福祉サービスは、事業者と利用者との間で締結される契約に基づいて提供されている。本章では、障害福祉サービスが利用者に適切に提供されるよう設けられている規制について紹介する。まず、障害福祉サービスを提供する事業ないし事業者に対する規制を確認し（Ⅰ）、次いで、社会福祉法に設けられた「福祉サービスの適切な利用」のための規定をみていくこととしたい（Ⅱ）▶1。

Ⅰ 事業に対する規制

　障害福祉サービスを提供する事業者は、社会福祉法による規制と総合支援法による規制に服する。総合支援法が定める就労系の障害福祉サービスを提供する事業は、社会福祉法が定める第2種社会福祉事業に含まれることから、就労系の障害福祉サービスを提供する事業者は、同法が定める第2種社会福祉事業に対する規制に服したうえで（**1**）、障害福祉サービスの提供を行うために総合支援法に基づく手続（届出・指定申請）を行うことになる（**2**）。

1 社会福祉法による規制

　障害福祉サービスを提供する事業者は、社会福祉事業を行う者であることか

▶1　以下の記述については、法令のほか、社会福祉法令研究会編『社会福祉法の解説〔新版〕』（中央法規・2022年）、笠木映里ほか『社会保障法』（有斐閣・2018年）を参照している。

ら、社会福祉法による規制に服する。社会福祉法は、社会福祉基礎構造改革を経て、2000年に従来の社会福祉事業法から改称されたものである（➡第1部第6章Ⅲ1）。社会福祉事業法は、まさに社会福祉事業に係る規定をおく法律であったが、社会福祉法では、社会福祉に関する基本理念が整えられると同時に、社会福祉を目的とする事業の健全な育成、利用者の利益の保護、地域福祉の推進等の諸規定が設けられた。社会福祉法は、社会福祉事業に限らず、社会福祉全般について共通的基本事項を定める法律として位置づけられる。

　社会福祉法の解説は、本書の他の箇所にはないことから、ここでは、社会福祉法の目的・理念を確認したうえで、同法によりなされている社会福祉事業に対する規制について確認したい。

(1) 目的・理念

　社会福祉法は、社会福祉を目的とする事業の全分野における共通的事項を定めるものあり、総合支援法をはじめとする社会福祉を目的とする他の法律と相まって、①福祉サービスの利用者の保護、②地域福祉の推進、③社会福祉事業の公明かつ適正な実施の確保、④社会福祉を目的とする事業の健全な発展をはかることで、社会福祉の増進に資することを目的とする（社会福祉法1条）。「社会福祉を目的とする事業」の範囲は必ずしも明確ではないが、「自らの努力だけでは自立した生活を維持できなくなった個人が、人としての尊厳をもって、家庭や地域の中で、障害の有無や年齢にかかわらず、その人らしい安心のある生活を送ることができる環境を実現することを目的とする事業」が、これに該当するとされている▶2。

　また、社会福祉法は、福祉サービスの基本的理念として、①福祉サービスは個人の尊厳の保持を旨とすること、②その内容は、利用者が心身ともに健やかに育成され、その有する能力に応じ自立した日常生活を営むことができるように支援するものとして、良質かつ適切なものでなければならないことの2つを示している（社会福祉法3条）。福祉サービスの提供は、提供者の側の立場から行われがちで、利用者個人の尊厳の保持が実際にはなされていない場合があるため、2000年改正で、「個人の尊厳の保持」が福祉サービスの提供において

▶2　社会福祉法令研究会編・前掲注1）72頁。

第一に考えられなければならない旨が明確にされた。また、福祉サービスの利用者は、保護の客体として捉えられることが多かったが、現在では、自らの意思で選択する「自立」した主体として捉えられている。福祉サービスは、その利用者の自己決定による「自立」を「支援する」ものでなければならないことも、社会福祉法は確認しているといえる。

　加えて、社会福祉法は、社会福祉を目的とする事業の経営者が留意すべき点として、①利用者の意向を十分に尊重すること、②地域福祉の推進に係る取組みを行う他の地域住民等との連携をはかること、③保健医療サービス等の関連サービスとの有機的な連携をはかるよう創意工夫を行うことを挙げ、同事業の経営者は、これらを行いつつ、福祉サービスを総合的に提供することができるように事業の実施に努めなければならないことを「福祉サービスの提供の原則」として規定している（社会福祉法5条）。社会福祉法5条が定める「利用者の意向を十分に尊重」の部分は、個人の尊厳の保持を定めた同法3条を受けたものであり、また、「総合的に」という部分は、利用者の自己実現を支援するにあたっては、その多様な需要の全体を捉えて福祉サービスを提供することが求められることを示している。

(2) 社会福祉事業の規制

（a）社会福祉事業の種類　「社会福祉を目的とする事業」の中でも、社会福祉法に基づく規制を受けるのが「社会福祉事業」である。社会福祉法は、社会福祉事業を第1種社会福祉事業と第2種社会福祉事業とに分けている（社会福祉法2条）。

　第1種社会福祉事業は、利用者が入所する施設の経営に関わる事業が中心であり、第2種社会福祉事業は、在宅サービスや通所サービスの経営に関わる事業が中心である。第1種社会福祉事業の方が、福祉サービスの利用者に対する影響が大きく、事業の適正性を確保する必要性が高いことから、相対的に強い規制がなされている。

　第1種社会福祉事業には、たとえば、①生活保護法が定める救護施設や更生施設等を経営する事業、②児童福祉法が定める児童養護施設、障害児入所施設等を経営する事業、③老人福祉法が定める養護老人ホーム、特別養護老人ホー

ム等を経営する事業等が含まれ、④総合支援法が定める障害者支援施設を経営する事業もここに含まれる（社会福祉法2条2項）。他方、第2種社会福祉事業には、①生活困窮者自立支援法が定める認定生活困窮者就労訓練事業、②児童福祉法が定める障害児通所支援事業、放課後児童健全育成事業、保育所を経営する事業等、③老人福祉法が定める老人居宅介護等事業、老人デイサービスセンターを経営する事業等その他多くの事業が含まれ、④総合支援法が定める障害福祉サービス事業、一般相談支援事業等もここに含まれている（社会福祉法2条3項）。総合支援法が定める障害福祉サービスに含まれる就労系サービス（就労移行支援や就労継続支援等）を提供する事業は、第2種社会福祉事業に含まれる。

（b）社会福祉事業に対する規制　　第1種社会福祉事業については、上述のように利用者に対する影響が大きいことから、その経営主体に制限が設けられており、原則として、国、地方公共団体または社会福祉法人しか経営することができない（社会福祉法60条）。そして、同事業を経営する者が、市町村または社会福祉法人であるときは、施設を設置して事業を経営しようとする場合は事業開始前に、施設を必要としない事業を行う場合は事業開始日から1月以内に、都道府県知事▶3に届け出ることが求められる（社会福祉法62条1項、67条1項）。他方、国、地方公共団体または社会福祉法人以外の者が第1種社会福祉事業を経営する場合には、原則に対する例外として、事業開始前に都道府県知事の許可を受ける必要がある（社会福祉法62条2項・3項、67条2項・3項）。

　第2種社会福祉事業については、経営主体についての制限は設けられていない。ただ、市町村または社会福祉法人が、第2社会福祉事業を開始したときには、事業開始日から1月以内に、都道府県知事に届出をしなければならない（社会福祉法68条の2第1項、69条1項）。また、国、地方公共団体および社会福祉法人以外の者は、住居用の施設を設置して第2種社会福祉事業を経営しようとするときは事業開始前に、住居用の施設を設置せずに同事業を行うときは事業開始日から1月以内に、都道府県知事に届け出る必要がある（社会福祉法68条の

▶3　社会福祉事業に対する規制は、指定都市および中核市においては、都道府県知事に代えて市長が担う（社会福祉法150条、同法施行令36条、地方自治法施行令174条の30の2、同174条の49の7）。

2第2項、69条1項)。

　国および都道府県以外の者が住居用の施設を設置しない就労系サービス（就労移行支援や就労継続支援等）の事業を行う場合は、事業開始日から1月以内に都道府県知事に届出をする必要がある。その際、届け出なければならない事項としては、①経営者の名称と主たる事務所の所在地、②事業の種類・内容、③条例、定款その他の基本約款の3つが挙げられている（社会福祉法67号1項、69条1項）。また、届け出た事項に変更があった場合や、事業を廃止した場合にも、変更・廃止の日から1月以内に届け出なければならない（社会福祉法69条2項）。

2 総合支援法による規制

　障害福祉サービスを提供する事業者は、社会福祉法の規制に加えて、総合支援法による規制にも服する。総合支援法は、届出・指定制度を通じて、障害福祉サービスの提供事業者に対する規制を行い、障害福祉サービスの質を担保する役割を果たしている。

(1) 届　　出

　国および都道府県以外の者が、障害福祉サービス事業を行う場合には、あらかじめ都道府県知事[4]に届出をしなければならない（総合支援法79条2項）[5]。届出が求められる事項は、①事業の種類・内容、②経営者の氏名・住所（法人の場合は、その名称と主たる事務所の所在地）、③条例、定款その他の基本約款、④職員の定数・職務の内容、⑤主な職員の氏名・経歴、⑥事業を行おうとする区域、⑦障害福祉サービス事業の用に供する施設の名称・種類・所在地・利用定員、⑧事業開始の予定年月日である（総合支援法施行規則66条1項）。届出は、①～⑧の事項に変更がある場合や、事業を休止・廃止するときにも、都道府県知

---

[4] 届出・指定に関する事務は、指定都市および中核市においては、都道府県知事に代えて市長が担う（総合支援法106条、同法施行令51条、地方自治法施行令174条の32、同174条の49の12）。

[5] 障害者支援施設（施設入所支援等を行う施設）を設置する場合には、別の規制に服する。市町村は、都道府県知事への届出により、国、都道府県および市町村以外の者は、社会福祉法が定めるところにより障害者支援施設を設置できるとされている（総合支援法83条3項・4項）。

事に対して行う必要がある（総合支援法79条3項・4項）。

（2）指　　定

　総合支援法に基づき障害福祉サービスの提供を行うためには、加えて、障害福祉サービス事業者としての指定を都道府県知事から受けなければならない。指定制度は、一定の水準を満たした事業者のみが総合支援法に基づく障害福祉サービスの提供に参加できるよう設けられている。本書では、障害福祉サービス等を提供する事業者は指定を受けていることを前提として「指定」の文言は省略しているが、たとえば、総合支援法が定める就労継続支援を提供できる事業者は、指定就労継続支援事業者である。

　障害福祉サービス事業者の指定は、事業者からの申請を受けた都道府県知事により、障害福祉サービスの種類および事業所ごとに行われるが（総合支援法36条1項）、生活介護および就労継続支援（A型・B型）については、供給量の調整を行いつつ計画的な整備を行う必要があることから、サービスの量についても定めて、指定が行われる（総合支援法36条2項、同施行規則34条の20）▶6。指定の申請に際しては、たとえば、就労継続支援B型事業者の指定を受けたい場合には▶7、都道府県知事に対し、①事業所の名称・所在地、②申請者の名称と主たる事務所の所在地、代表者の氏名・生年月日・住所・職名、③事業の開始予定年月日、④申請者の登記事項証明書または条例等、⑤事業所の平面図・設備の概要、⑥利用者の推定数、⑦事業所の管理者およびサービス管理責任者の

▶6　障害者支援施設の指定についても、地域移行促進の観点から供給量の調整を行う必要があるため、施設障害福祉サービスの種類と入所定員を定めて都道府県知事によりなされる（総合支援法38条1項）。なお、2017（平成29）年改正で、居宅介護・生活介護・重度訪問介護・短期入所・自立訓練については共生型サービスの特例が設けられたことから、介護保険法または児童福祉法に基づく指定を受けた事業者については、総合支援法による指定を受けることが容易となっている（総合支援法41条の2、同施行規則34条の26の2）。これにより、たとえば生活介護を利用している障害者については、65歳に達した後も同一の事業所で継続して福祉サービスを受けられることが期待されている。

▶7　A型事業所の場合は、④に定款、寄付行為等が加わる（総合支援法施行規則34条の17）。また、就労移行支援の場合は、⑪の協力医療機関に加えて、連携する公共職業安定所その他関係機関の名称も提出する必要がある（総合支援法施行規則34条の16）。就労定着支援の場合は、⑤は事業所の平面図のみでよく、また、⑪はないが、事業者が提供する指定障害福祉サービスの種類、当該事業所の名称・所在地を提出する必要がある（総合支援法施行規則34条の18の2）。

氏名・生年月日・住所・経歴、⑧運営規定、⑨利用者またはその家族からの苦情を解決するために講ずる措置の概要、⑩従業員の勤務体制・勤務形態、⑪協力医療機関の名称・診療科名・協力医療機関との契約内容、⑫誓約書、⑬その他必要と認める事項を記載した申請書または書類を提出する必要がある（総合支援法施行規則34条の18）。

　申請者が、①都道府県条例で定める者でないときや、②都道府県条例で定める指定基準▶8を満たしていないとき（➡本章Ⅰ4）、③禁錮以上の刑を受けているとき、④総合支援法その他の保健医療・福祉に関する法規、労働法規に違反し罰金刑を受けているとき、⑤過去5年以内に指定の取消しを受けているとき、⑥指定の申請前5年以内に障害福祉サービスに関し不正または著しく不当な行為をした者であるとき等には、指定を受けることはできない（総合支援法36条3項）。また、生活介護および就労継続支援（A型・B型）については、そのサービスの量および入所定員の総数が都道府県障害福祉計画で定める必要量にすでに達しているときなど、指定により障害福祉計画の達成に支障が生じるおそれがある場合に、指定が拒否されることがある（総合支援法36条5項）。

　指定は、6年ごとに更新を受けなければ、その期間の経過によって効力を失うこととなる（総合支援法41条）。また、指定に係るサービス事業所の名称・所在地等に変更があった場合や、休止した事業を再開したときには10日以内に、事業を廃止・休止する場合はその1月前までにその旨を都道府県知事に届け出なければならない（総合支援法46条1項・2項）。

3 指定を受けた事業者の義務

　指定を受けた「指定障害福祉サービス事業者」は、様々な義務を負う。まず、都道府県の条例で定める指定基準に従ってサービスを提供しなければならない（総合支援法43条1項・2項）。また、①障害者が自立した日常生活または社会生活を営むことができるよう、障害者の意思決定支援に配慮するとともに、市町村や関係機関と緊密な連携をはかりつつ、障害者の意向・適性・障害の特

▶8　指定基準は、従来、厚生労働省令で定められていたが、地方分権を推進する流れの中で、2012（平成24）年4月より都道府県の条例で定めることとされた。

性その他の事情に応じ、常に障害者の立場に立って障害福祉サービスを効果的に行うよう努めること、②提供する障害福祉サービスの質の評価を行うこと等により、障害福祉サービスの質の向上に努めること、③障害者の人格を尊重するとともに、総合支援法および同法に基づく命令を遵守し、障害者のために忠実にその職務を遂行することを義務づけられている（総合支援法42条）。③に関しては、特に、その義務の履行が確保されるように業務管理体制を整備し、整備に関する事項を都道府県知事（事業所が１つの指定都市・中核市にある場合は市長、事業所が二以上の都道府県に所在する場合は厚生労働大臣）に届け出る義務も課されている（総合支援法51条の２）。

　加えて、指定障害福祉サービス事業者は、必要があると認められるときには、都道府県知事または市町村長から報告や出頭を求められ、職員による事業所等への立入り検査を受ける（総合支援法48条１項）。指定障害福祉サービス事業者が指定基準を遵守していない場合には、都道府県知事は基準を遵守するよう勧告をすることができ、指定障害福祉サービス事業者が期間内に勧告に従わなかった場合にはその旨を公表したり、勧告に係る措置をとるよう命じたりすることもできる（総合支援法49条１項・３項・４項）。指定基準への違反や、介護給付費や訓練等給付費等の不正請求、報告・出頭や立入検査の拒否が確認された場合等には、都道府県知事は、指定の取消し、または、全部もしくは一部の効力の停止を行うことができる（総合支援法50条）。

　以上のほか、指定障害福祉サービス事業者は、その事業を廃止または休止するときには、利用者が引き続き必要なサービスを受けることができるよう、他の事業者との連絡調整その他の便宜の提供を行うことも義務づけられている（総合支援法43条４項）▶9。

4　人員・設備・運営に関する基準（指定基準）

　上述のように、障害福祉サービス事業者としての指定を受けるに際しては、都道府県の条例で定める指定基準を満たす必要がある。また、指定を受けた後

▶9　札幌高判令和３年４月28日労判1254号28頁［ネオユニットほか事件］（→第５部第２章Ⅴ３(5)）。

も、当該基準に従ってサービスを提供しなければならない。それでは、その基準は、どのようなものなのであろうか。

都道府県は条例を定めるに際し、①従業者およびその員数、②居室・病室の床面積、③指定障害福祉サービス事業の運営に関する事項で、サービスの適切な利用の確保、適切な処遇、安全の確保、秘密の保持等に密接に関連する一定の事項については、厚生労働省令で定める基準に従わなければならず、④障害福祉サービスの事業に係る利用定員については、同基準を標準とするものとされている。そして、①から④以外のその他の事項については、同基準を参酌すればよいとされる（総合支援法43条3項）。

そこで、都道府県が条例を定めるに際し、従い、標準とし、または参酌する厚生労働省令、すなわち、「障害者の日常生活及び社会生活を総合的に支援するための法律に基づく指定障害福祉サービスの事業等の人員、設備及び運営に関する基準」2006（平成18）年9月29日厚生労働省令171号（以下では、これを「指定基準」という）において、どのようなことが基準として定められているのかについて、就労継続支援A型とB型とを例に、確認していきたい。

指定基準では、障害福祉サービスの質を確保することを目的として、各サービスごとに、①基本方針、②人員に関する基準、③設備に関する基準、および、④運営に関する基準が定められている。第3部第3章Ⅰ3の記述と重なる部分もあるが、指定基準の内容を把握することを目的として、それぞれについて紹介する。

(1) 就労継続支援A型

(a) 基本方針　就労継続支援A型の基本方針として、指定基準は、就労継続支援A型の事業は、A型の利用者が自立した日常生活・社会生活を営むことができるよう、彼らを雇用して就労の機会を提供するとともに、その知識・能力の向上のために必要な訓練等を適切かつ効果的に行うものでなければならないことを規定している（指定基準185条）。

(b) 人員に関する基準　従業員の員数については、以下のように定めている。まず、就労継続支援A型事業者は、A型事業所ごとに管理者をおかなければならない（指定基準51条・187条）。管理者は、事業所の

職員および業務の管理その他の管理を一元的に行い、事業所の職員に指定基準等を遵守させるために必要な指揮命令を行う者である。

　次に、A型事業所ごとに、技術指導や職業訓練を行う職業指導員、日常生活の相談や指導を行う生活支援員、および、障害福祉サービスの提供に係るサービス管理を行うサービス管理者もおかなければならない。職業指導員および生活支援員の数は、それぞれA型事業所ごとに1人以上でなければならず、両者の総数は、A型事業所ごとに利用者の数を10で除した数（常勤換算）以上でなければならない。また、A型事業所ごとに、利用者数が60以下の場合は1人以上のサービス管理責任者を、利用者数が60以上の場合は、これに利用者数が40またはその端数を増すごとに1人を加えた数以上のサービス管理者をおかなければならない。職業指導員または生活支援員のうち、いずれか1人以上は常勤でなければならず、サービス管理責任者のうち1人以上は常勤でなければならない（指定基準186条）。

　以上の内容の人員に関する基準は、都道府県が条例を定めるにあたって従うべき基準とされている（指定基準1条9号）。

（c）設備に関する基準　　設備については、訓練・作業室、相談室、洗面所、便所および多目的室その他運営上必要な設備を設けなければならない旨を規定している。訓練・作業室は、訓練・作業に支障のない広さと、必要な機械器具等を備えることが必要であるが、就労継続支援A型の提供にあたって支障がない場合は設けないことができるとする。また、相談室、および、多目的室その他の必要な設備については、利用者への支援に支障がない場合は、兼用も可能としている。相談室については、談話の漏えいを防ぐための間仕切り等を設けること、洗面所や便所については、利用者の特性に応じたものであることを求めている（指定基準188条）。

　設備に関する188条の規定は、都道府県が条例を定めるにあたって参酌すべき基準である（指定基準1条13号）。

（d）運営に関する基準　　運営に関する基準としては、特に就労継続支援A型に特有のものとして、次のことを定めている。

　まず、実施主体は、就労継続支援A型事業者が社会福祉法人以外の者である場合には、専ら社会福祉事業を行う者でなければならず、また、A型事業

者は特例子会社以外の者でなければならない（指定基準189条）。

　次に、A型事業者は、原則として利用者と雇用契約を締結しなければならない（指定基準190条1項）▶10。そして、就労の機会の提供にあたっては、①地域の実情や製品・サービスの需給状況等を考慮するよう努めること、②作業の能率の向上がはかられるよう、利用者の障害の特性等を踏まえた工夫を行うこと、③利用者の就労に必要な知識・能力の向上に努めるとともに、その希望を踏まえることが求められる（指定基準191条）。また、賃金の水準を高めるよう努め、生産活動に係る事業の収入から生産活動に係る事業に必要な経費を控除した額に相当する金額が、利用者に支払う賃金の総額以上となるようにしなければならない（指定基準192条1項・2項）。

　以上のほか、A型事業所は、実習や求職活動の支援、職場定着のための支援等の実施に努めることや（指定基準193条〜195条）、運営規定を定めること（196条の2）を求められており、また、A型事業所ごとに、おおむね1年に1回以上、A型事業所の運営状況等に関し、自ら評価を行い、その結果を公表することも求められている（指定基準196条の3）。

　以上の運営に関する基準のうち、指定基準189条・190条・192条の定める基準は、都道府県が条例を定めるにあたって従うべき基準であり（指定基準1条11号）、その他の規定が定める基準は、参酌すべき基準である（指定基準1条13号）。

(2) 就労継続支援B型

(a) 基本方針　　就労継続支援B型の基本方針として、指定基準は、次のことを定めている。すなわち、B型の事業は、B型の利用者が自立した日常生活または社会生活を営むことができるよう、彼らに就労の機会を提供するとともに、生産活動その他の活動の機会の提供を通じて、その知識・能力の向上のために必要な訓練等を適切かつ効果的に行うものでなければならない旨を規定している（指定基準198条）。

▶10　就労継続支援B型の対象となるような利用者については、雇用契約を締結せずに就労継続支援A型を提供できる（指定基準190条2項）。

（ｂ）人員・設備に関する基準　人員および設備に関しては、就労継続支援Ｂ型についても、就労継続支援Ａ型とまったく同じ規制がなされている（指定基準199条・200条）。

（ｃ）運営に関する基準　運営に関する基準においても、実習や求職活動の支援、職場定着のための支援等の実施に努めること（指定基準193条〜195条）について、就労継続支援Ａ型と同様、これを就労継続支援Ｂ型に求めている（指定基準202条）。

　その一方で、指定基準は、特に就労継続支援Ｂ型に特有のものとして、工賃の支払等に関する基準を設けている。指定基準は、就労継続支援Ｂ型事業者に対して、①利用者に、生産活動に係る事業の収入から生産活動に必要な経費を控除した額に相当する金額を工賃として支払うこと、②利用者それぞれに対し支払われる1月あたりの工賃の平均額は、3000円を下回ってはならないこと、③利用者が自立した日常生活または社会生活を営むことを支援するため、工賃の水準を高めるよう努めなければならないこと、④年度ごとに工賃の目標水準を設定し、当該工賃の目標水準および前年度に利用者に対し支払われた工賃の平均額を利用者に通知するとともに、都道府県に報告することを求めている（指定基準201条）。

　201条の規定は、都道府県が条例を定めるにあたって従うべき基準とされている（指定基準1条11号）。

Ⅱ　福祉サービスの適切な利用

　以上のような規制が障害福祉サービスを提供する事業ないし事業者に対しては行われているが、加えて、社会福祉法では、「福祉サービスの適切な利用」という章が設けられ、そのための規定がおかれている。この章は、社会福祉基礎構造改革により介護サービスや障害福祉サービスが契約に基づいて提供されることとなったことをきっかけとして導入されたものである。福祉サービスの利用者には高齢者や障害者等が多いことに鑑みると、サービスの適切な利用を支援する仕組みを構築して、利用者の利益を保護し、その権利の実現を図るこ

とが強く要請されることが、その導入の背景にある。

社会福祉法の中に新たに設けられた「福祉サービスの適切な利用」の章では、①情報の提供、②福祉サービスの質の向上のための措置、③福祉サービスの利用の援助等について規定がおかれている。それぞれについて、以下で確認したい。

1 情報の提供

福祉サービスの適切な利用のためには、利用者が的確な情報を得られるようにする必要がある。そこで、社会福祉法は、社会福祉事業の経営者に対し、福祉サービスを利用しようとする者が、適切かつ円滑にこれを利用することができるように、経営する社会福祉事業に関して情報提供を行うよう努める義務（努力義務）を課している（社会福祉法75条1項）。福祉サービスを利用しようとする者には、身体や精神面で障害を有する者も多いことから、これらの者が必要な情報を容易に収集できるよう、提供する情報の内容や情報の提供方法については、自主的に創意工夫を凝らすことが要請される。また、社会福祉法は、誇大広告も禁止しており（社会福祉法79条）、違反に対しては、事業停止処分等の不利益処分がなされうる（社会福祉法72条2項）。

加えて、社会福祉法は、社会福祉事業の経営者に対し、福祉サービスの利用の申込みがあった際に、その者に対し当該福祉サービスを利用するための契約の内容とその履行に関する事項について説明する努力義務も課している（社会福祉法76条）。そして、福祉サービスの利用契約が成立したときには、その利用者に対して、遅滞なく、当該契約の重要事項（①当該社会福祉事業の経営者の名称・主たる事務所の所在地、②同経営者が提供する福祉サービスの内容、③当該福祉サービスの提供につき利用者が支払うべき額に関する事項、④福祉サービスの提供開始年月日、⑤福祉サービスに係る苦情を受け付ける窓口）を記載した書面を交付しなければならないとする（社会福祉法77条1項、同施行規則16条2項）。利用者の承諾がある場合は、電子媒体による交付も可能であるが（社会福祉法77条2項）、書面交付義務違反に対しても、事業停止処分等の不利益処分がなされうる（社会福祉法72条2項）。

2 福祉サービスの質の向上のための措置

福祉サービスの質の向上のための措置としては、評価の仕組みと苦情解決のための仕組みが規定されている。

(1) 自己評価・第三者評価

社会福祉法は、社会福祉事業の経営者に対し、自ら提供するサービスの質の評価を行うなどの措置を講ずることによって、常に福祉サービスを受ける者の立場に立って良質かつ適切な福祉サービスを提供する努力義務を課している。また、国に対しても、社会福祉事業の経営者が行う同措置を援助するために、福祉サービスの質の公正かつ適切な評価の実施に資するための措置を講ずるよう努力義務を課している(社会福祉法78条)。この規定を受けて国が設けているのが、福祉サービス第三者評価事業である。

第三者評価事業は、当事者(事業者および利用者)以外の公正・中立な第三者機関が、専門的かつ客観的な立場から、事業者・施設が提供するサービスの質を評価する事業である。各都道府県に第三者評価事業の推進組織が設置されており、第三者評価を行う機関の認証、評価基準の策定、第三者評価に関する情報公開および普及・啓発、評価調査者養成研修・継続研修、第三者評価事業に関する苦情等への対応等の役割を担っている[11]。第三者評価機関の主たる担い手は社会福祉協議会であるが、NPO法人や市民団体が担い手となっている場合もある。

社会福祉法78条の義務は努力義務であることから、第三者評価を受けるか否かは、事業者の任意に任されている。受審件数は増加傾向にあったものの、近年は横ばい状況にある(年間5000件前後)[12]。また、評価結果の公表には、事業者・施設の同意が必要である点でも、第三者評価の仕組みには限界があるといえる。

---

[11] 「福祉サービス第三者評価事業に関する指針について」平成16年5月7日雇児発0507001号／社援発0507001号／老発0507001号。

[12] 「福祉サービスの第三者評価のあり方に関する調査研究事業報告書」(令和2年度厚生労働省生活困窮者就労準備支援事業費等補助金社会福祉推進事業)1頁・2頁。

(2) 苦情解決

　社会福祉事業の経営者には、苦情の自主的解決をはかることが努力義務として課されてもいる。すなわち、社会福祉事業の経営者は、常に、提供する福祉サービスについて、利用者等からの苦情の適切な解決に努めなければならない旨が規定されている（社会福祉法82条）。

　また、都道府県社会福祉協議会には、福祉サービスに関する利用者等からの苦情を適切に解決するため、運営適正化委員会がおかれる。同委員会は、人格が高潔であって、社会福祉に関する識見を有し、かつ、社会福祉、法律または医療に関し学識経験を有する者で構成される（社会福祉法83条）。運営適正化委員会は、福祉サービスに関する苦情について解決の申出があったときには、その相談に応じ、必要な助言をし、当該苦情に係る事情を調査する。また、運営適正化委員会は、苦情の申出人および当該申出人に対し福祉サービスを提供した者の同意を得て、苦情の解決のあっせんを行うことができる（社会福祉法85条）。

3 福祉サービスの利用援助

　福祉サービスの利用者の中には、給付の申請や、サービス・事業者の選択、契約の締結等を自分自身で行うことが困難な者もいる。民法が定める成年後見制度を利用することも考えられるが、同制度を利用するほどの必要性・困難性はない場合もあることから、社会福祉法は、福祉サービスの利用の援助のための仕組みも設けている。それが、福祉サービス利用援助事業（日常生活自立支援事業）である。

　福祉サービス利用援助事業は、精神上の理由により日常生活を営むのに支障がある者（知的障害者、精神障害者、認知症高齢者等）に対して、無料または低額な料金で、福祉サービスの利用に関する相談に応じ、助言を行い、福祉サービスの提供を受けるために必要な手続または福祉サービスの利用に要する費用の支払に関する便宜等を供与するもので、福祉サービスの適切な利用のための一連の援助を一体的に行う事業である（社会福祉法2条3項12号）。第2種社会福祉事

業であるため実施主体に制限はないが、全国どこでもこのような援助を必要とする者が援助を受けやすい体制を整備するべきであるという社会的要請があることから、現に各都道府県において組織を有し、社会福祉事業を適正に実施するための一定の組織管理・財務体制を確保している都道府県社会福祉協議会に対して、次のことが義務づけられている。すなわち、①福祉サービス利用援助事業を行う市町村社会福祉協議会その他の者と協力して都道府県の区域内においてあまねく福祉サービス利用援助事業が実施されるために必要な事業を行うこと、②当該事業に従事する者の資質の向上のための事業や、福祉サービス利用援助事業に関する普及・啓発を行うことが義務づけられている（社会福祉法81条）。

　また、福祉サービス利用援助事業を行う者に対しては、利用者の意向を十分に尊重し、利用者の立場に立って公正かつ適切な方法により当該事業を行うことの義務づけもなされている（社会福祉法80条）。事業の適正な運営を確保する必要があると認められるときには、上述の運営適正化委員会によって、同事業を行う者に対して必要な助言または勧告もなされうる。福祉サービス利用援助事業を行う者は、この勧告を尊重しなければならない（社会福祉法84条）。

第4部
障害者関連諸法

　第4部では、第3部までに取り上げた各法以外で、障害者雇用・就労に関連する主な法律等について解説する。ここでは特に、国際社会での障害者政策に関する共通の取り決めであり、合理的配慮の不提供を含む障害者差別の禁止を定め、現在の日本の障害者法制の基本的方向性に大きな影響を与えている障害者権利条約（第1章）、日本における障害者政策の基本原則を定める障害者基本法（第2章）、障害者権利条約を受け、雇用以外の分野での差別解消等の障害者施策を定める障害者差別解消法（第3章）、障害者への虐待防止等について定める障害者虐待防止法（第4章）、公機関による障害者就労施設等からの優先的調達を定めることにより、障害者の経済的自立を進める障害者優先調達推進法（第5章）を取り上げる。

第1章 障害者権利条約

　現在の日本の障害者政策は、2006（平成18）年に国連総会で採択された障害者権利条約（以下、「権利条約」という）の影響を大いに受けている。2010年代には、同条約の批准に向けて、障害者基本法や障害者雇用促進法の改正がなされ、障害者差別解消法も制定された（➡第1部第7章）。本章では、日本の障害者政策に影響を与えた権利条約について、採択に至った背景も含めて、簡潔に紹介する。

I　権利条約の背景等

1　障害者の人権に関する国際的な運動

　国連では、障害者の人権を保護・促進するために、1970年代以降、様々な取組みを行ってきた。1971（昭和46）年には「精神薄弱者〔当時〕の権利に関する宣言」を、1975（昭和50）年には「障害者の権利に関する宣言」を採択し、1981（昭和56）年を「国際障害者年」、1983（昭和58）年から1992（平成4）年を「国際障害者の10年」としたうえで、「障害者に関する世界行動計画」を策定する等した。また、1993（平成5）年には、「障害者の機会均等化に関する標準規則」の採択も行われた。しかし、こうした取組みにもかかわらず、依然として障害者が様々な人権侵害に直面する状況があったことから、これを改善すべく、法的拘束力を有する新たな文書が求められるようになった[1]。

　こうした状況の中で、2001（平成13）年12月に、メキシコ提案の「障害者

▶1　内閣府ウェブサイト（https://www8.cao.go.jp/shougai/un/kenri_jouyaku.html）。

の権利及び尊厳を保護・促進するための包括的総合的な国際条約」に関する決議案が国連総会で採択され、条約作成交渉のための「障害者の権利条約に関する国連総会アドホック委員会」の設置が決定された。そして、2002（平成14）年以降の8回にわたるアドホック委員会における条約作成交渉を経て、2006（平成18）年12月13日に国連総会で「障害者の権利に関する条約」（略称：障害者権利条約。Convention on the Rights of Persons with Disabilities）が採決され、2008（平成20）年5月3日に発効した。2024（令和6）年8月現在、191の国と地域（欧州連合）が、権利条約を批准等している[2]。

2 日本の対応

権利条約の採択を受けて、日本は、2007（平成19）年9月28日にこれに署名をし、国内法の整備に取り組んだ。そして、一連の国内法の見直しの後、2014（平成26）年1月20日に批准書を国連に寄託した。同年2月19日以降、権利条約は日本において効力を発生させている。なお、日本は選択議定書[3]については批准していない。

II 権利条約の内容

権利条約は、障害者の権利について幅広く定めているが、以下では、権利条約の規定のうち障害者の雇用・就労と関連の深いものを取り上げ、紹介する[4]。

---

[2] 権利条約に関する最新の情報については、国連・障害者権利条約ウェブサイト（https://www.ohchr.org/en/treaty-bodies/crpd）を参照。

[3] 選択議定書は、国内で利用できる権利救済措置を尽くしても権利が回復されない場合に、個人が国連の障害者権利委員会に救済を求めることができる個人通報制度を規定している。

[4] 権利条約の和訳については、政府公定訳文を参照している。外務省ウェブサイト（人権外交 障害者の権利に関する条約（略称：障害者権利条約））（https://www.mofa.go.jp/mofaj/gaiko/jinken/index_shogaisha.html）。

第1章 障害者権利条約 —— **199**

1 目的・一般原則

　権利条約は、すべての障害者によるあらゆる人権・基本的自由の完全かつ平等な享有を促進し、保護し、確保すること、ならびに、障害者の固有の尊厳の尊重を促進することを目的とする条約である（1条）。一般原則として、①固有の尊厳、個人の自律・自立の尊重、②無差別（差別禁止）、③社会への完全かつ効果的な参加・包容、④差異の尊重ならびに人間の多様性の一部および人類の一員としての障害者の受入れ、⑤機会の均等、⑥施設・サービス等の利用の容易さ、⑦男女の平等、⑧障害のある児童の発達しつつある能力の尊重および障害のある児童がその同一性を保持する権利の尊重を掲げており（3条）、これらの確保を締約国に求めている。

2 障害者

　権利条約は、定義を定める2条ではなく、目的を定める1条で「障害者(persons with disabilities)」について言及し、「障害者には、長期的な身体的、精神的、知的又は感覚的な機能障害であって、様々な障壁との相互作用により他の者との平等を基礎として社会に完全かつ効果的に参加することを妨げ得るものを有する者を含む」とする（1条）。
　このように障害者を捉える権利条約は、障害の要因を社会の側に存在する様々な障壁（社会的障壁）に求める「社会モデル」を採用しているといえる。また、「含む(include)」という表現を使用しているのは、たとえば、「短期的な」機能障害のある者等を排除しないためであり、前文にある「障害が発展する概念であること」とも関連して、障害者の定義を確定的なものとしないことを意図する▶5。

▶5　川島聡＝東俊裕「障害者の権利条約の成立」長瀬修ほか編『障害者の権利条約と日本』（生活書院・2008年）20頁・21頁。

3 差別禁止・合理的配慮

　権利条約は、障害に基づく差別については、「障害に基づくあらゆる区別、排除又は制限であって、政治的、経済的、社会的、文化的、市民的その他のあらゆる分野において、他の者との平等を基礎として全ての人権及び基本的自由を認識し、共有し、又は行使することを害し、又は妨げる目的又は効果を有するものをいう」との定義をおき、障害に基づく差別には、合理的配慮の否定を含むあらゆる形態の差別が含まれることを確認している。また、合理的配慮については、「障害者が他の者との平等を基礎として全ての人権及び基本的自由を享有し、又は行使することを確保するための必要かつ相当な変更及び調整であって、特定の場合において必要とされるものであり、かつ、均衡を失した又は過度の負担を課さないものをいう」と定義する（2条）。

　そのうえで、権利条約は、締約国に対し、①障害に基づくあらゆる差別を禁止することや、②平等の促進や差別の撤廃を目的として、合理的配慮が提供されるようすべての適当な措置をとること等を求めている。また、権利条約は、障害者の事実上の平等を促進し、または達成するために必要な特別の措置については、条約に規定する差別と解してはならない旨も確認している（5条）。したがって、積極的差別是正措置のための取扱いの差異は、認められることとなる。

4 個別の権利

　権利条約は、障害者の様々な権利・自由について規定しているが、雇用・就労と関わりの深い権利に言及するものとしては、19条（自立した生活および地域社会への包容）、26条（ハビリテーション（適応のための技能の習得）およびリハビリテーション）、27条（労働および雇用）を挙げることができる。

(1) 自立した生活および地域社会への包容

　障害者の地域社会での自立生活は、障害者が開かれた環境で働くことと大いに関わるが、これに関し、権利条約は、締約国に対し、すべての障害者が地域

社会で生活する平等の権利を完全に享受し、地域社会に完全に包容され、また、参加することを容易にするために、効果的かつ適切な措置をとることを求めている。

　具体的には、締約国は、障害者が、①特定の生活施設で生活する義務を負わず、居住地を選択し、どこで誰と生活するかを選択する機会を有すること、②地域社会での生活や地域社会への包容を支援し、地域社会からの孤立・隔離を防止する在宅サービス、居住サービスその他の地域社会支援サービスを利用する機会を有することの確保を求められている。また、③一般住民向けの地域社会サービスや施設が、障害者にとって利用可能で、かつ障害者のニーズに対応していることの確保も求められている（19条）。

(2) ハビリテーション（適応のための技能の習得）およびリハビリテーション

　リハビリテーション等も、障害者が働くための前提として重要である。この点、権利条約は、締約国に対し、障害者が、①最大限の自立と十分な身体的・精神的・社会的・職業的な能力、および、②生活のあらゆる側面への完全な包容・参加を達成し、維持できるよう、効果的かつ適当な措置をとることを求めている。締約国は、特に、保健・雇用・教育・社会サービスの分野において、ハビリテーション・リハビリテーションについての包括的なサービスおよびプログラムを企画・強化・拡張することを要請されている（26条）。

(3) 労働および雇用

　本書のテーマである労働および雇用（Work and employment）に関しては、権利条約は、まず、締約国に対し、「障害者が他の者との平等を基礎として労働についての権利を有することを認める」ことを求めている。この権利には、「障害者に対して開放され、障害者を包容し、及び障害者にとって利用しやすい労働市場及び労働環境において、障害者が自由に選択し、又は承諾する労働によって生計を立てる機会を有する権利」が含まれている（27条1項）。

　また、締約国は、以下のための適当な措置をとることで、労働についての障害者の権利が実現されることを求められている。すなわち、締約国は、①あらゆる形態の雇用に係るすべての事項に関し、障害に基づく差別を禁止する、②

他の者との平等を基礎として、公正かつ良好な労働条件、安全かつ健康的な作業条件および苦情に対する救済についての障害者の権利を保護する、③障害者が他の者との平等を基礎として労働および労働組合についての権利を行使できるようにする、④障害者が職業紹介サービスや職業訓練等を利用する効果的な機会をもてるようにする、⑤労働市場において障害者の雇用機会の増大をはかり、障害者の昇進や、求職・就職・雇用継続・職場復帰のための支援を促進する、⑥自営活動の機会や協同組合の発展等を促進する、⑦公的部門において障害者を雇用する、⑧適当な政策および措置（積極的差別是正措置等を含む）を通じて、民間部門における障害者の雇用を促進する、⑨職場において合理的配慮が障害者に提供されることを確保する、⑩開かれた労働市場において障害者が職業経験を得ることを促進する、⑪障害者の職業リハビリテーション、職業の保持および職場復帰計画を促進するための適当な措置をとることを要請されている（27条1項）。

　加えて、締約国は、障害者が奴隷の状態または隷属状態におかれないこと、他の者との平等を基礎として強制労働から保護されることの確保も求められている（27条2項）。

5　モニタリング

　一部を紹介したにとどまるが、以上のような権利条約が締約国に求める事項の確保が各締約国においてなされているか否かをモニタリングする仕組みも、権利条約は備えている。すなわち、締約国は、権利条約に基づく義務を履行するためにとった措置およびそれによりもたらされた進歩に関する報告を障害者権利委員会▶6（以下、「権利委員会」という）に対して提出しなければならない▶7（35条）。報告を受け取った権利委員会は、締約国の市民団体によるパラレルレポートの内容等も踏まえ、当該報告について審査し、懸念事項および勧告を含む総括所見（Concluding Observations）を公表することとなる（36条）（日本に対する総括所見について➡本章Ⅳ）。

▶6　権利委員会は、締約国における条約の実施を監視する役割を果たす委員会である（34条以下）。
▶7　初回は権利条約批准から2年以内に、その後は少なくとも4年ごとに提出しなければならない。

III 労働および雇用に関する権利委員会の一般的意見

　権利条約の実施状況をモニタリングする権利委員会は、各国に対する総括所見の公表に加えて、すべての締約国のために、権利条約の規範内容を具体化し、締約国が負う義務を明確化することを目的として、一般的意見（General comments）を公表してきた[8]。27条（労働および雇用）に関しても、2022年10月に8つめの一般的意見として公表がなされた[9]。82のパラグラフからなる長い文書であるが、日本の雇用・就労政策との関連で特に重要と思われるシェルタード・ワークショップ（sheltered workshops）に関わる部分について、その内容を整理して紹介したい。

1 働く権利とエイブリズム

　一般的意見（第8号）は、働く権利（right to work）は、他の人権を実現するために不可欠な基本的権利であり、人間の尊厳と不可分であることを確認している。また、働く権利は、個人とその家族の生存に寄与し、労働が自由に選択または承諾される限り、社会における個人の発達と承認に寄与することも確認している（パラグラフ（以下、「パラ」という）2）。

　その一方で、エイブリズム（ableism、非障害者優先主義）として知られる価値観が、多くの障害者が有意義な労働および雇用を得る機会に悪影響を及ぼしているとする。エイブリズムは、たとえば、シェルタード・ワークショップのような分離雇用（segregated employment）施策を支えるもので、障害者のインフ

▶8　これまでに8つの一般的意見が公表されている。①一般的意見（第1号）12条：法律の前にひとしく認められる権利（2014年）、②一般的意見（第2号）9条：アクセシビリティ（2014年）、③一般的意見（第3号）6条：障害のある女子（2016年）、④一般的意見（第4号）24条：インクルーシブ教育への権利（2016年）、⑤一般的意見（第5号）19条：自立生活への権利（2017年）、⑥一般的意見（第6号）5条：平等および無差別（差別禁止）（2018年）、⑦一般的意見（第7号）4条3項・33条3項：条約の実施・監視への障害者（障害児を含む）の代表団体を通じた参加（2018年）、⑧一般的意見（第8号）27条：労働および雇用（2022年）。

▶9　Committee on the Rights of Persons with Disabilities, General comment No. 8 (2022) on the right of persons with disabilities to work and employment, 7 October 2022.

ォーマル経済への不本意な参加をもたらす可能性があるとする（パラ3）。

2 シェルタード・ワークショップ

　このように、一般的意見（第8号）は、冒頭でシェルタード・ワークショップのような分離雇用施策に対する警戒を示している。シェルタード・ワークショップに対する一般的意見（第8号）の見解は、次の通りである。

　　障害者に唯一開かれた現実の機会が分離された施設（segregated facilities）である場合、自由に選択し、または承諾する労働によって生計を立てる機会を有する権利は実現されていないといえ（経済的、社会的及び文化的権利に関する委員会の一般的意見第5号）、障害者はシェルタード・ワークショップに分離されるべきではない（同第23号）。この権利を含む働く権利について明示する権利条約27条1項は、分離された雇用環境（segregated employment settings）は、障害者の働く権利と相いれないことを明確に示している（パラ12）。

　また、一般的意見（第8号）は、シェルタード・ワークショップのような分離された雇用（segregated employment）は、少なくとも以下の要素のいくつかによって特徴づけられる様々な慣行と経験を含むものであるとする。

　　(a)　障害者が、開かれた、インクルーシブでアクセシブルな雇用から分離されている。
　　(b)　雇用（employment）は、障害者ができるとみなされる特定の活動を中心に構成されている。
　　(c)　障害に対する医学的およびリハビリテーション的アプローチに焦点が当てられており、それが強調されている。
　　(d)　開かれた労働市場への移行が効果的に促進されていない。
　　(e)　障害者は、同一価値の労働について同一の報酬を受け取っていない。
　　(f)　障害者は、他の者との平等を基礎として労働に対する報酬を得ていない。
　　(g)　障害者は、通常、正規の雇用契約を結んでいないため、社会保障制度の適用を受けていない（パラ14）。

　このような分離された雇用について、一般的意見（第8号）は、これを障害者の働く権利の漸進的実現の措置としてみなすべきではないとし（パラ

15）▶10、また、分離された雇用を促進または支援する優先調達は、権利条約に合致した積極的差別是正措置ではないともしている（パラ43）。そして、具体的な行動計画を採択することにより、シェルタード・ワークショップを含む隔離された雇用を速やかに段階的に廃止することを締約国に求めている（パラ82(i)）。

シェルタード・ワークショップが何を指すかについては、各国における定義や制度の相違（雇用契約を前提とするか否か等）から明確にすることは難しいとされてきた。一般的意見（第8号）では、シェルタード・ワークショップのような分離された「雇用（employment）」との表現が使用されていることもあり、雇用ではない働き方（たとえば、非雇用型の福祉的就労）がシェルタード・ワークショップの一形態としてとらえられているのか否かは、必ずしも明確であるとはいえないように思われる▶11。ただ、一般的意見（第8号）が示したシェルタード・ワークショップを特徴づける要素は、今後、非雇用型の福祉的就労も含む、障害者の分離された環境での雇用・就労に関する施策を見直していく際に考慮すべき重要な要素であるといえよう。

Ⅳ 権利委員会による日本への総括所見

最後に、2022（令和4）年10月に公表された権利委員会の日本に対する総括所見についても紹介したい。日本は、権利条約の批准の後、2016（平成28）年6月に政府報告を権利委員会に対して提出した。新型コロナウイルス感染症の蔓延により遅れていたが、権利委員会からの政府報告に対する事前質問、同事前質問への回答等を経て、2022（令和4）年9月9日に日本への総括所見の

▶10　ただし、障害者によって運営・主導されている雇用事業（共同所有で民主的に管理されているものを含む）については、他の者との平等を基礎として公正かつ良好な労働条件が提供される場合には、分離された雇用とはみなされない旨にも言及している（パラ15）。
▶11　後述の韓国に対する総括所見からは、権利委員会はシェルタード・ワークショップに福祉的就労を含めているとも考えることができる。なお、2012年に公表された国連人権高等弁務官事務所報告書「障害者の労働と雇用に関する課題研究」は、シェルタード・エンプロイメント（sheltered employment）での就労は、しばしば労働法の対象外とされている旨に言及している（同報告書パラ16）。

草案（Advance Unedited Version）が公表され、同年10月7日に確定版が公表された[12]。

総括所見は、日本における障害者施策全般について様々な懸念事項を示し、それに対する勧告を行っているが、障害者の雇用・就労に関わる部分について整理すると、以下の通りである。

1 懸念事項

まず、権利委員会は、全般的な事項として、障害者手帳の取得等のための障害認定において依然として医学モデルが採られていること（パラ7）や、あらゆる活動分野において合理的配慮の拒否が差別として位置づけられていないこと（パラ13）に対して懸念を示した。

そして、特に27条（労働および雇用）に関して、次の4点を懸念事項として挙げた。①特に知的障害者および精神障害者について、低賃金で、開かれた労働市場への移行の機会が制限されたシェルタード・ワークショップや福祉的就労（sheltered workshops and employment-related welfare services）への分離がみられること、②障害者が雇用に際し障壁（アクセスが保障されていない職場を含む）に直面しており、公的・民間の両部門において支援や個別の配慮が不十分で、移動支援と障害者の能力についての使用者への情報提供が限定的であること、③地方公共団体間および民間部門の中で雇用率に格差があり、また、雇用義務制度の実施のための透明で効果的なモニタリングシステムが欠如していること、④職場で介助を必要とする者の福祉サービスの利用が制限されていることの4点である（パラ57）。

2 勧　　告

以上の懸念事項に対して、次の勧告がなされている。まず、全般的な事項として示された2つの懸念について、それぞれ、障害認定において医学モデルの

[12] Committee on the Rights of Persons with Disabilities, Concluding observations on the initial report of Japan, 7 October 2022.

要素を排除するよう法令を見直すこと（パラ8）、あらゆる活動分野ですべての障害者に合理的配慮が提供されるよう必要な措置をとること（パラ14）が勧告されている。

そして、27条に関しては、①開かれた労働市場への移行を加速するよういっそう努め、インクルーシブな就労環境で同一価値労働同一賃金を保障すること、②就労環境が障害者に適応したアクセシブルなものとなるよう保障し、個別支援や合理的配慮が提供されるよう、あらゆるレベルの使用者に研修を提供すること、③特に知的障害者、精神障害者および女性障害者の雇用を奨励・確保するために、公的・民間の両部門において積極的差別是正措置や奨励措置を強化し、その適切な実施のための効果的なモニタリングシステムを確立すること、④職場で介助を必要とする者のために福祉サービスの利用制限を撤廃することが勧告されている▶13（パラ58）。

3 一般的意見（第8号）と日本への総括所見

ところで、上述の一般的意見（第8号）と日本への総括所見は、同じ日に公表されたものであるが、シェルタード・ワークショップに対する権利委員会の見解には、揺らぎがみられる。すなわち、前者において、締約国には、シェルタード・ワークショップを速やかに段階的に廃止することが求められているのに対し、後者では、シェルタード・ワークショップや福祉的就労から開かれた労働市場への移行を加速するよういっそう努めることが求められるにとどまっている（シェルタード・ワークショップの消極的容認）。

このような2つの立場は、他の国に対する総括所見でもみられる。たとえば、韓国に対する2014（平成26）年の総括所見では、シェルタード・ワークショップ（sheltered workshop）の廃止が求められたが▶14、2022（令和4）年の

▶13 通勤や職場等における支援に関しては、①障害者雇用納付金制度に基づく助成金（障害者介助等助成金や重度障害者等通勤対策助成金）（➡第2部第4章Ⅳ3）、②地域生活支援事業（➡第3部第1章Ⅴ）の1つである移動支援事業、③地域生活支援促進事業の1つである、雇用施策との連携による重度障害者等就労支援特別事業があるにとどまる。
▶14 Committee on the Rights of Persons with Disabilities, Concluding observations on the initial report of the Republic of Korea, 29 October 2014.

総括所見では、シェルタード・エンプロイメント（sheltered employment）から、開かれた、インクルーシブでアクセシブルな雇用への移行を可能とする措置を実施することが勧告されたにとどまる▶15。こうした変化の背景には、韓国において2015（平成27）年に障害者福祉法が改正され、授産施設の仕組みを障害者の意欲と能力に応じて3つ▶16に分ける積極的な政策が採られた結果、授産施設から一般就労への移行率が上昇したことがあるのではないかとの分析がなされている▶17。

　実際のところ、権利委員会が、シェルタード・ワークショップを消極的に容認せざるをえない現状もある。たとえば、アメリカのいくつかの州では、シェルタード・ワークショップが廃止されているが、一般就労へ移行している障害者の数はほとんど増えておらず、かえって仕事をしていない障害者の数が増えている現状があるという。したがって、権利委員会としても、日本や韓国のように福祉的就労・授産施設を多層化して、一般就労への移行率を高めようとしている場合、こうした施策を肯定的に評価せざるをえない側面がある▶18。権利委員会からは否定的な評価を受けているシェルタード・ワークショップであるが、シェルタード・ワークショップや福祉的就労が有する、就労困難性の高い障害者に対して就労の場を提供するという機能は、一般就労への移行が障害者に十分に保障されていることを前提として、より積極的に評価されてよいように思われる。

▶15　Committee on the Rights of Persons with Disabilities, Concluding observations on the combined second and third periodic reports of the Republic of Korea, 6 October 2022.

▶16　同改正で、授産施設は、①一般就労への移行を支援し、最低賃金を保障する一般就労移行タイプ、②一般就労または一般就労移行タイプへの移行を目的としながら、保護された条件のもとで生産活動を行い、生産性に応じた工賃を得られる保護就労タイプ、③一般就労タイプまたは保護雇用タイプへの移行を目指し、そのための基本的な職業訓練を受ける職業訓練タイプの3つに分けられた。

▶17　中川純「労働と雇用」長瀬修ほか編『障害者権利条約の初回対日審査』（法律文化社・2024年）198～202頁。

▶18　同上202頁。

第2章 障害者基本法

　障害者基本法は、その名のとおり障害者施策全般の基本を定める規範であり、障害者差別解消法（以下、「差別解消法」という）、障害者雇用促進法（以下、「促進法」という）の上位の規範にあたる▶1。第2章では、障害者基本法の枠組みと、基本的施策のうち雇用に関する部分を中心にごく簡単に紹介する。

I　沿　　革

　1970（昭和45）年に心身障害者対策に関する国、地方公共団体等の責務を明らかにし、心身障害の予防や心身障害者の福祉に関する諸施策の基本的事項を規定する目的で、心身障害者対策基本法が制定された。1993（平成5）年に同法は障害者基本法に改正され、「個人の尊厳」が基本理念として規定された。その後、2004（平成16）年改正において目的規定の改正がなされ、障害者の福祉増進が目的とされ、障害者の差別禁止が新たに理念に加えられた。障害者権利条約（➡第4部第1章）の影響を受けた2011（平成23）年改正では「障害者の福祉増進」が削除され、代わって個人の尊厳の尊重、社会参加の機会確保と、差別禁止が基本理念として規定されることとなった。

▶1　各法との関係につき、池原毅和『日本の障害差別禁止法制─条約から条例まで』（信山社・2020年）13頁。

II　目的・性格（1条）

　障害者基本法は、個人の尊重の理念にのっとり、平等な人権の主体としての障害者を包摂する共生社会の実現のため[2]、障害者の自立および社会参加の支援等のための施策に関する基本原則の決定、国、地方公共団体等の責務の明示、障害者の自立および社会参加の支援等のための施策の基本事項の決定等の手段により、「障害者の自立及び社会参加の支援等のための施策を総合的かつ計画的に推進すること」を具体的な目的として掲げている。

III　定義（2条）

　障害者基本法上、障害者の定義は、「身体障害、知的障害、精神障害（発達障害を含む。）その他の心身の機能の障害（以下「障害」と総称する。）がある者であつて、障害及び社会的障壁により継続的に日常生活又は社会生活に相当な制限を受ける状態にあるものをいう」とされ（2条1号）、社会的障壁とは、「障害がある者にとつて日常生活又は社会生活を営む上で障壁となるような社会における事物、制度、慣行、観念その他一切のものをいう」とされている（同条2号）。
　同条の定義規定は、心身機能の障害（損傷、インペアメント）がある場合に、社会的障壁があることにより、日常／社会生活上の制限が生じている者を「障害者」と定義するものであり、いわゆる社会モデルに依拠している[3]。同法の「障害者」の定義は、差別解消法、障害者虐待防止法と同一である[4]。
　上記の定義規定における「その他の心身の機能の障害」には、障害者手帳

▶2　保護の客体でなく、平等な人権の主体として障害者が位置づけられる。菊池馨実ほか『障害法〔第2版〕』（成文堂・2021年）23頁〔川島聡＝菊池馨実〕等。
▶3　長瀬修＝川島聡編『障害者権利条約の実施―批准後の日本の課題』（信山社・2018年）7頁、菊池ほか・前掲注2）12頁、41頁（川島聡＝菊池馨実）等。
▶4　差別解消法2条1号・2号、障害者虐待防止法2条1項、長瀬＝川島編・前掲注3）8頁、菊池ほか・前掲注2）41頁〔中川純＝新田秀樹〕等。

の有無にかかわらず難病も含まれるとされる[5]。高次脳機能障害は精神障害に含まれると解釈されている[6]。また、「継続的に」は断続的・周期的なものも含む[7]。

「障害者」の射程については、心身の機能の障害がないが、あると思われている者がこれに含まれるかという問題がある。一般的な解釈としては、「心身の機能の障害」が要件として規定されている以上は、含まれないであろう（ただし障害者基本法2条の「障害者」の射程に含まれるという解釈も有力に主張されている[8]）。

IV 地域社会における共生（3条）

障害者基本法3条は、共生社会の実現の具体的理念として、①社会、経済、文化その他あらゆる分野の活動に参加する機会の確保（同条1号）、②可能な限りでのどこで誰と生活するかについての選択の機会の確保・地域社会における他の人々との共生の保障（同条2号）、③可能な限りでの言語（手話を含む）その他の意思疎通のための手段についての選択の機会の確保・情報の取得または利用のための手段についての選択の機会の拡大（同条3号）、を挙げている。

同規定については、「機会が確保されること」等の表現では、障害者の参加主体としての位置づけが曖昧である[9]、「可能な限り」という留保は不適切である[10]等の指摘がみられる。

---

[5] 菊池ほか・前掲注2）41頁、長瀬＝川島編・前掲注3）7頁ほか。
[6] 長瀬＝川島編・前掲注3）7頁。
[7] 同上8頁。
[8] 池原・前掲注1）119頁。また、端的に障害者の定義にいう「障害及び社会的障壁」を「障害又は社会的障壁」とすべきとの主張もみられる（滝澤仁唱「障害者差別禁止法への視点」桃山法学19号（2012年）36頁）。もっとも、直接に障害者の射程には含まれなくとも、そのような障害の誤信を理由とする異別取扱いは不合理な取扱いと評価されえよう。
[9] 長瀬＝川島編・前掲注3）10頁。
[10] 同上10頁、滝澤・前掲注8）40頁。

Ⅴ 障害者差別の禁止（4条）

　障害者基本法4条は、障害者差別の禁止・合理的配慮の提供義務について、抽象的に規定している。同法の具体的内容は、差別解消法、促進法においてより具体化されて規定されている建前である。障害者基本法上の各規定が、裁判において直接に違法無効の判断を導くものではないが、公序良俗や違法性の判断で考慮されることはありうる。裁判例には、本条違反を国賠法上の違法を基礎づけるものと判断された事例▶11 もみられる。

1 差別の禁止（1項）

　障害者基本法4条1項は、障害者差別の禁止を定める。同法にいう障害者差別とは、「障害者に対して」「障害を理由として」「差別することその他の権利利益を侵害する行為」である。この定義規定については、差別の具体的定義・類型が明記されていない点などが問題点として指摘されている▶12。

2 合理的配慮（2項）

　障害者基本法2条2項は、合理的配慮の提供について定める。合理的配慮の提供要件は、社会的障壁の除去を必要とする障害者が現存し、負担が過重でないとき、とされている。合理的な配慮に係る明確な定義を欠く点に批判がある▶13。

▶11　高松高判令和2年3月11日賃金と社会保障1759・1760号101頁［高知職業訓練不合格国賠訴訟］（差別解消法の施行（2016（平成28）年）の前の事案である）。ただし同事件は職業訓練の事案であり、職業能力開発促進法上の障害者概念が問題とされるべきだったと指摘される（中益陽子「判批」ジュリ1575号（2022年）154頁）。
▶12　長瀬＝川島・前掲注3）12頁。なお2011（平成23）年改正に関し、差別救済の仕組み・手続の明定の必要性も指摘されている。
▶13　同上12頁。

責務等（5〜9条）

　障害者基本法5条以下では、共生社会実現のうえでの当事者（国および地方公共団体、国民）の責務等を定めている。障害者基本法5条では、共生社会の実現が国際協調のもとでなされるべきことが規定され、障害者基本法6条は国および地方公共団体が共生社会実現のため、基本原則にのっとり、障害者の自立および社会参加の支援等のための施策を総合的かつ計画的に実施する責務を有すると規定する。

　障害者基本法7条は、基本原則に関する国民の理解を深めるための施策を講ずる国および地方公共団体の義務を、8条は共生社会実現のための国民の努力義務を定めている。

 施策の基本方針、障害者基本計画

　障害者基本法11条は、政府が障害者基本計画（障害者のための施策に関する基本的な計画）の策定義務を負うこと、都道府県が、障害者基本計画を基本として、当該都道府県における障害者の状況等を踏まえて、都道府県障害者計画（当該都道府県における障害者のための施策に関する基本的な計画）の策定義務を負うこと、市町村が、障害者基本計画および都道府県障害者計画を基本として、当該市町村における障害者の状況等を踏まえ、市町村障害者計画（当該市町村における障害者のための施策に関する基本的な計画）を策定する義務を負うこと、そしてそれぞれの手続および要旨の公表義務について定める。

 基本的施策

　障害者基本法14条以下において、①医療、介護等、②年金等、③教育、④療育、⑤職業相談等、⑥雇用の促進等、⑦住宅の確保、⑧公共的施設のバリア

フリー化、⑨情報の利用におけるバリアフリー化等、⑩相談等、⑪経済的負担の軽減、⑫文化的諸条件の整備等、⑬防災および防犯、⑭消費者としての障害者の保護、⑮選挙等における配慮、⑯司法手続における配慮等、⑰国際協力について、施策の基本的方向性を明らかにしている。また、障害者基本法31条は、障害の原因となる傷病の予防に関する基本的施策について規定している。

特に障害者雇用に関連する職業相談等については、障害者基本法18条において、国および地方公共団体が、障害者の多様な就業の機会を確保する努力義務、個々の障害者の特性に配慮した職業相談、職業指導、職業訓練および職業紹介の実施その他必要な施策を講じる義務を負うこと（1項）、そのための施策に関する調査および研究を促進する義務を負うこと（2項）、障害者の社会作業活動の場・障害者の職業訓練施設の拡充をはかるため必要な費用の助成その他必要な施策を講じる義務（3項）について規定している。

雇用の促進等に関し、障害者基本法19条が、国および地方公共団体が、障害者の雇用を促進するため、障害者の優先雇用その他の施策を講じなければならないこと（1項）、事業主が、障害者の雇用に関し、その有する能力を正当に評価し、適切な雇用の機会を確保するとともに、個々の障害者の特性に応じた適正な雇用管理を行うことによりその雇用の安定をはかるよう努めなければならないこと（2項）、国および地方公共団体が、障害者を雇用する事業主に対して、障害者雇用の経済的負担を軽減して雇用促進・継続をはかるため、障害者雇用に伴い必要となる施設・設備の整備等に要する費用の助成その他必要な施策を講じなければならないこと（3項）を規定している。

IX 障害者政策委員会

障害者基本法32条以下では、内閣府に設置される障害者政策委員会について規定されている。

同委員会の所掌事務は、①障害者基本計画の策定・変更のための関係行政機関との協議等の調整、障害者政策委員会の意見聴取、障害者基本計画の案の作成、閣議決定に関する事項、②策定に関連しての調査審議および必要があると

認めるときの内閣総理大臣または関係各大臣に対する意見陳述、③障害者基本計画の実施状況の監視、必要があると認めるときの内閣総理大臣または内閣総理大臣を通じての関係各大臣への勧告、④差別解消法による所掌事務の処理、である（法32条）。また障害者政策委員会の組織構成、運営について、障害者基本法33条以下が規定している。

　障害者基本法36条は、都道府県・市町村等において、都道府県障害者計画・市町村障害者計画の策定、施策の推進に係る調査・審議と施策の実施の監視、行政機関相互の連絡調整事項の調査審議等を所掌する合議制の機関について定める（都道府県と政令指定都市は必置であり、市町村は任意設置である）。

第3章 障害者差別解消法

「障害を理由とする差別の解消の推進に関する法律」（障害者差別解消法。以下、「差別解消法」という）は、障害者基本法4条に規定された差別禁止の基本原則を具体化し、広範な分野を対象として 規定・措置等を定める[1]。差別解消法の対象場面は、日常生活および社会生活全般に係る分野全般であるが、障害者差別のうち、雇用分野での障害者差別を障害者雇用促進法が対象とし、雇用を除く全分野を差別解消法が対象とする（13条）[2]。

I　沿　革

障害者権利条約は2006（平成18）年に国際連合総会で採択され、2008（平成20）年に発効した（➡第4部第1章）。日本はこれに2007（平成19）年9月に署名し、批准のための法整備を進め、障がい者制度改革推進本部での検討を基に、2010（平成22）年6月に「障害者制度改革の推進のための基本的な方向について」が閣議決定された。これに沿って、障害者基本法の差別禁止規定等が改正・拡充され、また国・地方公共団体・事業者における障害を理由とする差別の禁止や合理的配慮の提供を内容とする差別解消法が制定された（2013（平成25）年立法、2016（平成28）年4月施行）。同法は2021（令和3）年に改正され、

---

[1] 内閣府障害者施策担当「障害を理由とする差別の解消の推進に関する法律Q&A集」（平成25年6月）（以下、本章では「Q&A」という）3-1等。

[2] 内閣府障害者施策担当・Q&A 7-1、障害者差別解消法解説編集委員会『概説　障害者差別解消法』（法律文化社・2014年）93頁、菊池馨実ほか『障害法〔第2版〕』（成文堂・2021年）130頁〔長谷川聡＝長谷川珠子〕、野村茂樹＝池原毅和『Q&A障害者差別解消法』（生活書院・2016年）32頁〔池原毅和〕、58頁〔得重貴史〕等。

事業者による合理的配慮の提供が義務化された（2024（令和6）年4月施行）。

II 目的・性格（1条）

差別解消法の基本的目的は、個人の尊重の理念にのっとった、障害の有無によらない共生社会の実現である（1条）。そのための直接の目的として、差別解消法は、①障害を理由とする差別（7条・8条は、障害を理由とする差別（障害差別）すべてではなく、「障害者でない者と」の不当な差別的取扱いのみを規制対象としているため、各条の文脈では「障害者差別」と略記することがある▶3)）の解消推進に関する基本的な事項、②行政機関等および事業者における障害を理由とする差別解消の措置等を定めることで、障害を理由とする差別の解消を推進することを定める（1条）▶4。

III 定義（2条）

1 障害者

差別解消法上の障害者の定義は、障害者基本法と同様である（2条1号。➡第4部第2章III）▶5。ただし行政解釈は、差別解消法はあくまで障害者本人を対象とするものとしつつ、「障害児を持つ親」が障害児の帯同を理由に不当な差別的取扱いを受けた場合も同法の適用対象だとする（この例は、障害児（障害者に含

▶3 限定がなければ「障害を理由とする差別」は本来、「障害差別」である。障害差別は障害を理由とする限り障害者間差別も対象とするが、障害者差別は障害者間の差別は対象としない。障害差別と障害者差別の異同について、菊池ほか編・前掲注2) 141頁参照。
▶4 差別解消法が、差別禁止に加え、差別禁止の推進のための基本方針や指針策定等の措置、相談・紛争解決の体制整備等の国や地方公共団体における支援措置等の施策につき定めているため、法律名は「禁止」でなく「解消」とされた（障害者差別解消法解説編集委員会・前掲注2) 67頁、内閣府障害者施策担当・Q&A 6-1)。
▶5 長瀬修＝川島聡編『障害者権利条約の実施』（信山社・2018年）8頁。

まれる）に対する差別とも解しえよう）[6]。

2 行政機関、事業者

　差別解消法の主要な規制内容である差別禁止・合理的配慮の提供の義務づけの対象は、行政機関等と事業者である。前者は国の行政機関、独立行政法人等、地方公共団体（地方公営企業を除く）および地方独立行政法人を指す（詳細につき、2条3号～6号）。事業者は、商業その他の事業を行う者（国、独立行政法人等、地方公共団体および地方独立行政法人を除く）をいう（同条7号）。

(1) 行政機関等

　差別解消法は「行政機関等」について、①国の行政機関（2条4号）[7]、②独立行政法人等（2条5号）、③地方公共団体（地方公営企業法3章の適用される地方公営企業を除く）、④地方独立行政法人（2条6号、ただし後述する公営企業型地方独立行政法人等を除く）を挙げる（2条3号）。立法機関（国会）、司法機関（裁判所）は差別解消法の直接の規制対象でない[8]。

　③地方公共団体からは、「地方公共団体の経営する企業」[9]が除かれ、④地方独立行政法人からは、「主として事業の経費を当該事業の経営に伴う収入をもって充てる事業」のうち水道事業、自動車運送事業、鉄道事業等の一定の事

[6] 後掲注25)。
[7] 「(イ) 法律の規定に基づき内閣に置かれる機関（内閣府を除く。）および内閣の所轄の下に置かれる機関、ロ) 内閣府、宮内庁並びに内閣府設置法（平成11年法律第89号）第49条第1項および第2項に規定する機関（これらの機関のうち二の政令で定める機関が置かれる機関にあっては、当該政令で定める機関を除く。）、ハ) 国家行政組織法第3条第2項に規定する機関（○○省、○○委員会および○○庁など）。ホの政令で定める機関が置かれる機関にあっては、当該政令で定める機関を除く。）、二) 内閣府設置法第39条および第55条並びに宮内庁法（昭和22年法律第70号）第16条第2項の機関並びに内閣府設置法第40条および第56条（宮内庁法第18条第1項において準用する場合を含む。）の特別の機関で、政令で定めるもの、ホ) 国家行政組織法第8条の2の施設等機関および同法第8条の3の特別の機関で、政令で定めるもの、へ) 会計検査院」が含まれる。
[8] 内閣府障害者施策担当・Q&A9-5。三権分立の立場から、これらの機関は自律的に必要な措置を講じるべきものと整理されている。
[9] 条文上は、「地方公営企業法（昭和27年法律第292号）第3章の規定の適用を受ける地方公共団体の経営する企業」が除外されている（差別解消法2条3号）。内閣府障害者施策担当・Q&A9-11。

業すなわち「公営企業型地方独立行政法人」(地方独立行政法人法21条3号)[10]が除かれている。これらは「常に企業の経済性を発揮する」ことが求められていること、原則として業に要する経費を事業収入で賄うことが前提とされていることから、差別解消法2条7号の「事業者」として扱うものとされる[11]。

(2) 事業者

「事業者」とは、個人か団体か、営利目的か非営利目的かを問わず、同種の行為を反復継続して行う者であって、上記①~④(①国、②独立行政法人等、③地方公共団体、④地方独立行政法人等)を除いたものを指す[12]。個人事業者や対価を得ない無報酬の事業を行う者、非営利事業を行う社会福祉法人や特定非営利活動法人も含まれる[13]。

3 責務等(3~5条)

国および地方公共団体は、障害を理由とする差別の解消推進に関して必要な施策の策定・実施の義務を負う(3条)。また国民は、障害を理由とする差別の解消の推進に寄与する努力義務を負う(4条)。事業者でない一般私人の行為や個人の思想、言論については、差別解消法上の差別禁止や合理的配慮の提供義務等の規定の直接の対象ではないが[14]、上記努力義務の適用がある。行政機関等および事業者は、自ら設置する施設の構造の改善および設備の整備、関係職員に対する研修その他の必要な環境の整備の努力義務を負う(5条)。

---

[10] 条文上は、地方独立行政法人「法第21条第3号に掲げる業務を行うもの」が除外されている(差別解消法2条6号)。内閣府障害者施策担当・Q&A9-10。
[11] 内閣府障害者施策担当・Q&A9-11、同9-10参照。野村 = 池原・前掲注2)32頁。
[12] 内閣府障害者施策担当・Q&A9-11、同9-10、障害を理由とする差別の解消の推進に関する基本方針(平成27年7月24日閣議決定、令和5年3月14日閣議決定)第2・1・(2)。
[13] 障害者差別解消法解説編集委員会・前掲注2)72頁、障害を理由とする差別の解消の推進に関する基本方針(平成27年7月24日閣議決定、令和5年3月14日閣議決定)
[14] 内閣府障害者施策担当・Q&A9-2。

4 基本方針（6条）

　政府は、障害を理由とする差別の解消推進に関する施策実施のために基本方針▶15を定めることとされ▶16（6条1項）、2項に、基本方針に定めるべき事項が示されている▶17。基本方針の決定・変更は、障害者その他の関係者の意見を反映させるために必要な措置を講じ、障害者政策委員会の意見聴取を経たうえで、閣議によりなされ、決定後に遅滞なく公表されるものとされている。

5 障害者差別の禁止・合理的配慮の提供義務（7～8条）

　行政機関等と事業者は、その事務（行政機関等）または事業（行政機関等、事業者）を行うにあたり、障害を理由として障害者でない者と不当な差別的取扱いをすることにより、障害者の権利利益を侵害してはならず（不当な差別的取扱いの禁止、7条1項、8条1項）、障害者から現に社会的障壁の除去を必要としている旨の意思の表明があった場合において、その実施に伴う負担が過重でないときは、障害者の権利利益を侵害することとならないよう、当該障害者の性別、年齢および障害の状態に応じて、社会的障壁の除去の実施について必要かつ合理的な配慮をしなければならない（合理的配慮の提供義務、7条2項、8条2項）。なお、差別解消法の行政解釈は、合理的配慮の不提供による権利侵害を差別と捉えている▶18。

　差別解消法上は、損害賠償請求権、契約の無効等の私法上の効果は規定されていないため、これらの条項による義務違反の行為が直ちに違法無効とされたり、罰則が適用されたりするわけではない▶19。違反については、私法上は民

▶15　「障害を理由とする差別の解消の推進に関する基本方針」が定められている。
▶16　内閣府障害者施策担当・Q&A12-1。差別解消の推進は、雇用・教育・医療など多くの分野に関連し、各府省の所掌に横断的にまたがる施策であるためである。
▶17　2021（令和3）年改正により、「国及び地方公共団体による障害を理由とする差別を解消するための支援措置の実施に関する基本的な事項」が新たに挙げられている（6条2項4号）。
▶18　内閣府障害者施策担当・Q&A10-6、10-7、障害者差別解消法解説編集委員会・前掲注2）82頁。
▶19　差別解消法上に規定されている罰則は、19条に定める秘密保持義務違反に関するもの（25条）、12条に定める報告義務違反に関するもの（26条）であり、差別禁止規定や合理的配慮提供

法等の一般規定（債務不履行、不法行為等）に従い個々の事案に応じて判断されることになり、公法上は、主務大臣が特に必要があると認めるときに採られる、報告の徴収、助言、指導、勧告といった措置の対象となる[20]。

（1）直接差別の禁止（7条1項、8条1項）

（a）「事務・事業」　規制対象は、行政機関等の事務・事業、事業者の事業である[21]。これらに該当しない行為（私生活上の行為等）は直接の規制対象でない[22]。

（b）「障害を理由として」　「障害を理由として」について、行政解釈は個別具体的に判断されるものとして定義を示していないが、一般的な文言解釈としては、障害者に障害があることを認識し、取扱いに影響させることを認識・認容していること（「差別意思」）を意味する（➡第2部第3章Ⅱ1(3)）。間接差別・関連差別[23]の扱いについては、判断事例の集積が待たれる[24]。なお行政解釈は、障害児の障害を理由として障害児同伴の施設利用について不当な差別的取扱いを受ける場合も本法の禁止する差別である

　　義務違反に関するものではない。
[20]　内閣府障害者施策担当・Q&A14-1。
[21]　事業とは、一定目的をもってなす同種の行為の反復継続的遂行をいう（営利要素・営利目的を問わない）。事務とは、国、地方公共団体その他の組織体において、その組織体のためにする行為全般を広く含む（権力的・非権力的を問わない）。大森政輔ほか編『法令用語辞典〔第11次改訂版〕』（学陽書房・2023年）339頁等参照。
[22]　内閣府障害者施策担当・Q&A9-1。
[23]　差別禁止事由自体ではなく、差別禁止事由に関連する事由を理由とする差別（たとえば、障害者自身を差別するのでなく、障害に密接に関連する「車いす利用」を理由とする差別など）を「関連差別」と呼ぶことがある。日本法上は、この概念を明示して禁止する条文はないが、裁判所は差別意思を柔軟に推認しており、障害に密接に関連した事由を理由とする差別は、差別意思を推定するものとして、直接差別として捉えているものと思われる（後掲注25））。間接差別の概念については、➡第2部第3章Ⅱ1(3)(a)）。
[24]　障害者差別解消法解説編集委員会・前掲注2）81頁。私見では、間接差別・関連差別であっても、差別意思が推認できるものは差別解消法7条1項、8条1項で禁止される障害差別に含まれうる（定義によるが、差別意思により画される直接差別と、不利益な影響により画される間接差別、そして合理的配慮の不提供とは、相互排他的なものではなく、1つの行為が複数の類型に該当することがありうる。詳細について、富永晃一「差別禁止法理の基本的概念に関する試論」労働126巻（2015年）116頁）。

と解する[25][26]。

（ｃ）「障害者でない者と……不当な差別的取扱い」　「不当な差別的取扱い」の「差別的取扱い」は、一般的には、有利にも不利にも本来あるべき取扱いとは異なる取扱い（異別取扱い）を指す[27]。差別解消法上は「障害者でない者と」の差別的取扱いに射程が限定されており、日常生活や社会生活上の、財・サービスや各種機会の（ａ）提供の有無、あるいは（ｂ）提供条件の内容について、非障害者と異なる取扱いが「差別的取扱い」にあたることになる[28]。「差別的取扱い」か否かは、非障害者と比較して判断される（「障害者でない者と」）ため、他の障害者と比較しての異別取扱いは、直接の禁止対象でない[29]。また、合理的配慮の提供など、正当な理由のある異別取扱いは、「不当な差別的取扱い」でなく、禁止の対象外である[30]。

[25] 内閣府障害者施策担当・Q&A9-5。なお障害児の同伴を理由に施設利用を断られる（あるいは不当な制約を受ける）場合は、「親に同伴しての利用が認められない」という障害児自身への差別的取扱いがあったと解しうると思われる。

[26] なお、「障害者であることを理由として」と規定する障害者雇用促進法と異なり、差別解消法は「障害を理由として」と規定しているため、7条・8条以外ではより適用余地を広く解しうる可能性がある。

[27] 差別意思により、本来あるべき取扱いより異なったものであれば、形式的には同一取扱いであっても、直接差別に該当することがありうる（直接差別を、差別意思による区分と理解する場合）。ただし差別解消法上の直接差別は、男女雇用機会均等法等の他の差別禁止規定と異なり、障害者でない者との差別的取扱いに限定されているため、合理的配慮の不提供による不利益取扱いが差別であるとしても、合理的配慮の提供義務違反に加えて、7条1項、8条1項違反となるのかという点には解釈上の疑義がある（そもそも非障害者には合理的配慮の提供はなされないため）。

[28] 基本方針第2・2・(1)ア。基本方針は、（ⅰ）提供拒否、（ⅱ）提供の時間・場所の制限、（ⅲ）障害者に付さない条件を付すること、の3つを例示するが、（ⅱ）は（ⅲ）の一種である（提供の時間的制約／場所的制約とは、提供の時間的条件／場所的条件である）。

[29] 前掲注3）参照。なお、視覚障害者が聴覚障害者より不利な取扱いを受けていることは、「障害を理由として」には該当する可能性があるが、比較対象者を「障害者でない者と」と限定しているため「障害者でない者と……差別的取扱い」にはあたらないことになる。仮に「その障害を有しない者と……差別的取扱い」であれば、そのような他の種類の障害者より不利な取扱いも法の射程内となろう）。積極的差別是正措置も、非障害者と比べて有利な取扱いであれば、同規定の射程外となる。

[30] 内閣府障害者施策担当・Q&A10-3参照。なお私見では同Q&Aの述べる「正当な理由がある」とは、単にそれ自体として正当な理由があるだけでなく、「不利益性を上回る正当な理由がある」場合に限られると解する。制度や取扱いの不当性は、一般的にはその制度や取扱いの目的（必要性）と、その制度や取扱いの不利益性とを比較考量して判断される（比例審査、均衡審査）。

「障害者でない者と……差別的取扱い」と規定されている「障害者でない者」は、「本質的に関係する諸事情が類似する、障害者でない者」である（「比較対象者」と呼ばれる）。同様の状況の非障害者（比較対象者）が現実に存在することは、不当な差別的取扱いを判断するうえでは、必須の要件ではない。制度自体の要件や慣行等から、同様の状況の非障害者が現実には存在しなくても、同様の状況の非障害者が仮にいた場合の取扱いが定まっているのなら、その仮想的な非障害者への取扱いと比較して判断することも可能であろう。

　基本方針は、「行政機関等及び事業者においては、正当な理由に相当するか否かについて、個別の事案ごとに、障害者、事業者、第三者の権利利益（例：安全の確保、財産の保全、事業の目的・内容・機能の維持、損害発生の防止等）及び行政機関等の事務・事業の目的・内容・機能の維持等の観点に鑑み、具体的場面や状況に応じて総合的・客観的に判断することが必要である」と述べる▶31。

　　障害者と非障害者の異別取扱い（財・サービスや各種機会等の提供条件が異なる）についても、取扱いを異にする（それ自体も正当な）必要性があり、その必要性に照らして、異なる取扱いによる不利益な影響がやむをえないものである場合、不当性が否定されると思われる。　現実には、種々の考慮要素を総合した判断となる。たとえば身体障害のある利用者用の設備を備えたトイレが、当該設備のないトイレとは設置場所や設置数が異なることは、形式上は異別取扱いにあたりうるが、利用者の数の相違や、利用者の利用しやすい広さや手すりを確保したりする必要性等の正当な事情がある場合には、（男性トイレと女性トイレとで個室の多さや場所が合理的な範囲で異なっても差し支えないように）不当な差別的取扱いとまではいえないと思われる。

　　同様に、障害者に対する合理的配慮の提供や、障害者に対する合理的配慮の提供目的でのプライバシーに配慮した（≒不利益性の小さい）障害状況の確認は、いずれも非障害者と異なる「差別的取扱い」であるが、上述のようにその正当な必要性が不利益性を上回る限りにおいて「不当な差別的取扱い」ではない（基本方針第2・2・(1) イ）。他方、合理的配慮の提供目的でプライバシーに配慮していても、人格的尊厳を傷つけるような態度や言葉での障害状況の確認などは、確認の目的それ自体としては正当な理由があっても、取扱いの不利益性がそれを上回るため、「不当な差別的取扱い」とされることもありえよう。

　　なお、解消法上の差別の成否が争われた事例として、大阪高判令和3年8月30日裁判所ウェブサイト〔障害者投票権確認等請求控訴事件〕（公選法上、代理投票の補助者を投票事務従事者（公務員）に限定しており、障害者の希望する補助者を選ぶことができないことは、選挙の公正を確保する見地からの制約でありやむをえないと判断）、東京高判令和4年9月15日D1-Law.com判例体系〔28310100〕〔損害賠償請求控訴、同附帯控訴事件〕（損害の公平な分担という見地から、既存障害のある特別支援学級生徒の学校での事故による後遺障害の慰謝料について、既存障害を考慮することは障害者基本法4条・差別解消法7条に違反しないと判断）などがみられる。

▶31　基本方針第2・2・(2)。

(2) 合理的配慮の提供義務（7条2項、8条2項）

差別解消法7条2項は行政機関等の、8条2項は事業者の合理的配慮の提供義務を定める。

差別解消法が求める合理的配慮とは、行政機関等や事業者が、事務ないし事業を行うにあたり、「障害者の権利利益を侵害することとならないよう、当該障害者の性別、年齢及び障害の状態に応じて、社会的障壁の除去の実施について必要かつ合理的な配慮」をすることである。合理的配慮を行わないことは、障害者基本法4条2項の規定より、障害者差別に該当すると行政解釈では位置づけられている[32]。

差別解消法は社会モデルを採用している[33]。すなわち障害者が（非障害者に比べて）権利利益を侵害されるのは、障害が原因でなく、障害があってもサービス等を利用しにくいという「社会」に原因があるとみて、その「社会的障壁」を除去することを求めている。

差別解消法は、合理的配慮義務について、①「事務・事業」を行うにあたってのものであること、②「障害者から現に社会的障壁の除去を必要としている旨の意思の表明があった場合」であること、③「その実施に伴う負担が過重でないとき」であること、と明文で規定している。また、障害者でない者との比較において同等の機会の提供を受けるためのものであること、事務・事業の目的・内容・機能の本質的な変更には及ばないこと、が基本方針上は強調されている[34]。①については先述したので、②③につき述べる。

[32] 内閣府障害者施策担当・Q&A10-6。ただし理念として「障害者差別である」という点は妥当だが、私見では、「障害を理由とする差別である」とする点には疑問の余地がある。「障害者差別」を合理的配慮の不提供を含む概念と定義することは可能であり、障害者権利条約の趣旨にも沿うものであるが、「理由とする」という文言は、一般に法解釈上は差別意思（差別禁止事由を認識し、その差別禁止事由を取扱いに影響させること）による差別（直接差別）を指す。合理的配慮の不提供には、差別意思があり直接差別となる場合（たとえば、合理的配慮を必要とする障害者であることを認識しながら、あえて合理的配慮を提供しない場合）も、差別意思がなく直接差別とならない場合（たとえば、合理的配慮が必要な障害者であることを認識できなかった結果、合理的配慮の提供ができなかった場合）もあると解されるので、「障害を理由とする差別である」という前述の表現は誤解を招くおそれがある。

[33] 「障害者」の定義にも示されている。第4部第2章Ⅲ、長瀬＝川島編・前掲注5）参照。

[34] 基本方針第2・3・(1)・ア。

（a）「意思の表明」　差別解消法の合理的配慮の提供義務は、社会的障壁の除去に関する配慮を必要としている状況にあることについての、障害者からの「意思の表明」を要件としている。

「現に社会的障壁……意思の表明」とは、個別具体的な場面において、社会的障壁の除去の実施に関する配慮を必要としている状況にあることを、言語その他の意思疎通のための手段により伝えることを指す[35]とされる。

言語その他の意思疎通のための手段としては、言語（手話を含む）のほか、点字、拡大文字、筆談、実物の提示や身振りサイン等による合図、触覚による意思伝達など、障害者が他人とコミュニケーションをはかる際に必要な手段（通訳を介するものを含む）と解される[36][37]。

障害者本人からの意思表明以外に、知的障害や精神障害（発達障害を含む）等により本人の意思表明が困難な場合には、障害者の家族、介助者等、コミュニケーションを支援する者が本人を補佐して行う意思の表明も「障害者から……意思の表明」に含まれる[38]。

このような要件を付したことについて、行政解釈では「『意思の表明があった場合において』としているのは、『合理的配慮』とは、社会的障壁の除去を必要としている障害者が現に存在する場合における個別の対応として求められるものであり、配慮を求められる相手方から見て、当該者が障害者なのか、配慮を必要としているか否かが分からない場合についてまで、具体的に配慮を義務付けることが困難なためである」と説明されている[39]。

（b）「その実施に伴う負担が過重でないとき」（過重な負担）、「必要かつ合理的な配慮」（配慮の合理性）　「過重な負担」については、行政機関等において、個別の事案ごとに、①事務・事業への影響の程度（事務・事業の目的・内容・機能を損なうか否か）、②実現可能性の程度（物理的・技術的制約、人的・

[35] 内閣府障害者施策担当・Q&A10-11。
[36] 基本方針第2・3・(1)・ウ。
[37] 内閣府障害者施策担当・Q&A10-11。
[38] 基本方針第2・3・(1)・ウ、内閣府障害者施策担当・Q&A10-13。なお家族、介助者等を伴わず意思の表明がない場合でも、障害者が社会的障壁の除去を必要としていることが明白な場合には合理的配慮の提案のための対話の働きかけなどがなされることが望ましいとされる（基本方針第2・3・(1)・ウ）。
[39] 内閣府障害者施策担当・Q&A10-12。

体制上の制約）、③費用・負担の程度、④事務・事業規模、⑤財政・財務状況等の要素を考慮し、具体的場面や状況に応じて総合的・客観的に判断される▶40。

「必要かつ合理的」「その実施に伴う負担が過重でないとき」の内容については、私見では前者（「必要かつ合理的」）とは、配慮が手段として合理的であること（その配慮の負担が必要性からみて相当な範囲にとどまること）を指し▶41、後者（「実施に伴う負担が過重でないとき」）とは、配慮がその行政機関や事業者の負担可能な範囲にとどまることを指すと解する▶42。

行政機関等および事業者は、過重な負担にあたると判断した場合は、障害者にその理由を説明するものとし、理解を得るよう努めることが望ましい▶43。

（ｃ）合理的配慮の手続　合理的配慮は、それを求める障害者との対話により具体化され、柔軟に実現されることが望ましい。障害の特性や社会的障壁の除去が必要な具体的場面や状況は多様だからである▶44。

合理的配慮を必要とする障害者が多数見込まれる場合、障害者との関係性が長期にわたる場合等には、個別的なその都度の合理的配慮の提供ではなく、環境の整備が望ましい場合がありうる。

6 対応要領・対応指針、報告、助言・指導・勧告等（9〜13条）

差別禁止・合理的配慮の提供に関して、国の行政機関・独立行政法人の長は、それぞれの職員が適切に対応するために必要な要領（対応要領）を策定するものとされている（9条1項）。対応要領の具体的内容としては、障害を理由

▶40　基本方針第2・3・(2)。
▶41　当該サービスの提供のための必要にとどまらない負担は、必要性の限度を超えるとして義務づけられないと解する事例がみられる（学校に対し、自宅等でも使用可能な補助具の提供を求めることは合理的配慮の対象外であると判断した事例として、名古屋高判令和3年9月3日 D1-Law.com 判例体系〔28293224〕〔公立小中学校における喀痰吸引に必要な器具の確保処分義務付け等請求控訴事件〕）。
▶42　考え方は、促進法上の合理的配慮のそれと同様であると解する。厚生労働省職業安定局障害者雇用対策課『障害者雇用促進法の逐条解説』（労務行政・2024年）。
▶43　基本方針第2・3・(2)。
▶44　基本方針第2・3・(1)・イ。

とする差別に関する基本的考え方、当該機関等における不当な障害を理由とする差別になりうる行為の具体例、当該機関等における合理的配慮の好事例等が想定されている▶45。対応要領を定めるにあたり障害者その他の関係者の意見を反映させるために必要な措置▶46を講じる義務（同条2項）、対応要領を定めたときの公表義務（同条3項）を負う。変更についても、上記の措置義務・公表義務の規定が準用される（同条4項）。

　地方公共団体の機関・地方独立行政法人についても、国の行政機関等の負う上記の義務とほぼ同内容の義務が努力義務として▶47定められている（対応要領の作成義務（10条1項）、意見反映の措置義務（同条2項）、公表義務（同条3項））。また国は地方公共団体の機関等の対応要領作成への協力義務を負う（同条4項）。変更についても上記の各努力義務規定ないし義務規定（同条2項～4項）が準用される。

　上記の対応要領・対応指針の形式としては、国の行政機関等については訓令等が、地方公共団体の期間等については規則等、対応指針については告示などが想定されている▶48。

　事業者については、主務大臣が、基本方針に即して、差別禁止・合理的配慮の提供に関する対応指針の作成義務を負うものとされる（11条1項）。措置義務、公表義務に関する規定が準用される（同条2項）。変更についても同様である（同項）。また、主務大臣は、差別禁止・合理的配慮の提供の義務規定（8条）の施行に関し、特に必要があると認めるときは、対応指針に定める事項について、事業者に対し、報告を求め、または助言、指導もしくは勧告をすることができる（12条）。

7 障害を理由とする差別を解消するための支援措置

　差別解消法14条以下には、障害を理由とする差別を解消するための支援措

▶45　内閣府障害者施策担当・Q&A13-2。
▶46　障害者や事業者等を構成員に含む会議の開催や障害者団体や経済団体等からのヒアリング等が想定されている。内閣府障害者施策担当・Q&A13-16。
▶47　地方分権の尊重の趣旨からであるとされる。内閣府障害施策担当・Q&A13-2。
▶48　障害者差別解消法解説編集委員会・前掲注2）87頁、内閣府障害者施策担当・Q&A13-12。

置について規定がおかれている。

　国・地方公共団体は、障害を理由とする差別に関する相談および紛争の防止等のために必要な体制の整備[49]をはかるものとされ（14条）、障害を理由とする差別の解消に向けて、啓発活動を行うものとされ（15条）、さらに国内外については国が義務として、地域については地方公共団体が努力義務として、障害を理由とする差別およびその解消のための取組みに関する情報の収集、整理および提供を行うこととされている（16条1項・2項）。

　障害を理由とする差別の解消を効果的に推進するためには、各地域の特性を踏まえた主体的な取組みの推進が必要であるため、地域において障害を理由とする差別に関する相談や紛争の防止・解決を推進するためのネットワークを構築する観点から、国や地方公共団体の機関であって、医療、介護、教育その他の障害者の自立と社会参加に関連する分野の事務に従事するもの（以下、「関係機関」という）は、障害を理由とする差別に関する相談・障害を理由とする差別解消の取組みの効果的かつ円滑な遂行のため、関係機関等[50]により構成される地域協議会を組織することができることとされている（17条1項）。具体的な内容としては、障害を理由とする差別に関する参考事案の情報共有、経験や専門知識を踏まえた、障害者からの相談への対応や、当該事案を踏まえた具体的な差別の解消策等についての協議、各構成機関等の役割に応じた差別解消に向けた取組みの実施等が想定されている（18条1項・2項）[51]。協議会の庶務は地方公共団体が行うこととされ（18条4項）[52]、協議会の事務従事者・事務従事経験者については、秘密保持義務が課されている（19条）[53]。

▶49　行政肥大化防止等の観点から、新たな機関は設置せず、既存の機関等の活用・充実をはかることとされている。障害者差別解消法解説編集委員会・前掲注2）94頁、内閣府障害者施策担当・Q&A15-2。
▶50　関係機関以外に、特定非営利活動法人その他の団体、学識経験者、その他当該国および地方公共団体の機関が必要と認める者を加えることができる（17条2項）。
▶51　内閣府障害者施策担当・Q&A16-2。
▶52　同上16-8。
▶53　同上16-2。

コラム…8
▶▶ 性的少数者理解増進法（LGBT理解増進法）

「性的指向及びジェンダーアイデンティティの多様性に関する国民の理解の増進に関する法律」（以下「性的少数者理解増進法」という）は、議員立法で2023（令和5）年6月に成立、施行された。「性的指向……などの理由による、いかなる差別」も受けず、五輪憲章上の権利と自由を享受されるべきことが規定されていることを踏まえ、超党派の議員連盟が法案を用意し、統一地方選後の2023年5月に国会に法案が提出された。審議過程で、「差別は許されない」という文言が「不当な差別はあってはならない」に「性自認」という文言が「ジェンダーアイデンティティ」（以下、「GI」という）に修正されるなどした。

性的少数者理解増進法の目的は、性的指向およびGIの多様性に関する国民の理解の増進に関する施策の推進に関し基本理念を定め、国および地方公共団体の役割等を明らかにするとともに、基本計画の策定その他の必要な事項を定めることにより、性的指向およびGIの多様性を受け入れる精神を涵養し、もって性的指向およびGIの多様性に寛容な社会の実現に資することである（1条）。

性的指向（"Sexual Orientation"、以下「SO」とする）とは、恋愛感情または性的感情の対象となる性別についての指向をいう。GIとは、自己の属する性別についての認識に関するその同一性の有無または程度に係る意識（性自認）であり、たとえば自分が男性であるか女性であるかという認識である（どちらでもないというGIもありうる）。

上記のうち、国、地方公共団体、事業主の役割や義務に関しては、次のような内容が定められている。

【図表4-3-1：主体ごとの役割、事務】

主体	義務
国／政府	・SOGIの多様性に関する国民の理解の増進に関する施策を策定し、および実施する努力義務（4条） ・毎年1回、施策の実施の状況の公表義務（7条） ・基本計画の策定義務（8条）※おおむね3年ごとに検討・変更 ・学術・研究その他の必要な研究推進義務（9条） ・心身の発達に応じた教育および学習の振興ならびに広報活動等を通じた性的指向およびGIの多様性に関する知識の着実な普及、各般の問題に対応するための相談体制の整備その他の必要な施策を講ずる努力義務（10条1項） ・性的指向・GI理解増進連絡会議の設置、連絡調整等（11条） ・指針の策定義務（12条）
地方公共団体	・国と連携し、地方の実情を踏まえ、SOGIの多様性に関する国民の理解の増進に関する施策を策定し、および実施する努力義務（5条） ・心身の発達に応じた教育および学習の振興並びに広報活動等を通じた性的指向およびGIの多様性に関する知識の着実な普及、各般の問題に対応するための相談体制の整備その他の必要な施策を講ずる努力義務（10条1項）

事業主	・SOGI の多様性に関するその雇用する労働者の理解の増進に関し、普及啓発、就業環境の整備、相談の機会の確保等を行うことにより SOGI の多様性に関する当該労働者の理解の増進に努める努力義務（6条1項） ・国または地方公共団体が実施する SOGI の多様性に関する国民の理解の増進に関する施策に協力するよう努める努力義務（6条1項）
1条校の設置者	・SOGI の多様性に関するその設置する学校の児童、生徒または学生（以下、「児童等」という）の理解の増進に関し、家庭および地域住民その他の関係者の協力を得つつ、教育または啓発、教育環境の整備、相談の機会の確保等を行うことにより SOGI の多様性に関する当該学校の児童等の理解の増進に自ら努める努力義務（6条2項） ・国または地方公共団体が実施する性的指向および GI の多様性に関する国民の理解の増進に関する施策に協力するよう努める努力義務（6条2項）

　性的少数者理解増進法の内容は、具体的な差別禁止義務等を規定するものでなく（「理念法」と呼ばれる）、漸進的なものである（この点への批判も多い）。最三小判令和5年7月11日民集77巻5号1171頁［経済産業省事件］でトランスジェンダー女性（MtF）▶54の女性トイレ使用制限措置の継続が違法と判断されたが、たとえばこの法律はそのような問題に対し具体的に解決を示すものではない。他方で、同判決に全裁判官から補足意見が付されたことに示されているように、性的少数者の直面する問題に対する具体的な解決策や方向性について、社会の共通認識は形成途上というのが実態であり（本判決でも、様々に異なる当事者のきめ細かなニーズの調整を行うという方向性では共通しているが、措置の評価や個々の具体的な場面における解決策については、社会の変化を待つべきとの慎重な姿勢もみられる）、同法が問題解決の土壌を形成する役割を果たすことが期待される。

　なお、たとえば性自認において少数派であることは、出生時に判断された性別と性自認における性の不一致に主観的な違和のない場合、一般には疾病・障害ではなく、差別解消法上の「障害者」には含まれないが、心身の機能の障害が生じており（いわゆる性別不合（性別違和、性的違和）に相当し）、当該障害および社会的障壁により継続的に日常生活または社会生活に相当な制限を受ける状態にある場合には、この「障害者」に該当する場合がありうると思われる▶55。

▶54　出生時に男性と判定されたが、性自認が女性の者を指す（その逆が、FtM 男性）。
▶55　第198回国会衆議院厚生労働委員会第13号（平成31年4月26日）の川又政府参考人答弁は「性同一障害のある方につきましても、心身の機能の障害が生じており、当該障害及び社会的障壁により継続的に日常生活又は社会生活に相当な制限を受ける状態にあるという場合には、この障害者差別解消法で定める障害者に含まれると解されます」と述べる。
　近時の改定により、性自認、性的指向が少数派であること自体は ICD-11（診断基準）上は精神疾患から外された（先行して DSM-V でも「性同一性障害」から「性別違和」に変更され、強い欲求の不満等の症状のある状態に限定されていた）。性別違和に至らないこれらの性的少数者への配慮をどのように位置づけるべきか、今後なお議論がありえよう。

第4章 障害者虐待防止法

　障害者が施設や職場で虐待を受ける事件が相次いだこと等を受け、2011（平成23）年6月に「障害者虐待の防止、障害者の養護者に対する支援等に関する法律」（障害者虐待防止法）が制定された。障害者虐待防止法は、養護者や障害福祉施設従事者による障害者虐待だけでなく、使用者による障害者虐待について規定しており、障害者の雇用や福祉的就労にとっても重要な法律といえる。本章では、障害者虐待防止法について、沿革や目的・定義等を確認したうえで、使用者による虐待防止を中心に概説する。

I　沿革・概要

　「障害者虐待防止法」（以下、「虐待防止法」という）は、2000（平成12）年の児童虐待防止法、2001（平成13）年の配偶者からの暴力の防止及び被害者の保護等に関する法律（DV防止法）、2005（平成17）年の高齢者虐待防止法に次ぐ、4つ目の虐待防止法として、2011（平成23）年6月に成立した（2012（平成24）年10月1日施行）。

　障害者が施設や職場で虐待を受ける事件[1]が1990年代後半以降に次々と明

▶1　たとえば、知的障害者を多数雇用する企業が、寮に住み込みで就労していた障害者らに対して暴行や虐待を加え、うち一人については薬を服用させないこと等により死亡させた1995（平成7）年ごろの事件（「サン・グループ事件」）がある。この事件を起こした企業では、最低賃金の支払いがなされず、休暇や休憩を与えないといった労働基準法違反が横行していた。これらを放置した施設の設置者（県）、労働基準監督署および公共職業安定所の責任も問われ、国賠法上の損害賠償責任が認められた（大津地判平成15年3月24日判時1831号3頁）。同様の事件として、知的障害者への傷害・性的暴行等が1995（平成7）年ごろ問題となった水戸アカス事件、自閉症の専門施設での障害者への日常的な虐待が2004（平成16）年に発覚したカリタスの家事件等がある。

らかとなり、障害者虐待が重要な社会問題として認知されるようになった。その後、少しずつ議論が進められ、2009（平成21）年に与野党がそれぞれ独自に提出した障害者虐待防止法案が廃案になるなど紆余曲折を経たが、障害者権利条約[2]の批准が急務となる中で、2011（平成23）年に虐待防止法が制定された。

　虐待防止法は、養護者や施設従事者等による虐待を規制する高齢者虐待防止法の枠組みを基本的に踏襲しつつも、職場における「使用者」による虐待を障害者虐待としてとらえ、規制の対象とした点に特徴をもつ（2条2項）。

　障害者雇用促進法（以下、「促進法」という）や総合支援法には、障害者に対するハラスメントを禁止する規定や事業主にハラスメント防止措置義務を課す規定はおかれていない。そのため、障害者が職場や障害者施設でハラスメントや虐待を受けた場合には、虐待防止法が重要な役割を担うこととなる[3]。

II 目的（1条）

　虐待防止法は、「障害者に対する虐待が障害者の尊厳を害するものであり、障害者の自立及び社会参加にとって障害者に対する虐待を防止することが極めて重要であること等に鑑み」、①障害者に対する虐待の禁止、②障害者虐待の予防および早期発見その他の障害者虐待の防止等に関する国等の責務、③虐待を受けた障害者に対する保護および自立の支援のための措置、④養護者の負担の軽減等の養護者に対する支援のための措置等を定めることにより、障害者虐待の防止、養護者に対する支援等に関する施策を促進し、もって障害者の権利

---

[2] 障害者権利条約は、16条で「搾取、暴力及び虐待からの自由」を定める（➡第4部第1章）。
[3] 2013（平成25）年の改正に向けた検討の中で、障害者差別の禁止に加え、ハラスメントに関する規定を盛り込むことが議論されたが、虐待防止法ですでに職場における心理的虐待（不当な差別的言動）等として虐待防止に向けた措置が講じられているとして、導入は見送られた（「労働政策審議会障害者雇用分科会意見書：今後の障害者雇用施策の充実強化について」（2013（平成25）年3月14日）第1の2(1)）。しかし、たとえばセクシュアル・ハラスメントに関しては、事業主のハラスメント防止措置義務が性差別を禁じた均等法に定められている（11条・11条の3）。差別禁止とハラスメントの防止を一体的に扱うためにも、障害者に対するハラスメントの防止措置義務を促進法の中に定めるべきであろう。

第4章　障害者虐待防止法 ─── 233

利益の擁護に資することを目的とする（1条）。

この目的規定を受けて、虐待防止法は、その目的を達成する手段として、第2章以下で、障害者虐待の禁止や防止に関する規定（①②）だけでなく、障害者の自立支援（③）や養護者に対する支援（④）に関する規定をおいている。

III 定義（2条）

1 障害者

虐待防止法2条1項は、この法律において「障害者」とは、障害者基本法2条1号に規定する障害者をいうと定める（➡第4部第2章III）。

2 虐待の行為者

虐待防止法は、「養護者」、「障害者福祉施設従事者等」および「使用者」による虐待を「障害者虐待」と定める（2条2項）。

「養護者」とは「障害者を現に養護する者であって障害者福祉施設従事者等及び使用者以外のもの」をいう（同条3項）。具体的には、障害者の身辺の世話や身体介助、金銭の管理等を行っている障害者の家族、親族、同居人等をさす。「障害者福祉施設従事者等」とは、「障害者総合支援法に規定する障害者支援施設、障害福祉サービス事業、相談支援事業等に従事する者」をいう（同条4項）。「使用者」とは、「障害者を雇用する事業主」または「事業の経営担当者その他その事業の労働者に関する事項について事業主のために行為をする者」をいう（同条5項）。当該障害者が派遣労働者である場合は、派遣先事業主も同項の使用者に該当する（同項）。

3 虐待の行為類型

障害者虐待の行為類型には、①身体的虐待、②性的虐待、③心理的虐待、④

放棄・放置、⑤経済的虐待がある。上述したように、虐待防止法は、養護者、障害者福祉施設従事者等および使用者による障害者虐待を規制の対象とする。以下では使用者による障害者虐待を例に、5つの行為類型を解説する[4]。

使用者による障害者虐待は、使用者が当該事業所に使用される障害者について行う次のいずれかに該当する行為をいう（2条8項）。

> ①身体的虐待：「障害者の身体に外傷が生じ、若しくは生じるおそれのある暴行を加え、又は正当な理由なく障害者の身体を拘束すること」（同項1号）
> ②性的虐待：「障害者にわいせつな行為をすること又は障害者をしてわいせつな行為をさせること」（同項2号）
> ③心理的虐待：「障害者に対する著しい暴言、著しく拒絶的な対応又は不当な差別的言動その他の障害者に著しい心理的外傷を与える言動を行うこと」（同項3号）
> ④放棄・放置：「障害者を衰弱させるような著しい減食又は長時間の放置、当該事業所に使用される他の労働者による前三号に掲げる行為と同様の行為の放置その他これに準ずる行為を行うこと」（同項4号）
> ⑤経済的虐待：「障害者の財産を不当に処分することその他障害者から不当に財産上の利益を得ること」（同項5号）

職場において、①②③④が行われた場合には、セクシュアル・ハラスメントやパワー・ハラスメントにも該当しうる（➡本章コラム9）。また、最低賃金法（➡第5部第2章Ⅱ**1**）や賃金の全額払い原則等（労基法24条）に違反する場合、⑤にも該当しうる。

---

[4] 若干の違いがあるもののおおむね同様の規定が、養護者による虐待（2条6項）と障害者福祉施設従事者等による虐待（同条7項）として定められている。

IV 虐待防止のための施策

1 障害者虐待の禁止等

　虐待防止法は、「何人も、障害者に対し、虐待をしてはならない」と規定するとともに（3条）、障害者の虐待の防止等に向けた国・地方公共団体の責務（4条）および国民の責務（5条）を定める。また、国・地方公共団体の障害者に関する事務を所掌する部局（6条1項）、ならびに、障害者福祉施設、学校、医療機関、障害者福祉施設等従事者、学校の教職員、医師、弁護士等の障害者の福祉に職務上関係のある者および使用者（同条2項）は、障害者虐待を発見しやすい立場にあることを自覚し、障害者虐待の早期発見に努めなければなない。

　同法は、養護者による虐待（7条以下）[5]、障害者福祉施設従事者等による虐待（15条以下）、使用者による虐待（21条以下）、就学する障害者等に対する虐待（29条以下）について、それぞれ防止のための施策を定める。

　虐待防止のための枠組みは、障害者福祉施設や使用者に、虐待防止のための措置を講ずることを義務づけるとともに、障害者虐待を受けたと思われる障害者を発見した者[6]に市町村等への通報義務を課し、通報を受けた市町村等が関係機関との連携のもと、適切な措置をはかるというものである。

2 使用者による障害者虐待

　障害者を雇用する事業主は、労働者への研修の実施や苦情処理体制の整備等の虐待防止の措置を講じなければならない（21条）。使用者による障害者虐待を受けたと思われる障害者を発見した者は、速やかに、市町村または都道府県

---

[5] 養護者による虐待は市町村に通報され、市町村が事実確認を行い（9条1項）、虐待を受けた障害者の一時保護（同条2項）や後見審判請求（同条3項）を行う。障害者に重大な危険が生じている場合、市町村長は障害者の住居へ立入調査を行うことや（11条1項）、その際に警察署長に対し援助要請することができる（12条1項）。市町村は、養護者の負担の軽減のため、養護者に対する相談、指導および助言等の措置を講ずるものとされている（14条1項）。

[6] 虐待の疑いがある時点で、発見者は通報義務を課される。

に通報しなければならない（22条1項）。虐待を受けた障害者は市町村または都道府県に届け出ることができる（同条2項）。労働者は、これらの通報や届出をしたことを理由として、解雇その他不利益な取扱いを受けない（同条4項）。

　市町村が上記の通報または届出を受けた場合、当該市町村はその旨を虐待があったとされる事業所の所在地の都道府県に通知しなければならない（23条）。都道府県が、上記の通報・届出または市町村からの通知を受けた場合、当該都道府県は、その旨を都道府県労働局長に報告しなければならない（24条）。都道府県労働局が報告を受けたときは、都道府県労働局長または労働基準監督署長もしくは公共職業安定所長は、都道府県との連携をはかりつつ、労基法、促進法、個別労働関係紛争解決促進法等による権限を適切に行使する（26条）。厚生労働大臣は、毎年度、使用者による障害者虐待の状況、使用者による虐待があった場合に採った措置等を公表する（28条）▶7。

　使用者による障害者虐待に関する通報は、市町村と都道府県を通して、「都道府県労働局」に報告されることとなっており、労基法等の労働関係法令に沿った解決がはかられる点に特徴がある▶8▶9。

▶7　厚生労働省「令和5年度使用者による障害者虐待の状況等」によれば、使用者による障害者虐待として通報・届出のあった事業所数は、2019（令和元）年の1458件から減少傾向にあったが、2023（令和5）年は1512件と前年度と比べ300件近く増加した（通報・届出の対象となった障害者数も同様の傾向にあり、2023（令和4）年は1854人）。虐待が認められた事業所数については、2019（令和元）年の535から2021（令和3）年には392まで減少したが、その後微増し、2023（令和5）年は447であった。虐待が認められた障害者（2023（令和5）年度761人）について、障害種別をみると、知的障害者（37.4％）、精神障害者（35.8％）、身体障害者（18.9％）、発達障害者（6.1％）の順となっている。虐待類型は、経済的虐待（80.6％）が圧倒的に多く、心理的虐待（8.7％）、放置等による虐待（5.1％）、身体的虐待（3.8％）、性的虐待（1.8％）であった。

▶8　障害者虐待として報告を受けた都道府県労働局が担当部署とともに調査を実施し、次のような対応がとられている。たとえば、雇用環境・均等部（室）が、使用者による性的虐待を認め、均等法に基づきセクシュアル・ハラスメントに関する再発防止措置を講じるよう指導した事例、雇用環境・均等部（室）が、使用者による心理的虐待を認め、労働施策総合推進法に基づきパワー・ハラスメント防止措置を講じるよう指導した事例、労働基準監督署が、使用者による経済的虐待を認め、最低賃金法に基づき地域別最低賃金額との差額を支払うよう指導した事例等がある（厚生労働省「令和5年度使用者による障害者虐待の状況等」13〜15頁）。

▶9　障害者福祉施設従事者等による障害者虐待については、使用者による虐待の場合と類似の規定が置かれている（15条以下）。ただし、虐待の通報先は市町村のみであり、市町村から都道府県に報告がなされる点や、通報を受けた場合の措置として、社会福祉法や総合支援法等に基づいて市町村または都道府県が権限を適切に行使する点に特徴がある。

3 障害者虐待防止センター等

　市町村は、障害者の福祉に関する事務を所掌する部局等が、市町村障害者虐待防止センターとしての機能を果たすようにしなければならない（32条1項）。市町村障害者虐待防止センターは、障害者虐待の通報や届出の受理、障害者や養護者に対する相談・指導・助言、障害者虐待防止等に関する広報その他の啓発活動を行う（同条2項）。

　都道府県は、障害者の福祉に関する事務を所掌する部局等が、都道府県障害者権利擁護センターとしての機能を果たすようにしなければならない（36条1項）。都道府県障害者権利擁護センターは、障害者虐待の通報や届出の受理、市町村相互間の連絡調整等の援助、障害者や養護者に対する相談・指導・助言、障害者虐待に関する情報の収集・分析・提供、広報・啓発活動等を行う（同条2項）。

　市町村および都道府県は、障害者虐待の防止等を適切に実施するため、福祉事務所その他の関係機関、民間団体等との連携協力体制を整備しなければならない（35条・39条）。

コラム…9
▶▶ハラスメント

1 「ハラスメント」とは？

　セクシュアル・ハラスメント（以下、「セクハラ」という）、パワー・ハラスメント（以下、「パワハラ」という）、マタニティ・ハラスメント（以下、「マタハラ」という）、ケア・ハラスメント（以下、「ケアハラ」という）など、近時は色々なハラスメントが社会で問題視されるようになっている。「ハラスメント」という言葉は日常会話でも用いられるが、労働法の分野では、典型的には、労働者への「不快な（意に反する）言動」（嫌がらせ）であって「職場環境が害されるもの」あるいは当該「意に反する言動に対する労働者の対応により、当該労働者が解雇、降格、減給等の不利益を受けるもの」▶10 を指す。これらのハラスメントは、その

▶10　セクハラについては、他の類型と異なり、不快な（意に反する）言動に対する対応により不利

手段・内容、嫌がらせによる職場環境の毀損や損害の程度等によっては、民法（損害賠償責任などの加害者・使用者の民事責任）や刑法（刑罰などの加害者の刑事責任）、労働法（各ハラスメントについての使用者の措置義務▶11、加害者への懲戒処分・人事上の処分の効力等）など複数のレベルで問題となりうる。

セクハラは、本来職務遂行には必要性のない不快な性的言動等による嫌がらせである（これに対し、性別を<u>理由</u>とする不快な言動等による嫌がらせは「ジェンダー・ハラスメント」ともいい、セクハラとも重なっているが、本来は別の概念である。ただし口語や裁判例等では同一視されることもある）。均等法上の「マタハラ」は、妊娠・出産やそれに関連する不快な言動による嫌がらせである▶12。「パワハラ」は、（理由のいかんを問わず）方法・態様が、業務上の優位性を利用し、業務上必要かつ相当な範囲を超えて嫌がらせとみられるものである。育児介護休業法上の「ケアハラ」は、育児介護休業等の制度利用に関する言動による嫌がらせである▶13。このように、ハラスメントの概念は、その手段（性的言動、妊娠・出産等に関する言動、業務上の優位性の利用、育児介護休業等の利用に関する言動）や、その理由（性別、妊娠・出産等、育休等利用など差別禁止事由）という違う視点で捉えられているので、１つの嫌がらせ行為が複数のハラスメントに該当することもありうる▶14。

2　障害者と「ハラスメント」
①　「平均・一般」基準の当否

障害者（障害労働者を含む）も、これらのハラスメントの当事者となりうる。

「障害を理由とする」言動が、パワハラや、障害者虐待防止法上の虐待と評価されることがありうる。ただし本人が不快でも、すべてがパワハラや虐待となるわけではなく、正当な業務指導として、必要性に均衡した相当なものであれば、違法とは言い難い。もっとも、相当であるか否かはどのような（誰の）判断基準によるべきかという問題がある。

この点は、（しばしば誤解されているが）被害者本人の主観的な快不快だけで判断されるわけではない。たとえばセクハラについて、均等法に関する行政解釈上は「労働者の意に反する性的な言動」およ

益取扱いを受ける場合が含まれる（均等法11条）。

▶11　セクハラについて均等法11条・11条の２、マタハラについて同11条の３・11条の４、パワハラについては労働施策総合推進法30条の２・30条の３、ケアハラについて育児介護休業法25条・25条の２で規定されている。

▶12　妊娠・出産等に関する言動であり、妊娠・出産等を理由とする不快な言動を含む。妊娠・出産等を理由とする「不利益取扱い」は別途、均等法９条３項で禁止される。

▶13　育休等の利用に関する言動であり、育休等を理由とする不快な言動を含む。育休等を理由とする「不利益取扱い」は別途、育児介護休業法10条・16条・16条の10・18条の２・20条の２・21条・23条の２等で禁止される。

▶14　たとえば、異性に敵意を有する上司が異性の部下に対し、その性別を敵視して、性的言動を用いないでパワハラを行った場合、ジェンダー・ハラスメントであり、パワハラでもある。

び「就業環境を害される」ものか否かの判断につき、被害を受けた労働者と同性の「平均的な労働者の感じ方」が基準とされている▶15。マタハラについては、「一般的な女性労働者」が基準とされている▶16。パワハラについても、就業環境を害されたか否かの判断につき「平均的な労働者の感じ方」が基準とされている▶17。また、ハラスメントが一要因となりうる、労災の業務起因性の判断においては、心理的負荷等の強度について「平均人」が基準とされている。

このような「平均人」的な判断基準は、客観性を担保するためにはやむを得ない。しかし人の感覚は多様であり、個人が社会の平均的な労働者の感覚とは異なる脆弱性を有することがありうる。たとえば障害者についても、心理的脆弱性を有する障害労働者の受ける言動や業務量の多寡を、そのような脆弱性を有しない平均的な労働者の感じ方で判断できるのか、という問題が生じうる。

労災については、この点が判断された事例がみられる。たとえば障害者雇用枠で雇用された精神障害を有する労働者が業務量の増加を要望したのに対し、上司が業務量増加を検討しつつも結局は応じず、当該労働者が自殺したという事件について、「平均的労働者」ではなく「被災労働者と同種の平均的労働者」すなわち「当該労働者と職種、職場における立場及び経験並びに精神障害の程度の点で同種の平均的労働者」を基準とするものがみられる▶18。他方で、障害者雇用枠によらず（障害を前提とせず）就労する軽度の身体障害とASD傾向を有する労働者の自殺事例については、身体障害やASDの属性を考慮することは妥当でないと判断された事例もみられる▶19。労災保険制度は無過失責任を前提に設計された制度であることの特殊性もあるが、これらの事例を前提に考えると、単純な「平均的労働者」「一般的労働者」基準ではなく、労働者が障害を有することについて認識している者の言動については、同様の立場の平均的労働者・一般的労働者が予測可能な限りで、個々の障害労働者の脆弱性を考慮した基準とされるべきようにも思われる（➡第5部第2章Ⅳ**1**（2））。

また、虐待防止法は、障害者に対する虐待についての防止措置義務や対応義務等を定めている（➡本章Ⅳ**2**）。障害者へのハラスメントは、この障害者虐待にもあたりうる。通報義務を含め同法での措置義務が整備されていることから、同法を利用して是正を求めることも1つの選択肢とすべきであろう。

▶15　均等法施行通達第3の1（3）イ⑥。
▶16　均等法施行通達第3の2（3）イ④。
▶17　令和2年1月15日厚生労働省告示5号（パワハラ指針）2（6）。
▶18　札幌地判令和元年6月19日裁判所ウェブサイト［遺族補償年金等不支給処分取消請求事件］。
▶19　東京地判平成28年12月21日労判1158号91頁［国・厚木労働基準監督署長（ソニー）事件］。

第5章　障害者優先調達推進法

　障害者が自立した生活を送るためには、就労によって経済的な基盤を確立することが重要であるが、そのためには、障害者雇用促進法に基づく施策に加え、障害者が就労する施設等の仕事を確保し、その経営基盤を強化することが必要である。「国等による障害者就労施設等からの物品等の調達の推進等に関する法律」（以下、「優先調達推進法」という）は、こうした認識のもと制定された法律である。

I　目的・沿革

　障害者就労施設等への仕事の発注に関しては、優先調達推進法制定前から、国や地方公共団体等による配慮が一定程度なされてきた[1]。もっとも、国や地方公共団体が物品やサービスの購入を行う際には、競争入札による契約が原則であり、随意契約は例外とされているところ（会計法29条の3、地方自治法234条）、民間企業に比べて競争力の弱い障害者就労施設等では、競争入札によって国や地方公共団体との契約を締結することは困難であった[2]。そこで、国や地方公共団体等による障害者就労施設等からの物品等の調達の推進等に関して定めをおくことにより、障害者就労施設等が供給する物品および役務に対する需要の増進等をはかり、もって障害者就労施設等で就労する障害者等の自立の

---

[1]　法制定以前の状況については、小畑史子「障害者雇用・就労の展望」村中孝史ほか編『労働者像の多様化と労働法・社会保障法』（有斐閣・2015年）206頁以下。
[2]　第180回国会衆議院厚生労働委員会第11号（2012（平成24）年4月18日）〔池田元久委員長による趣旨説明〕。

促進に資することを目的として（1条）、優先調達推進法が制定された[▶3]。同法は、議員立法として提案され、2012（平成24）年6月20日に可決成立した法律であり、2013（平成25）年4月に施行されている（➡第1部第7章Ⅶ）。なお、同法制定の背景には、障害者就労施設等における低工賃の問題もある[▶4]。

Ⅱ 対象となる障害者就労施設等

　優先調達推進法の対象となる「障害者就労施設等」は、障害者就労施設、在宅就業障害者、在宅就業支援団体（➡第2部第4章Ⅳコラム5）である（2条4項）。「障害者就労施設」には、施設入所支援等を行う障害者支援施設、地域活動支援センター、障害福祉サービス事業（①生活介護、②就労移行支援、③就労継続支援➡第3部第2章）を行う施設、小規模作業所（障害者の地域における作業活動の場として障害者基本法18条3項に基づき助成を受けている施設）、特例子会社（➡第2部第4章Ⅲ）、重度障害者多数雇用事業所[▶5]が含まれる（2条2項）。

　なお、国および地方公共団体による調達においては競争入札が原則であるが、都道府県および市町村が、障害者支援施設、地域活動支援センター、障害福祉サービス事業を行う施設、小規模作業所またはこれに準ずる者として普通地方公共団体の長から認定を受けた者、認定生活困窮者就労訓練事業を行う所定の施設において製作された物品を買い入れる契約および上記施設等から役務の提供を受ける契約をする場合には随意契約によることができる（地方自治法234条2項、地方自治法施行令167条の2第3号）。他方、国が随意契約によることができる場合として、「慈善のため設立した救済施設」からの物件の買い入れおよび役務の提供が規定されているが（会計法29条の3第5項、予算決算および会計令99条16の2号）、上記施設はここでいう「救済施設」にあたると解される。

▶3　優先調達推進法にいう「障害者」は障害者基本法2条1号に規定される「障害者」（➡第4部第2章Ⅲ）を指す（2条1項）。
▶4　第180回国会衆議院厚生労働委員会第11号（2012（平成24）年4月18日）〔初鹿明博委員〕。
▶5　重度障害者多数雇用事業所とは、①障害者の雇用者数が5人以上、②全従業員に占める障害者の割合が20%以上、③雇用障害者に占める重度身体障害者、知的障害者および精神障害者の割合が30%以上という要件を満たす事業所である（2条2項3号、施行令1条2号）。

さらに、「国の物品等又は特定役務の調達手続の特例を定める政令」11条1項の2023（令和5）年改正（同年6月30日施行）により、予定価格が一定金額を超える国の特定調達契約の締結に際し、随意契約によることができる場合として、「救済施設」が生産する物件の買入れまたは役務の提供等が挙げられるに至っている。

III 国・地方公共団体等の責務および調達の推進

1 国・独立行政法人等の責務

　国・独立行政法人等は、物品等の調達にあたっては、予算の適正な使用に留意しつつ、優先的に障害者就労施設等から物品等を調達するよう努めなければならない（3条）▶6。国はまた、障害者就労施設等からの物品等の調達の推進に関する基本方針を定めなければならない（5条1項）。基本方針案は厚生労働大臣が事前に各省各庁の長等と協議することにより作成され、閣議決定を経て確定される（同3項）。各省各庁の長・独立行政法人等の長は、毎年度、基本方針に即して、当該年度の予算および事務または事業の予定等を勘案して、障害者就労施設等からの物品等の調達の推進をはかるための方針（調達方針）を作成・公表し（6条1項・3項）、これに基づき物品の調達を行い（同4項）、当該年度の終了後、遅滞なく、物品等の調達の実績を取りまとめ、公表するほか、厚生労働大臣に通知することが求められる（7条1項）▶7。厚生労働大臣・内閣総理大臣は、各省各庁の長等に対し、障害者就労施設等からの物品等の調達の推進をはかるため特に必要があると認められる措置をとるべきことを要請することができる（8条）。

▶6　発注の推進に向けた取組事例については、厚生労働省ウェブサイト「障害者優先調達推進法の推進（取組事例）」(https://www.mhlw.go.jp/stf/seisakunitsuite/bunya/0000066983.html) 参照。
▶7　各省の調達方針および調達目標については、厚生労働省ウェブサイト「調達方針・調達実績」(https://www.mhlw.go.jp/stf/newpage_02399.html) 参照。中央省庁が定める調達方針においては、前年の調達額を上回ることが目標として設定されている。

2 地方公共団体・地方独立行政法人の責務

　地方公共団体・地方独立行政法人は、障害者就労施設等の受注の機会の増大をはかるための措置を講ずるように努めなければならない（4条1項）。また、毎年度、調達方針を作成・公表し（9条1項・3項）[8]、これに基づき物品の調達を行い（同条4項）、当該年度の終了後、遅滞なく、物品等の調達の実績を取りまとめ、公表することが求められる（同条5項）。

3 国・地方公共団体等の調達実績

　国・地方公共団体等の調達金額の合計額は、2013（平成25）年度は約123億円、2014（平成26）年度は約151億円であったが、増加傾向にあり、2021（令和3）年度は約211億円（12万4865件）、2022（令和4）年度は約222億円（13万5242件）である。2022（令和4）年度の調達金額のうち、国が約11億円、都道府県が約32億円、市町村が約155億円である[9]。

IV 公契約における障害者の就業を促進するための措置等

　国・独立行政法人等は、工事の完成や物品の納入、役務の給付等に係る公契約について、競争参加資格を定めるにあたって、法定雇用率を満たしていることまたは障害者就労施設等から相当程度の物品等を調達していることに配慮するなど、障害者の就業を促進するために必要な措置を講ずるよう努めるものとされる（10条1項）。また、地方公共団体・地方独立行政法人は、国・独立行政法人等の措置に準じて必要な措置を講ずるよう努めるものとされる（同条2項）。この点に関し、附則2条2項においては、公契約の落札者を決定するにあたり法定雇用率を満たしていること、あるいは相当程度の物品等を調達して

---

[8] 地方公共団体が定める調達方針の中には、数値目標を設定しているところもある。
[9] 各年度の調達金額・件数等については、厚生労働省ウェブサイト「調達方針・調達実績」（https://www.mhlw.go.jp/stf/newpage_02399.html）参照。

いることなどを総合的に評価する方針を導入することについて政府が検討を行うべきことが規定されていた。しかし、法定雇用率以上の障害者を雇用することは法律上の義務であり、障害者就労施設等から相当程度の調達を行っていることそれ自体が、より優れた成果物を出せることを保証しないことなどから、公契約の調達にあたってこれらの点を考慮して評価することについては慎重な対応が必要とされ▶10、評価方針については策定されていない。

V 障害者就労施設等による情報提供等

　障害者就労施設等には、単独で、あるいは相互に連携・共同して、その供給する物品等の購入者等に対する情報提供、当該物品等の質の向上および供給の円滑化について努力義務が課されている（11条）。これに関連して、附則2条1項には、物品等の質の確保に関する技術的支援や購入者等に対する情報提供体制のあり方について、政府が法施行後3年以内に検討を加え、その結果に基づいて必要な措置を講じることが規定されている。厚生労働省は2015（平成27）年度から専門家の派遣等による品質向上支援を予算事業として実施するほか、2016（平成28）年度からは、情報提供体制の構築支援を実施している▶11。具体的には、物品等の情報提供を行う全国版の共同受注窓口サイト▶12を開設することのほか、共同受注窓口において、民間企業を含む関係者が参画する協議会を設置するなど、官公需だけでなく民需創出をはかるための取組みに対する支援が行われている。

▶10　第193回国会参議院内閣委員会第8号（2017（平成29）年5月11日）〔坂口卓政府参考人〕。
▶11　第193回国会参議院内閣委員会第8号（2017（平成29）年5月11日）〔坂口卓政府参考人〕、第198回国会衆議院予算委員会第五分科会第1号（2019（平成31）年2月27日）〔新谷正義大臣政務官〕、第190回国会衆議院厚生労働委員会第16号（2016（平成28）年5月11日）〔藤井政府参考人〕。
▶12　ナイスハートネット・全国版（http://japan.nice-heart-net.jp/）参照。

第5章　障害者優先調達推進法 ───── 245

第5部
その他の関連諸法

　第5部では、関連諸法から3つの領域を取り上げる。第1章では、就職に困難を抱える者に対する就労支援法制のほか、生活困窮者や生活保護受給者が経済的に自立できるよう支援する法制を確認する。障害者もまた、このような法制下での就労支援の対象者となりうるからである。第2章では、企業やＡ型事業所等において雇用される障害者の労働契約の締結・展開・終了過程において生じうる課題を念頭におきつつ、労働者である障害者に対して適用される労働関係法制やその適用に関わる裁判例等を取り上げる。第3章では、障害者に対し所得保障を行っている主な法制として、障害年金、特別障害者手当、生活保護を取り上げる。

第1章 就労支援法制

　障害者に対する就労支援が、障害者雇用促進法（以下、「促進法」という）に基づく職業リハビリテーションや総合支援法に基づく障害福祉サービスを通じて行われることはすでに述べたとおりである（➡第2部第2章、第3部第3章）。これに加え、各障害者に対する就労支援が、就職困難者、生活困窮者、あるいは、生活保護受給者を対象とする就労支援法制のもとで行われることもありうる。そこで、本章では、就労支援法制として、求職者支援法（Ⅰ）、生活困窮者自立支援法（Ⅱ）、生活保護法（Ⅲ）を取り上げる。このうち、求職者支援法および生活困窮者自立支援法は、「第3のセーフティネット」である生活保護（➡第5部第3章Ⅲ）に至る前の段階から早期に支援を行う「第2のセーフティネット」として位置づけられている▶1。

Ⅰ 求職者支援法

1 概　　要

　求職者支援法は、雇用保険等からの失業等給付を受けられず、かつ、特別の支援を必要とする「特定求職者」に対して、職業訓練と金銭給付その他の支援措置を行うことを内容とする法律である（求職者支援法1条）。求職者支援法は、雇用保険等からの給付を受けられない者▶2や長期失業により給付を使い切っ

▶1　第1のセーフティネットとしては、雇用関係を土台とした社会保険・労働保険制度があり、失業のリスクに対しては、雇用保険制度（➡第5部第2章コラム12）が設けられている。
▶2　雇用保険制度のもとでも就労支援が行われるが、雇用保険は、週の所定労働時間が20時間以上

た者などについて、生活保護に至る前のセーフティネットが必要であるとして、2011（平成23）年5月に制定された（同年10月施行）。

2 対象者

　求職者支援制度の対象者である「特定求職者」とは、①公共職業安定所（以下、「ハローワーク」という）に求職の申込みをしており、②雇用保険の被保険者（または雇用保険の受給者）ではなく、③労働の意思と能力があり、④職業訓練等の支援を行う必要があると公共職業安定所長（以下、「ハローワーク所長」という）が認めた者である（求職者支援法2条）。ただし、2022（令和4）年7月以降、雇用保険の受給者に対しハローワーク所長が受講を指示する公共職業訓練等の対象に求職者支援訓練が追加されている（雇用保険法15条3項）。

3 支援内容

(1) 就職支援措置

　ハローワーク所長は就職支援計画を作成し、これに基づく就職支援措置を指示する（求職者支援法11条、12条1項）。就職支援計画には、①当該特定求職者が受講する認定職業訓練等、②当該特定求職者が受ける職業指導および職業紹介、③ハローワークへの出頭日、④上記のほか、特定求職者の就職を容易にするために必要な事項が記載される（同法施行規則21条2項）。

　求職者支援訓練（認定職業訓練）は、厚生労働大臣の認定を受けた民間事業者等（求職者支援法4条1項）によって担われる。求職者支援訓練には、様々なコースがあるが[3]、2～4か月の基礎訓練と2～6か月の実践訓練から構成され

　　で、同一の事業主に継続して31日以上雇用されることが見込まれる者を被保険者とするため（雇用保険法4条1項、6条）、短時間就労であること等により、被保険者要件を満たさない場合には同制度の支援対象とはならない。なお、2024（令和6）年の雇用保険法改正で、被保険者の範囲は、週の所定労働時間が10時間以上の者へと拡大されている（2028（令和10）年10月施行）。

▶3　厚生労働省ウェブサイト「求職者支援制度のご案内」（https://www.mhlw.go.jp/stf/seisakunitsuite/bunya/koyou_roudou/koyou/kyushokusha_shien/index.html）では、主な訓練

第1章　就労支援法制　——　**249**

る（同法施行規則2条5号）。また、求職者支援訓練によって習得された技能およびこれに関する知識の評価、キャリアコンサルティングの実施、その他の就職支援[4]も行われる（同条13号〜15号）。上記に加え、事業主のもとでの実習が行われる場合もあるが、このとき特定求職者と事業主との間には雇用関係は伴わないものとされる（同条12号ロ）。ただし、当該実習を受ける特定求職者等の安全衛生その他の作業条件について、労働基準法および労働安全衛生法の規定に準ずる取扱いをすることが求められる（同条12号ホ）。また、認定職業訓練を行う者には、災害が発生した場合の補償のために、必要な措置を講ずることが求められる（同条17号）。

(2) 職業訓練受講給付金

求職者支援訓練等を受ける者が一定の収入要件等[5]を満たす場合には、職業訓練の受講を容易にするための職業訓練受講給付金が支給される（求職者支援法7条1項、同法施行規則11条1項）。職業訓練受講給付金のうち、職業訓練受講手当の額は原則10万円であり（同法施行規則11条2項）、職業訓練実施施設までの通所手当も一定限度で支給されうる（同法施行規則12条）。

4 関係機関等との連携

職業安定機関、認定職業訓練を行う者、公共職業能力開発施設の長その他関係者は、特定求職者の就職支援措置の円滑な実施をはかるため、相互に密接に連絡し、および協力するように努めなければならない（求職者支援法13条1項）。

　　コースとして、基礎、IT、営業・販売・事務、医療事務、介護福祉、デザイン等が挙げられている。
[4] ①職業相談、②求人情報の提供、③履歴書の作成に係る指導、④ハローワークが行う就職説明会の周知、⑤ハローワークへの訪問指示、⑥求人者に面接するにあたっての指導、⑦ジョブカードの作成支援等が含まれる（求職者支援法施行規則2条15号）。
[5] ①本人収入が月8万円以下、②世帯全体の収入が月30万円（年300万円）以下、③世帯全体の金融資産が300万円以下、④現在の居住場所以外に土地・建物を所有していないこと、⑤すべての訓練実施日に出席していること（やむをえない理由による欠席の場合も8割以上の出席必要）等が求められる（求職者支援法施行規則11条1項）。

コラム…10
▶▶ 就労に困難を抱える若者のための支援

障害があるとの診断を受けていないが、障害がある可能性を有しており、就労に困難を抱える若年者についても、若年者を対象とする仕組みの中で一定の支援を受けうる。

まず、大学・短期大学・高等専門学校・専修学校等の学生・生徒や卒業後概ね3年以内の者を対象に職業相談、職業紹介等を実施する機関として、「新卒応援ハローワーク」がある。また、全国各地に設けられた「わかものハローワーク」（全国21か所）、「わかもの支援コーナー」および「わかもの支援窓口」（200か所）では、正規雇用を目指す35歳未満の若年者を主な対象として、担当者制の個別支援が行われている[6]。

ハローワークはまた、ニート等の「無業青少年」および「無業青少年」を雇用する企業に対する助言指導を行うことが予定される（若者雇用促進法25条）。ここでいう「無業青少年」とは、就業、修学および職業訓練の受講のいずれもしていない青少年であって、職業生活を円滑に営むうえでの困難を有するものと定義される（同法23条）。「無業青少年」に対しては、国が整備し、民間企業や特定非営利活動法人に委託して実施される「地域若者サポートステーション」（サポステ）や地方公共団体が運営する「若年者のためのワンストップサービスセンター」（ジョブカフェ）による支援もなされており（同法23条・24条）、就活セミナー（履歴書・面接指導等）、就労体験、カウンセリング等が行われている。今後、上記の各機関をはじめとする就労支援機関と大学等の教育機関が連携しながら、就労に困難を抱える若年者の就労支援を行っていくことが望まれる[7]。

▶6　厚生労働省ウェブサイト（https://www.mhlw.go.jp/stf/seisakunitsuite/bunya/0000181329.html）。

▶7　高齢・障害・求職者雇用支援機構障害者職業総合センター「発達障害のある学生に対する大学等と就労支援機関との連携による就労支援の現状と課題に関する調査研究（調査研究報告書No.166）」（2023（令和5）年3月）〔知名青子＝井口修一〕参照。

II 生活困窮者自立支援法

1 概　　要

　生活困窮者自立支援法（以下、「生困法」という）は、相談支援事業の実施その他の自立の支援に関する措置等を行い、「生活困窮者」の自立の促進をはかることを目的とする法律である（生困法1条）。同法は、生活保護受給者数の増加や非正規労働者等生活困窮に陥るリスクの高い層の増加を背景に、国民の生活を重層的に支えるセーフティネットの構築の必要性があるとして、2013（平成25）年12月に制定された（2015（平成27）年4月施行）▶8。2018（平成30）改正時には、生活困窮者に対する包括的支援体制の強化をはかるべく、基本理念・定義が明確化されたほか、支援会議の設置に係る規定が導入されるなどした。また、2024（令和6）年改正時には、高齢者や低額所得者などの住宅確保要配慮者▶9の増加等をふまえ、居住支援が強化されるなどしたほか、関係機関等の連携強化等の措置がとられている。

2 基本理念

　生活困窮者に対する自立の支援は、生活困窮者の「尊厳の保持」をはかりつつ、生活困窮者の就労の状況、心身の状況、地域社会からの孤立の状況その他の状況に応じて、「包括的かつ早期」に行われなければならない（生困法2条1項）。また、自立の支援は、地域における福祉、就労、教育、住宅その他の生活困窮者に対する支援に関する業務を行う関係機関および民間団体との「緊密

▶8　制定に係る議論状況については、社会保障審議会・生活困窮者の生活支援の在り方に関する特別部会「報告書」（2013（平成25）年1月25日）。

▶9　住宅確保要配慮者には、障害者基本法2条1号にいう障害者が含まれる（住宅確保要配慮者に対する賃貸住宅の供給の促進に関する法律2条4号）。なお、住宅確保要配慮者に対する居住支援機能等のあり方に関する検討会「中間とりまとめ」（2024（令和6）年2月）参考資料（https://www.mhlw.go.jp/content/001216865.pdf）には、賃貸人（大家等）の約7割が障害者の入居に対して拒否感があるとの国土交通省による調査結果が示されている。

な連携」その他必要な支援体制の整備に配慮して行われなければならない（同条2項）。

3 対象者

「生活困窮者」とは、「就労の状況、心身の状況、地域社会との関係性その他の事情」により、「現に経済的に困窮し、最低限度の生活を維持することができなくなるおそれのある者」であると定義される（生困法3条1項）。2018（平成30）年改正時には、「就労の状況、心身の状況、地域社会との関係性その他の事情により」という部分が追記され、幅広い背景事情▶10で生活が困窮している者を支援の対象とすることが改めて確認された。同改正では、上記基本理念のもと、対象者についての理解を共有することによって、「断らない相談支援」の目標のもと、適正かつ効果的な支援の展開につなげていくことが目指されている▶11。

また、生活困窮者は、「最低限度の生活を維持することができなくなる・お・そ・れ・の・あ・る・者」であり、現に最低限度の生活を維持できない者、すなわち、生活保護法の対象となる者は基本的には含まれない▶12。ただし、2024（令和6）年改正により、2025（令和7）年4月以降、一部の事業（生活困窮者就労準備支援事業、生活困窮者家計改善支援事業、生活困窮者居住支援事業）においては、生活保護法に基づく被保護者であって、その状況に照らして将来的に保護を必要としなくなることが相当程度見込まれる者（「特定被保護者」という。生活保護法55条の11第1項）も対象とされる（生困法3条4項〜6項）。

▶10　たとえば、失業による経済的困窮だけでなく、就労活動困難、病気、住まいの不安定、家庭の課題、メンタルヘルス、家計管理の課題、就労定着困難、債務問題等が含まれうる。厚生労働省「生活困窮者自立支援制度に係る自治体事務マニュアル〔第13版〕」（2023（令和5）年5月8日）4頁。

▶11　第196回国会参議院厚生労働委員会第14号（2018（平成30）年5月22日）[石橋通宏議員の質問に対する加藤勝信厚生労働大臣および定塚由美子政府参考人の答弁]、第196回国会参議院厚生労働委員会第16号（2018（平成30）年5月29日）[今井絵理子議員からの質問に対する加藤勝信厚生労働大臣の答弁]。

▶12　ただし、生業に必要な資金、器具や技能の習得、就労のために必要なものに対して支給される生業扶助は、最低限度の生活を維持することができないお・そ・れ・のある者も対象とするため（生活保護法17条）、同給付について対象者は重なりあう。

第1章　就労支援法制　── 253

4 支援内容

　生困法に基づく事業内容は多岐にわたっており、①生活困窮者自立相談支援事業、②生活困窮者住居確保給付金の支給[13]、③生活困窮者就労準備支援事業、④生活困窮者家計改善支援事業[14]、⑤生活困窮者一時生活支援事業〔生活困窮者居住支援事業（2025（令和7）年4月以降）〕[15]、⑥子どもの学習・生活支援事業[16]がある。各種事業を実施するのは、主に市（特別区を含む）および福祉事務所を設置する町村であり、都道府県は、市等に対し、必要な助言、情報の提供その他の援助を行う（生困法4条1項・2項。以下、併せて「都道府県等」という）。上記事業のうち、必須事業とされているのは①、②のみであり（同法5条1項、6条1項）、その他は任意事業である（同法7条1項・2項）[17]。都道府県

▶13　「生活困窮者住居確保給付金」とは、離職等により経済的に困窮し、住居を失うなどしたもので、就職を容易にするため住居を確保する必要があると認められるもの等に対し、一定の要件下で、一定期間（原則3か月、最長9か月）支給される給付金である（生困法3条3項、同法施行規則12条）。支給に際しては、生活困窮者および同一世帯に属する者の資産および収入の状況も考慮される（生困法6条、同法施行規則10条）。同給付金の支給を受ける者に対しては、都道府県等による就労支援が行われる（同法施行規則14条）。なお、就労支援に関する都道府県等の指示に従わない場合は支給されない（同法施行規則15条1項）。

▶14　「生活困窮者家計改善支援事業」とは、生活困窮者〔および特定被保護者〕に対し、家計の状況の適切な把握や家計の改善の意欲を高めることを支援し、生活に必要な資金の貸付けのあっせんを行う事業である（生困法3条5項）。

▶15　「生活困窮者一時生活支援事業〔生活困窮者居住支援事業〕」とは、収入等が一定水準以下の住居のない生活困窮者〔および特定被保護者〕に対して、一定期間（原則3か月、最長6か月）宿泊場所の供与や衣食の供与等のほか、訪問による必要な情報の提供および助言等を行う事業である（生困法3条6項、同法施行規則7条）。

▶16　「子どもの学習・生活支援事業」とは、生活困窮者である子どもの学習支援だけでなく、子どもやその保護者を対象とする生活習慣・育成環境の改善に関する助言を行う事業、子どもの進路選択その他の教育・就労に関する問題につき、相談受付、情報提供・助言、連絡調整等を行う事業である（生困法3条7項）。

▶17　③、④の実施については、2018（平成30）年改正により、都道府県等の努力義務と位置づけられており（生困法7条1項）、その必須事業化が論点とされてきた。しかし、地域によっては需要が少なかったり、委託事業者等が不足していたりするという実情もあり、2024（令和6）年改正において必須事業化は見送られた。ただし、⑤については、2025（令和7）年4月以降、新たに努力義務の対象とされたほか（同1項）、③、④、⑤について、「全国的な実施及び支援の質の向上」をはかる観点から、「これらの事業の実施に必要な体制の整備」に関する指針を公表するものとされた（同6項）。また、都道府県等は、③または④を行うにあたり、これらの事業および①を一体的に行う体制を確保し、効果的かつ効率的に行うものとすることが新たに規定された（同4項）。

等は、②を除き、社会福祉法人、一般社団法人、一般財団法人、消費者協同組合、特定非営利活動法人（NPO法人）、労働者協同組合等に委託することができ、かかる場合、社会福祉法人等が各事業を実施する（生困法5条2項、7条3項、同法施行規則9条。委託によらず直営により実施する場合もある）。上記に加え、都道府県知事は、社会福祉法人等による自主事業と位置づけられる「生活困窮者就労訓練事業」が一定の基準を満たす場合には認定をするものとされる（生困法16条）。

　以下では、就労支援と関連の強い、①生活困窮者自立相談支援事業、③生活困窮者就労準備支援事業のほか、生活困窮者就労訓練事業を取り上げる。

（1）生活困窮者自立相談支援事業

　「生活困窮者自立相談支援事業」は、（a）生活困窮者および生活困窮者の家族その他の関係者からの相談に応じ、必要な情報の提供および助言をし、ならびに関係機関との連絡調整[18]を行う事業、（b）認定生活困窮者就労訓練事業利用のあっせんを行う事業、（c）自立支援計画[19]の作成その他の支援が包括的かつ計画的に行われるための援助等を行う事業をいう（生困法3条2項）。ここでいう援助等には、訪問等の方法による生活困窮者に係る状況把握、自立支援計画に基づき支援を行う者との連絡調整、支援の実施状況および当該生活困窮者の状態の定期的な確認、当該状態を踏まえた自立支援計画の見直しが含まれる（同法施行規則2条）。

（2）生活困窮者就労準備支援事業

　「生活困窮者就労準備支援事業」は、雇用による就業が著しく困難な生活困

---

[18] 「生活困窮者自立支援制度に関する手引きの策定について」（平成27年3月6日社援地発0306第1号）別添「自立相談支援事業の手引き」（最終改訂：2020（令和2）年12月28日）によれば、生活困窮者が障害を有している場合は、市町村の障害者相談支援事業（基幹相談支援センター等）や、就労移行支援事業、就労継続支援事業など、障害者福祉に関する制度につなぐことが考えられる旨、また、発達障害者については、障害特性の把握とともに、発達障害者支援センターとの連携が重要となる旨記載されている。

[19] 自立支援計画には、生活困窮者の生活に対する意向、当該生活困窮者の生活全般の解決すべき課題、提供される生活困窮者に対する支援の目標およびその達成時期、生活困窮者に対する支援の種類および内容ならびに支援を提供するうえでの留意事項が記載される（生困法施行規則1条）。

窮者〔および特定被保護者〕に対し、一定の期間内（原則1年間[20]）に限り、就労に必要な知識および能力の向上のために必要な訓練を行う事業である（生困法3条4項）。「雇用による就業が著しく困難な生活困窮者」[21]としては、1年を基本とした計画的・集中的な支援により一般就労に就くことが可能であると見込まれるが、複合的な課題を抱え、決まった時間に起床・就寝できない等、生活習慣の形成・改善が必要である、他者との関わりに不安を抱えており、コミュニケーション能力などの社会参加能力の形成・改善が必要であるなど、ハローワークにおける職業紹介、職業訓練（公共職業訓練および求職者支援訓練）等の雇用支援施策によっては直ちに就職が困難な者が想定される[22]。また、同事業の対象となる生活困窮者は、一定の収入要件および資産要件をみたす者[23]またはこれに準ずる者に限られる（同法3条4項、同法施行規則4条）[24]。

　同事業のもと、（ａ）適切な生活習慣の形成を目的とする日常生活自立、（ｂ）コミュニケーション能力等、社会的能力の形成を目的とする社会生活自立、（ｃ）就労体験等を通じて、一般就労に向けた技法や知識の修得等を目的とする就労自立に関する支援が一貫して実施される[25]。

---

[20]　心身の状況、生活の状況その他の生活困窮者就労準備支援事業を利用しようとする者の状況を勘案して都道府県等が必要と認める場合にあっては、当該状況を勘案して都道府県等が定める期間とすることができる（生困法施行規則5条）。

[21]　なお、高齢期の自発的就労ニーズや社会参加の意識が高いこと、また生涯現役社会の実現の観点から2018（平成30）年改正により、就労準備支援事業の利用に際しての年齢要件（65歳未満）が撤廃されている。

[22]　「生活困窮者自立支援制度に係る自治体事務マニュアル」（2023（令和5）年5月8日 第13版）25頁。

[23]　申請月における生活困窮者および同一世帯に属する者の収入合算額が①市町村民税非課税となる合計所得金額に係る収入÷12（基準額）および②住宅扶助基準に基づく額を合算した額以下であり、かつ、金融資産の合計額が基準額×6以下であることが求められる（生困法施行規則4条）。

[24]　障害者については、第一義的には総合支援法に基づく就労移行支援事業、就労継続支援事業を利用することが適当であるとされるが、自立相談支援事業により、就労準備支援事業による支援が適当であると判断され、本人がこれを希望し、障害者就労支援施策を利用していない場合は、就労準備支援事業の利用を妨げないとされている（平成27年3月6日社援地発0306第1号別添「就労準備支援事業の手引き」（最終改訂：2020（令和2）年12月28日）10～11頁）。

[25]　前掲注24)「就労準備支援事業の手引き」14～16頁。

(3) 生活困窮者就労訓練事業（中間的就労）

「生活困窮者就労訓練事業」とは、雇用による就業を継続して行うことが困難な生活困窮者に対し、就労の機会を提供するとともに、就労に必要な知識および能力の向上のために必要な訓練その他の便宜（生活支援や健康管理の指導等）を供与する事業である（生困法16条、同法施行規則19条）。同事業は、一般就労と福祉的就労との間に位置するという意味で「中間的就労」と呼ばれる。

支援対象となるのは、自立相談支援機関のアセスメントにおいて、将来的に一般就労が可能と認められるが、一般就労に就くうえで、まずは本人の状況に応じた柔軟な働き方をする必要があると判断された者で福祉事務所設置自治体による支援決定を受けた者である。具体的には、引きこもり、ニート、長期失業者、高校中退者等直近の就労経験が乏しい者のほか、障害福祉サービスを受けていない障害者や障害者とは認められないが、障害があると疑われる者等が含まれる▶26。

就労訓練を実施する事業所においては、自立相談支援機関の関与のもと、個々の対象者について、おおむね3～6か月の期間設定の就労支援プログラム▶27が作成される。訓練開始後は、定期的に自立支援機関による状況把握がなされ、就労支援担当者と対象者の面談を経たうえで同プログラムの見直し・更新がなされる（同法施行規則21条2号ロ参照）▶28。

「生活困窮者就労訓練事業」における就労の形態には、雇用契約を締結せずに訓練として就労を体験する段階（非雇用型）と雇用契約を締結したうえで支援付きの就労を行う段階（雇用型）がある。非雇用型、雇用型のどちらで就労訓練事業の利用を開始するかについては、対象者の意向や従事させる業務内容、当該事業所の受け入れにあたっての意向等をふまえつつ自立相談支援機関

▶26　「生活困窮者自立支援法に基づく認定就労訓練事業の実施に関するガイドライン」（平成30年10月1日社援発1001第2号）（以下、「認定就労訓練ガイドライン」という）2-1。

▶27　①就労訓練事業における就労を通じた短期的目標、②短期的目標に沿った就労支援の方針、③本人が当面希望する就労内容、④本人が長期的に目標とする就労内容、⑤期間中に行う就労内容（時間、場所、受入事業者による指示・管理の範囲を含む）、⑥就労に加え、就職のために必要なスキルの習得のための支援（職場でのマナーやコミュニケーション能力の向上等に関する指導の実施、職業人講話等）の内容等が記載される（認定就労訓練ガイドライン5-2-2）。

▶28　認定就労訓練ガイドライン5-2-2

が判断し、福祉事務所設置自治体による支援決定を経て確定する[29]。非雇用型の場合には労働関係法令の適用はないが（→第3部第3章コラム7）、就労訓練事業を行う者は、就労訓練事業を非雇用型で利用する生活困窮者の安全衛生その他の作業条件について、労働基準法および労働安全衛生法の規定に準ずる取扱いをすることや災害が発生した場合の補償のために必要な措置を講じることが求められている（生困法21条3号・4号（認定基準））。

「生活困窮者就労訓練事業」の事業形態には、生活困窮者に対する就労機会の提供を事業所の設立目的とし、生活困窮者が一定割合以上含まれる事業を経営する「社会的企業型」と対象者となる生活困窮者を雇用または非雇用の形で若干名事業所に受け入れる「一般事業所型」がある。いずれの場合についても、労働力の不当な搾取（いわゆる「貧困ビジネス」）が生じることなく、これが適切に実施されることを確保するために、事業所は就労訓練事業が認定基準に適合していることにつき、都道府県知事（指定都市および中核市においては、当該指定都市または中核市の長）による認定を受けたうえで対象者を受け入れることになる[30]。

5 関係機関等との連携

都道府県等は、福祉、就労、教育、税務、住宅その他のその所掌事務に関する業務の遂行にあたって、生活困窮者を把握したときは、当該生活困窮者に対し、各種事業の利用および給付金の受給の勧奨その他適切な措置を講ずるように努めるものとされてきた（生困法8条2項）。上記に加え、2024（令和6）年改正により、同年4月24日以降、都道府県等は、関係機関および民間団体との緊密な連携をはかりつつ、支援会議の開催、地域住民相互の交流を行う拠点との連携および訪問その他の地域の実情に応じた方法により、生活困窮者の状況を把握するよう努めるものとされている（同法8条1項）。生活困窮者の中には、自ら自立相談支援機関の窓口にたどり着くことが難しい人もいる中、アウトリーチ機能の強化を通じた積極的な状況把握をはかろうとするものといえる。

[29] 同上6-1-1。
[30] 同上1、3-1。

生活困窮者支援に関わる関係機関、各種事業の委託を受けた社会福祉法人等、支援に従事する者を構成員とする支援会議は、都道府県等により組織される。2024（令和6）年改正により、2025（令和7）年4月1日以降、都道府県は支援会議を組織する努力義務を負う（同法9条1項）。支援会議では、生活困窮者に対する自立の支援をはかるために必要な情報の交換のほか、生活困窮者が地域において日常生活および社会生活を営むのに必要な支援体制に関する検討が行われる（同条2項）。支援会議の事務に従事する者には守秘義務が課されるが（同条5項（2025（令和7）年4月1日以降は同条6項））、支援会議においては、生活困窮者に対する自立の支援をはかるために関係機関等との間で必要な情報の交換および検討等を行うことが可能とされる（同条3項・4項）。また、2025（令和7）年4月1日以降、当該支援会議を組織している都道府県等に生活保護法に基づく調整会議（生活保護法27条の3第1項。➡本章Ⅲ3）や社会福祉法に基づく支援会議（社会福祉法106条の6第1項。➡本章コラム11）が組織されているときは、これらの会議と相互に連携をはかるように努めるものとされる（生困法9条5項）。なお、都道府県は、各種事業を行うにあたり、生活保護を必要とする状態にある者（要保護者）となるおそれが高い者を把握したときは、当該者に対し、生活保護制度についての情報提供、助言等を講ずるものとされる（生困法23条）。

Ⅲ　生活保護法

1　概　要

　生活保護は、生活に困窮するすべての国民に「健康で文化的な最低限度の生活」（憲法25条1項）を保障するため、金銭給付や現物給付を行う制度である（生活保護法1条・3条）。生活保護法は、こうした最低限度の生活の保障（➡第5部第3章Ⅲ）のほか、被保護者の自立の助長も目的とする（同法1条）。
　自立の助長は、第一義的には、生活保護の実施機関（都道府県知事、市長および福祉事務所を管理する町村長、同法19条1項）の職員（ケースワーカー）による支援等

（指導および指示、相談および助言）によって担われる（同法27条・27条の２）。また、被保護世帯数の増加や受給期間の長期化の背景に、被保護世帯が抱える多様な問題（傷病・障害、精神疾患等による社会的入院、DV、虐待、多重債務、元ホームレス、社会的きずなが希薄）があることが認識されるようになる中で、担当職員個人の努力や経験等に委ねるのではなく、実施機関が組織的に被保護世帯の自立を支援する「自立支援プログラム」の導入が2005（平成17）年以降、推進されている▶31。

　特に、就労による経済的自立との関係では、2013（平成25）年改正により、「被保護者就労支援事業」（同法55条の７）が法定化・必須事業化され、福祉事務所に配置された就労支援員による専門的支援について、法律上明確に位置づけ、財政的な支援をはかることとされている▶32。2013（平成25）年改正ではまた、就労インセンティブを高めるための「就労自立給付金」の制度（同法55条の４）が創設されている。さらに、2015（平成27）年３月以降、予算事業として行われていた「被保護者就労準備支援事業」▶33が、2024（令和６）年改正により、任意事業として法定化されている（同法55条の10第１項２号（2025（令和７）年４月１日施行））▶34。

▶31　「平成17年度における自立支援プログラムの基本方針について」（平成17年３月31日社援発0331003号）。また、2005（平成17）年以降、実施機関がハローワークと連携して就労支援を行う「生活保護受給者等就労支援事業」が、2011（平成23）年以降は「福祉から就労」支援事業が予算事業として行われていた。「福祉から就労」支援事業は、2013年（平成25）年３月以降、「生活保護受給者等就労自立促進事業」および「被保護者就労支援事業」に発展している。

▶32　第183回国会衆議院決算行政監視委員会第三分科会（2013（平成25）年６月21日）〔桝屋敬悟副大臣〕。

▶33　同事業は、「被保護者就労支援事業」の創設に係る改正法施行に伴い、就労意欲が低い者や基本的な生活習慣に課題を有する者等の支援を充実させるため、これまで実施してきた「就労意欲喚起支援事業」等を再編し、生活困窮者自立支援法に基づく就労準備支援事業に相当する事業として実施されてきたものである（「被保護者就労準備支援事業（一般事業分）の実施について」平成27年４月９日社援保発0409第１号）。

▶34　なお、2024（令和６）年改正では、「被保護者家計改善支援事業」、「被保護者地域居住支援事業」もまた任意事業として法定化されている（生活保護法55条の10第３号・４号）。また、子ども・子育て支援法等の一部改正に伴い、2024（令和６）年10月以降、保護の実施機関が子どもの進路選択における教育、就労および生活習慣に関する問題につき、アウトリーチ等の支援を行う「子どもの進路選択支援事業」も法定化されている（同１号）。

2 支援内容

(1) 自立支援プログラム

「自立支援プログラム」とは、実施機関が、管内の被保護世帯全体の状況を把握したうえで、被保護者の状況や自立阻害要因について類型化をはかり、それぞれの類型ごとに取り組むべき自立支援の具体的内容および実施手順等を定めて、個別支援プログラムとして整備し、これに基づき個々の被保護者に必要な支援を組織的に実施することを内容とするものである[35]。下記（2）〜（4）で取り上げる各種事業は、就労自立に向けた個別支援プログラムとして活用されるものである。

(2) 被保護者就労準備支援事業

「被保護者就労準備支援事業」は、雇用による就業が著しく困難な被保護者に対し、一定期間、就労に必要な知識および能力の向上のために必要な訓練を行う事業である（生活保護法55条の10第1項2号）。同事業は、直ちに就職することが困難な被保護者であって、生活習慣の形成・改善を行い、社会参加に必要な基礎技能等を習得することにより就労が見込まれる者を対象として、日常生活自立・社会生活自立・就労自立に関する支援を計画的かつ一貫して行うものである[36]。

(3) 被保護者就労支援事業

「被保護者就労支援事業」は、就労の支援に関する問題につき、被保護者からの相談に応じ、必要な情報の提供および助言を行う事業である（生活保護法55条の7第1項）。同事業の実施主体は保護の実施機関であるが、当該事業の事務の全部または一部を社会福祉法人または一般社団法人、一般財団法人、

---

[35] 平成17年3月31日社援発0331003号。就労自立の支援に関する個別支援プログラムのみならず、社会生活自立の支援および日常生活自立の支援に関する個別支援プログラムについても適切に整備することが要請される。

[36] 前掲注33）平成27年4月9日社援保発0409第1号。

NPO法人等に委託することができる（同条2項、同法施行規則18条の12）。同事業のもと、アセスメント、アセスメントの結果を踏まえた個別シートの作成・見直し、求職活動の支援（履歴書の作成、面接の受け方指導、ハローワークへの同行）等の支援が行われる[37]。

(4) 生活保護受給者等就労自立促進事業

「生活保護受給者等就労自立促進事業」のもと、地方公共団体と労働局・ハローワークとの協定に基づく連携を基盤として、ワンストップ型の就労支援体制が整備されている。支援対象者となるのは、生活保護受給者、生活困窮者、児童扶養手当受給者等のうち、稼働能力があり、就労意欲が一定程度ある者であり、同事業の活用が効果的とされる者が対象者として想定される。具体的には、地方公共団体におけるハローワークの常設窓口設置や、福祉事務所や自立相談支援機関への巡回相談、関係機関等によるチーム支援（支援プランの作成およびこれに基づく各種支援）等が行われている[38]。

(5) 就労自立給付金

「就労自立給付金」は、被保護者の自立の助長をはかるため、安定した職業に就いたこと等により保護を必要としなくなったと認めるものに対して、都道府県知事、市長および福祉事務所を管理する町村長が支給する金銭給付である（生活保護法55条の4）。生活保護を脱却するためのインセンティブを強化するとともに、脱却直後の不安定な生活を支え、再度保護に至ることを防止するとの観点から、保護受給中の就労収入のうち、収入認定された金額の範囲内で一定額を仮想的に積み立て、保護廃止に至ったときに支給するものである[39]。

---

[37] 「被保護者就労支援事業の実施について」（平成27年3月31日社援発0331第20号。最終改正：令和2年3月25日）。

[38] 「生活保護受給者等就労自立促進事業の実施について」（平成25年3月29日雇児発0329第30号、社援発0329第77号）。

[39] 2018（平成18）年改正により、子どもの大学進学のための進学準備給付金制度が創設されていたが、2024（令和6）年改正により、同年4月24日以降、高等学校等を卒業して就職する者に対する就職準備給付金制度が新たに創設されている（生活保護法55条の5）。

(6) その他の就労インセンティブ

　就労インセンティブを高めることを目的とするその他の制度として、収入認定に際し、就労収入から一定額が控除される「勤労控除」がある。就労収入1万5000円（月額）までは全額控除であり、これを超える部分は、収入金額別の区分に応じて設定された一定額が控除対象となる（基礎控除）。また、新規に継続性のある職業に就労したため特別の経費を必要とする者には、上記に加え、6か月間につき、月額1万2200円が控除対象となる（新規就労控除）[40]。

　また、2013（平成25）年8月以降、就労支援プログラム等の求職活動等に積極的に取り組んでいると認められる被保護者を対象として、就労活動に要する経費等を含む定額（月5000円、原則6か月間）の「就労活動促進費」が一時扶助費（生活扶助）の一環として導入されている[41]。

3 関係機関等との連携

　就労支援事業の実施に際しては、地域において行政機関や関係団体等が協働しながら、就労体験の場を含め、本人の特性に合う就労の場を開拓し、求人と求職を丁寧にマッチングしていくことが有効であるとされ、都道府県、市区町村において、ハローワーク等の行政機関、社会福祉法人、特定非営利活動法人、関係団体、企業等が参画し協議する場を設定するなど就労支援の連携体制を構築することが必要であるとされてきた[42]。2024（令和6）年改正により、2025（令和7）年4月以降、保護の実施機関は、調整会議を組織することができるとされ、調整会議の構成員としては、地域における福祉、就労、教育、住宅その他の被保護者に対する支援に関する業務を行う関係機関、被保護者就労

---

[40] 「生活保護法による保護の実施要領について（次官通知）」（昭和36年4月1日厚生省発社123号）第8・3・（4）。「生活保護法による保護の実施要領について（局長通知）」（昭和38年4月1日社保246号）第8・3・（2）。

[41] 「生活保護法による保護の実施要領について（局長通知）」（昭和38年4月1日社保246号）第7・2・（9）。

[42] 前掲注37）平成27年3月31日社援発0331第20号。なお、一般就労に就くにあたって、本人の状況に応じた柔軟な働き方をする必要がある者については、被保護者についても生活困窮者自立支援法に基づく認定就労訓練事業の利用が可能であると記載されている。

支援事業の委託を受けた者、支援団体および支援関係者等が想定されている（生活保護法27条の3第1項）。調整会議は、被保護者に対する自立の助長をはかるために必要な情報の交換を行うとともに、被保護者が地域において日常生活および社会生活を営むのに必要な支援体制に関する検討を行うものとされ（同条2項）、調整会議の事務に従事する者は守秘義務を課される一方（同条6項）、会議内では関係機関等による情報共有等が予定される（同条3項・4項）。当該調整会議が組織されている都道府県、市または福祉事務所を設置する町村において生活困窮者自立支援法に基づく支援会議（生困法9条1項。➡本章Ⅱ5）または社会福祉法に基づく支援会議（社会福祉法106条の6第1項。➡本章コラム11）が組織されているときは、被保護者に対する支援の円滑な実施のため、これらの会議と相互に連携をはかるよう努めるものとされる（生活保護法27条の3第5項）。

　また、保護の実施機関が生活保護を廃止するに際して、廃止される者が生活困窮者にあたる場合には、生活困窮者自立支援制度についての情報提供、助言等を講ずることが努力義務とされており（生活保護法81条の3（2025（令和7）年4月1日以降、81条の4に繰り下げ））、本人への継続的な支援の観点から生活困窮者自立支援制度と一体的・連続的な支援が行えるよう配慮することが求められてきた▶43。これに加えて、2025（令和7）年4月以降、保護の実施機関は、特定被保護者の氏名等について、生活困窮者自立支援法に基づく特定被保護者を対象とする事業を実施する都道府県等に通知することができるようになる（生活保護法55条の11第1項）。保護の実施機関はまた、特定被保護者が同事業を利用する場合には、その利用の状況を把握するとともに、自ら特定被保護者の自立を助長するために必要な措置を講じることが求められるなど（同条3項）、生活困窮者自立支援法に基づく事業との一体実施を通じて、支援の継続性・一貫性の確保が目指されている▶44。

▶43　前掲注37）平成27年3月31日社援発0331第20号。
▶44　社会保障審議会生活困窮者自立支援及び生活保護部会「生活困窮者自立支援制度及び生活保護制度の見直しに関する最終報告書」（2023（令和5）年12月27日）も参照。

コラム…11
▶▶ 重層的かつ一体的な支援に向けて

　従来の社会保障制度は、子ども・障害者・高齢者といった対象者の属性や、要介護・虐待・生活困窮といったリスクごとに展開されてきた。しかし、いわゆる「8050」やダブルケアなど個人・世帯が複数の生活上の課題を抱えるケースや社会的孤立のように生きづらさを抱えているが既存の制度の対象となりにくいケースが生じるようになり、こうした複雑で多様な支援ニーズを広くとらえ、課題の全体に対して複数の機関が連携してアプローチしていくことの必要性・重要性が認識されるようになっていった。

　こうした中で、2020（令和2）年の社会福祉法改正により、市町村は、地域生活課題の解決に資する包括的な支援体制を整備するための施策として、重層的支援体制整備事業を行うことができる旨の規定が新設された（社会福祉法106条の4第1項）▶45。重層的支援体制整備事業では、市町村全体の支援機関・地域の関係者が断らず受け止め、つながり続ける支援体制を構築することをコンセプトに、「属性を問わない相談支援」、「参加支援」、「地域づくりに向けた支援」の3つの支援を一体的に実施することを必須にしている。同事業は、具体的には、①地域住民およびその家族その他の関係者からの相談に包括的に応じる包括的相談支援事業▶46、②支援関係機関と民間団体との連携による支援体制のもと、就労に必要な知識・能力の向上のために必要な訓練その他の活動の機会の提供、訪問による必要な情報の提供および助言等を行う参加支援事業、③地域社会に参加する機会を確保するための支援ならびに地域生活課題の発生の防止または解決に係る体制の整備および地域住民相互の交流を行う拠点の開設等を行うための地域づくり事業▶47、④地域社会からの孤立が長期にわたる者に対するアウトリーチ等を通じた継続的支援事業、⑤複数の支援機関が相互の有機的な連携のもと、その解決に資する支援を一体的かつ計画的に行う体制を整備する多機関協働事業、⑥⑤による支援が必要であると市町村が認める地域住民に対し、当該地域住民に対する支援の種類および内容等を記載し

▶45　同事業についてわかりやすく解説するものとして、厚生労働省・地域共生社会のポータルサイト（https://www.mhlw.go.jp/kyouseisyakaiportal/jigyou/）。
▶46　①では、利用可能な福祉サービスに関する情報の提供および助言、支援関係機関との連絡調整ならびに高齢者、障害者等に対する虐待の防止およびその早期発見のための援助等を行うため、地域生活支援事業（総合支援法77条1項3号）や生活困窮者自立相談支援事業（➡本章Ⅱ4（1））等を含む各種事業が一体的に行われる。
▶47　③には、障害者等につき、地域活動支援センター等の施設に通わせ、創作的活動または生産活動の機会の提供、社会との交流の促進等の便宜を供与する事業（総合支援法77条1項9号）が含まれる。

た計画の作成その他の包括的かつ計画的な支援を行う事業から構成される（社会福祉法106条の4第2項、同法施行規則34条の2～34条の8）。

　市町村は、重層的支援体制整備事業実施計画の策定のほか（社会福祉法106条の5）、こども家庭センター、地域包括支援センター、基幹相談支援センター、支援関係機関相互間の緊密な連携（同法106条の4第3項）に係る努力義務を負う。市町村はまた、支援関係機関、上記各事業の受託者、地域生活課題を抱える地域住民に対する支援関係機関等により構成される支援会議を組織することができる（同法106条の6第1項）。

　以上のような重層的支援体制整備事業においては、①すべての人びとのための仕組みとする、②これまで培ってきた専門性や政策資源を活かす設計とする、③実践において創意工夫が生まれやすい環境を整える、という3つの視点が重視されている。

第2章 労働関係法制

　本章では、民間企業（特例子会社含む）や就労継続支援Ａ型事業所において労働者として雇用される障害者に適用されることが想定される労働関係法令を取り上げる（促進法における差別的取扱いの禁止や合理的配慮の提供については➡第2部第3章）。具体的には、労働契約関係の展開過程に応じて、採用過程における規律、労働契約を締結した後の処遇や働き方に関する規律、労働災害が起きた場合の補償やその予防に関する規律、労働契約の終了に係る規律をそれぞれ取り上げる。また、必要な範囲で、裁判例も取り上げる。

 ## I 採用過程における規律

1 労働条件の明示・理解促進

　労働契約は使用者の指揮命令のもとでの労働とこれに対する賃金支払について合意しさえすれば、労働契約書の作成・交付がなくとも、また、具体的な労働条件について合意がなされていないとしても成立する（労働契約法（以下「労契法」という）6条、民法623条）。もっとも、労働者の募集を行うに際しては、募集に応じて労働者になろうとする者に対し、従事すべき業務の内容および賃金、労働時間、勤務場所等の労働条件を明示しなければならない（職業安定法（以下「職安法」という）5条の3第1項）[1]。また、使用者は、労働契約の締結に際

▶1　労働者の募集を行う者（募集主等）が明示された労働条件等を変更等する場合は、契約の相手方となろうとする者に対し、変更等の内容を明示しなければならない（職安法5条の3第3項）。募

し、労働者に対して、労働契約における期間の定めの有無、就業場所や従事すべき業務（これらの変更の範囲）、労働時間（始業および終業の時間、残業の有無）、休日・休暇等、賃金の決定方法について書面で明示しなければならない（労働基準法（以下「労基法」という）15条1項、労基法施行規則5条1項）▶2。

さらに、使用者には、採用時だけではなく、労働契約関係の展開過程を通じて、労働条件および労働契約の内容について、労働者の理解を深めるようにすること等が求められる（労契法4条1項）。障害者との関係では、その特性・程度に応じて、具体的にわかりやすく説明する必要があろう▶3。同規定は訓示規定であり、違反した場合に、同規定を直接の根拠として法的効果が生じるものではないが、信義則違反（労契法3条4項、民法1条2項）や権利濫用（労契法3条5項、14条～16条等）、不法行為（民法709条）への該当性を判断するに際し、考慮されることはありうる▶4。

2 採用過程における個人情報の収集

(1) 概　　要

　職安法は、募集主等を名宛人として、労働者になろうとする者の個人情報を収集・使用・保管するにあたっては、原則として、業務（採用）の目的に必要な範囲内で、当該目的を明らかにして個人情報を収集し、その目的の範囲内で保管、使用しなければならない旨規定する（5条の5第1項）。また、個人情報

集主等が広告等により募集等に関する情報を提供するにあたっては、①募集内容を正確かつ最新にすること、②当該内容を虚偽・誤解がないように表示することが必要である（職安法5条の4、同法施行規則4条の3）。

▶2　上記のほか、有期雇用労働者との関係では、有期労働契約の締結時と更新時に更新上限の有無およびその内容が、また、通算契約期間が5年を超えた後の更新時には、無期転換申込機会や無期転換後の労働条件について明示することが求められる（労基法施行規則5条1項1号の3、同5項・6項）。

▶3　荒木尚志ほか編『注釈労働基準法・労働契約法　第1巻』（有斐閣・2023年）246頁〔三井正信〕、同『注釈労働基準法・労働契約法　第2巻』（有斐閣・2023年）264頁〔三井正信〕参照。

▶4　東京高判平成12年11月29日労判799号17頁［メレスグリオ事件］は、通勤時間が片道2時間超となる勤務地への配転命令自体の有効性は肯定しつつ、配転に先立ち情報提供が不十分であることから、配転拒否を理由とする懲戒解雇は権利の濫用として無効と判断した。

保護法は、個人情報を取り扱うにあたり、利用目的をできる限り特定すべきこと（17条1項）のほか、本人の同意を得ないでなされる目的外利用（18条1項）や第三者提供（27条1項）の原則禁止について規定している[5]。

　個人情報保護法はまた、病歴等を「要配慮個人情報」[6]と位置づけ（2条3項）、その取得に際しては、原則として、本人の同意を必要とする（20条2項）。本人の同意が不要とされるのは、（a）法令に基づく取得の場合や（b）人の生命、身体または財産の保護のために必要がある場合[7]であって、本人の同意を得ることが困難であるとき等である（同条2項）。要配慮個人情報と位置づけられる、「本人に対する不当な差別、偏見その他の不利益が生じないようにその取扱いに特に配慮を要する」政令所定の個人情報には、①心身の機能の障害があること[8]、②医師等により行われた疾病の予防および早期発見のための健康診断その他の検査の結果、③本人に対して医師等により心身の状態の改善のための指導または診療もしくは調剤が行われたこと等が含まれる（個人情報保護法施行令2条1号～3号）。

（2）健康情報の収集

　1973（昭和48）年に出された最高裁判決[9]によれば、使用者には経済活動の自由（憲法22条・29条参照）の一環として、採用の自由があり、採否の判断の資料を得るために、応募者に対して調査を行う自由も認められる。ただし、同

▶5　HIV陽性と診断された看護師の診断結果について、院内感染防止を目的として職員らに伝達したことは個人情報の目的外利用であり、プライバシーを侵害する不法行為にあたると判断した裁判例として、福岡高判平成27年1月29日労判1112号5頁［社会医療法人天神会事件］。

▶6　要配慮個人情報とは、人種、信条、社会的身分、病歴、犯罪歴、犯罪により被害を被った事実、その他本人に対する不当な差別、偏見その他の不利益が生じないようにその取扱いに特に配慮を要する政令所定の個人情報をいう（個人情報保護法2条3項）。

▶7　自傷他害のおそれがあるときなどはこれにあたりうる（「雇用管理分野における個人情報のうち健康情報を取り扱うにあたっての留意事項」平成29年5月29日個情749号基発0529第3号（以下、「健康情報取扱い通達」という））。

▶8　個人情報保護法施行規則5条によれば、①身体障害者福祉法別表に掲げる身体上の障害、②知的障害者福祉法にいう知的障害、③精神保健福祉法にいう精神障害（発達障害者支援法2条1項に規定する発達障害を含む）、④障害者総合支援法にいう難病（同法4条1項、同法施行令1条。➡第3部第1章Ⅳ2（4））が対象となる。

▶9　最大判昭和48年12月12日民集27巻11号1536頁［三菱樹脂事件］。

判決も認めるように、かかる自由も無制限なものではなく、法律等による制限を受ける。使用者が応募者に対して調査を行うにあたり、職安法や個人情報保護法、促進法の規制に服する必要があることはもちろんである。

これに加え、使用者には、行政指導のレベルで「公正な採用選考」を実施することが求められている。厚生労働省が公表している事業主啓発用パンフレット「公正な採用選考をめざして」では、①採用選考にあたり、「人を人としてみる」人間尊重の精神、すなわち、応募者の基本的人権の尊重が重要であること、②応募者の適性・能力に基づいた基準により選考を行うことが重要であることが示されている。

上記パンフレットでは、併せて、採用選考時の健康診断の実施について、①その必要性を慎重に検討し、それが応募者の適性と能力を判断するうえで合理的かつ客観的に必要である場合を除いて実施すべきでない旨、②真に必要な場合であっても、応募者に対してその検査内容とその必要性についてあらかじめ十分な説明を行ったうえで実施することが求められる旨記載されている。そのうえで、募集業種・職種に必要な能力・適性を判断するに際し必要な例として、運送・配送業務で募集する際、失神等の発作が生じないか確認するケース等が挙げられている。他方、就労能力に影響しないＢ型肝炎への感染や本人が決めることのできない遺伝情報の収集等について、就職差別につながるおそれがあるとしている。

上記運送業務の例のように、当該職業に必須とされる能力を判定するにあたり必要な情報の収集については、それが健康情報であったとしても、当然許されよう。また、反対に、雇用管理上およそ必要がないにもかかわらず、採用担当者の興味関心などにより収集することは許されない。このような目的で要配慮情報（健康情報）について質問がなされる場合には、質問したことそれ自体が不法行為（民法709条）を構成する余地がある。

他方、雇用管理上必要であるとして、あるいは、合理的配慮の提供のためであるとして、障害情報や病歴（既往歴）について、収集することそれ自体が制約されるか否かについては考え方が分かれうる。上記パンフレットでは、過去の病歴が、現在の業務を遂行する適性・能力の判断には通常結びつかないこと等から、既往歴の確認についても、就職差別のおそれがあるとされており、厚

生労働省は、特別の職業上の必要がない限り、あるいは、応募者が自ら開示しない限り、収集それ自体が許されないとする立場をとるようにも読める▶10。他方、適正配置や合理的配慮の提供等の目的で、かつ、応募者の同意を得ているのであれば▶11、障害情報や病歴（既往歴）の収集それ自体は禁止されていないとする見解もある▶12。後者の見解に立つとしても、雇用管理上必要な範囲で確認することや確認する目的について、事前に説明すること等が求められよう▶13▶14。また、少なくとも、回答拒否を許容する任意の形式で質問すること

▶10 「健康情報取扱い通達」でも、HIV感染やB型肝炎のように、職場における感染・蔓延の可能性が低い感染症に関する情報や色覚検査等の遺伝性疾病に関する情報については、職業上の特別な必要性がある場合を除き、事業者は、労働者等から取得すべきでないとする。ただし、労働者の求めに応じて、就業上の配慮を行う必要がある場合については、当該配慮に必要な情報に限って、事業者が労働者から取得することは考えられるとある。

▶11 裁判例においては、同意を得ずに健康情報を収集することについて、不法行為の成立が認められている（B型肝炎ウイルス感染の有無について、調査の必要性は特段の事情がない限り認められないが、仮に必要性が認められるとしても、調査を行うことができるのは、応募者本人に対し、その目的や必要性について事前に告知し、同意を得た場合であるところ、このような事情は認められないとして不法行為の成立を認めた例として、東京地判平成15年6月20日労判854号5頁〔B金融公庫事件〕参照。また、健康診断の際に、本人の承諾なくHIV検査が行われたことが違法と認められた例として、千葉地判平成12年6月12日労判785号10頁〔T工業（HIV解雇）事件〕、東京地判平成15年5月28日労判852号11頁〔東京都（警察学校・警察病院HIV検査）事件〕）。

▶12 「職業紹介事業者、求人者、労働者の募集を行う者、募集受託者、募集情報等提供事業を行う者、労働者供給事業者、労働者供給を受けようとする者等がその責務等に関して適切に対処するための指針」（平成11年11月17日労働省告示141号）第5-1(2) イでは、個人情報のうち「人種、民族、社会的身分、門地、本籍、出生地その他社会的差別の原因となるおそれのある事項」については、特別な職業上の必要性が存在する等の事情がない限り、原則として収集してはならないとしている。上記見解は、病歴等はここに挙げられていないことから、一部例外を除けば、ここでいう「社会的差別の原因となるおそれのある事項」には含まれないと理解する（倉重公太朗＝白石紘一編『実務詳解職業安定法』（弘文堂・2023年）304〜306頁〔荒川正嗣＝宮川晃〕参照）。

▶13 差別禁止指針第3・14・二は、障害者専用の求人の採用選考または採用後において、仕事をするうえでの能力および適性の判断、合理的配慮の提供のために、雇用管理上必要な範囲で、プライバシーに配慮しつつ、障害の状況等を確認することは差別にあたらないことを確認している（➡第2部第3章Ⅱ4(2)）。

▶14 労働安全衛生法104条は労働者の健康に必要な範囲内で健康情報を収集し、収集の目的の範囲内でこれを保管、使用しなければならないことを規定する。この点に関し、「労働者の心身の状態に関する情報の適正な取扱いのために事業者が講ずべき措置に関する指針」（平成30年9月7日労働者の心身の状態に関する情報の適正な取扱い指針公示1号）および同指針に基づき「事業場における労働者の健康情報等の取扱規程を策定するための手引き」（2019（平成31）年3月）が定められている。

が必要になると考えられる[15]。

II 処遇に係る規律

1 最低賃金法

(1) 概　　要

　使用者は、その最低賃金額以上の賃金を支払わなければならないとされ（最低賃金法4条1項）、違反に対しては罰則もある（同法40条）。最低賃金額に達しない賃金を定める労働契約は、その部分が無効となり、最低賃金と同様の定めをしたものとみなされる（同法4条2項）。地域別最低賃金は、公労使の三者構成から成る地方最低賃金審議会の調査審議の結果、示された意見をふまえ、都道府県労働局長が決定する。その際、賃金額の全国的な整合性をはかるため、毎年、中央最低賃金審議会から地方最低賃金審議会に対し、金額改定のための引上げ額の目安が提示され、地方最低賃金審議会では、その目安を参考にしながら、地域の実情に応じた最低賃金額改正のための審議を行う。地域別最低賃金は、地域における労働者の生計費および賃金、通常の事業の賃金支払能力を考慮して定められなければならないとされ（同法9条2項）、生計費を考慮するにあたっては、生活保護施策との整合性に配慮すべきとされている（同条3項）。

(2) 減額特例

　最低賃金法は、精神または身体の障害により著しく労働能力の低い者に対して、雇用機会確保の観点から最低賃金の減額特例を認めている[16]。減額特例

---

[15] 倉重＝白石編・前掲注12) 306頁〔荒川正嗣＝宮川晃〕。なお、障害者専用求人に対する応募者との関係では、障害の有無については、あらかじめ開示されているといえるが、その具体的内容等を確認するにあたっては、本文中の記載が当てはまるといえよう。

[16] 厚生労働省労働基準局が公表する「労働基準監督年報」によると、減額特例許可件数は年によって多少の変動がみられるが、ここ数年の傾向としては、知的障害者が2000〜3000件程度

のもと、使用者は、都道府県労働局長の許可を得て、最低賃金を下回る賃金額を対象者の労働能率の程度に応じて設定することができる（最低賃金法7条1号、同法施行規則5条）▶17。なお、減額割合の認定は、採用後、同種の業務に従事する者との労働能率の比較により行われるため、労働契約上は労働条件の不利益変更が生じることになる▶18。労働契約は、労働者と使用者との間で合意することにより変更できるものであり（労契法8条）、減額の許可を得たからといって、使用者が一方的に設定できるものではない。また、賃金額が就業規則や労働協約に規定されている場合、労働契約においてこれを下回る賃金額を設定することができないため（労契法12条、労働組合法16条）、就業規則や労働協約において減額許可を得た場合について規定しておく必要がある。

減額特例制度は、障害者の雇用機会確保の観点から設けられているものではあるが、差別的であり廃止すべきとの意見▶19や維持する場合には少なくとも賃金補塡等により賃金レベルを維持すべきとの意見が主張されている▶20。

2 正規・非正規の処遇格差是正規制

障害のある労働者の中には期間の定めのある労働契約（有期労働契約）を締結して、あるいは、パートタイムで働く者も多く含まれる▶21。こうしたいわゆ

（2441件）、精神障害者が300〜400件程度（359件）、身体障害者が100〜200件程度（126件）であり、申請のほとんどは認められる傾向にある（括弧内は「令和4年労働基準監督年報」に基づく数値）。

▶17　2007（平成19）年の最低賃金法改正以前においては、労働局長の許可を得て上記の者について適用除外とすることが認められていたが、適用除外の許可にあたっては、付款として、支払下限額を設定するという運用がなされていた。同改正は、最低賃金の安全網としての機能を強化する観点から、最低賃金の適用対象をなるべく広範囲にすることが望ましいとの考えに基づくものである（平成20年7月1日基発0701001号）。

▶18　「最低賃金法第7条の減額の特例許可事務マニュアルの作成について」（平成20年7月1日基勤勤発0701002号、最終改訂：令和2年12月24日基勤発1224第1号）においては、許可申請に先立ち対象労働者に対して説明が求められることが確認されている。

▶19　第198回国会参議院厚生労働委員会第14号（2019（令和元）年6月4日）〔倉林明子〕。

▶20　DPI日本会議「総括所見の分析と行動計画」（2023（令和5）年4月20日）同ウェブサイト（https://www.dpi-japan.org/blog/workinggroup/community/dpi-crpd-actionplan/）。

▶21　なお、障害者について、正規への応募は受け付けず、非正規でのみ応募を受け付ける場合には、促進法上禁止される差別（促進法34条）に該当しうる（➡第2部第3章 II 2(2)(c)）。

る非正規労働者は、正規労働者よりも低い処遇を受けることがあるが、短時間有期雇用法は、正規労働者と同視すべき短時間・有期雇用労働者（＝業務内容やその責任の程度、人材活用の仕組みが正規労働者と同様の非正規労働者）に対する差別的取扱いの禁止（均等待遇規制）を定めるとともに（同法9条）、業務内容や責任の程度（職務内容）が正規労働者とは異なる非正規労働者についても、不合理な待遇の禁止（均衡待遇規制）を規定している（同法8条）。不合理か否かは、職務内容や人材活用の仕組み、その他の事情のうち、当該待遇の性質や目的に照らして適切と認められるものを考慮して判断される▶22。

　いかなる待遇差が「不合理」といえるかは判断が難しい場合も少なくないが、従前の判例は、労使交渉の経緯等もふまえたうえで「不合理」性を判断する傾向にある▶23。また、待遇差やその理由等について労働者から求めがあった場合に、事業主には説明義務が課されるが（同法14条2項）、これが適切に果たされているかという点も「不合理」性判断にあたっては考慮されうる。

▶22　最二小判平成30年6月1日民集72巻2号88頁［ハマキョウレックス事件］は、出勤確保の必要性や食事の必要性は正規と非正規とで違いはないとして、皆勤手当や給食手当を有期雇用労働者に不支給とすることは不合理であると判断している。また、最一小判令和2年10月15日労判1229号58頁［日本郵便（東京）事件］は、有給の病気休暇について、生活保障をはかり、療養に専念させることを通じて継続的雇用の確保をはかるものとし、相応に継続的勤務が見込まれる有期雇用労働者に無給休暇しか認めないことは不合理であると判断している。なお、基本給や退職金、賞与については、多様な支給目的・性質をふまえて不合理性を判断されていることもあってか、不合理性が認められにくい傾向にある（最三小判令和2年10月13日民集74巻7号1901頁［メトロコマース事件］、最三小判令和2年10月13日労判1229号77頁［大阪医科薬科大学事件］、最一小判令和5年7月20日労判1292号5頁［名古屋自動車学校事件］)。以上は短時間有期雇用労働法制定以前に、有期雇用労働者の不合理な労働条件を禁止していた労契法20条に関する裁判例であるが、短時間有期雇用労働法8条の判断にあたっても参酌されると解されている。現行法下での不合理性の判断については、「短時間・有期雇用労働者及び派遣労働者に対する不合理な待遇の禁止等に関する指針（同一労働・同一賃金ガイドライン）」（平成30年12月28日厚生労働省告示430号）参照。

▶23　前掲注22）ハマキョウレックス事件、名古屋自動車学校事件。

III 働き方・休み方に関する規律

1 労働時間・休日

　労働条件の最低基準を定める労基法は、法定労働時間を1日8時間、週40時間と定めるとともに（労基法32条）、週1日の休日を保障している（同法35条1項）。ただし、過半数代表（労働者の過半数で組織する労働組合がある場合においてはその労働組合、労働者の過半数で組織する労働組合がない場合においては労働者の過半数を代表する者の選出が必要）との間で労使協定（36協定）を締結し、これを所轄労働基準監督署長に届け出れば、法定労働時間を超えて、あるいは、休日に労働者を働かせることが許容される（同法36条）。また、時間外労働（法定労働時間を超える労働）や休日・深夜労働に対しては、割増賃金の支払いが必要となる（同法37条）。

　上記はあくまでも法定の最低基準であるため、所定労働時間（就業規則や労働契約等において定められた勤務時間（休憩時間を除く））を法定労働時間よりも短く定めることは問題ない。また、法内残業（所定労働時間は超えるが、法定労働時間に達しない範囲での残業）に対し、割増賃金に相当する時間外手当を支払うこともももちろん可能である。

　始業および終業の時刻については就業規則に規定されるが（同法89条1号）、障害者との間で、障害の程度・特性等に応じて所定労働時間を短縮することについて個別に合意がなされた場合には、就業規則よりも有利な合意として当該合意の内容が就業規則の規定内容よりも優先する（労契法7条ただし書）。始業および終業時刻の選択を労働者に委ねるフレックスタイム制▶24を導入する場合には労使協定の締結・届出が必要となる（労基法32条の3）。

▶24　フレックスタイム制を導入する場合、労働時間は3か月以内の清算期間として定められた期間を平均して、1週間あたりの労働時間が週40時間を超えない範囲内において労働させることが可能であり、その範囲内にとどまる限り、割増賃金は生じない。

2 休憩・休暇・休業

(1) 休　　憩

　休憩時間は、労働時間が 6 時間を超える場合においては少なくとも 45 分、8 時間を超える場合においては少なくとも 1 時間、労働時間の途中に設けなければならない（労基法34条1項）。休憩時間中の労働者は労働から解放される必要があり、休憩時間を何に使うかは労働者の自由である（同3項）。休憩時間を分割して付与することも適法ではあるが、あまりに小刻みの休憩時間を設定した場合には、労働から解放したとはいえず、休憩時間を付与したとは認められない▶25。障害者の易疲労性を踏まえ、合理的配慮として、所定の休憩時間とは別に短時間の休憩時間を付与することは可能である。

(2) 休　　暇

　労働者が 6 か月間継続勤務し全労働日の 8 割以上出勤した場合、労基法に基づき、法定の年次有給休暇権を 10 日間分取得する（労基法39条1項）。休暇日数は勤続年数に応じて増加し、最大20日となる（同条2項）。休暇日数は異なりうるものの、パートタイム労働者であっても年次有給休暇権は認められる（同条3項）。年休付与の方式には、①労働者の時季指定権の行使（請求）による方式（同条5項）▶26 のほか、②計画年休協定といわれる労使協定に定められた日を年休とする方式（同条6項）、③使用者の年 5 日の年休付与義務に基づく決定方式（同条7項）がある。

　年休は 1 日単位での付与が原則であるが、労使協定を締結することにより、5 日以内に限り、時間単位で付与することも可能となる（同条4項）。制度として導入されていれば、時間単位年休を利用して、午前中に通院し、午後に出勤すること等も可能である▶27。

▶25　厚生労働省ウェブサイト「労働基準法に関するQ&A」（https://www.mhlw.go.jp/stf/seisakunitsuite/bunya/koyou_roudou/roudoukijun/faq/faq_kijyunhou.html）。
▶26　使用者が、事業の正常な運営を妨げるとして、適法に時季変更権を行使しない限り、労働者の指定した日が年休日となる。
▶27　行政解釈では、労働者が半日単位で年休取得を希望した場合に、これに応じて半日の年休を付

年休の利用目的は自由である（年休自由利用の原則）。日本では病気休暇・休職制度が法定されていないこともあってか、年休を取得せず療養目的で残しておくことが多い。

（3）病気休暇・休職制度

　病気休暇・休職制度は上記の通り、法定外の制度であり、これを設けるべきとする規制はない。ただし、治療と仕事の両立支援が政策課題となる中で（労働施策総合推進法4条1項10号）、病気休暇や試し出勤制度の導入が推奨されている▶28。

　病気休暇・休職を企業内制度として導入する場合、就業規則に記載する必要があり（労基法89条10号）、また、制度として合理的な内容であることが求められる（労契法7条）。休業ないし職場復帰の判断にあたっては、労働者の健康状態について本人ないし主治医からの情報提供や産業医への意見聴取、復帰後に必要とされる配慮や就業上の措置を検討等を行うことが望ましいとされる（休職の開始時・終了時に生じる紛争については➡第2部第3章Ⅳ2・5）▶29。

　試し出勤は、正式な職場復帰に先立ち、休業前よりも軽易な業務に短時間従事することにより、復帰可能性を判断するものである。また、業務負荷や労働時間を段階的に延ばし、リハビリテーションの一環としてスムーズに職場復帰を進めるために実施されており▶30、特に、メンタルヘルス不調の事案において活用されている。実施に際しては労使の合意が必要とされる▶31。試し出勤

　　与することは差し支えないと解されている（平成30年12月28日基発1228第15号）。
▶28　厚生労働省「事業場における治療と仕事の両立支援のためのガイドライン」（2016（平成28）年2月23日、最終改訂：2024（令和6）年3月）5頁。
▶29　厚生労働省「事業場における治療と仕事の両立支援のためのガイドライン」7〜9頁。なお、「労働時間見直しガイドライン（労働時間等設定改善指針）」（平成20年3月24日厚生労働省告示第108号）では、病気休暇から復帰する労働者について、短時間勤務から始め、徐々に通常の勤務時間に戻す等円滑な職場復帰を支援するような労働時間等の設定を行うことを求めている。
▶30　試し出勤がそのような趣旨にとどまる限り、正式な復帰とは認められない（東京地判平成22年3月18日労判1011号73頁［西濃シェンカー事件］、東京地判平成28年9月28日労判1189号84頁［綜企画設計事件］）。
▶31　使用者は実施義務を負わないと判断する例として、東京高判平成28年9月12日労判1147号50頁［学校法人専修大学（差戻審）事件］、名古屋高判令和4年2月18日労経速2479号13頁［三菱重工業事件］。

中の勤務実態によっては、この間の給与について、休業前よりも低く設定をすることも可能であるし、無給とすることが許容される場合もあるが、使用者が試し出勤における作業の成果を享受しているような場合には、最低賃金法に基づき、最低賃金の支払いが求められる場合がある▶32。なお、健康保険法に基づく傷病手当金は、療養による労務不能が継続している場合に支給されるものであるため、労働者が復職過程で試し出勤に従事することで、保険者が労務不能にあたらないと判断すれば▶33、支給されないことになる（健康保険法99条1項）▶34。また、試し出勤に従事するか否かにかかわりなく、休職期間中に賃金が全部または一部支払われる場合には、傷病手当金が不支給とされたり、過去12か月間の標準報酬月額の平均額（日額相当額）の3分の2に満たない差額分のみの支給とされたりする（同法108条1項）。

(4) 産前産後休業等・育児休業

労基法では、妊娠・出産した労働者に対し、産前6週間（多胎妊娠の場合14週間）、産後原則8週間の休業が保障されている（労基法65条1項・2項）。妊娠中の女性にはまた、軽易業務への転換請求が認められている（同条3項）。労働者が妊産婦健診等で医師から指導事項を受けた場合には、事業主は、それを守ることができるよう、勤務時間の変更、勤務の軽減等必要な措置を講じなければならない（男女雇用機会均等法（以下、「均等法」という）13条）。

▶32　名古屋高判平成30年6月26日労判1189号51頁［NHK（名古屋放送局）事件］。
▶33　昭和29年12月9日保文発14236号および昭和31年1月19日保文発340号によれば、保険者は、必ずしも医学的基準によらず、被保険者の従事する本来業務に堪えうるかを標準として社会通念に基づき認定するものとされている。
▶34　昭和29年12月9日保文発14236号によれば、医師の指示のもと、半日出勤し従前の業務に服する場合や、就業時間を短縮せず同一事業所内で従前よりやや軽い労働に服する場合は、労務不能にあたらないとされる。また、平成15年2月25日保保発0225007号・庁保険発4号でも、本来の職場における労務につくことが不可能な場合であっても、現に職場転換その他の措置により就労可能な程度の他の比較的軽微な労務に服し、これによって相当額の報酬を得ているような場合は、労務不能に該当しないとされている。他方、平成15年2月25日保保発0225007号・庁保険発4号では、本来の職場における労務に対する代替的性格をもたない副業ないし内職等の労務に従事したり、あるいは傷病手当金の支給があるまでの間、一時的に軽微な他の労務に服することにより、賃金を得るような場合その他これらに準ずる場合には、通常なお労務不能に該当するとされている。

労働者が事業主に対し、妊娠・出産等を申し出た場合には、事業主は、育児休業に関する制度等を個別に周知するとともに、休業取得等に係る意向を確認することが求められる（育児介護休業法（以下、「育介法」という）21条1項）[35]。育児休業は原則1歳未満の子を育てる労働者に認められるが、保育園に入園できない等の事情により、最長2歳まで延長可能である。また、3歳未満の子を育てる労働者に対しては、時短措置や始業時間変更措置等が認められる（育介法23条1項）。なお、障害者の妊娠・出産・育児に際し、各種支援が必要となる場合には、当該障害者の希望を踏まえ、関係機関の連携のもと、適切な支援が行われるよう情報提供等がなされることが望ましいといえる[36]。

3　テレワーク

　テレワーク（在宅勤務）は通勤等に困難を抱える障害者、感覚過敏等により通常の職場での勤務が困難な障害者にとって、有効な働き方の選択肢となりうる。また、テレワークには、障害者求人が少ない地方における雇用創出効果[37]も期待される。テレワークの実施については、基本的に労使の合意に基づきなされるべきものであるが、合理的配慮ないし安全配慮義務の一環としてテレワークの実施が事業主に求められることはありうる。事業主がかかる義務

---

[35] 2024（令和6）年9月に改正された「子の養育又は家族の介護を行い、又は行うこととなる労働者の職業生活と家庭生活との両立が図られるようにするために事業主が講ずべき措置等に関する指針」（平成21年12月28日厚生労働省告示509号）では、育休からの復帰時や労働者からの申出があった際にも、意向を確認することが望ましいこと、始業および終業の時刻、終業の場所、業務量等について配慮することが考えられること（第2・5の3）、時短や在宅勤務等の措置を利用する労働者については、当該労働者の家庭や仕事の状況が変化する場合もあることを踏まえ、定期的に面談をすることが望ましいこと（第2・10の2（12））等が規定されている。

[36] 厚生労働省社会・援護局障害保険福祉部障害福祉課＝子ども家庭局家庭福祉課＝子ども家庭局母子保健課「障害福祉サービス事業者における障害者の希望を踏まえた適切な支援の徹底等について」（令和5年1月20日事務連絡）では、障害福祉サービス利用者が妊娠し、各種支援が必要な場合、関係者による個別ケース検討会議の開催や障害保健福祉部局、母子保健部局および児童福祉部局の連携のもと、障害福祉サービス、相談支援、母子保健や子育て支援施策等を最大限活用することが必要であるとする。

[37] 厚生労働省「都市部と地方をつなぐ障害者テレワーク事例集」（https://telework.mhlw.go.jp/info/pdf/000617771.pdf）。

を負うかどうかは、テレワークの実施に伴い過重な負担が生じないか[38]、代替措置により対応できないか等をふまえて判断されることになる[39]。また、就業の場所に関する事項等を労働契約締結に際し明示する必要があることとの関係で（労基法15条、労基法施行規則5条1項1号の3）、就労開始日からテレワークを行わせる場合には、自宅やサテライトオフィスなどテレワークを行う場所を労働契約において明示する必要がある。テレワークを実施する場合の労働時間管理[40]や健康管理については、「テレワークの適切な導入及び実施の推進のためのガイドライン」（2021（令和3）年3月）が参考になる。テレワークでは、上司等とのコミュニケーションが取りにくくなるため、メンタルヘルス対策の一環として、これを活性化させる措置をとることが望まれる[41]。

4 人事異動

　勤務場所や職種を長期間にわたり変更する配転を命じる場合、配転命令の根拠規定を就業規則に設けておく必要がある。労働者との間で、勤務地や職種を限定する合意（勤務地（職種）限定合意）がある場合、配転を命じることができる旨の規定よりも当該合意が優先し（労契法7条但書）[42]、当該労働者の承諾を得ることなく配転を命じることはできない。さらに、配転命令権が認められるとしても、①配転先での就労が障害のある労働者にとって身体的・精神的負荷が過重であるなど通常甘受すべき程度を超える著しい不利益を課す場合[43]や、②不当な動機・嫌がらせ目的で、当該労働者の能力に見合わない過大・過小な

---

[38] 大阪高判令和3年7月30日労判1253号84頁［日東電工事件］。
[39] 東京地判令和4年9月15日労経速2514号3頁［ブルーベル・ジャパン事件］。
[40] 2023（令和5）年度から2027（令和9）年度までの「障害者雇用対策基本方針」（令和5年3月31日厚生労働省告示126号）第4・8では、テレワーク中の労働時間の管理等にあたり、障害者が安心して働くことができるよう適切な雇用管理を行うとともに、障害特性に応じたコミュニケーションの工夫、支援機器の導入等の配慮を行うべきことについて規定されている。
[41] 上記ガイドラインに添付されている「テレワークを行う労働者の安全衛生を確保するためのチェックリスト【事業者用】」も参照。
[42] 最二小判令和6年4月26日労判1308号5頁［滋賀県社会福祉協議会事件］。
[43] 配転命令の有効性判断枠組みについては、最二小判昭和61年7月14日労判477号6頁［東亜ペイント事件］。

業務への配置を命じる場合▶44等には、配転命令権の行使が権利濫用にあたり、当該命令が無効となる（労契法3条5項）。配転は、障害の程度・種類によっては、障害者の生活環境や就労環境・通勤手段に大きな変化を与える可能性もあるため、主治医や就労支援機関等の見解を聴取したうえで、障害者本人にも早めにその意向を打診するとともに必要性を説明したうえで行うことが望ましいといえる（労契法4条1項参照）▶45。

　また、人材育成や人材交流を目的として、グループ企業内あるいは特例子会社から親会社への出向（元の会社に籍を残しつつ、他企業で就労すること）を命じる場合については、出向を命じる権限を基礎づける根拠規定を就業規則等に設けること、その際、出向により生じうる不利益に配慮する規定とすることが求められる（労契法14条）▶46。他方、転籍（元の会社との労働契約関係を終了させて、他企業との間で労働契約関係を成立させること）は、命令ではなく労働者の個別の同意を得て、これを行う必要がある▶47。いずれの方式によるにせよ、元の会社で行われていた配慮が異動先でも引き継がれるようにすることが求められよう▶48。

▶44　大阪高判平成25年4月25日労判1076号19頁［新和産業事件］。なお、視覚障害のある教員に対し、教科担当を外し、教材研究のみを命じたことが、自主退職に追い込む不当な動機によるもので業務命令権の濫用にあたると判断するものとして、神戸地判平成28年5月26日労判1142号22頁［学校法人須磨学園事件］参照。このほか、弱視になった教諭が、AV学習センター指導員として復職したが、同センターの廃止後、一切の校務を分掌させられなかったことについて、人格権を侵害する不法行為にあたるとされた例として、名古屋地判平成17年12月16日労判915号118頁［愛知学院（愛知高校）事件］がある。

▶45　精神疾患等による欠勤からの復帰過程にある労働者に対する、通勤時間が片道2時間半かかる事業所への配転命令が無効と判断された例として、東京地判平成27年7月15日労判1145号136頁［ビジョン事件］参照。同地判は、精神疾患者にとっては、転勤に伴う環境評価が病状の増悪を誘因するおそれがあるとして、転勤命令は主治医等の専門医の意見をふまえたうえで、業務上の必要性や労働者の不利益を慎重に検討すべきであるとする。

▶46　最二小判平成15年4月18日労判847号14頁［新日本製鐵事件］。

▶47　2024（令和6）年4月から、障害者の一連の雇用管理に関する実務経験を有する事業者が、労働局から認定を受け、他の事業主に対して障害者の採用や雇用管理に関する相談援助を実施した場合に「障害者雇用相談援助助成金」が支給されることとなっているが、特例子会社が親会社等に対して相談援助を実施する場合には、特例子会社からの転籍・出向が実現し、かつ、今後その計画がある場合に限られる。

▶48　転籍同意方式での会社分割がなされた事案ではあるが、大阪高判平成25年5月23日労判1078号5頁［阪神バス（勤務配慮・保全抗告）事件］参照。

5 ハラスメント

　障害者に対するハラスメント（➡第4部第4章コラム9）について、使用者は使用者責任（民法715条）に基づき加害労働者と同額の損害賠償責任を負う可能性があるほか、職場環境配慮義務という信義則上の義務を怠ったことを理由として、損害賠償責任を負う可能性がある（民法415条・709条。障害者虐待にあたる可能性については➡第4部第4章）。また、ハラスメント行為が継続して行われ、それにより、被害者である労働者が精神障害等を発症した場合や、継続して行われていないが、会社が適切な対応をとらなかった場合には、心理的負荷が「強」と評価され、業務上疾病として労働災害（➡本章Ⅳ 1 (2)）にあたると判断される可能性もある。使用者には各種のハラスメントに対して相談体制を整備すること等が求められている（労働施策推進法30条の2、均等法11条以下、育介法25条・25条の2）。

Ⅳ　労働災害に対する補償と予防

1 労働者災害補償保険

(1) 概　　要

　労働者が業務遂行中に怪我をしたり、業務に起因して職業病に罹患するなど労働災害が発生した場合には、使用者の故意・過失の有無にかかわらず、政府管掌の労災保険から給付（①療養補償給付、②休業補償給付、③障害補償給付、④遺族補償給付、⑤葬祭料、⑥傷病補償年金、⑦介護保障給付）がなされる。業務災害に対する労災保険給付は、被災労働者や遺族の立証上の負担を緩和し、使用者の無資力のリスクをカバーすることで、迅速かつ公正な救済を目的とするものである（労働者災害補償保険法（以下、「労災保険法」という）1条）。

　労災保険はまた、原則として労基法上の労働者を使用するすべての事業を強制適用事業とし（労災保険法3条1項）、保険料は使用者から全額徴収する（労災

保険法30条、労働保険料徴収法31条参照)。これは、労災保険制度が使用者の労基法上の災害補償責任を集団的に填補する性格をもつためである。ただし、業務災害のみならず通勤災害に対しても給付がなされるなど、労災保険制度は災害補償責任の填補にとどまらない社会保障的な性格を有するといえる[49]。

(2) 負荷の過重性の判断基準

労災保険給付の対象となる業務上の疾病については、職業病リスト(労基法施行規則35条別表第1の2)において列挙されており、2010(平成22)年改正(平成22年5月7日厚生労働省令69号)により、過重負荷による脳・心臓疾患および心理的負荷による精神障害が追加されている。これらの疾病においては、業務の過重性や心理的負荷について誰を基準に判断すべきかが重要な論点となってきた。

脳・心臓疾患の発症を業務上疾病と認定することとの関係では、長期間にわたり、あるいは、発症に近接した時期に特に過重な業務に従事したか否か[50]が問題となるが、その際には、「同種労働者」すなわち「当該労働者と職種、職場における立場や職責、年齢、経験等が類似する者」(基礎疾患を有していたとしても日常業務を支障なく遂行できるものを含む)にとって、特に過重な身体的、精神的負荷が認められる業務であるか否かという観点から判断される[51]。

精神障害発症については、対象疾病の発病前おおむね6か月の間に、業務による強い心理的負荷が認められ、かつ、業務以外の心理的負荷および個体側要因による発病したとは認められないことが労災認定の要件となるが、業務による心理的負荷の評価に際しては、労働者本人が経験したのと同じ事態に遭遇し

---

[49] 2020(令和2)年9月以降、副業・兼業に従事する労働者(複数事業労働者)の傷病について、1つの事業場のみの業務上の負荷(労働時間や心理的負荷)を評価して業務災害にあたらない場合、複数の事業(労災保険法の適用を受けるもの)における業務上の負荷を合算して評価して労災認定できるか(複数業務要因災害と認められるか)が判断されることになる(労災保険法1条、7条1項2号、20条の2以下)。なお、複数要因業務災害が認められる場合、各使用者に災害補償責任は発生せず、メリット制への反映はない(労働保険料徴収法12条3項)。

[50] 過重負荷の有無の判断にあたっては、労働時間や勤務の不規則性、移動の有無、業務に伴う身体的負荷や精神的負荷、作業環境等をふまえて客観的かつ総合的に判断される。

[51] 「血管病変等を著しく増悪させる業務による脳血管疾患及び虚血性心疾患等の認定基準について」(令和3年9月14日基発0914第1号)。

た「同種の労働者」すなわち、「職種、職場における立場や職責、年齢、経験等が類似する者」が一般的にその出来事等をどう受け止めるかにより評価される[52]。

各認定基準のもと、「障害」という事情を業務の過重性判断や心理的負荷の評価において考慮すべきか否かが問題となる[53]。これを考慮しない場合には、障害者との関係でのみ業務が過重であったと評価される場合に労働災害として認められないこととなり、労災保険による救済の可能性が狭められるおそれがある。他方、「障害」という個別的事情を考慮することは、使用者拠出の保険料負担により迅速公平な補償を行うことを目的とする労災保険制度の趣旨に反するともいえる。

裁判例の中には、身体障害者であることを前提に業務に従事させた場合に本人を基準とするもの[54]があるが[55]、法理として確立されているとまではいいがたい状況にある。立法論としては、使用者の災害補償責任やメリット制への反映を避けつつ、一定の障害が業務に内在する危険を増大させた場合にその補償の対象としていく仕組みの導入が検討課題となる[56]。

---

[52] 「心理的負荷による精神障害の認定基準について」（令和5年9月1日基発0901第2号）。

[53] なお、前掲注52）の認定基準では、私傷病である精神障害が悪化した場合には、業務による心理的負荷が直ちに悪化の原因と判断することはできないとしつつ、①特別な出来事、あるいは、②業務による強い心理的負荷により、精神障害が自然経過を超えて著しく悪化したと認められる場合には、悪化した部分について業務起因性を認める余地があるとしている。

[54] 名古屋高判平成22年4月16日労判1006号5頁［国・豊橋労基署長（マツヤデンキ）事件］。

[55] 傍論としてではあるが、身体障害または精神障害が雇用の前提とされ、当該障害ゆえに労務軽減が必要とされているという場合に軽減が必要とされる労働者が平均的労働者となると判示するものとして、東京高判平成30年2月22日労判1193号40頁［国・厚木労基署長（ソニー）事件］。また、労災民訴の事案ではあるが、神戸地判平成23年4月8日労判1033号56頁［新明和工業事件］では、相当因果関係の判断において、企業が、身体障害者等の障害者をその者が障害を有することを知りながら雇用し、または障害を負ったことを知りながら雇用を継続した場合には、平均的労働者を基準にすることは妥当でないとして、障害を有する労働者基準説を採用し、身体障害者等級4級の心臓機能障害を有する労働者との関係で月45時間未満（29〜42時間）の時間外労働や時間中ずっと立ち仕事となる現場研修の引率について、相当程度過重業務にあたると判断している。

[56] 笠木映里「判批」ジュリ1442号（2012年）111頁。

2 労災民訴

(1) 概　要

　業務上傷病の発生について、使用者の故意・過失ないし義務違反がある場合に、被災労働者・遺族は、労災保険による補償を受けつつ、使用者に対して民事損害賠償責任を追及すること（労災民訴）が可能である。労災保険では定率の補償（たとえば、休業補償は平均賃金の6割、特別支給金を含めて8割の補償）がなされるが、労働災害により生じた損害のすべてがカバーされるわけではなく、労災民訴で認められるような、精神的損害に対する慰謝料に対する補償はない。他方、労災保険では、当該疾病が業務に起因すること（業務起因性）を立証できれば、上記補償がなされるが、労災民訴では、使用者の故意、過失（義務違反）やこれと損害発生との間の因果関係、損害額を立証する必要がある。

　なお、労災民訴においては、傷病の発症・増悪に労働者本人の落ち度や基礎疾患等の労働者側の事情が寄与している場合▶57には、過失相殺（またはその類推適用（➡本章Ⅳ2(3)））により、賠償額が調整される可能性がある（民法418条・722条）。そのため、裁判例においては、因果関係については、やや緩やかに認め、損害額の算定の場面で労働者側の事情を考慮する傾向にある▶58。

　使用者に損害賠償責任を追及するための法律構成としては、①労働者の心身の健康に配慮すべき注意義務に違反したこと（過失があったこと）により成立しうる不法行為構成（民法709条）と②労働契約上の安全配慮義務違反（労契法5条）▶59を内容とする債務不履行構成（民法415条）がある。いずれの構成をとる

▶57　傷病の発症がもっぱら本人の私的行為や基礎疾患に起因する場合には、そもそも因果関係は認められず、請求は棄却される。この場合、業務起因性が否定され、労災補償も受けられない。

▶58　荒木尚志『労働法〔第5版〕』（有斐閣・2022年）309頁。水町勇一郎『労働法〔第3版〕』（東京大学出版会・2023年）885頁。

▶59　安全配慮義務や職場環境配慮義務は元来、一般条項である信義則（民法1条2項）を根拠とし、労働者と使用者との間に「特別の社会的接触関係」があることを前提に労働契約上の付随義務として認められてきたものである。そのため、労働契約関係にないB型事業者と利用者との間でも、サービス利用契約の付随義務として、信義則上、かかる義務（利用者の心身の健康に配慮する義務、利用者にとって生産活動に従事しやすく、必要な支援を受けやすい環境を保つよう配慮する義務）が生じうる（福岡高判平成30年1月19日労判1178号21頁［NPO法人B会事件］参照）。

かで立証上の負担に違いはなく、裁判例の判断傾向にも違いはない▶60。

(2) 関係裁判例

　障害のある労働者に対して使用者（ないし使用者に代わって業務上の指揮監督を行う権限を有する者）が負う安全配慮義務・注意義務の内容は、障害の特性・程度に応じて異なりうる。たとえば、小西縫製工業事件▶61は、会社施設（寮）での火災発生時における使用者の安全配慮義務違反が問題となった事案のもと、知的障害者が「正常者に比較して判断力、注意力、行動力が劣る」ことから、使用者にはその知的障害の程度に応じた適切な方法手段によって安全な場所に避難させ、危難を回避することができるようにする義務があることを一般論において認めている。また、食品会社Ａ社（障害者雇用枠採用社員）事件▶62は、うつ病を発病している者は、心理的負荷に対する脆弱性が高まっており、ささいな心理的負荷にも過大に反応する傾向があることなどから、上司は、当該労働者がうつ病に罹患していることを前提に、当該労働者に対して心理的負荷を与える言動をしないようにすべき注意義務を負っていたとする。さらに、知的障害者の死亡事故について被告会社の責任を肯定したＡサプライ（知的障害者死亡事故）事件▶63は、当該労働者が予期せぬトラブルに臨機に応じて対処するこ

▶60　時効期間についても、損害および加害者を知ったとき（権利行使できることを知ったとき）から5年、不法行為時（権利行使できるとき）から20年（括弧内は債務不履行構成）とされており（民法166条1項・167条・724条・724条の2）、債務不履行構成と不法行為構成とで大きな違いはない。ただし、遺族固有の慰謝料請求は、不法行為構成をとる場合にのみ認められる（民法711条）。
▶61　大阪高判昭和58年10月14日労判419号28頁［小西縫製工業事件］。ただし、焼死という結果は、当該労働者が一度は安全な場所に避難しながら、作業場に戻るという予期できない行動に出たために引き起こされたものであるとして、結論において、義務違反は否定されている。
▶62　札幌地判令和元年6月19日労判1209号64頁［食品会社Ａ社（障害者雇用枠採用社員）事件］。そのうえで、業務量の少なさに悩む労働者に対して、「障害者の雇用率を達成するため（に当該労働者を雇用した）」という発言をしたことについて注意義務違反を認めている（同発言と自殺との間の因果関係は否定）。また、業務量を増加させなかったことについての注意義務違反も問題となったが、①使用者が一定程度業務量を増加させる対応をとったこと、②希望通り増加させた場合、かえって心理的負荷を増大させるおそれがあったことから、義務違反は否定された。
▶63　東京地八王子支判平成15年12月10日労判870号50頁［Ａサプライ（知的障害者死亡事故）事件］。軽度の知的障害のある労働者が、自動洗濯・乾燥機械の内部で詰まった洗濯物を取り除いていたところ、シェーカーと呼ばれる大型回転機械が回転を再開したことにより頭蓋内損傷等を負い、死亡したという事件である。原告労働者は、その障害の程度は軽度で、勤続年数は長く、機械

とが能力的に困難である旨、被告会社は認識していたのであるから、トラブル時に適切な指導、監督を受けられる態勢を整える必要があったとし、人員配置や作業分担にあたり、これを怠ったと認定している。

　もっとも、上記裁判例はいずれも障害の有無ないしその特性について使用者が認識していることを前提とするものである。また、障害の有無等について認識があるとしても、死亡や怪我、病気の発症といった結果が予見できない場合や予見できたとしてもその結果を回避することが不可能な場合には、使用者の責任は否定されうる▶64。

(3) 過失相殺・素因減額

　過重業務による脳・心臓疾患や心理的負荷による精神障害の事案では、過失相殺の（類推）適用をめぐってしばしば争いになる（民法418条、722条2項）。まず、本人の不摂生や治療に専念しない態度等は過失として考慮されうる。また、病気の発症・増悪に労働者の心因的要因や身体的要因（基礎疾患等）が寄与している場合には、これを労働者の「過失」とみることはできないものの、損害の衡平な分担の見地から、かかる被害者側の事情を「過失」に類するものとして、過失相殺の規定を類推適用し、賠償額の算定にあたり考慮すること（素

　　操作にも慣れ、洗濯主任として2名の部下を指示する立場にあった。他方、被告会社においては、そもそも、安全管理者の選任や安全委員会の設置が行われていないなど安全管理体制が整備されておらず、また、機械の取扱方法、作業手順、トラブル時対応、作業上・安全上の注意事項について具体的に説明されないなど安全教育が適切になされていない状況にあった。その意味で、当該事案は、原告労働者の障害の有無・程度にかかわらず、被告会社の安全配慮義務違反を肯定しやすい事案であったということができる。

▶64　前掲注61）小西縫製工業事件。静岡地判浜松支判平成30年6月18日労判1200号69頁［富士機工事件］は、プレス作業が知的障害のある労働者に対し強い心理的負荷を与えたことは肯定しつつ、自殺の兆候を読み取ることは困難であるとして、使用者の責任を否定している。また、東京地判平成20年9月30日労判977号59頁［ヤマトロジスティクス事件］では、知的障害を伴う自閉症を有していた労働者が、雇用時間の短縮等の雇用形態の変化を理由に自殺した事案であるが、雇用形態の変化が自閉症の労働者にとって一定の負担となることは予想できたとしても、それを超えて自殺するということは通常生ずべき結果と解することはできず、そもそも、使用者側は知的障害を有していることは認識していたが、自閉症については申告もなく認識していなかったなどとして、使用者の責任が否定されている。上記のほか、精神障害（うつ病）を発症した労働者が自殺した事案において、同労働者の業務内容や職場環境等から、使用者の予見可能性が否定されるとした事案として、東京高判平成20年7月1日労判969号20頁［みずほトランスシステムズ（うつ病自殺）事件］参照。

因減額）が認められている。他方、労働者の性格が、同種の業務に従事する労働者の個性の多様さとして通常想定される範囲を外れるものでない場合、その性格が損害の発生・拡大に寄与しうることは使用者として予想すべきものであり、配置の際にも考慮しうるものであることから、素因減額は認められない[65]。なお、特例子会社など特定の障害種別の障害者を多く雇用しているケースなどにおいて、当該障害種別における障害特性が損害の発生・拡大に寄与する場合にも同様に、「労働者の個性の多様さ」として通常想定される範囲内と認められるか否か、この場合に素因減額が認められるべきか否かについては、さらなる検討が必要とされよう。

さらに、過重業務が続く中、労働者の体調悪化が看取される事案のもとで、労働者による自身の精神的健康に係る情報（病名、処方薬、神経科への通院の事実）の不申告について、直ちに過失相殺の対象とすることはできないとされた裁判例があるが[66]、労働者の精神的不調や体調悪化の看取が困難で本人からも申告がないケースにおいては、過失相殺が認められる可能性がある。また、ケースによっては、そもそも予測可能性がないとして義務違反が否定される可能性もある。

3 労働災害の予防と快適な職場環境

労働安全衛生法は、労働災害（事故の発生・職業病の発症）を防止し、労働者の安全と健康を保護することを目的とする法律であり（労働安全衛生法1条）、そのために危険源となりうる機械・物質、作業環境、作業方法等に対して種々の規制をおく。労働安全衛生法はまた、安全衛生教育の実施や安全衛生管理体制の整備など、「人」に着目した規制をおいている。障害のある労働者に対する労働災害防止対策や安全衛生教育は、その特性をふまえたうえで実施される必要があるといえる[67]。

---

[65] 最二小判平成12年3月24日民集54巻3号1155頁〔電通事件〕。
[66] 最二小判平成26年3月24日労判1094号22頁〔東芝（うつ病・解雇）事件〕。
[67] 高齢・障害・求職者雇用支援機構は、『障害者の労働安全衛生対策ケースブック』（2022年2月）において、モデルとなる好事例を紹介し、障害者雇用の現場における労働安全衛生を推進している。

労働者の健康管理の観点からは、「事業場における労働者の健康の保持増進のための指針」[68]および「労働者の心の健康の保持増進のための指針」[69]が定められており（同法70条の2）、これに即して、体制整備や個別のケースへの対応、事業場外資源との連携や教育研修等を実施していくことが望まれる。労働安全衛生法はまた、事業者に定期健康診断の実施（必要に応じて就業上の措置）を義務づけるほか（同法66条）、メンタルヘルス不調の未然防止（一次予防）や労働者自身のストレスの気づきを促すことを目的として、常時使用する労働者に対しストレスチェックを行うことを義務づけている（同法66条の10第1項。附則4条により従業員50人未満の事業場では努力義務とされてきたが、2024（令和6）年11月22日に労働政策審議会安全衛生分科会で提示された「今後の労働安全衛生対策について（報告）（案）」では、事業場規模にかかわらず義務づけの方針が示されている）。ストレスチェックを効果的に行ううえでは、すべての労働者が受検することが望ましいものの、メンタルヘルス不調で治療中のため受検の負担が大きい等の事情がある労働者にまで受検を強要する必要がないことから、労働者に受検は義務づけられていない[70]。また、プライバシー保護の観点から、検査結果は直接本人に通知され、本人の同意なく事業者に提供することは禁止される（同条2項）。高ストレスと判定された労働者から申出があった場合には、医師による面接指導を行い、その結果に基づき、医師の意見聴取を経たうえで、必要に応じて就業上の措置をとることが義務づけられる（同条3項・5項・6項）。また、集団分析の結果は事業者に提供されるため、これに基づき職場環境改善をはかることが努力義務とされている（労働安全衛生規則52条の14）。

　労働安全衛生法はまた、快適な職場環境の形成をも目的としており、同法に基づいて制定されている省令では、労働者が横になることができる男女別の休養室または休養所を設けることを常時50人以上または常時女性30人以上の労働者を使用する事業者に対して義務づけるほか（事務所衛生基準規則21条、労働安全衛生規則618条）、労働者が有効に利用することができる休憩の設備を設ける

---

[68] 昭和63年9月1日健康保持増進のための指針公示1号。
[69] 平成18年3月31日健康保持増進のための指針公示3号。
[70] 「心理的な負担の程度を把握するための検査及び面接指導の実施並びに面接指導結果に基づき事業者が講ずべき措置に関する指針（いわゆるストレスチェック指針）」（平成27年4月15日心理的な負担の程度を把握するための検査等指針公示第1号）3・①。

ことを事業者の努力義務としている（事務所衛生基準規則19条、労働安全衛生規則613条）。易疲労性を抱える障害者との関係では、休憩室を整備することが、合理的配慮として求められることもありえよう。

なお、労働安全衛生法は、事業者に対し、中高年齢者その他労働災害の防止上その就業にあたって特に配慮を必要とする者に対して適正配置の努力義務を事業者に課している（同法62条）。ここでいう「特に配慮を必要とする者」には、「身体障害者、出稼労働者等」が含まれる▶71。

V 労働契約の終了に対する規律

1 概　　要

労働契約は、労働者と使用者との間の合意解約、労働者による辞職、使用者による解雇により終了する。期間の定めがない契約を締結している労働者は2週間前の予告により、いつでも（特に理由がなくても）辞職できる（民法627条1項）。これに対し、使用者による解雇には、30日前予告または解雇予告手当の支払いを求める規制（労基法20条）や業務上の傷病による療養期間▶72およびその後30日間については、これを禁止する規制（労基法19条）がかかる▶73。また、解雇には、合理的な理由や社会通念上の相当性が必要とされ、これらがない場合、解雇権の濫用として当該解雇が無効になる（労契法16条）。有期雇用労働者に対する雇止めについても、①有期契約が実質的に無期契約といえる状況にあ

▶71　昭和47年9月18日基発602号。学説においては、知的障害者や精神障害者、難病患者についても明示する必要がある旨、配置だけではなく、安全衛生教育の充実等による対応もなされるべきである旨の主張がなされている（小畑史子「障害者の労働安全衛生と労災補償」荒木尚志ほか編『労働法学の展望』（有斐閣・2013年）385～386頁、石﨑由希子「障害者・高齢者を対象とする労働法理論とその変容可能性」法時92巻10号（2020年）47頁）。

▶72　業務上の傷病が症状固定（治癒）の状態に至った場合には、「療養のため」の休業とは認められないため、その後30日経過後に解雇制限は適用されない（名古屋地判平成元年7月28日労判567号64頁［光洋運輸事件］等参照）。

▶73　なお、療養開始後3年を経過しても傷病が治らず、使用者が平均賃金の1200日分の打切補償（労基法81条）を行った場合や天災事変その他やむをえない事由のために事業の継続が不可能となった場合には、解雇制限は解除される（同法19条1項ただし書）。

るか、②契約更新に対する合理的期待が生じている限りにおいて、合理的理由と社会通念上の相当性が必要とされる（労契法19条）。

　解雇や雇止めの合理的理由や社会通念上の相当性は、職種の限定の有無や採用経緯、職位や処遇、慣行等の具体的諸事情をふまえながら判断されるが、この点については下記３で検討する。

　使用者はまた、労働者から求めがあった場合には、解雇理由証明書を交付することが求められる（労基法22条２項）。雇止め（有期契約の更新拒絶）については、告示（平成15年10月22日厚生労働省告示357号）において、有期雇用契約が３回以上更新されている場合や契約更新により通算１年を超える契約期間となっている場合等は30日前予告や雇止め理由証明書の交付が求められている。

2　障害者の解雇に係る規律

　特定求職者雇用開発助成金（➡第２部第４章コラム６）は、障害者を雇用した日の前後６か月間に解雇など会社都合の離職者がいないことを支給要件としている。かかる要件の設定は、同助成金の受給を予定する事業主との関係で、障害のある労働者の解雇や雇止めを事実上抑制する機能を果たすものといえる。

　また、事業主が障害者を解雇する場合には▶74、その旨を速やかにハローワーク所長に届け出なければならないとする規定が促進法におかれている（促進法81条１項、同法施行規則42条）。障害者の再就職は一般には困難である中、公共職業安定所があらかじめ再就職支援措置を積極的に行い、早期の再就職を計ることが可能となるようにするものである▶75。届出を受けたハローワークは、当該届出に係る障害者について、速やかに求人の開拓、職業紹介等の措置を講ずるよう努める（促進法81条３項）。上記規律は、解雇を直接規制しようとするものではないが、当該解雇によって法定雇用率を下回ることとなるような場合には、継続雇用や新規雇用等について必要な行政指導がなされうる▶76。

▶74　なお、2019年促進法改正により、国および地方公共団体が障害者である職員を免職する場合にも同様に届出義務を負うこととされた（促進法81条２項）。
▶75　厚労省・2024年逐条解説369頁。
▶76　同上368〜369頁。

届出内容は、①障害者の氏名、性別、年齢および住所、②当該障害者が従事していた職種、③解雇の年月日および理由である（促進法施行規則42条）。労働者の責めに帰すべき理由により解雇する場合や天災事変その他やむをえない理由のために事業の継続が不可能となったことにより障害者である労働者を解雇する場合の届出については、事業主に対し過大の義務づけとなるおそれがあるため[77]、届出は不要とされる（促進法81条1項、同法施行規則41条）。なお、届出の対象となる障害者は、身体障害者、知的障害者のほか、精神障害者保健福祉手帳の交付を受けている精神障害者および都道府県の適応訓練を修了し、当該適応訓練を委託された事業主に雇用される精神障害者に限定される（促進法79条1項、同法施行規則38条2項）。これは、届出義務の履行にあたり、事業主が障害者であることを把握している必要があるところ、事業主が義務の履行を期すために、精神障害者であるか否かを確認しようとして、プライバシーの問題を惹起することを避けるためである[78]。

3 関係裁判例

（1）能力不足

　能力不足を理由とする解雇・雇止め（以下、「解雇等」という）の有効性判断に際しては、一般に、使用者による教育の機会の付与の有無や労働者側の改善可能性が考慮される傾向にある[79]。障害のある労働者の解雇等に係る裁判例でも、この点は同様であるが、使用者が労働者の障害の実状に即した適切な指導を行うよう努力することが要請されていることを促進法5条から、障害者である労働者が業務遂行能力の向上に努力する義務を負うことを促進法4条から導

---

[77] 同上369頁。
[78] 同上364〜365頁、369頁。
[79] 東京地決平成11年10月15日労判770号34頁［セガ・エンタープライゼス事件］では、労働能率が劣り、向上の見込みがないときでなければ、解雇の合理的理由は認められないとして、解雇は無効と判断された。他方、得意とする分野の業務以外についての積極性がみられず、注意指導によっても改善の見込みがない場合に解雇有効と判断するものとして、東京地判平成30年9月27日労経速2367号30頁［アクセンチュア事件］。

く裁判例がある[80]。同裁判例では、①うつ病により障害等級３級と認定されていた労働者の病状に配慮して比較的簡易な業務に従事させていたこと、②担当者を定めその指導等にあたらせ、担当者の指導のあり方に問題があれば、管理本部長が注意をするなど、使用者が適正な雇用管理を行っていたこと、他方、③労働者は作業上のミスを重ね、具体的な指導を受けてもその改善をはからなかったこと等が考慮され、雇止めの効力が肯定されている[81]。使用者としては、職務遂行能力の改善に向けて、適切な指導をする必要があるが、配慮をしても重要な職務の遂行に支障を来す場合には、解雇の有効性が認められることとなろう（➡第２部第３章Ⅳ３）。

　能力不足を理由とする解雇・雇止めの有効性判断に際しては、職位（処遇）、採用の経緯等（新卒か、中途採用か）[82]も考慮される。裁判例の中には、ＳＥとして少なくとも２年程度の経験とそれに応じた職務遂行能力を備えている者として採用された労働者（不安障害や適応障害の診断あり）が、こうした能力を有していないことが試用期間中に明らかになり、試用期間内での改善が見込まれないことを考慮して、解雇（本採用拒否）を有効と判断するものがある[83]。

　さらに、協調性不足が解雇の理由とされることもしばしばあるが、その背景にある他の従業員との関係性の悪化等の原因が障害に対する無理解や相互理解の欠如により生じていないかという点については、慎重に検討する必要があるといえよう[84]。

[80] 東京高判平成22年5月27日労判1011号20頁［藍澤証券事件］。
[81] 作業速度を求めることは、てんかん発作の危険を高めるとして配慮を求める旨の主治医の診断書が提出されていたことや労働者が作業速度を上げるべく試行錯誤をしていたことなどをふまえたうえで、てんかんにより障害等級１級の認定を受けていた労働者の解雇を無効と判断する例として、大阪地判令和4年4月12日労判1278号31頁［スミヨシ事件］。なお、同事件においては、使用者は作業速度が改善しないことを使用者が問題視していなかった旨の認定もあり、作業速度の遅さが真に解雇理由といえるか疑わしい事案であったともいえる。また、脳梗塞の後遺症で右手・右足が不自由である旨を採用時に申し出ていた労働者の解雇にあたり、パソコン使用を柔軟に認めるなどの相応の配慮をとるべきであったことなどを考慮し、解雇を無効と判断するものとして、東京地判平成28年5月18日労判ジャーナル54号55頁［三益興業事件］。
[82] 東京高判昭和59年3月30日労判437号41頁［フォード事件］では、人事本部長として中途採用された者の解雇について、当該職位にふさわしい能力があるか否かを判断すれば足りるとして解雇は有効されている。
[83] 東京地判令和5年7月28日労判ジャーナル144号30頁［解雇無効地位確認等請求事件］。
[84] なお、前掲注81）スミヨシ事件や後掲注85）サン石油（視力障害者解雇）事件では、協調性

(2) 障害による労働不能

　健康状態や障害による労働不能を理由とする解雇等の有効性判断に際しては、まず、当該障害により実際に労働不能が生じているといえるか、そのこととの関係で、労働契約上、いかなる業務遂行が想定されていたかが問題となる。業務遂行能力に影響がないにもかかわらず、障害があることのみを理由とする解雇等は、促進法35条が禁止する「不当な差別的取扱い」に該当する可能性もあるといえよう（➡第2部第3章Ⅱ）。この点に関し、重機の運転業務に従事していた労働者について、視力障害を理由とする解雇を無効とする裁判例▶85がある。同裁判例では、保有する大型特殊免許（重機の運転の免許）は更新されており、直ちに重機の運転業務に従事させることが危険であるとまでは認められないことが考慮されている▶86。

　特定の業務遂行に支障が生じている場合においても、職種が限定されていない労働者との関係では、現実的に配置可能な業務における業務遂行が可能で、その旨の申出があるならば、「債務の本旨に従った履行の提供」が認められるため、解雇等は無効と判断されうる▶87。他方、職種が限定されている労働者との関係では、基本的には当該職種における業務遂行可能性が問題となるが▶88、合理的配慮として、合意に基づき職種変更を行う可能性はある（➡第2

　　の欠如も解雇の理由とされているが、特定の従業員との関係悪化や感情的対立のみから協調性の欠如は基礎づけられないとの判断がされている。
▶85　札幌高判平成18年5月11日労判938号68頁［サン石油（視力障害者解雇）事件］。
▶86　上記のほか、津地判平成28年10月25日労判1160号14頁［ジャパンレンタカー事件］では、睡眠障害と診断されたアルバイト従業員の雇止めの効力が否定されているが、その際、運転業務はアルバイト従業員に任されていないことなどが考慮されている。また、神戸地判昭和62年10月29日労判506号27頁［三木市職員事件］では、地方公務員の職員の抱える「てんかん」の症状はきわめて軽度であり、特に危険な作業を避ける限り、その発作が事故につながる可能性はほとんどないとして、職務遂行に支障があることを理由になされた免職処分が取り消されている。
▶87　大阪地判平成11年10月4日労判771号25頁［JR東海事件］（身体障害の事案）、東京地判平成24年12月25日労判1068号5頁［第一興商事件］（視覚障害の事案）、東京地判平成27年7月29日労判1124号5頁［日本電気事件］等。
▶88　東京高判平成17年1月19日労判890号58頁［横浜市学校保健会（歯科衛生士解雇）事件］。傍論ではあるが、最一小判平成20年1月24日労判953号5頁［神奈川都市交通事件］。なお、職種変更が契約上予定されるような場合はこの限りではない。この点に関し、大阪高判平成14年6月19日労判839号47頁［カントラ事件］。

部第3章Ⅳ **5**)。

(3) 採用時における障害情報の秘匿

　採用時における既往歴や障害情報の秘匿が解雇等の合理的理由となりうるかについては、既往歴等が労働力評価に直接関わるか▶89、あるいは、使用者から既往歴等に関する質問がなされていたか▶90等により結論は異なりうる。この点に関し、過去に不安障害ないし適応障害との診断を受けていたことについて、採用時に使用者に申告すべき義務を負っていたとはいえないとして、これらの不告知は解雇（本採用拒否）の理由にならないとする裁判例がある▶91。同裁判例は、すでに就労可能との診断書が出されていた事案であり、既往歴それ自体が労働力評価に関わらないことも上記判断に影響したと考えられる。ただし、適応障害等により前職を3か月間休職していたにもかかわらず、その間、あたかも一定の業務に従事していたかのように職務経歴書に記載し、事実に反する説明を面接時にしたことは、解雇事由（「職員として不適格と認めたとき」）にあたると判断されている（⇒本章Ⅴ **3**(2)）。

　また、障害情報について、使用者側から質問されていない場合については、自ら積極的に申告する義務はないと思われるが▶92、障害情報に関わる質問がなされたり、履歴書への記載が求められたりしたケースにおいて、労働者の不申告を解雇の合理的理由と認めうるかは難しい問題となる▶93。この点に関し、

▶89　労働力評価に直接関わる事項および職場への適応性、貢献意欲、企業の信用の保持等企業秩序の維持に関係する事項について、使用者が必要かつ合理的な範囲内で申告を求めた場合には、労働者は信義則上真実告知義務を負うとするものとして、東京高判平成3年2月20日労判592号77頁〔炭研精工事件〕（大学中退の事実を秘匿していたことを理由とする懲戒解雇を有効と判断）。
▶90　採用に不利に働く事項について、使用者側から質問されていない場合については、自ら積極的に申告する義務はないとする裁判例として、東京地判平成24年1月27日労判1047号5頁〔学校法人尚美学園事件〕（前職においてハラスメントの申立てを受けていたことを申告しなかったことを理由とする解雇を無効と判断）。
▶91　前掲注83）解雇無効地位確認等請求事件。
▶92　前掲注90）学校法人尚美学園事件。
▶93　採用時における「字は書けるか」との質問に対し、「できます」などと答えたが、実際には、脳梗塞の後遺症で文字を書くことに相当の困難があったという労働者に対する解雇が無効と判断された前掲注81）三益興業事件においては、当該労働者の身体に相当な不自由があったことは一目瞭然であり、仮に一定の作業態様や速度が採用条件であったなら、使用者はさらに具体的な質疑を行い、場合によっては予定している作業・業務を行わせてみるべきであったとして、錯誤無効に係

履歴書の健康状態の欄に「良好」と記載し、積極的には視力障害があることを告げなかったことについて、解雇事由にあたらないと判断された裁判例がある▶94。同裁判例では、履歴書の健康状態欄は、①総合的な健康状態の善し悪しや②労働能力に影響しうる持病を記載するのが通常であることを前提に、視力障害は、同事案のもと、①・②のいずれにもあたらないとの判断がなされている。

(4) 問題行動

　問題行動を理由とする解雇等の場合にも、当該行動の背景に障害がある場合には、慎重な対応が求められる。日本ヒューレット・パッカード事件最高裁判決▶95では、精神的な不調のために欠勤を続けていると認められる労働者に対しては、休職等の処分を検討すべきであったとして、無断欠勤による諭旨解雇（懲戒処分）が無効とされている（懲戒については➡第2部第3章Ⅳ3(1)）。また、うつ病に罹患している労働者について、詐病と合理的に疑う根拠を有していない中で、今後の療養、職場復帰の可能性の見込みについて十分に協議することなく、頻回の欠勤等を理由になされた解雇が無効と判断された裁判例もある▶96。これに対し、非違行為の背景になんらかの精神的疾患がある可能性があるとしても、問題行動を繰り返しており、また、受診・治療について積極的姿勢が認められない事案のもとでは、解雇が有効と判断される傾向にある▶97。

　　　る使用者の主張を排斥している（障害のある応募者についてのみ、厳重なチェックを求めることにつながりかねないとの指摘について➡第2部第3章Ⅱ2(2)(c)(ⅰ)）。
▶94　前掲注85）サン石油（視力障害者解雇）事件。
▶95　最二小判平成24年4月27日労判1055号5頁［日本ヒューレット・パッカード事件］。他方、使用者が長期間にわたって継続的に可能な限りの配慮や指導等の対応をしてきたにもかかわらず、無断欠勤を繰り返したことや2度の事情聴取において職員の言い分を確認したこと等をふまえ、抑うつ状態にあった職員の免職処分を有効と判断する例として、札幌高判平成28年9月29日労判1148号17頁［札幌市・市教育委員会（市立中学校教諭）事件］。
▶96　東京地判平成28年9月23日労判ジャーナル57号16頁［日本ワールドエンタープライズ事件］。
▶97　東京地判令和元年8月1日労経速2406号3頁［ビックカメラ事件］、大阪地判平成18年1月18日労判914号61頁［大阪市消防局職員（分限免職）事件］。

(5) 経営上の理由

　労働者側に帰責性がない経営上の理由による解雇等（整理解雇）は、①人員削減の必要性、②解雇の必要性（解雇回避努力を尽くしたか）、③人選の合理性、④手続の相当性という4つの視点から慎重に有効性が判断される。

　「障害」のある者を整理解雇の対象とすることについて、人選基準の合理性を否定し、整理解雇を無効と判断する裁判例がある▶98。現行法のもと、不当な差別的取扱いが禁止されていることからすれば（促進法35条）、「障害」を理由とする人選基準は合理性が否定されよう。

　他方、裁判例の中には、休職期間を人選基準に算入し、そのことについて将来の貢献度という観点から合理性を認めるものもある▶99。もっとも、会社更生手続下の事案であり、一般化できるかは慎重な検討を要する。また、「障害者」に該当する者の多くがその人選基準の対象となるような場合に、このことが、障害者に対する差別的取扱いにあたらないかについても、検討課題となる（間接差別該当性については➡第2部第3章Ⅱ1(3)(b)）。

　整理解雇の有効性判断にあたっては、特に、解雇回避のためにどの程度の努力が求められるかをめぐって判断がわかれることが多いが、併せて、解雇による打撃を回避するための対応がとられたかが考慮されることもある。施設閉鎖に伴う整理解雇の有効性が争われた事件では、その障害の特性等もふまえたうえで、施設閉鎖等に係る事情について丁寧に説明したり、十分な再就職の支援等を行ったりして、施設閉鎖およびそれに伴う退職について理解を得るように努める必要があったところ、これを怠ったとして、解雇が無効と判断されている▶100。なお、就労継続支援A型事業所の閉鎖に伴う利用者の整理解雇に際しては、A型事業の廃止以後においても引き続き当該支援の提供を希望する者に対し、必要な障害福祉サービスが継続的に提供されるよう便宜の提供を行う

▶98　前橋地判平成14年3月15日労判842号83頁［乙山鉄工事件］。

▶99　大阪高判平成28年3月24日労判1167号94頁［日本航空（客室乗務員・大阪）事件］。休職期間を基準とする部分については、休職制度の利用に対する不利益取扱いという側面をも有することにつき、柳澤武「整理解雇法理における人選基準の法的意義」法制研究82巻2・3号（2015年）785～786頁。

▶100　札幌高判令和3年4月28日労判1254号28頁［ネオユニットほか事件］。

ことが求められている（総合支援法43条4項。➡第3部第4章Ⅰ**3**）。

コラム…12
▶▶ 雇用保険による失業時の所得保障と教育訓練支援

日本では、労働者は、解雇権濫用法理により守られており、容易には解雇されない。しかし、経営不振により会社が倒産したり、あるいは、整理解雇をせざるをえなかったりということは起きうる。そこで、労働者が失業したときに、就労所得に代わる所得を保障することを目的として、雇用保険の仕組みが設けられている。本コラムでは、雇用保険から失業時に給付される基本手当（求職者給付の1つ）において、障害者に対しどのような配慮がなされているのかを確認したい。また、雇用保険は、失業時に所得保障給付を行うだけでなく、労働者が教育訓練・職業訓練を受けることへの支援も行っている▶101。障害者も、職業能力の向上を目指して利用する可能性のある仕組みであることから、これについても簡潔に紹介することとしたい。

1．失業時の所得保障

(1) 雇用保険の被保険者

雇用保険に一般被保険者▶102として加入することができるのは、週の所定労働時間が20時間以上▶103で、同一の事業主に継続して31日以上雇用されることが見込まれる者である（雇用保険法4条1項、6条）。雇用されて働く障害者がこの要件を満たす場合には、雇用保険の一般被保険者として失業のリスクに備えることが可能となり、失業時▶104には雇用保険から求職者給付の1つである基本手当を受給することが可能となる。

(2) 基本手当にみられる障害者への配慮

基本手当を受給するためには、原則として、離職の日以前の2年間に被保険者期間が通算して12か月以上なければならない（雇用保険法13条1項）。したがって、就職したが短期間で解雇されてし

▶101　雇用保険からは、これらのほかに、育児休業や介護休業を取得する労働者への育児休業給付金や介護休業給付金の支給や、事業活動の縮小を余儀なくされたが、一時的な雇用調整（休業、教育訓練または出向）を実施することで従業員の雇用を維持した事業主への雇用調整助成金の支給（雇用安定事業）等がなされている。

▶102　このほかに、被保険者の種類として、高年齢被保険者、短期雇用特例被保険者、日雇労働被保険者がある。

▶103　被保険者の範囲は、2028（令和10）年10月以降、週の所定労働時間が10時間以上の者へと拡大される。

▶104　雇用保険では、失業は、「被保険者が離職し、労働の意思及び能力を有するにもかかわらず、職業に就くことができない状態にあることをいう」（雇用保険法4条3項）。

まったような場合は、基本手当を受給することはできない。ただし、特定理由離職者または特定受給資格者（後述）に該当する場合には、離職以前1年間に被保険者期間が6か月以上あれば基本手当の受給資格を得ることができる（雇用保険法13条2項）。基本手当の額は、賃金日額（年齢に応じた上限額あり）の50％から80％であり（雇用保険法16条1項）、従前賃金が低いほど％は高くなる。これらのルールは、障害者であるか否かにかかわらず、共通である。

他方、基本手当の所定給付日数においては、障害者であることに対する配慮がある。すなわち、所定給付日数は、年齢や被保険者期間であった期間、離職理由等により90日から360日の間とされるが、促進法上の身体障害者・知的障害者・精神障害者は、就職困難者としてより長い期間にわたり基本手当の支給を受けることが可能である（**図表 5 - 2 - 1**）（雇用保険法22条2項、施行規則32条）。促進法により様々な障害者の雇用促進のための施策が行われているものの、障害者は依然として労働市場において弱い立場にあり、再就職は障害のない者よりも難しいという点が、雇用保険の仕組みにおいて考慮されているといえる。

なお、特定理由離職者や特定受給資格者も、所定給付日数の面で有利に扱われる（**図表 5 - 2 - 2**）。特定理由離職者には、労働契約の更新を希望したにもかかわらず雇止めされた者や、やむをえない理由（体力の不足、心身の障害、疾病、負傷、妊娠・出産・育児、家庭の事情の急変、別居生活の継続困難、通勤不可能・困難等）で離職した者が含まれる（雇用保険法13条3項、33条1項・2項、同施行規則19条の2）▶105。促進法上の身体障害者・知的障害者・精神障害者ではないが、心身の障害を理由に離職した場合には、特定理由離職者として、一般の離職者よりも長い期間、給付を受けることが可能である。また、特定受給資格者には、倒産や解雇等により離職した者が含まれるが、このほかにも、たとえば、事業主が法令に違反し、家族の介護を行う労働者を就業させたり、介護休業の利用の申出または利用を理由として不利益な取扱いをしたため離職した者や、就業環境が著しく害されるような言動を受けたこと（ハラスメント）により離職した者、平均して1か月80時間を超える時間外労働・休日労働が行われたため離職した者等が、特定受給資格者として認められる（雇用保険法23条2項、同施行規則36条）。家族の介護や、精神障害を発症させる可能性のあるハラスメント・長時間労働など、障害と関連する事項が、ここでは考慮されている。

（3）病気や負傷に対する考慮

障害のほか、疾病や負傷に対する考慮も、雇用保険においてはなされている。上述の特定理由離職者には、疾病や負傷を理由として離職した者が含まれている。また、基本手当の受給期間は、原則として、離職した日の翌日から1年間（所定給付日数が330日の場合は1年と30

▶105 ハローワークインターネットサービス（https://www.hellowork.mhlw.go.jp/insurance/insurance_range.html）。

【図表5−2−1：就職困難者の基本手当の所定給付日数】

年齢	被保険者であった期間	
	1年未満	1年以上
45歳未満	150日	300日
45歳以上		360日

【図表5−2−2：特定受給資格者等の基本手当の所定給付日数】

年齢	被保険者であった期間				
	1年未満	1年以上 5年未満	5年以上 10年未満	10年以上 20年未満	20年以上
30歳未満	90日	90日	120日	180日	−
30歳以上35歳未満		120日	180日	210日	240日
35歳以上45歳未満		150日		240日	270日
45歳以上60歳未満		180日	240日	270日	330日
60歳以上65歳未満		150日	180日	210日	240日

【図表5−2−3：上記以外の離職者の基本手当の所定給付日数】

年齢	被保険者であった期間			
	1年未満	1年以上10年未満	10年以上20年未満	20年以上
全年齢	90日	90日	120日	150日

日、360日の場合は1年と60日）であるが、その間に疾病や負傷（ただし、傷病手当の支給を受ける場合の疾病または負傷を除く）を理由として引き続き30日以上働くことができなくなったときは、申出により、その働くことのできなくなった日数だけ、受給期間を延長することができる（最大4年）（雇用保険法20条1項、同施行規則30条）。

また、疾病や負傷により働くことができなくなった場合には、基本手当の受給期間の延長ではなく、傷病手当の受給を選択することもできる。傷病手当は、基本手当の受給資格者が、離職後、公共職業安定所（ハローワーク）に来所し、求職の申込みをした後に15日以上引き続いて疾病や負傷のために職業に就くことができない場合に、その疾病または負傷のために基本手当の支給を受けることができない日の生活の安定をはかるため、基本手当に代えて支給されるものである。その支給額は基本手当と同額であり、支給日数は、上述の基本手当の所定給付日数からすでに基本手当を支給した日数を差し引いた日数である（雇用保険法37条）。

このような形で、疾病や負傷に対する考慮も雇用保険においてはなされている。

2．教育訓練への支援

雇用保険は、失業時の所得保障を行うだけでなく、労働者が職業に関する教育訓練を受けた場合に必要な給付を行うことで、労働者の能力の開発や向上等をはかることも、その目的としている（雇用保険法1条）。続いて、雇用保険による教育訓練・職業訓練への支援についても確認しておきたい。

（1）教育訓練給付制度

まず、労働者の主体的な能力開発やキャリア形成を支援すること等を目的とする仕組みとして、教育訓練給付制度がある。同制度は、厚生労働大臣が指定する教育訓練を修了した者に対し、その受講費用の一部を教育訓練給付金として支給するものである（雇用保険法60条の2）。給付金の対象となる教育訓練には、①専門実践教育訓練（労働者の中長期的キャリア形成に資する教育訓練）、②特定一般教育訓練（労働者の速やかな再就職および早期のキャリア形成に資する教育訓練）、③一般教育訓練（その他の雇用の安定・就職の促進に資する教育訓練）の3つの種類がある[106]。

この仕組みを利用できる者は、受講開始日時点で、雇用保険の被保険者であるか、離職してから原則として1年以内[107]の雇用保険の被保険者であった者である。初めて教育訓練給付金を受ける場合には、雇用保険の被保険者期間が1年以上（専門実践教育訓練の場合は2年以上）あることが受給要件として課される（雇用保険法60条の2、同附則11条）[108]。

雇用保険に一般被保険者として加入することができるのは、上述の通り、週の所定労働時間が20時間以上で、同一の事業主に継続して31日以上雇用されることが見込まれる者であることから、こうした働き方をしている場合に、この仕組みを利用することができる（この要件を満たさない場合について➡第5部第1章Ⅰ）。

（2）技能習得手当等

雇用保険は、失業し、求職活動を行う者が、職業訓練を受ける場合に支給する給付として、技能習得手当や寄宿手当等の仕組みも設けている。

技能習得手当（受講手当・通所手当）は、基本手当の受給資格者が、公共職業安定所長（ハローワーク所長）の指示した公共職業訓練等を受ける場合に、その公共職業訓練等を受ける期間、受け取る

▶106　厚生労働省ウェブサイト（教育訓練給付制度）（https://www.mhlw.go.jp/stf/seisakunitsuite/bunya/koyou_roudou/jinzaikaihatsu/kyouiku.html）。
▶107　妊娠、出産、育児、疾病、負傷などの理由により適用対象期間の延長を行った場合は、最大20年以内。
▶108　2回目以降は、①前回の受講開始日以降、雇用保険の加入期間が3年以上あること、②前回の支給日から今回の受講開始日までに3年以上経過していることを条件として、教育訓練給付金を受給できる。

ことのできる手当である（雇用保険法36条1項）。また、基本手当の受給資格者が、上記の公共職業訓練等を受けるため、その者により生計を維持されている同居の親族と別居して寄宿する場合には、その寄宿する期間について、寄宿手当も支給される（雇用保険法36条2項）。

雇用保険の被保険者の範囲は、2028（令和10）年10月以降、週の所定労働時間が10時間以上の者に拡大される。週の所定労働時間が短いがゆえに、これまで、こうした仕組みを利用できなかった障害者もいようが、今後、その利用可能性は高くなることが期待される。

第3章　所得保障法制

　障害者の中には、その障害ゆえに、自らの労働によって収入を得ることが困難である者や、あるいは、それを制限されている者がいる。こうした障害者に対しては、憲法13条（個人の尊重・幸福追求権）や25条（生存権）を根拠とする社会保障制度によって生活保障がはかられている。障害者基本法15条においても、「国及び地方公共団体は、障害者の自立及び生活の安定に資するため、年金、手当等の制度に関し必要な施策を講じなければならない」と定められているところである。

　現在の日本において障害者に対し生活保障のための金銭給付を行っている主な仕組みとしては、障害年金（障害を支給事由とする年金）（Ⅰ）、特別障害者手当（Ⅱ）、生活保護（Ⅲ）を挙げることができる。それぞれについて、以下で簡潔に紹介する。

Ⅰ　障害年金（障害を支給事由とする年金）

　障害は、老齢や家計維持者の死亡と並ぶ所得喪失リスクの1つとされており、障害の状態にある者には、これらの所得喪失リスクに備えることを目的とする公的年金制度から、障害年金（障害基礎年金／障害厚生年金）が支給される（**1**）。また、労働者が業務災害や通勤災害等によって障害の状態になった場合には、労働者災害補償保険法（以下、「労災保険法」という）に基づき労災年金が支給される（**2**）。

1 公的年金

(1) 基本構造

　公的年金制度から支給される障害年金には、障害基礎年金と障害厚生年金とがある。障害基礎年金が、20歳以上の障害者を支給対象として一定の所得保障を行う給付であるのに対し、障害厚生年金は、厚生年金の被保険者が障害の状態になった場合に、障害基礎年金に上乗せして支給されるものである。

(2) 障害基礎年金

　20歳以上の障害者に支給される障害基礎年金には、保険料の納付に基づく拠出制のものと、保険料の納付に基づかない無拠出制のものとがある。障害について初めて診療を受けた日（初診日）が20歳以降にある者が、拠出制の障害基礎年金の対象となるのに対し（国民年金法30条）、初診日が20歳未満にある者は、無拠出制の障害基礎年金の対象となる（国民年金法30条の4）。日本に住所のある者は、20歳になると国民年金の被保険者となるが[1]、初診日が20歳未満にある者は、障害のリスクに備えてあらかじめ国民年金に加入して、保険料を納めておくことができないからである。

　拠出制の障害基礎年金の支給を受けるためには、①初診日に被保険者であること（60歳以上65歳未満の場合は、被保険者であったこと）（被保険者要件）、②一定の障害の状態（1級または2級）にあること（障害要件）、③初診日の前日における保険料の滞納期間が被保険者期間の3分の1を超えないこと[2]（保険料納付要件）という3つの要件を満たす必要がある（国民年金法30条1項）。保険料の未納がある場合には、障害基礎年金を受給できなくなる可能性がある。

　他方、無拠出制の障害基礎年金は、①初診日に20歳未満であること（20歳未満要件）、②一定の障害の状態（1級または2級）にあること（障害要件）の2つの要件を満たす場合に支給される（国民年金法30条の4）。この無拠出制の障害

▶1　国民年金への加入は強制加入であり、被保険者は保険料納付義務を負う（国民年金法88条）。
▶2　ただし、特例措置として、初診日の属する月の前々月までの1年間について滞納期間がなければ、障害基礎年金は支給される（1985（昭和60）年改正法附則20条1項）。

基礎年金の存在により、理論上▶3はすべての20歳以上の障害者（障害要件を満たす者）に、障害基礎年金が支給される。

（3）障害厚生年金

　民間企業に勤める者や公務員等の厚生年金の被保険者が一定の障害の状態になったときには、上記の障害基礎年金に加えて、障害厚生年金も支給される。障害厚生年金は、障害基礎年金に上乗せされる報酬比例年金として位置づけられる。

　障害厚生年金の支給要件は、①初診日において厚生年金の被保険者であること（被保険者要件）、②一定の障害の状態（1級ないし3級）にあること（障害要件）、③保険料納付要件を満たしていること（保険料納付要件）の3つである。③の要件は、障害基礎年金の場合と同じであり、障害厚生年金も、国民年金の保険料の滞納により受給できない可能性がある（厚生年金保険法47条1項）。

（4）障害認定

　障害基礎年金・厚生年金は、その支給要件として、一定の障害の状態にあること（障害要件）を求めている。一定の障害の状態にあるとは、1級もしくは2級（基礎年金・厚生年金）、または3級（厚生年金）に該当する障害を有していることを指す。

　1級または2級の障害の程度は、基礎年金と厚生年金に共通で、国民年金法施行令の別表に定められている（国民年金法30条2項、同法施行令4条の6）。障害の程度は、「日常生活の制限の度合い」の観点から定めており、1級は「日常生活の用を弁ずることを不能ならしめる程度のもの」、2級は「日常生活が著しい制限を受けるか、又は日常生活に著しい制限を加えることを必要とする程度のもの」とされている。

　他方、3級は厚生年金にのみ存在しており、その障害の程度は、厚生年金保険法施行令で定められている（厚生年金保険法47条2項、同法施行令3条の8）。1

▶3　注1にある通り、20歳になると国民年金に加入し、保険料を納めることを義務づけられるが、実際には、保険料を納めていない者が存在することから、上述の通り、拠出制の障害基礎年金については、これを受給できない者がいる。

級と2級とは異なり、3級の障害の程度は、「労働能力の制限の度合い」という観点から定められている。

もっとも、国民年金法施行令における障害等級も、厚生年金保険法施行令における障害等級も、とりわけ身体障害については、医学的に判定される機能障害をその認定の基準にしているといえる（たとえば、1級の障害の程度は、**図表5-3-1**の通りである）。それゆえ、障害認定は、**機能障害に偏重した形で実施されている**との指摘がしばしばなされている。

【図表5-3-1：国民年金法施行令別表　障害等級（1級）】

障害の程度		障害の状態
1級	一	次に掲げる視覚障害 イ　両眼の視力がそれぞれ0.03以下のもの ロ　一眼の視力が0.04、他眼の視力が手動弁以下のもの ハ　ゴールドマン型視野計による測定の結果、両眼のⅠ／四視標による周辺視野角度の和がそれぞれ80度以下かつⅠ／二視標による両眼中心視野角度が28度以下のもの ニ　自動視野計による測定の結果、両眼開放視認点数が70点以下かつ両眼中心視野視認点数が20点以下のもの
	二	両耳の聴力レベルが100デシベル以上のもの
	三	両上肢の機能に著しい障害を有するもの
	四	両上肢のすべての指を欠くもの
	五	両上肢のすべての指の機能に著しい障害を有するもの
	六	両下肢の機能に著しい障害を有するもの
	七	両下肢を足関節以上で欠くもの
	八	体幹の機能に座っていることができない程度または立ち上がることができない程度の障害を有するもの
	九	前各号に掲げるもののほか、身体の機能の障害または長期にわたる安静を必要とする病状が前各号と同程度以上と認められる状態であって、日常生活の用を弁ずることを不能ならしめる程度のもの
	一〇	精神の障害であって、前各号と同程度以上と認められる程度のもの
	一一	身体の機能の障害もしくは病状または精神の障害が重複する場合であって、その状態が前各号と同程度以上と認められる程度のもの

なお、障害年金における障害等級は、障害者手帳における等級とは別のものである（➡第3部第1章Ⅳ2）。したがって、身体障害者手帳において2級の認定を受けた者（1級から6級まである身体障害者手帳では重度の分類となり、1級の障害年

金を受給できる可能性が高い）が、直ちに障害年金において１級の認定を受けることになるとは限らない。各障害等級は、制度の趣旨・目的を異にしているからである[4]。

(5) 支給額

　障害基礎年金２級の支給額は、老齢基礎年金の満額と同じ額（2024（令和６）年度は、月額６万8000円）であり、障害の程度がより重い１級の者には、２級の1.25倍の年金（月額８万5000円）が支給される（国民年金法33条２項）。25％の加算の意味は、必ずしも明らかではないが、介護料のための加算との説明がなされている[5]。生計を維持している子がいる場合には、子の数に応じた加算がある（国民年金法33条の２）。また、障害基礎年金受給者で所得が一定額以下の者に対しては、「障害年金生活者支援給付金」（１級：月6638円、２級：月額5310円）も支給される（年金生活者支援給付金の支給に関する法律15条・16条）。

　他方、障害厚生年金の支給額は、標準報酬（月）額と被保険者期間の月数により決まる（報酬比例）。２級と３級は同じ額であり、１級の者にはその1.25倍の障害厚生年金が支給される。障害厚生年金の額は被保険者期間の長さにより変わるが、同期間が300月に満たない場合には、300月で計算される。また、３級の者には、障害基礎年金が支給されないことから、最低保障額も定められており、標準報酬（月）額や被保険者期間にかかわらず、少なくとも障害基礎年金の４分の３の額が支給される（厚生年金保険法50条）。１級および２級の障害厚生年金受給者にその者によって生計を維持している65歳未満の配偶者がいる場合には、当該配偶者のための加算も支給される（厚生年金保険法50条の２）。

(6) 所得制限

　拠出制の障害基礎年金および障害厚生年金には、その支給に際して所得制限

---

[4] 身体障害者福祉法施行規則別表第５号が定める身体障害者障害程度等級表の２級に該当する場合には、当然に国民年金法施行令別表の１級に該当するということはできないとした裁判例として、東京高判平成15年11月26日判タ1223号135頁［障害年金裁定取消等請求事件］。

[5] 厚生白書（昭和39年版）は、障害厚生年金１級受給者への加算が定額加算から25％加算へと変更されたことを伝える文章で、当該25％加算を「介護加算」と位置づける表現を使っている（厚生省『厚生白書〔昭和39年度版〕』（大蔵省印刷局・1965年）218頁）。

は課せられていない。したがって、所得の多寡にかかわらず、これらを受給することができる。すなわち、これらの年金は、就労所得を得ることが困難であることに対する所得保障給付という位置づけにはなっていない。他方、無拠出制の障害基礎年金には、所得制限がある。したがって、初診日に20歳未満であった障害者は、その所得が一定額を超えると、障害基礎年金の全部または半分について支給を停止される（国民年金法36条の3）。20歳未満に初診日のある障害者は、事前に保険料を拠出していないことから、このような所得制限が設けられている。

コラム…13
▶▶ 学生無年金障害者訴訟が生んだ特別障害給付金

1．特別障害給付金の創設

　障害年金は、その支給要件（被保険者要件、保険料納付要件等）が満たされない場合には不支給となることから、この仕組みは、無年金者を発生させる構造をもっている。この構造上の問題が顕著に現れ、訴訟にまで発展したのが、いわゆる学生無年金障害者問題である。学生の国民年金への加入が強制加入とされたのは1991年（平成3）年4月であり、これより前は学生の国民年金への加入は任意とされていた▶6。それゆえ、当時、多くの学生は国民年金に加入していなかった。そして、その間に障害を負った者は、国民年金に任意加入していなかったがゆえに、被保険者要件を満たさず、障害基礎年金を受給することができなくなった。そうした元学生たちが、障害基礎年金の支給を求めて全国各地で起こしたのが、一連の学生無年金障害者訴訟である。ただ、地裁レベルでは、こうした学生の取扱いを違憲とする判断がいくつか出たものの▶7、控訴審レベルでは違憲判断は出ず、最高裁も、学生を任意加入としたことについて違憲性を認めなかっ

▶6　現在では、学生であっても、20歳を超えれば国民年金に加入し、保険料を納付しなければならない。ただし、学生については、申請により在学中の保険料の納付が猶予される「学生納付特例制度」が設けられている。

▶7　東京地判平成16年3月24日民集61巻6号2389頁［学生無年金東京訴訟］、新潟地判平成16年10月28日裁判所ウェブサイト［学生無年金新潟訴訟］、広島地判平成17年3月3日判タ1187号165頁［学生無年金広島訴訟］。

▶8　最二小判平成19年9月28日民集61巻6号2345頁［学生無年金東京訴訟］、最三小判平成19年10月9日裁時1445号4頁［学生無年金広島訴訟］等。

た[8]。そのため、一連の裁判の中で救済されたのは、初診日が20歳未満にあることが確認された者のみであった。

その一方で、地裁レベルではあるものの違憲判断が出た後、これに影響を受けた国会議員が動いた。そして、その結果として、2004（平成16）年12月、議員立法により「特別障害給付金制度」が創設されるに至った（「特定障害者に対する特別障害給付金の支給に関する法律」）。

2．支給対象

こうして創設された特別障害給付金の目的は、国民年金制度の発展過程において生じた特別な事情に鑑み、障害基礎年金等の受給権を有していない障害者に対しこれを支給することで、当該障害者の福祉の増進をはかることにある（特定障害者に対する特別障害給付金の支給に関する法律1条）。したがって、その支給対象となるのは、以下の国民年金制度の発展過程において生じた特別な事情により無年金状態になっている者に限定されている（2条）。すなわち、①1991（平成3）年3月以前に国民年金任意加入対象であった学生と、②1986（昭和61）年3月以前に国民年金任意加入対象であった被用者（厚生年金の被保険者）の配偶者[9]である。これらに該当する者には、任意加入していなかった期間内に初診日があり、障害基礎年金の1級、2級相当の障害の状態にあれば、特別障害給付金が支給される。

3．支給額

支給額は、障害基礎年金1級相当に該当する者で、月額5万5350円（2級の1.25倍）、障害基礎年金2級相当に該当する者で、月額4万4280円である（2024（令和6）年度）（特定障害者に対する特別障害給付金の支給に関する法律4条）。特別障害給付金は、拠出を前提としていないことから、本人所得が一定の額を超えると、支給額の全部または半分の支給が停止される（9条）。

特別障害給付金制度は、すべての無年金障害者を救済するものではなく、また、支給額も障害基礎年金には及ばないが、障害年金を受給できない一定の者を救済する点で重要な仕組みである。

2 労災年金

労働者が業務災害や複数業務要因災害、通勤災害の被災者となり、後遺障害が残った場合には、労災保険法に基づいて、それぞれ障害補償給付、複数業務労働者障害給付、障害給付が支給される（業務上認定等については➡第5部第2章Ⅳ1）。

[9] 1985（昭和60）年に行われた年金改正で、被用者（厚生年金の被保険者）に扶養されている配偶者も、第3号被保険者として国民年金に強制加入することとなった。

(1) 障害補償給付等

　労災保険法は、障害補償給付、複数業務労働者障害給付、障害給付の対象となる後遺障害について、1級から14級の障害等級を設けており（労災保険法施行規則14条、別表第1）、重い後遺障害（1級から7級の障害）が残ったときには障害補償年金、複数業務労働者障害年金、障害年金を、後遺障害の程度が軽い（8級から14級の障害）ときには障害補償一時金、複数業務労働者障害一時金、障害一時金を支給することとしている（労災保険法15条・20条の5・22条の3、別表第1・第2）。その支給額は、給付基礎日額（労働基準法が定める平均賃金）に障害の程度により決まっている日数を乗じた額である（労災保険法15条・20条の5・22条の3）。加えて、労災の場合には、社会復帰促進等事業の一環として（労災保険法29条1項）、障害の程度に応じて特別支給金（障害特別支給金（一時金）、および、障害特別年金または障害特別一時金）も支給される（労働者災害補償保険特別支給金支給規則4条・7条・8条）。

　業務災害、複数業務要因災害および通勤災害の間で支給額に差はなく、いずれの場合にも、労災保険から手厚い補償が行われる（**図表5-3-2**）。

【図表5-3-2：障害補償給付等の支給額】

障害補償給付等	障害等級	給付内容	障害特別支給金／障害特別年金（1～7級）または一時金（8級～14級）
障害補償年金 複数業務労働者障害年金 障害年金	1級	給付基礎日額の313日分	342万円／算定基礎日額の313日分
	2級	給付基礎日額の277日分	320万円／算定基礎日額の277日分
	3級	給付基礎日額の245日分	300万円／算定基礎日額の245日分
	4級	給付基礎日額の213日分	264万円／算定基礎日額の213日分
	5級	給付基礎日額の184日分	225万円／算定基礎日額の184日分
	6級	給付基礎日額の156日分	192万円／算定基礎日額の156日分
	7級	給付基礎日額の131日分	159万円／算定基礎日額の131日分
障害補償一時金 複数業務労働者障害一時金 障害一時金	8級	給付基礎日額の503日分	65万円／算定基礎日額の503日分
	9級	給付基礎日額の391日分	50万円／算定基礎日額の391日分
	10級	給付基礎日額の302日分	39万円／算定基礎日額の302日分
	11級	給付基礎日額の223日分	29万円／算定基礎日額の223日分
	12級	給付基礎日額の156日分	20万円／算定基礎日額の156日分
	13級	給付基礎日額の101日分	14万円／算定基礎日額の101日分
	14級	給付基礎日額の56日分	8万円／算定基礎日額の56日分

労災保険法別表第1・別表第2
労働者災害補償保険特別支給金支給規則別表第1・別表第2・別表第3
算定基礎日額：負傷または発病の日以前の1年間に支払われた特別給付（3か月を超える期間ごとに支払われる賃金（賞与等））の総額を365で除して得た額

(2) 併給調整

　労災年金（障害補償年金・複数業務労働者障害年金・障害年金）と公的年金（障害基礎年金・障害厚生年金）の双方を受け取る場合は、労災年金の支給額について調整が行われる。たとえば、労災年金と障害基礎年金・厚生年金とを受け取る場合、障害基礎年金・厚生年金はそのまま全額支給されるが、労災年金は0.73の調整率を掛けた額となる（労災保険法施行令2条）。労災年金と障害基礎年金とを受け取る場合の調整率は0.88（同施行令6条）、労災年金と障害厚生年金とを受け取る場合の調整率は0.83である（同施行令4条）。ただし、減額にあたっては、調整された労災年金と基礎年金・厚生年金の合計額が、調整前の労災年金の額より低くならないよう考慮される。

　こうした調整がなされることで、受け取る年金額の合計が、被災前に支給されていた賃金よりも高額になってしまう問題や、事業主の保険料の二重負担の問題（厚生年金の保険料は労使折半であり、労災保険の保険料は事業主が全額負担している）が生じないよう配慮されている。

II 特別障害者手当

　障害者は、その障害ゆえに必要となる特別な費用を負担しなければならないこともある。その負担の軽減を目的として創設されている給付として、特別障害者手当がある。同手当は、1985（昭和60）年に障害基礎年金が創設された際に従来の福祉手当を再編する形で創設されたものであり、特別児童扶養手当法に基づいて支給される。事前に保険料を納付しておくことを必要としない無拠出制の社会手当で、その財源は租税である。

1　支給対象

　特別障害者手当は、在宅で生活をする特別障害者に対して支給される（特別児童扶養手当法26条の2）。特別障害者は、20歳以上であって、「著しく重度の障

害の状態」にあるために、日常生活において常時特別の介護を必要とする者のことをいう（2条3項）。

2 著しい重度の障害

著しい重度の障害の状態がどのような状態を指すのかについては、特別児童扶養手当法施行令1条2項で定められている。それによると、①身体の機能の

【図表5-3-3：特別児童扶養手当法施行令 別表第1】

　一　両眼の視力がそれぞれ0.02以下のもの
　二　両耳の聴力が補聴器を用いても音声を識別することができない程度のもの
　三　両上肢の機能に著しい障害を有するもの
　四　両上肢の全ての指を欠くもの
　五　両下肢の用を全く廃したもの
　六　両大腿たいを2分の1以上失つたもの
　七　体幹の機能に座つていることができない程度の障害を有するもの
　八　前各号に掲げるもののほか、身体の機能の障害又は長期にわたる安静を必要とする病状が前各号と同程度以上と認められる状態であつて、日常生活の用を弁ずることを不能ならしめる程度のもの
　九　精神の障害であつて、前各号と同程度以上と認められる程度のもの
　十　身体の機能の障害若しくは病状又は精神の障害が重複する場合であつて、その状態が前各号と同程度以上と認められる程度のもの
　（備考）
　視力の測定は、万国式試視力表によるものとし、屈折異常があるものについては、矯正視力によつて測定する。

【図表5-3-4：特別児童扶養手当法施行令 別表第2】

　一　次に掲げる視覚障害
　　イ　両眼の視力がそれぞれ0.03以下のもの
　　ロ　一眼の視力が0.04、他眼の視力が手動弁以下のもの
　　ハ　ゴールドマン型視野計による測定の結果、両眼の1／4視標による周辺視野角度の和がそれぞれ80度以下かつ1／2視標による両眼中心視野角度が28度以下のもの
　　ニ　自動視野計による測定の結果、両眼開放視認点数が70点以下かつ両眼中心視野視認点数が20点以下のもの
　二　両耳の聴力レベルが100デシベル以上のもの
　三　両上肢の機能に著しい障害を有するもの又は両上肢の全ての指を欠くもの若しくは両上肢の全ての指の機能に著しい障害を有するもの
　四　両下肢の機能に著しい障害を有するもの又は両下肢を足関節以上で欠くもの
　五　体幹の機能に座つていることができない程度又は立ち上がることができない程度の障害を有するもの
　六　前各号に掲げるもののほか、身体の機能の障害又は長期にわたる安静を必要とする病状が前各号と同程度以上と認められる状態であつて、日常生活の用を弁ずることを不能ならしめる程度のもの
　七　精神の障害であつて、前各号と同程度以上と認められる程度のもの
　（備考）
　別表第一の備考と同じ。

障害・病状または精神の障害（以下、「身体機能の障害等」という）が施行令別表第2各号の1つに該当し、かつそれ以外の身体機能の障害等がその他の同表各号の1つに該当するもの、②身体機能の障害等が重複する場合で（別表第2各号の1つに該当する身体機能の障害等があるときに限る）、これにより日常生活において必要とされる介護の程度が①と同程度以上であるもの、および、③身体機能の障害等が別表第1各号（10号を除く）の1つに該当し、かつ、当該身体機能の障害等が②と同程度以上と認められるものが、これにあたる。

3 支給額

　支給額は、月額2万8840円（2024年4月）で、障害基礎年金等との併給が可能である。したがって、障害基礎年金（1級）と特別障害者手当とを合わせて受給できる障害者は、年額で140万円弱の所得が保障されることになり、これが在宅の重度障害者に対する所得保障水準となっている。

　ただし、特別障害者手当の支給には、所得制限が課せられている。障害者本人、もしくは、その配偶者または扶養義務者の前年の所得が一定額以上であるときには、特別障害者手当は支給されない（特別児童扶養手当法26条の5・20条・21条）。扶養義務者の範囲は、民法877条1項に定める扶養義務者（直系血族および兄弟姉妹）で受給資格者の生計を維持する者に限定されている（21条）。

III　生活保護

　障害年金や特別障害者手当は「障害」を支給事由とするものであるが、生活保護は、生活困窮に陥った者に対して、その理由を問わず、最低生活保障を行う制度である。障害基礎年金の支給額は、それのみで最低生活を維持できる水準にないことから、生活保護受給世帯に占める障害者世帯の割合は高い[10]。し

▶10　生活保護受給世帯全体に占める障害者・傷病者世帯の割合は、2024（令和6）年5月現在、25.0％である（高齢者世帯が55.4％、母子世帯が3.8％、その他が15.8％）。厚生労働省HP（https://www.mhlw.go.jp/toukei/saikin/hw/hihogosya/m2024/dl/05-01.pdf）。

たがって、障害者への生活保障において生活保護が果たしている役割は大きい。

1 生活保護の目的・原理

　生活保護は、生活に困窮するすべての国民に対して最低生活保障をすると同時に、その自立を助長することを目的とする制度である（生活保護法1条）。これらの目的を達成するために、生活保護は、生活に困窮する者に対して生活扶助や医療扶助等の給付を行っている。

　生活保護は、無差別平等の原理（生活保護法2条）、最低生活保障の原理（3条）、補足性の原理（4条）等の基本原理に基づいて実施されている。最後の補足性の原理とは、生活保護を受給する前提条件として、生活困窮者にその利用しうる資産・能力・その他のあらゆるものの活用を求めるものである。また、補足性の原理は、保護に優先して、親族による扶養や他の法律による扶助の利用を求める。そのため、生活保護は、資産や能力等を活用し、親族による扶養を求め、他の法律が定める扶助を利用してもなお、最低生活を営めない場合でなければ受給することはできない。そして、生活保護では、この点を確認するために、その支給に先立ち、収入や資産等の調査（ミーンズ・テスト）が実施される。この調査を経て生活保護の支給が認められる場合には、次に説明する「支給基準額（最低生活費）」から認定された収入や資産を差し引いた額が、生活保護費として支給される。

2 生活保護の種類

　生活保護の支給基準額は、保護基準として厚生労働大臣が定めている。保護基準は、要保護者の年齢、性別、世帯構成、所在地域等の事情を考慮した最低限度の生活の需要を満たすに十分なものであって、かつこれを超えないものでなければならないとされる（生活保護法8条）。

　生活保護の種類としては、生活扶助、教育扶助、住宅扶助、医療扶助、介護扶助、出産扶助、生業扶助、葬祭扶助の8つがあり（生活保護法11条）、個人または世帯の実際の必要に応じて、組み合わせて支給される（必要即応の原則、9条）。

コラム…14
▶▶ 介護保険・障害福祉サービスと生活保護の関係

　生活保護には8つの扶助があるが、そのうちの介護扶助は、介護保険が創設された際に新設されたものである。介護保険の被保険者となる40歳以上の者には介護扶助も支給されうるが（生活保護法15条の2）、介護保険、障害福祉サービス（➡第3部第1章Ⅴ）、そして、生活保護の関係は、次のように整理されている。

　まず、介護保険と障害福祉サービスについては、次の関係がみられる。介護保険は、65歳以上の第1号被保険者が要介護・要支援の状態となったときに、同状態となった理由を問わず、介護保険給付を行う。一方、40歳以上65歳未満の第2号被保険者（医療保険加入者）については、加齢に伴う心身の変化に起因する一定の疾病（特定疾病▶11）により要介護・要支援の状態となったときにのみ、介護保険給付を行う（介護保険法7条3項2号、同4項2号）。介護保険と障害福祉サービスの双方を利用しうる場合には、まず、介護保険から給付を受け、介護保険でカバーされない介護ニーズについて、障害福祉サービスから給付を受ける（介護保険優先原則、総合支援法7条）。

　他方、介護保険・障害福祉サービスと生活保護との関係は、次のように整理される。65歳以上の者と40歳以上65歳未満の医療保険加入者は、生活保護受給者の場合も介護保険の被保険者となることから、介護が必要になった際には、まず、介護保険から給付を受ける（補足性の原理、生活保護法4条）。そして、介護保険を利用した際の自己負担分を介護扶助として受け取ることとなる。この場合、介護保険と障害福祉サービスとの適用関係と同様、介護扶助が障害福祉サービスに優先する。一方、40歳以上65歳未満の医療保険未加入の生活保護受給者▶12で、特定疾病により要介護または要支援の状態にある者は、介護扶助として現物の介護サービスを受けうる。ただし、この場合には、補足性の原理により、障害福祉サービスが介護扶助に優先され、介護扶助の給付は、障害福祉施策で賄うことができない不足分について行われることとなる▶13。

▶11　特定疾病としては、がん、関節リウマチ、骨折を伴う骨粗鬆症、初老期における認知症、糖尿病性神経障害・腎症・網膜症、脳血管疾患をはじめとする16の疾病が定められている（介護保険法施行令2条1号～16号）。

▶12　生活保護受給者は、国民健康保険や後期高齢者医療制度の適用除外者とされるため（国民健康保険法6条9号、高齢者医療確保法51条1号）、その多くは医療保険未加入者である。

▶13　「介護扶助と障害者施策との適用関係等について」平成12年3月31日社援保18号。

3 障害に対する配慮

　生活保護は、無差別平等に生活に困窮する者に対して最低生活を保障する制度である。その一方で、生活保護は、障害者のニーズや特別な事情に配慮して、障害者を対象とする特別な制度を設けてもいる。また、障害者の事情に配慮した法令解釈や制度運用も行われている。

(1) 障害者加算

　生活保護では、特別の生活需要をもつ者であるとして、障害者には保護費の加算がなされている（障害者加算。生活保護法による保護の基準（昭和38年4月1日厚生省告示158号）第2章2）。加算の目的は、障害ゆえに必要となる日常生活上の特別需要に対応することにある。加算額は、障害の程度や居住地等によって異なるが、月額1万5000円から2万7000円程度となっている（図表5-3-5）。この加算の枠内で、介護人をつけるための費用も別途支給される（上限7万1200円）。

【図表5-3-5：障害者加算（月額）（2023（令和5）年10月現在）】

		アに該当する者	イに該当する者
在宅者	1級地	2万6810円	1万7870円
	2級地	2万4940円	1万6620円
	3級地	2万3060円	1万5380円
入院患者または社会福祉施設もしくは介護施設の入所者		2万2310円	1万4870円

ア　身体障害者福祉法施行規則別表第5号障害等級表の1級もしくは2級、または、国民年金法施行令別表に定める1級のいずれかに該当する障害のある者
イ　同障害等級表の3級、または、国民年金法施行令別表に定める2級のいずれかに該当する障害のある者
（注）1級地には、たとえば、北海道札幌市や宮城県仙台市、東京都23区、京都府京都市、岡山県岡山市、福岡県福岡市などが、2級地には、北海道函館市や福島県福島市、東京都あきる野市、奈良県奈良市、広島県尾道市、熊本県熊本市などが含まれている。3級地には、北海道網走市や山形県米沢市、東京都小笠原村、大阪府阪南市、山口県萩市、佐賀県唐津市などが含まれる。

▶14　高齢障害者の自動車保有を理由とする保護停止処分を違法とした裁判例として、福岡地判平成21年5月29日賃社1499号29頁［北九州市生活保護受給障害者自動車保有事件］がある。

(2) 自動車の保有等

　補足性の原理に関しても、数々の例外が認められている。生活保護を受給している世帯では、原則として自動車の保有は禁止されている（自動車は最低限度の生活の維持のために活用すべき資産とされており、処分することを求められる）。しかし、障害者が、通勤や通院、通所等に自動車を利用する場合には、これを保有することが可能とされている▶14。また、障害者のいる世帯における普及率が90％程度に達している生活用品は、たとえ一般家庭での普及率が70％を超えていなくても（普及率70％が保有可能な資産の目安として使われている）、保有してよいとされている（「生活保護法による保護の実施要領の取扱いについて」昭和38年4月1日社保34号第3問6、問9、問12）。

　収入認定においても、障害に対する配慮は行われている。たとえば、①社会生活を営むうえで特に社会的な障害を有する者の福祉をはかるため、地方公共団体またはその長が条例等に基づき定期的に支給する金銭（上限：月額8000円）や、②心身障害者扶養共済制度により地方公共団体から支給される年金は、収入認定の対象から外されている。また、一般に、③社会事業団体その他（地方公共団体およびその長を除く）から被保護者に対して臨時的に恵与された慈善的性質を有する金銭であって、社会通念上収入として認定することが適当でないものや、④自立更生を目的として恵与される金銭のうち当該被保護世帯の自立更生のためにあてられる額も、収入認定の対象とはされていない（「生活保護法による保護の実施要領について」昭和38年4月1日社発123号第8・3(3)）。

　なお、労働市場やA型事業所での就労で得る賃金は、もちろん「勤労（費用）収入」として収入認定の対象となる。B型事業所での就労により得る工賃も、収入認定に際しては「勤労（被用）収入」として扱われる（勤労控除について➡第5部第1章Ⅲ**2**(6)）▶15。

▶15　厚生労働省社会・援護局保護課保護係より回答。入院患者が作業療法により工賃収入を得ている場合について、「作業療法は、精神科医療の一環として行われるものであるが、当該療法に伴って生じた収益のなかから病院が、入院患者個々人に金銭を支給した場合には、就労に伴う収入として認定されたい。したがって、支給額に応じた基礎控除を行って差し支えない」とされており、B型事業所から支払われる工賃についても同様の扱いとなる（問8-3『生活保護手帳別冊問答集〔2023年版〕』（中央法規・2023年）301頁）。

事項索引

●あ行

安全配慮義務…285
医学モデル…36, 207
育児休業…279
委託訓練…69
一次判定…150
運営適正化委員会…195
A 型→就労継続支援 A 型
LGBT→性的少数者
応益負担…17, 25
応能負担…25, 171

●か行

改革のグランドデザイン案…16, 158, 161
概況調査…148
解雇…100, 162, 290
介護給付費…142
介護扶助…315
介護保険…315
学生無年金障害者…308
過重な負担…97, 226
勘案事項…151
関係会社特例…15, 117
関係子会社特例→企業グループ算定特例
間接差別…77, 222
関連差別…222
企業グループ算定特例…16, 117
企業名公表…128
機能訓練…178
技能習得手当…301
基本手当〔雇用保険〕…298
キャリアアップ助成金…127
休暇…276
休憩…276
休職…98, 277
求職者支援訓練…249
求職者支援法…248
教育…166
教育訓練給付制度…301
行政機関等…219
共同生活援助…179

勤労控除…263
苦情解決…195
苦情処理・紛争解決援助制度…104
グループ適用→関係会社特例
グループホーム→共同生活援助
訓練…166
訓練等給付費…142
経営改善計画…174
広域障害者職業センター…61
公共職業安定所→ハローワーク
公共職業能力開発施設…67
公正な採用選考…270
工賃…162, 192
合理的配慮…20, 22, 89, 201, 225
個人情報保護法…268
個別支援計画…152
個別的労働関係法上の労働者…165
雇用義務制度…109~
雇用保険…298
雇用保険二事業…126
雇用率制度…4, 109

●さ行

サービス管理者…190
サービス等利用計画…152
在宅就業障害者支援制度…15, 123
最低賃金…235, 272
差別意思…76, 221
差別解消法→障害者差別解消法
差別禁止…22, 74, 201, 213, 217~
産前産後休業…278
暫定支給決定…151
シェルタード・ワークショップ…204~
支援会議…259
ジェンダーアイデンティティ…230
支給決定…145, 151
事業協同組合等算定特例…118
事業者…219, 220
事業主…47, 74
事業主の責務…31, 47
実習…166

指定／指定基準…26, 186, 189
社会福祉基礎構造改革…16, 182
社会福祉事業…183
社会モデル…34, 40, 200, 211, 225
社会連帯の理念…47
重層的支援体制整備事業…265
集団的労働関係法上の労働者…167
重度身体障害者…42, 111
重度知的障害者…43, 111
就労アセスメント…154, 156
就労移行支援…17, 157, 172
就労継続支援…18, 160, 173
就労継続支援Ａ型…17, 160, 164, 173, 189
就労継続支援Ｂ型…17, 160, 164, 175, 191
就労継続支援事業利用者の労働者性…167
就労自立給付金…262
就労選択支援…32, 154, 172
就労定着支援…25, 168, 176
授産施設…2
出向…281
障害基礎年金…304
障害厚生年金…305
障害支援区分…25, 150
障害支援区分認定調査…149
障害者…33, 39, 76, 135, 200, 211, 218
障害者加算…316
障害者活躍推進計画…50
障害者活躍推進計画作成指針…49
障害者基本法…11, 14, 210~
障害者虐待防止法…27, 232~
障害者権利委員会…203
障害者権利条約…34, 198~
障害者雇用推進者…128
障害者雇用代行ビジネス…31, 47
障害者雇用対策基本方針…49
障害者雇用の水増し問題…23, 49
障害者雇用不適切計上問題→障害者雇用の水増し問題
障害者差別解消法…29, 217~
障害者就業・生活支援センター…15, 64
障害者職業生活相談員…128
障害者職業センター…59
障害者職業総合センター…60
障害者職業能力開発校…68
障害者自立支援法…17
障害者総合支援法…25, 131~

障害者優先調達推進法…27, 241~
障害程度区分…17, 25
障害福祉サービス…142
障害福祉サービス受給者証…151
障害補償給付(労災)…309
障害をもつアメリカ人法…14
昇格／昇進…101
除外率…7, 15, 111
職業訓練…58, 67
職業指導…57
職業指導員…190
職業リハビリテーション…51~
職場適応援助者→ジョブコーチ
ジョブコーチ…63, 124
自立訓練…177
自立支援プログラム…261
自立生活…201
自立生活援助…178
心身障害者対策基本法…6
身体障害者…41, 135, 136
身体障害者雇用促進法…4
身体障害者手帳…34, 136
身体障害者福祉法…2, 34
スコア方式…173
ストレスチェック…289
生活介護…177
生活訓練…178
生活困窮者…253
生活困窮者就労訓練事業…257
生活困窮者就労準備支援事業…255
生活困窮者自立支援法…252~
生活困窮者自立相談支援事業…255
生活支援員…190
生活保護…259, 313
生活保護受給者等就労自立促進事業…262
性自認…230
精神衛生法…3
精神障害者…44, 135, 139
精神障害者保健福祉手帳…12, 35, 140
精神薄弱者福祉法…5
精神保健福祉法…12, 35
精神保健法…10
性的指向…229
性的少数者…229~
積極的差別是正措置…87, 201
総括所見…206

●た行

対象事業主…112
対象障害者…113
退職勧奨…100
ダブルカウント…8, 111
短時間有期雇用法…274
地域移行支援…180
地域社会…201
地域障害者職業センター…61
地域生活支援事業…142
地域定着支援…180
知的障害者…43, 135, 138
知的障害者の雇用義務化…12
知的障害者福祉法…35
中間的就労…257
懲戒…99
調整会議…263
直接差別…76, 79, 222
調整金…122
通勤…84
適応訓練…58
適性検査…56
テレワーク…279
同時利用…159, 162
特定求職者雇用開発助成金…126
特定事業主特例→事業協同組合等算定特例
特定短時間労働者…32, 111
特定被保護者…253
特別障害給付金…309
特別障害者手当…311
特例給付金…24
特例子会社制度…10, 114
特例調整金…123
特例報奨金…123
トライアル雇用助成金…126
トランスジェンダー…231

●な行

難病等患者…136, 141
難病法…27
二次判定…150
認定職業訓練→求職者支援訓練
認定調査…148
納付金制度…7, 121
ノーマライゼーション…10, 15, 46

●は行

ハーフカウント…16, 111
配転…102, 280
発達障害…40
発達障害者…140
発達障害者支援法…18, 28
ハラスメント…233, 238~, 282
バリアフリー法…19
ハローワーク…54, 249, 291
B型→就労継続支援B型
比較対象者…80
被保護者就労支援事業…261
被保護者就労準備支援事業…261
病気休暇…277
福祉工場…8, 13
福祉サービス第三者評価事業…194
福祉サービスの提供の原則…183
福祉サービス利用援助事業…195
福祉報酬…171
不当な差別的取扱い…80, 85, 223
平均賃金…161
報酬算定基準…26, 171
報奨金…122
法定雇用率…110
ポジティブ・アクション→積極的差別是正措置

●ま行

もにす認定制度…24, 129

●や行

雇止め…100
要配慮個人情報…269

●ら行

リハビリテーション…202
療育手帳…35, 138
労災保険→労働者災害補償保険
労働安全衛生法…288
労働組合…108
労働時間…275
労働者…74, 165
労働者災害補償保険…282, 309
労働審判…108
労働についての権利…202

判例索引

【〜昭和64年】

最大判昭和48年12月12日民集27巻11号1536頁［三菱樹脂事件］································ 269
大阪高判昭和58年10月14日労判419号28頁［小西縫製工業事件］······························ 286, 287
東京高判昭和59年3月30日労判437号41頁［フォード事件］····································· 293
最三小判昭和59年5月29日民集38巻7号802頁［日本メール・オーダー事件］··············· 78
最二小判昭和61年7月14日労判477号6頁［東亜ペイント事件］································· 280
神戸地判昭和62年10月29日労判506号27頁［三木市職員事件］································· 294

【平成元〜10年】

名古屋地判平成元年7月28日労判567号64頁［光洋運輸事件］··································· 290
京都地判平成2年7月18日判タ746号137頁［京都府立聾学校事件］····················· 86, 98, 101
東京高判平成3年2月20日労判592号77頁［炭研精工事件］································ 82, 295
広島地判平成3年7月17日行集42巻6・7号1150頁［身体障害者手帳交付申請却下処分取消請求事件］
··· 137
東京地判平成6年5月13日労判1314号5頁［AGCグリーンテック事件］······················· 78
広島高判平成7年3月23日行集46巻2・3号309頁［身体障害者手帳交付申請却下処分取消請求事件］
··· 137
最一小判平成8年11月28日労判714号14頁［横浜労基署長（旭紙業）事件］·················· 166
最一小判平成10年4月9日集民188号1頁［片山組事件］··· 103

【平成11〜20年】

大阪地判平成11年10月4日労判771号25頁［JR東海事件］································ 103, 294
東京地決平成11年10月15日労判770号34頁［セガ・エンタープライゼス事件］··············· 292
最二小判平成12年3月24日民集54巻3号1155頁［電通事件］···································· 288
千葉地判平成12年6月12日労判785号10頁［T工業（HIV解雇）事件］························ 271
東京高判平成12年11月29日労判799号17頁［メレスグリオ事件］······························ 268
前橋地判平成14年3月15日労判842号83頁［乙山鉄工事件］···································· 297
大阪高判平成14年6月19日労判839号47頁［カントラ事件］···································· 294
大津地判平成15年3月24日判時1831号3頁［サン・グループ事件］···························· 231
最二小判平成15年4月18日労判847号14頁［新日本製鐵事件］································· 281
東京地判平成15年5月28日労判852号11頁［東京都（警察学校・警察病院HIV検査）事件］··· 271
東京地判平成15年6月20日労判854号5頁［B金融公庫事件］··································· 271
東京高判平成15年11月26日判タ1223号135頁［障害年金裁定取消等請求事件］··············· 307
東京地八王子支判平成15年12月10日労判870号50頁［Aサプライ（知的障害者死亡事故）事件］
··· 286
東京地判平成16年3月24日民集61巻6号2389頁［学生無年金東京訴訟］······················· 308
新潟地判平成16年10月28日裁判所ウェブサイト［学生無年金新潟訴訟］······················· 308
東京高判平成17年1月19日労判890号58頁［横浜市学校保健会（歯科衛生士解雇）事件］····· 294
広島地判平成17年3月3日判タ1187号165頁［学生無年金広島訴訟］··························· 308
最二小判平成17年6月3日民集59巻5号938頁［関西医科大学（未払賃金）事件］············· 166
名古屋地判平成17年12月16日判時915号118頁［愛知学院（愛知高校）事件］················· 281

322 ── 判例索引

大阪地判平成18年1月18日労判914号61頁［大阪市消防局職員（分限免職）事件］ ……………………… *296*
東京地判平成18年4月25日労判924号112頁［日本曹達（退職勧奨）事件］ ……………………… *80, 98*
札幌高判平成18年5月11日労判938号68頁［サン石油（視力障害者解雇）事件］ ………… *293, 294, 296*
東京高判平成19年4月26日労判940号33頁［オリエンタルモーター（賃金減額）事件］ ……………… *89*
最一小判平成19年6月28日労判940号11頁［藤沢労基署長事件］ ……………………………………… *166*
最二小判平成19年9月28日民集61巻6号2345頁［学生無年金東京訴訟］ ……………………………… *308*
最三小判平成19年10月9日裁時1445号4頁［学生無年金広島訴訟］ …………………………………… *308*
最一小判平成20年1月24日労判953号5頁［神奈川都市交通事件］ …………………………………… *294*
東京高判平成20年7月1日労判969号20頁［みずほトランスシステムズ（うつ病自殺）事件］ ……… *287*
東京地判平成20年9月30日労判977号59頁［ヤマトロジスティクス事件］ …………………………… *287*

【平成21～31年】

福岡地判平成21年5月29日賃社1499号29頁［北九州市生活保護受給障害者自動車保有事件］ …… *316*
東京地判平成22年3月18日労判1011号73頁［西濃シェンカー事件］ …………………………………… *277*
名古屋高判平成22年4月16日労判1006号5頁［国・豊橋労基署長（マツヤデンキ）事件］ ………… *284*
東京高判平成22年5月27日労判1011号20頁［藍澤証券事件］ …………………………………………… *293*
東京地判平成22年11月10日労判1019号13頁［メッセ事件］ ………………………………………………… *82*
広島地判平成23年3月17日労経速2188号14頁［X社事件］ ………………………………………………… *78*
神戸地判平成23年4月8日労判1033号56頁［新明和工業事件］ ………………………………………… *284*
東京地判平成24年1月27日労判1047号5頁［学校法人尚美学園事件］ ………………………………… *82, 295*
神戸地尼崎支決平成24年4月9日判タ1380号110頁［阪神バス（勤務配慮）事件］ …………………… *89*
最二小判平成24年4月27日労判1055号5頁［日本ヒューレット・パッカード事件］ ………………… *99, 296*
東京地判平成24年12月25日労判1068号5頁［第一興商事件］ …………………………………………… *294*
大阪高判平成25年4月25日労判1076号19頁［新和産業事件］ …………………………………………… *281*
大阪高判平成25年5月23日労判1078号5頁［阪神バス（勤務配慮・保全抗告）事件］ ……………… *281*
最二小判平成26年3月24日労判1094号22頁［東芝（うつ病・解雇）事件］ …………………………… *288*
東京高判平成26年6月3日労経速2221号3頁［JAL整理解雇（客室乗務員）事件］ ……………………… *78*
福岡高判平成27年1月29日労判1112号5頁［社会医療法人天神会事件］ …………………………… *103, 269*
名古屋高判平成27年2月27日労経速2253号10頁［S社（障害者）事件］ ……………………………… *102*
東京地判平成27年6月2日労経速2257号3頁［KPIソリューションズ事件］ ……………………………… *82*
東京地判平成27年7月15日労判1145号136頁［ピジョン事件］ …………………………………………… *281*
東京地判平成27年7月29日労判1124号5頁［日本電気事件］ ……………………………………………… *294*
大阪高判平成28年3月24日労判1167号94頁［日本航空（客室乗務員・大阪）事件］ ……………… *297*
京都地判平成28年3月29日労判1146号65頁［O公立大学法人（O大学・准教授）事件］ ………… *101*
東京地判平成28年5月18日労判ジャーナル54号55頁［三益興業事件］ …………………… *83, 293, 295*
神戸地判平成28年5月26日労判1142号22頁［学校法人須磨学園事件］ ………………………………… *281*
東京地判平成28年9月12日労判1147号50頁［学校法人専修大学（差戻審）事件］ ………………… *277*
東京地判平成28年9月23日労判ジャーナル57号16頁［日本ワールドエンタープライズ事件］
…… *101, 296*
東京地判平成28年9月28日労判1189号84頁［綜企画設計事件］ ……………………………………… *277*
札幌高判平成28年9月29日労判1148号17頁［札幌市・市教育委員会（市立中学校教諭）事件］
…… *99, 296*
津地判平成28年10月25日労判1160号14頁［ジャパンレンタカー事件］ …………………………… *87, 294*
東京地判平成28年12月21日労判1158号91頁［国・厚木労働基準監督署長（ソニー）事件］ …… *240*
広島地判平成29年8月2日労判1169号27頁［国・広島拘置所長（法務事務官）事件］ ……………… *101*
福岡高判平成30年1月19日労判1178号21頁［NPO法人B会事件］ ……………………………………… *285*

判例索引 —— **323**

東京地立川支判平成30年1月25日D1-Law.com判例体系〔28271003〕
　〔損害賠償請求控訴事件・原審〕·································· 103
東京地判平成30年2月1日D1-Law.com判例体系〔29048046〕〔富士フイルム事件〕··············· 98
東京高判平成30年2月22日労判1193号40頁〔国・厚木労基署長(ソニー)事件〕··············· 284
広島高岡山支判平成30年3月29日労判1185号27頁〔学校法人原田学園事件〕··············· 102
東京高判平成30年4月26日D1-Law.com判例体系〔28262682〕
　〔地位確認等の請求と未払賃金の請求控訴事件〕·································· 101
東京高判平成30年5月30日D1-Law.com判例体系〔28262890〕
　〔雇用契約上の地位確認等請求控訴事件〕·································· 101
最二小判平成30年6月1日民集72巻2号88頁〔ハマキョウレックス事件〕··············· 274
静岡地判浜松支判平成30年6月18日労判1200号69頁〔富士機工事件〕··············· 287
名古屋高判平成30年6月29日労判1189号51頁〔NHK(名古屋放送局)事件〕··············· 103, 278
東京地判平成30年9月27日労経速2367号30頁〔アクセンチュア事件〕··············· 292
東京地判平成30年12月5日D1-Law.com判例体系〔29051315〕〔損害賠償請求事件〕··············· 104
大阪地判平成31年1月9日労判1200号16頁〔大阪府・府知事(障害者対象採用職員)事件〕··············· 93
東京高判平成31年2月13日D1-Law.com判例体系〔28271005〕〔損害賠償請求事件〕··············· 103
東京高判平成31年3月14日労判1205号28頁〔一般財団法人あんしん財団事件〕··············· 102

【令和元年〜】

札幌地判令和元年6月19日労判1209号64頁〔食品会社A社(障害者雇用枠採用社員)事件〕···· 102, 286
札幌地判令和元年6月19日裁判所ウェブサイト〔遺族補償年金等不支給処分取消請求事件〕········· 240
東京地判令和元年8月1日労経速2406号3頁〔ビックカメラ事件〕··············· 100, 296
札幌地判令和元年9月17日労判1214号18頁〔社会福祉法人北海道社会事業協会事件〕··············· 82
高松高判令和2年3月1日賃金と社会保障1759・1760号101頁〔高知職業訓練不合格国賠訴訟〕
·· 67, 213
最三小判令和2年10月13日民集74巻7号1901頁〔メトロコマース事件〕··············· 274
最三小判令和2年10月13日労判1229号77頁〔大阪医科薬科大学事件〕··············· 274
最一小判令和2年10月15日労判1229号58頁〔日本郵便(東京)事件〕··············· 274
名古屋地判令和2年11月24日裁判所ウェブサイト〔豊田中央研究所事件〕··············· 100
大阪地判令和3年1月29日労判1299号64頁〔近畿車輛事件〕··············· 101
長崎地判令和3年3月9日労経速2456号27頁〔長崎市事件〕··············· 41
札幌高判令和3年4月28日労判1254号28頁〔ネオユニットほか事件〕··············· 188, 297
大阪地判令和3年7月30日労判1253号84頁〔日東電工事件〕··············· 103, 280
名古屋地判令和3年8月23日労経速2479号19頁〔三菱重工業事件〕··············· 103
大阪高判令和3年8月30日裁判所ウェブサイト〔障害者投票権確認等請求控訴事件〕··············· 224
名古屋高判令和3年9月3日D1-Law.com判例体系〔28293224〕
　〔公立小中学校における喀痰吸引に必要な器具の確保処分義務付け等請求控訴事件〕)··············· 227
横浜地判令和3年12月23日労判1289号62頁〔シャープNECディスプレイソリューションズほか事件〕
·· 104
名古屋高判令和4年2月18日労経速2479号13頁〔三菱重工業事件〕··············· 277
東京地判令和4年2月22日D1-Law.com判例体系〔29069252〕
　〔アームほか(損害賠償請求)事件〕·································· 93
那覇地判令和4年3月1日D1-Law.com判例体系〔28310225〕
　〔雇用契約上の権利を有する地位確認等請求事件〕·································· 101
大阪地判令和4年4月12日労判1278号31頁〔スミヨシ事件〕··············· 293
岐阜地判令和4年8月30日労判1297号138頁〔Man to Man Animo事件〕··············· 93, 96, 104

東京地判令和4年9月12日労経速2515号8頁［郵船ロジスティクス事件］……………………………… 96
東京高判令和4年9月15日D1-Law.com判例体系［28310100］［損害賠償請求控訴、同附帯控訴事件］
…… 224
東京地判令和4年9月15日労経速2514号3頁［ブルーベル・ジャパン事件］……………………… 280
京都地判令和5年3月9日労判1297号124頁［中倉陸運事件］……………………………………… 101
最三小判令和5年7月11日民集77巻5号1171頁［経済産業省事件］……………………………… 231
最一小判令和5年7月20日労判1292号5頁［名古屋自動車学校事件］…………………………… 274
東京地判令和5年7月28日労判ジャーナル144号30頁［解雇無効地位確認等請求事件］……… 293, 295
最二小判令和6年4月26日労判1308号5頁［滋賀県社会福祉協議会事件］……………………… 280
名古屋地判令和6年7月18日裁判所ウェブサイト［通知処分取消請求事件］……………………… 167

【著者紹介】

永野仁美（ながの・ひとみ）
東京大学大学院法学政治学研究科博士課程修了（博士（法学））。現在、上智大学法学部教授。主著として、『障害者の雇用と所得保障』（信山社・2013年）、『詳説 障害者雇用促進法〔増補補正版〕』（共編著、弘文堂・2018年）、『現場からみる障害者の雇用と就労』（共著、弘文堂・2021年）。
＊第2部1章Ⅱ・4章、第3部1章Ⅳ・4章、第4部1章、第5部3章、コラム2、4、5、6、12、13、14を担当。

長谷川珠子（はせがわ・たまこ）
東北大学大学院法学研究科博士課程修了（博士（法学））。現在、福島大学行政政策学類教授。主著として、『障害者雇用と合理的配慮―日米の比較法研究』（日本評論社・2018年）、『詳説 障害者雇用促進法〔増補補正版〕』（共編著、弘文堂・2018年）、『現場からみる障害者の雇用と就労』（共著、弘文堂・2021年）。
＊第1部、第2部1章Ⅰ・Ⅲ～Ⅴ、第3部1章Ⅰ～Ⅲ・Ⅴ・2・3章、第4部4章、コラム1、7を担当。

富永晃一（とみなが・こういち）
東京大学大学院法学政治学研究科法曹養成専攻修了（法務博士（専門職学位））。現在、上智大学法学部教授。主著として、『比較対象者の視点から見た労働法上の差別禁止法理』（有斐閣・2013年）、『詳説 障害者雇用促進法〔増補補正版〕』（共編著、弘文堂・2018年）。
＊第2部3章、第4部2・3章、コラム3、8、9を担当。

石﨑由希子（いしざき・ゆきこ）
東京大学大学院法学政治学研究科法曹養成専攻修了（法務博士（専門職学位））。現在、横浜国立大学大学院国際社会科学研究院教授。近時の主な業績として、「障害者差別禁止・合理的配慮の提供に係る指針と法的課題」日本労働研究雑誌59巻8号（2017年）20頁、「障害者・高齢者を対象とする労働法理論とその変容可能性」法律時報92巻10号（2020年）45頁、『現場からみる障害者の雇用と就労』（共著、弘文堂・2021年）。
＊第2部2章、第4部5章、第5部1・2章、コラム2、10、11を担当。

◎**本書のテキストデータを提供いたします**
本書をご購入いただいた方のうち、視覚障害、肢体不自由等の理由により、書字へのアクセスが困難な方に、本書のテキストデータ等を提供いたします。

【メール添付での提供を希望される場合】
①お名前・ご住所・電話番号・メールアドレスを明記した用紙と、②本ページ左下の引換券（コピー不可）を同封のうえ、下記の宛先までお申し込み下さい。

【メディアへの収録による提供を希望される場合】
①お名前・ご住所・電話番号を明記した用紙と、②本ページ左下の引換券（コピー不可）、③テキストデータ収録を希望されるメディア（CD-RもしくはUSBメモリ）、④270円分の返送用切手を同封のうえ、下記の宛先までお申し込み下さい。

◎**宛先**
〒101-0062
東京都千代田区神田駿河台1－7
株式会社　弘文堂『詳説　障害者雇用促進法・障害者総合支援法』テキストデータ係

※上記テキストデータ等にかかる本書の内容の利用・複製は、視覚障害、肢体不自由等の理由により、書字へのアクセスが困難な方に限ります。また、内容の改変、流用、転載、その他営利を目的とした利用を禁じます。

[引換券]
詳説　障害者
雇用促進法・
障害者総合支援法

【著者】
永野　仁美　　上智大学法学部教授
長谷川珠子　　福島大学行政政策学類教授
富永　晃一　　上智大学法学部教授
石﨑由希子　　横浜国立大学大学院国際社会科学研究院教授

詳説 障害者雇用促進法・障害者総合支援法
——多様性社会の就労ルールをひもとく

2025（令和7）年2月28日　初版1刷発行

著　者　永野仁美・長谷川珠子・富永晃一・石﨑由希子
発行者　鯉渕　友南
発行所　株式会社 弘文堂　101-0062　東京都千代田区神田駿河台1の7
　　　　TEL03(3294)4801　　振替00120-6-53909
　　　　　　　　　　　　　　https://www.koubundou.co.jp

装　幀　宇佐美純子
印　刷　大盛印刷
製　本　井上製本所

Ⓒ 2025 Hitomi Nagano et al. Printed in Japan

[JCOPY] ＜(社)出版者著作権管理機構　委託出版物＞
本書の無断複写は著作権法上での例外を除き禁じられています。複写される場合は、そのつど事前に、出版者著作権管理機構（電話 03-5244-5088、FAX 03-5244-5089、e-mail:info@jcopy.or.jp）の許諾を得てください。
また、本書を代行業者等の第三者に依頼してスキャンやデジタル化することは、たとえ個人や家庭内での利用であっても一切認められておりません。

ISBN978-4-335-36016-9